Der Kosmos-Schmetterlingsführer

KOSMOS
NATUR
FÜHRER

I. Novak / F. Severa

Der Kosmos-
Schmetterlingsführer

Die europäischen Tag- und Nachtfalter
Mit Raupen, Puppen und Futterpflanzen
Mit mehr als 1500 Farbbildern

Kosmos
Gesellschaft der Naturfreunde
Franckh'sche Verlagshandlung
Stuttgart

Text von Dr. Ivo Novák
Aus dem Tschechischen übersetzt von Peter Zieschang
Mit über 1500 Farbzeichnungen von František Severa
und 33 Federzeichnungen von Dr. Ivo Novák
Graphische Gestaltung von Miroslav Barankiewicz

Umschlag von Edgar Dambacher unter Verwendung einer Zeichnung von František Severa

CIP-Kurztitelaufnahme der Deutschen Bibliothek

Novák, Ivo:
Der Kosmos-Schmetterlingsführer: d. europ. Tag-
u. Nachtfalter; mit Raupen, Puppen u. Futter-
pflanzen / I. Novák; F. Severa. [Aus d. Tschech.
übers. von Peter Zieschang]. — 3. Aufl. —
Stuttgart: Franckh, 1985.
(Kosmos-Naturführer)
Aus d. Ms. übers.
ISBN 3-440-04774-1
NE: Severa, František:

3. Auflage, 26.—35. Tausend
Franckh'sche Verlagshandlung, W. Keller & Co., Stuttgart / 1985
Sämtliche Rechte, einschließlich der Wiedergabe durch Film, Funk, Fernsehen, fotomecha-
nische und andere Mittel, auch in Form von Auszügen, sind dem Artia-Verlag vorbehalten.
© 1980 Artia, Prag
Für die deutsche Ausgabe:
© 1980, Franckh'sche Verlagshandlung, W. Keller & Co., Stuttgart
Printed in Czechoslovakia / Imprimé en Tchécoslovaquie
LH 14 Ste / ISBN 3-440-04774-1
Gesamtherstellung: Svoboda, Prag
3/07/10/52-03

Der Kosmos-Schmetterlingsführer

Einführung

Die mehr als 120 000 beschriebenen Schmetterlinge sind eine beachtliche Insektengruppe. Sie bewohnen alle möglichen Winkel der Kontinente von den Tropen bis zu den Polargebieten und kämpfen um Existenz und Lebensraum sowohl in den hohen Gebirgen, an der Grenze des ewigen Schnees und Eises, als auch am Rande von Wüsten. Ihre ausgezeichneten Flugeigenschaften ermöglichen es ihnen, alle bewohnbaren Stellen zu besiedeln und somit überall ein nicht wegzudenkender Bestandteil der Natur zu werden. Die Schmetterlinge sind mit ihrer Lebensweise fast ausschließlich an Pflanzen gebunden, und ihr Leben ist von den Lebensbedingungen der Pflanzen abhängig. Die verschwenderischsten Farben und die größte Artenvielfalt weisen die Schmetterlinge in den Tropen auf, wo sich alles Leben sehr intensiv entwickelt. In einigen Gebieten der Erde haben sich als Beispiele aus prähistorischer Zeit endemische Arten erhalten, wie wenn die Entwicklung vor einigen Zehnmillionen Jahren stehen geblieben wäre. In anderen Teilen der Erde entwickeln sich die Arten auch in der Gegenwart stürmisch weiter. Einerseits wird die Fauna durch Artenvielfalt charakterisiert, anderseits erreichen die Schmetterlinge auch bei einem ärmeren Artenspektrum große Populationsdichten. In der gemäßigten Klimazone fehlen die sehr großen Formen, und die einzelnen Arten erreichen nur begrenzte Ausmaße. Sie gleichen das aber durch eine vielgestaltige Lebensweise aus, die das Ergebnis der spezifischen Klimabedingungen mit wechselnden Jahreszeiten ist, wobei sich der Unterschied zwischen warmem Sommer und hartem Winter besonders auswirkt. Die Schmetterlinge fliegen mit Ausnahme des Winters das ganze Jahr über aus und beleben Felder und Wiesen, Wälder und Berge. Die bunten Fleckenfalter auf den blühenden Salweiden gehören zu den Pionieren des Frühlings. Im erwachenden Grün leuchtet das Gelb der überwinternden Zitronenfalter und das Weiß der frisch geschlüpften Weißlinge. Im Walde huscht an sonnigen Tagen der Birkenspinner oder ein Nagelfleck vorüber. Sie alle sind untrügliche Anzeichen, daß das Leben der unauffälligen, frühen Arten, der Spanner und Eulen, die zu dieser Zeit ihre Hochzeit hinter sich haben, schon im vollen Gange ist. Im Verlaufe des Jahres schließt sich nach und nach der Entwicklungszyklus aller Arten, und die Vegetationsperiode wird von einigen abgehärteten Faltern beendet, die vorzeitigen Frösten und Schneegestöber widerstehen können.

Es ist schade, daß die Schmetterlinge mit fortschreitender Zivilisation allmählich verschwinden. Über die einst belebten Kleefelder gaukelt heute ein einzelner Weißling, und der so bewunderte Schwalbenschwanz ist zu einer wirklichen Seltenheit geworden. Viele Erscheinungen der Natur gehören heute zur unwiederbringlichen Vergangenheit. Die Falter sind an eine spezifische Umgebung gebunden und verschwinden mit dem Roden der Wälder, dem Trockenlegen von Naßstellen, dem Umpflügen von Wiesen und Steppenland. Und dorthin, wo es bisher Unterschlupf gefunden haben, reicht allmählich die verlängerte Hand des Menschen, die Technik und die Chemie.

Wir wollen jedoch die trüben Erwägungen über die Zukunft der Schmetterlinge beiseite lassen und eine Welt betrachten, die heute noch besteht. Unser Naturführer ermöglicht es, selbstverständlich nur einen Teil des ganzen Reichtums kennenzulernen, auch wenn die Artenauswahl so groß wie möglich ist. Den großen und auffallenden oder interessanten Arten wird größere Aufmerksamkeit gewidmet. Diesen praktischen Erwägungen unterliegt auch die Anordnung der Farbtafeln, die gerade umgekehrt angeordnet wurden, als es im genauen zoologischen System üblich ist. Die entwicklungsgeschichtlich primitiveren und die kleinen Falter werden erst am Ende, die Tagfalter aber am Anfang behandelt. Die weniger bekannten Gruppen, die artenreichen Familien der kleinsten Schmetterlinge, kommen aber nicht zu kurz, und das Buch soll einen Querschnitt durch die ganze, umfangreiche Ordnung geben, wobei die wichtigsten Familien erfaßt werden. Vertreten sind die Arten, die hauptsächlich in Europa leben. Viele von ihnen bewohnen jedoch ein großes Verbreitungsgebiet, das die ganze paläarktische Unterregion oder auch die ganze holarktische Region, Europa, Nordafrika, Asien und Nordamerika umfaßt. Die kleinen Falter werden in entsprechender Vergrößerung abgebildet, was eine genaue Reproduktion ihrer schönen Färbung und Zeichnung erlaubt. Von den Raupen und Puppen wird eine Auswahl der auffälligeren und für die einzelnen Familien typischen Arten abgebildet.

Interesse an den Schmetterlingen genügt nicht. Wir brauchen auch einige theoretische Kenntnisse über die Anatomie und Morphologie der Falter, über ihre Lebensweise und Verbreitung. Wir dürfen jedoch nicht bei einem engen Kreis von Disziplinen stehenbleiben, die schon im vergangenen Jahrhundert üblich waren. Die heutige Schmetterlingskunde geht allmählich von der Taxonomie und von nur statischer Sammelei zu dynamischen und experimentellen Arbeitsmethoden über. Wir berühren deshalb auch die Ökologie, die ein Bild von der Bedeutung der Schmetterlinge und ihrer Eingliederung in den komplizierten Kreislauf der Natur gibt. Schließlich werden einige methodische Anweisungen für die Naturfreunde gegeben, die sich weitergehend mit Schmetterlingen befassen wollen.

Entwicklung der Schmetterlinge auf der Erde

Über die ersten Anfänge des Lebens auf der Erde wissen wir noch sehr wenig. Heute treffen wir auf der Erde eine unübersehbare Menge verschiedener Organismen, Tiere und Pflanzen an, können aber die Frage, wann diese Organismen das erste Mal auftauchten, nicht genau beantworten. Die Archäologen haben es mit ihrer Aufgabe etwas leichter. Sie dringen einmal nicht so weit in die Vergangenheit vor, zum anderen finden sie eine Reihe von Resten vor, ob es sich nun um Skelette oder Gegenstände handelt, die ihnen anzeigen, was sich da in der Vergangenheit alles abgespielt hat. So können sie die Vergangenheit oft recht genau rekonstruieren. Die Paläontologen befinden sich da in einer schwierigen Lage. Sie finden zwar auch Reste von Skeletten, Abdrücke fester Gehäuse von Weichtieren usw. Je weiter sie aber in die Vergangenheit zurückgehen, um so undeutlicher werden alle Spuren. Die zarten Insekten, und hier vor allem die Schmetterlinge, haben nur ganz wenig Beweismaterial bis in unsere Gegenwart hinterlassen. Wir beurteilen die Vergangenheit der Schmetterlinge meistens nur indirekt, das heißt nach der Entwicklung anderer Insekten, Lebewesen und auch der Pflanzen, mit denen die Falter durch ihre Lebensweise verbunden sind.

Die ältesten Funde von Insekten, die viel primitiver waren als Schmetterlinge, stammen aus dem Paläozoikum, aus dem Mittleren Devon, das heißt, aus einer Zeit von vor über 350 Millionen Jahren. Die Reste echter Schmetterlinge kennen wir aus einer viel späteren Zeit, aus dem Tertiär, das nur ungefähr 50 Millionen Jahre zurückliegt. Im Tertiär waren die Falter schon recht gut entwickelt, und viele Arten, die zum Beispiel im Bernstein erhalten geblieben sind, unterscheiden sich nicht besonders von den heutigen. Es ist möglich, sie in die gegenwärtigen Familien und Gattungen einzuordnen. Wir schließen daraus, daß sich die Schmetterlinge in einem Zeitraum, der sich über ca. 300 Millionen Jahre erstreckte, zwischen Devon und Tertiär entwickelt haben müssen. Einige direkte Vorgänger der Schmetterlinge, sie ähnelten den heutigen Köcherfliegen, tauchten schon am Ende des Paläozoikums, im Perm, auf. Schon damals bestanden die notwendigen Lebensbedingungen und gab es Landpflanzen, ohne die die Falter nicht existieren könnten. Man nimmt jedoch an, daß die Hauptentwicklung dieser Gruppe erst im Mesozoikum, vielleicht im Verlaufe des Jura, das heißt vor ungefähr 180 bis 135 Millionen Jahren stattgefunden hat. Diese Zeitangaben sind annähernd, und wir sehen, daß eine Million Jahre bei diesen Schätzungen nichts bedeutet. Von welchen festen Grundlagen können wir denn auch bei diesen Schätzungen ausgehen?

Das Ergebnis dieser langen Entwicklung sind ungefähr 200 000 Arten der Familie Schmetterlinge (*Lepidoptera*). Auf diese Menge wird heute der Artenreichtum dieser Insekten auf der ganzen Welt geschätzt. Wissenschaftlich beschrieben wurden bisher mehr als 120 000 Arten, die anderen Zehntausende warten noch auf ihren Entdecker.

Darüber, wie sich die maßlose Menge von Formen nicht nur bei den Schmetterlingen, sondern auch bei den übrigen Tieren und Pflanzen entwickelt hat, bestehen immer noch nur Vermutungen. Wir beurteilen wieder nur indirekt, vergleichen die Formen und Eigenschaften der einzelnen Arten, die Funktion der einzelnen Organe, die Lebensweise usw. Das menschliche Leben ist viel zu kurz, um einen Entwicklungsversuch durchzuführen und damit unsere Theorien experimentell zu stützen.

Meistens stellen wir uns die Natur als schöpferische Kraft vor, die unendliche Möglichkeiten besitzt, Einfälle verschwendet und versucht, wie die einzelnen Schöpfungen in der Konkurrenz untereinander und auch unter ungünstigen äußeren Bedingungen bestehen können. Die Fähigkeit, sich zu verändern und zu entwickeln, ist die grundlegende Eigenschaft aller lebenden Materie. In der Natur finden wir keine zwei völlig gleichen Organismen. Auch die Angehörigen der gleichen Art unterscheiden sich in Details voneinander. Defekte Gebilde werden erbarmungslos verworfen und unter einer Menge neuer Möglichkeiten begraben. Es überleben nur die Individuen, die eine besonders günstige Kombination von Eigenschaften, wie es Widerstandsfähigkeit, Anpassungsvermögen, Fortpflanzungs- und Wehrfähigkeit u. ä. sind, besitzen. Was über die Veränderlichkeit der Einzelexemplare gesagt wurde, gilt auch für die höheren Einheiten, für die Populationen, Arten, Gattungen usw. Von der unübersehbaren Menge an Kombinationen und Formen, die im Verlaufe der Zeit auftauchten, konnten sich nur solche erhalten, die für das Leben ihres Trägers irgendwie von Bedeutung, zumindest jedoch nicht hinderlich waren oder gar zum Untergang führten. Die Variabilität der Organismen und die erbarmungslose natürliche Auslese sind zwei Triebkräfte der Entwicklung. Alles wird hierbei noch dadurch komplizierter, daß sich auch die anorganische Natur verändert und entwickelt und sich die Organismen immer neu anpassen müssen. Deshalb sind viele Arten und auch ganze, größere systematische Einheiten im Verlauf der geologischen Entwicklung ausgestorben.

Die Veränderungen der leblosen Natur und die Tatsache, daß sich die Bedingungen an den verschiedenen Stellen der Erdoberfläche unterscheiden, sind die Voraussetzung für die Bildung vieler verschiedener Arten.

Bedingung für die Erhaltung voneinander abweichender Formen, die im Rahmen der Artenvariabilität entstanden sind, ist die Herausbildung einer Barriere; sie muß die voneinander abweichenden Formen trennen und ihre isolierte Entwicklung wenigstens so lange sichern, bis die Gesamtzahl der unterscheidenden Merkmale einen Grad erreicht hat, bei dem es nicht mehr zu einer Vermischung der ursprünglichen Abweichungen kommen kann. Heute wird allgemein anerkannt, daß die Arten durch geographische Isolierung entstanden sind und sich vervielfältigt haben. Die Populationen einer über ein großes Gebiet verbreiteten Art wurden zum Beispiel durch die Auffaltung von Gebirgen, die Abteilung von Kontinenten, die Entstehung von Meeren, die Änderung des Klimas in einer bestimmten Zone u. ä. voneinander getrennt und entwickelten sich dann selbständig unter abweichenden Bedingungen weiter. Nach einer längeren Zeit erreichten die Unterschiede zwischen den Populationen ein solches Ausmaß, daß diese den Charakter selbständiger Arten angenommen hatten. Diese Entwicklung kann zwar nicht im Verlaufe eines menschlichen Lebens festgestellt werden (man schätzt, daß zur Herausbildung einer Unterart 10 000—20 000 Jahre benötigt werden), kleinere Veränderungen aber, wie es zum Beispiel die Rassenbildung bei den Stämmen der Nutztiere ist, entgehen uns nicht.

Gegenwärtig fragt sich die Wissenschaft, ob die Artenbildung auch auf eine andere Weise als durch die geographische Isolation vor sich gehen konnte. Diese Frage stellt sich bei den Arten, die ein gemeinsames, nicht unterteiltes Gebiet bewohnen (die sog. sympatrischen Arten). Es scheint nämlich, daß auch andere als gebietsbedingte Barrieren entstehen und die einzelnen Populationen einer Art voneinander trennen können. So kann sich zum Beispiel die Zeit des Auftretens der Populationen innerhalb eines Jahres so verschieben, daß sich diese überhaupt nicht mehr begegnen. Hiermit wäre das Auftauchen zweier sehr verwandter Schmetterlingsarten erklärt, von denen eine im Spätherbst, die andere im zeitigen Frühjahr ausfliegt. Andere Barrieren könnten genetischer, physiologischer, ethologischer und ähnlicher Art sein.

Für die Entwicklung ist charakteristisch, daß das gleiche Ziel, nämlich die notwendige funktionelle Anpassung, auf verschiedenen Wegen erreicht werden kann. Es handelt sich hierbei um die sogenannte Entwicklungskonvergenz, für die wir gerade bei den Schmetterlingen viele Beispiele finden. Einige, nur entfernt verwandte Insektengruppen ahmen das gleiche Objekt, zum Beispiel die gefürchteten Wespen, nach und schützen sich durch diese Ähnlichkeit vor Feinden. Andere Arten gelangten auf verschiedenen Wegen zu einer übereinstimmenden Schutzfärbung, die ihnen ermöglicht, völlig mit der Umgebung, in der sie leben, zu verschmelzen. Ein anderes Beispiel ist die oft auftretende dunkle Färbung der Falter im Hochgebirge, die offensichtlich mit der starken Sonneneinstrahlung zusammenhängt. Wir könnten diese Aufzählung beliebig fortsetzen.

Wenn wir alle schöpferischen Möglichkeiten der Natur vor dem Hintergrund sehr großer Zeiträume sehen, muß sich eine unüberschaubare Vielfalt ergeben. Wir haben es mit einem komplizierten, dynamischen System zu tun, das ständigen Veränderungen unterliegt. Ständig entsteht und vergeht etwas. Auch heute ist die Entwicklung noch nicht abgeschlossen, schließlich gehört die Gegenwart auch zur geologischen Geschichte und ist deren End- oder besser Übergangsglied.

Das System der Schmetterlinge

Die von Generationen angehäuften Kenntnisse über die lebendigen Organismen verlangten folgerichtig nach einer Klassifizierung, die es ermöglichte, sich in der Natur zu orientieren und das Wissen entsprechend für die weitere wissenschaftliche Forschung und tur praktische Zwecke anzuwenden. Deshalb bemühen sich die Naturforscher schon seit langem, irgendein System zu schaffen. Sie gingen dabei von verschiedenen, praktischen oder wissenschaftlichen Gesichtspunkten aus. Das Hauptaugenmerk richtete sich aber allmählich auf die Herausbildung eines sogenannten natürlichen Systems, das möglichst genau die Verhältnisse in der Natur festhalten sollte. Das heißt, das natürliche System sollte einerseits ein Schema der stammesgeschichtlichen Entwicklung von den ältesten und primitivsten Formen bis zu den jüngsten und fortgeschrittensten Formen zeigen und andererseits die verwandtschaftlichen Beziehungen zwischen den Organismen unserer Zeit ausdrücken. Das ist keine leichte Aufgabe, denn die Beziehungen in der Natur sind das Ergebnis einer langen und komplizierten Entwicklung, und wir besitzen nur wenig Beweismaterial, um die Geschichte genauer rekonstruieren zu können. Die Natur ist darüber hinaus noch so kompliziert, daß es nicht möglich ist, sie auch mit dem vollkommensten Schema zu erfassen. Ein natürliches System ist deshalb nur ein ideales Ziel, dem wir uns in einem bestimmten Maße nähern können, wobei aber jede Konzeption immer eine Vereinfachung der Wirklichkeit bedeutet.

Es gab mehrere Versuche, ein System zu schaffen. Der erste, der hierbei ein befriedigendes Ergebnis erlangte, war der schwedische Naturforscher CARL VON LINNÉ. Er ordnete alle ihm bekannten Pflanzen und Tiere ein, und sein Werk „Systema naturae" bildete die Grundlage für die allmähliche Herausbildung des heutigen Systems der Organismen. LINNÉ, der sein Werk selbst einige Male ergänzte und überarbeitete, würde sich bestimmt wundern, wenn er es sähe, was ganze Generationen von Wissenschaftlern aus dem ursprünglichen System geschaffen haben. Die Grundprinzipien blieben aber immer die gleichen. Gleich den anderen Tiergruppen wurden auch die Schmetterlinge in das System eingeordnet. Soweit es sich dabei um die entwicklungsgeschichtlich fortgeschrittensten Falter handelt, wie es Eulen, Schwärmer, Zahnspinner, Tagfalter und andere sind, bestehen im ganzen die gleichen Ansichten. Die meisten Probleme bestehen bei der Einordnung der primitiven Familien, die viele verwandte Merkmale mit anderen, nahestehenden Insektenordnungen, vor allem mit den Köcherfliegen *(Trichoptera)*, aufweisen. Einige dieser primitiven Arten besitzen funktionsfähige Beißwerkzeuge und ernähren sich nicht von Nektar, sondern von Blütenstaub. Sie erinnern damit an das Leben der Urvorfahren der Schmetterlinge aus fernster Zeit, als die blühenden Pflanzen noch keinen Nektar bildeten. Es ist deshalb nicht verwunderlich, daß einige Forscher diese Gruppe nicht den Schmetterlingen zuordneten, sondern für sie eine eigene Insektenordnung schufen. In der neuesten Zeit überwiegt die Auffassung, daß diese Insekten doch zu den echten Schmetterlingen *(Lepidoptera)* gehören.

Die einzelnen Wissenschaftler gehen bei der Systembildung von verschiedenen Gesichtspunkten aus.

Nach der Art, wie die Vorder- und Hinterflügel verbunden sind, teilen wir die Schmetterlinge in *Jugatae* und *Frenatae*. Bei den *Jugatae* sind die Flügel durch einen Einschnitt im Vorderflügel verbunden. Die *Frenatae* besitzen ein besonderes Organ, das Vorder- und Hinterflügel zusammenhält. Am Vorderrand des Hinterflügels befinden sich ein oder mehrere feste Wimpern (Frenulum), die sich in eine Klappe oder einen Fächer aus harten Borsten (Retinaculum) am unteren Rand des Vorderflügels einschieben. Zu der ersten Gruppe gehören die primitiven Familien *Micropterigidae, Eriocraniidae* und *Hepialidae,* zu der zweiten Gruppe alle anderen Schmetterlinge.

Sonst werden die Falter danach unterteilt, ob die Adern der Vorder- und Hinterflügel in der gleichen Anzahl ausgebildet sind und ob beide Flügel ähnliche Formen aufweisen, *(Homoneura)*,

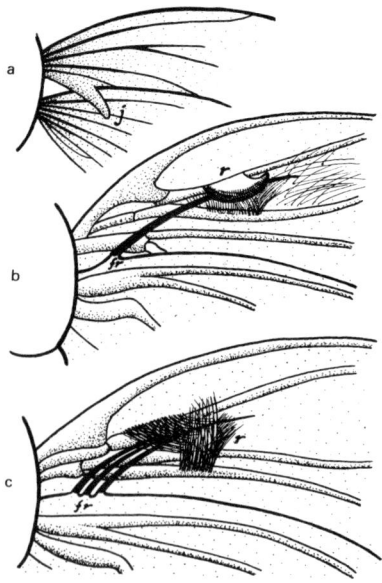

Bild 1. Verbindung von Vorder- und Hinterflügel bei den beiden Unterordnungen der Schmetterlinge: a — *Jugatae;* b, c — *Frenatae:* b — bei den Männchen, c — bei den Weibchen; *j* Jugum, *fr* Frenulum; *r* — Retinaculum.

Bild 2. Äderung der Vorder- und Hinterflügel bei den beiden Unterordnungen der Schmetterlinge: a — *Homoneura*; b — *Heteroneura*; j Jugum; *fr* Frenulum.

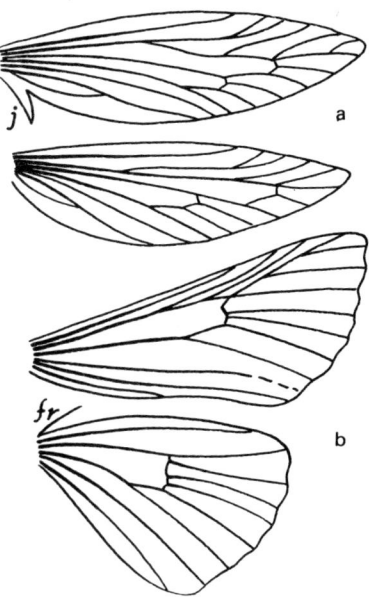

oder aber ob die Adern und Formen der Flügel unterschiedlich entwickelt sind *(Heteroneura)*. Nach der Anzahl und Anordnung der Geschlechtsorgane der Weibchen können wir einige Familien als *Monotrysia* (mit einer Geschlechtsöffnung), die anderen als *Ditrysia* (mit zwei Öffnungen) bezeichnen. Bei den letzteren dient die eine Öffnung zur Kopulation, die andere zur Eiablage. In der Praxis besteht immer noch die Unterteilung der Schmetterlinge in *Macrolepidoptera* (Großschmetterlinge) und *Microlepidoptera* (Kleinschmetterlinge). Auch wenn man dieser Auffassung gewisse praktische Vorteile nicht streitig machen kann, berücksichtigt sie die morphologischen und anatomischen Merkmale und vor allem die Evolution der einzelnen Schmetterlingsgruppen nicht.

Das System der Schmetterlinge kann auch im Hinblick auf die Teilung in Familien verschieden aussehen. Einige Autoren untergliedern die Ordnung *Lepidoptera* in ungefähr 50 Familien, andere geben mehr als 120 an. In der jüngsten Vergangenheit gipfelten die Bemühungen um die Unterteilung der größeren Familien in kleinere. Als Beispiel können hier die Zünsler angeführt werden. Sie wurden in sechs selbständige Familien aufgespalten. Es scheint, daß in der Gegenwart eine ganze Reihe von Autoren zu den größeren systematischen Einheiten zurückkehrt, und viele selbständige Familien wieder ihre ursprüngliche Stellung einnehmen. Die folgende Übersicht zeigt einmal die Einordnung der Schmetterlinge in das Tierreich überhaupt und zum anderen die Einteilung der eigentlichen Ordnung *Lepidoptera* in Überfamilien und Familien, was für die Schmetterlingsliebhaber interessanter sein dürfte. In diesem Beispiel des modernen Systems wird jedoch nur eine Auswahl der wichtigsten systematischen Einheiten angegeben. Vor allem wurden die Familien weggelassen, die nur eine unbedeutende Zahl an Arten aufweisen und die eher theoretische Bedeutung haben.

Die Unterteilung der Schmetterlinge in Überfamilien und Familien ist neben den schon erwähnten Kriterien vor allem auf der Äderung der Flügel begründet, das heißt auf der Anzahl der Adern, ihrem Verlauf und ihrer Verästelung. Andere wesentliche Merkmale sind zum Beispiel die Form der Fühler, Gestalt und Stellung der Lippentaster (Palpi labiales), die

Körperform, die Länge der Beine, die Anzahl und Anordnung der Sporne auf den Schienen usw. Wir werden uns damit eingehender in dem angefügten Schlüssel für die wichtigsten Schmetterlingsfamilien befassen. In den systematisch niedrigeren Einheiten, den Gattungen und Arten, spielt die Form der äußeren Kopulationsorgane bei Männchen und Weibchen eine große Rolle. Einige Arten können sogar kaum anders als an diesen Organen unterschieden werden.

Reich: Tiere *(Animalia)*
  Stamm: Gliederfüßer *(Arthropoda)*
    Klasse: Kerbtiere *(Insecta)*
      Ordnung: Schmetterlinge *(Lepidoptera)*
        Unterordnung: Homoneura (= *Jugatae)*
        Überfamilie (in Klammern Familie):
        Micropterigoidea (Micropterigidae — Urmotten)
        Eriocranioidea (Eriocraniidae — Trugmotten)
        Hepialoidea (Hepialidae — Wurzelbohrer)
        Unterordnung: Heteroneura (= *Frenatae)*
        Überfamilie (in Klammern Familie):
        Nepticuloidea (Nepticulidae — Zwergmotten)
        Incurvarioidea (Incurvariidae — Miniersackmotten, *Adelidae* — Langhornmotten)
        Cossoidea (Cossidae — Holzbohrer)
        Tineoidea (Tineidae — Echte Motten, *Coleophoridae* — Futteralmotten, *Psychidae* — Sackträgermotten)
        Gracillariidae — Blatt-Tütenmotten, *Lithocolletidae* — Miniermotten)
        Yponomeutoidea (Sesiidae — Glasflügler, *Yponomeutidae* — Gespinstmotten)
        Gelechioidea (Elachistidae — Grasminiermotten, *Oecophoridae* — Palpenmotten, *Gelechiidae* — Palpenmotten)
        Copromorphoidea (Copromorphidae, Alucitidae — Federmotten)
        Zygaenoidea (Zygaenidae — Widderchen oder Blutströpfchen, *Limacodidae* — Asselspinner, Schildmotten)
        Pyraloidea (Pyralidae — Zünsler)
        Pterophoroidea (Pterophoridae — Federgeistchen)
        Hesperioidea* (Hesperiidae — Dickköpfe)
        Papilionoidea* (Papilionidae — Ritter- oder Edelfalter, *Pieridae* — Weißlinge, *Nymphalidae* — Fleckenfalter, *Satyridae* — Augenfalter, *Lycaenidae* — Bläulinge)
        Geometroidea (Drepanidae — Sichelflügler, *Thyatiridae* — Eulenspinner, Wollrückenspinner, *Geometridae* — Spanner),
        Bombycoidea (Endromididae — Frühlings- oder Birkenspinner, *Lasiocampidae* — Glucken oder Wollraupenspinner, *Bombycidae* — Seidenspinner, *Lemoniidae* — Pseudoseidenspinner, *Saturniidae* — Augenspinner, Nachtpfauenaugen)
        Sphingoidea (Sphingidae — Schwärmer)
        Notodontoidea (Notodontidae — Zahnspinner)
        Noctuoidea (Lymantriidae — Träg- oder Schadspinner, *Arctiidae* — Bärenspinner, *Noctuidae* — Eulenfalter)

---

* Die Überfamilien *Hesperioidea* und *Papilionoidea* gehören zu den Tagfaltern, die übrigen Schmetterlinge sind „Nachtfalter", auch wenn viele von ihnen tagsüber ausfliegen.

Die Namen der Schmetterlinge

Die Namensgebung oder Nomenklatur ist ein Gebiet, das Anfänger gewöhnlich abschreckt. „Wozu sind diese ständigen Änderungen der wissenschaftlichen Namen nur gut?", fragt der eine. „Kaum hat man sich an einen Namen gewöhnt, schon ist er wieder ungültig und durch einen neuen, garantiert richtigen ersetzt worden", klagt der andere. Wer kann denn ahnen, daß zum Beispiel *Scopelosoma satellitium* L. das gleiche ist wie *Eupsilia transversa* Hufn. oder *Thais polyxena* Den. u. Schiff. das gleiche wie *Zerynthia hypsipyle* Schze., *hypermnestra* Sc., *rumina* Esp. usw. Und dabei führen wir nur zwei Beispiele von mehreren zehn geläufigen und hunderten weniger bekannten Fällen an. Viele Schmetterlingssammler glauben, daß die ständigen Veränderungen in der Nomenklatur keinerlei Sinn haben und nur Chaos und Mißverständnisse herbeiführen.

Manchmal sieht es zwar so aus, ist in Wirklichkeit aber nicht so schlimm. Die Namen der Schmetterlinge werden nach bestimmten Regeln festgelegt, und Ziel der Änderungen ist nichts anderes, als in der Nomenklatur Ordnung zu schaffen und die Fehler dort zu berichtigen, wo nicht nach den vorgeschriebenen Regeln verfahren wurde. Auch müssen historische Namen, die in einer Zeit entstanden, als unsere Regeln noch nicht galten, dem gegenwärtigen Stand angepaßt werden. Der Stein des Anstoßes liegt wohl darin, daß gerade unsere Generation in einer Zeit lebt, in der alle diese Schwierigkeiten bewältigt werden. Wir dürfen nicht übersehen, daß der gegenwärtige Zustand ein Übergangsstadium darstellt und Ausdruck eines mächtigen Aufschwungs der Wissenschaft in der ganzen Welt ist.

Wir wollen versuchen, an einigen Beispielen die Grundsätze der wissenschaftlichen Namensbildung bei den Schmetterlingen, die auch für die anderen Tiere gelten, zu erklären.

Das Bemühen, die einzelnen Organismen der Natur zu benennen, ist so alt wie die menschliche Sprache. Die verschiedenen Versuche um eine einheitliche Nomenklatur wurden jedoch nicht allgemein übernommen. Erst Linné verwendete in seinem Werk „Systema naturae", das weiter vorn schon erwähnt wurde, lateinische Begriffe (Nomenklaturen), die in den Grundzügen für Pflanzen und Tiere, also auch für die Schmetterlinge heute noch üblich sind.

Linnés Nomenklatur wird als binomisch bezeichnet, setzt sich also aus zwei Namen zusammen. An erster Stelle steht der Gattungsname, der immer groß geschrieben wird, zum Beispiel *Papilio, Vanessa, Sphinx.* An zweiter Stelle wird die Art genannt und immer mit kleinem Anfangsbuchstaben geschrieben, auch dann, wenn die Bezeichnung von einem Eigennamen abgeleitet ist, wie zum Beispiel bei *Celaena haworthii* (nach dem englischen Forscher Haworth), *Scolitantides orion* (nach dem sagenhaften, antiken Jäger Orion). Auf die gleiche Weise werden auch die Arten klein geschrieben, die von großgeschriebenen Pflanzengattungsnamen abgeleitet sind, zum Beispiel: *Cucullia verbasci* (nach *Verbascum*, Königskerze). In der Literatur des letzten Jahrhunderts wurden diese Grundsätze noch nicht eingehalten.

Eine Vervollkommnung der binomischen Nomenklatur Linnés ist die trinomische Nomenklatur, bei der ein dritter Name die Unterart (Subspezies) bezeichnet und nach den gleichen Grundsätzen wie der Artname klein geschrieben wird. Der dritte Name ist in der Erkenntnis begründet, daß eine Art oft in den einzelnen Teilen ihres Verbreitungsgebietes abweichende Formen bildet. Deshalb geht die Bezeichnung der Unterart oft vom Namen eines Landes oder einer anderen geographischen Einheit aus, wie zum Beispiel *Chloridea maritima bulgarica, Erebia epiphron carpathica, Parnassius apollo nevadensis* u. a. Die Rasse, die in dem Gebiet lebt, in dem die Art erstmalig beschrieben wurde, heißt Nominatrasse, und bei ihr ist die Art- und Unterartbezeichnung gleich, zum Beispiel: *Papilio machaon machaon, Parnassius apollo apollo* u. ä. Wird im Text im Rahmen einer Art von ihrer Unterart (Subspezies) gesprochen, verwenden wir die Abkürzung ssp., zum Beispiel ssp. *bulgarica.*

Der Gattungsname hat immer Hauptwortcharakter. Der Artname kann im ersten oder zweiten

Fall als Hauptwort oder als Eigenschaftswort behandelt werden, als irgendeine andere Wortart oder als frei aussprechbare Lautgruppe, die keine konkrete Bedeutung haben muß, auftreten. Hat der Artname Eigenschaftswortcharakter, stimmt im Lateinischen seine grammatische Endung mit dem Geschlecht (männlich, weiblich, sächlich) des zugehörigen Gattungsnamens überein. Wird eine auf diese Weise bezeichnete Art in eine andere Gattung eingegliedert, gleichen wir die grammatische Endung des Artnamens an, zum Beispiel *Crambus permutatellus* ändert sich zu *Catoptria permutatella*. Wenn der Artname anderen Charakter hat, wird seine Form dem Gattungsnamen nicht angepaßt. Für all das bestehen genaue Vorschriften, und Autoren, die für eine bisher noch nicht beschriebene Gattung oder Art einen Namen ausdenken, sollten angeben, von welchem Wort die Bezeichnung abgeleitet ist und was für ein grammatisches Geschlecht sie hat. Dann genügt es, sich nur ein wenig im Latein auszukennen, um wenigstens richtig mit den Wortendungen manipulieren zu können.

Die taxonomischen Einheiten, die über der Gattung stehen (Familie, Ordnung usw.) sind nicht Bestandteil des Namens. Bei den Schmetterlingen werden jedoch der Name des Autors, der die Art oder Unterart zum ersten Mal beschrieben hat, und das Jahr, in welchem die Beschreibung veröffentlicht wurde, angefügt. Das sieht dann zum Beispiel so aus:

Chloridea maritima (GRASLIN, 1855)

Chloridea maritima bulgarica DRAUDT, 1938

Uns ist sicher schon oft aufgefallen, daß der Name des Autors und die Jahresangabe manchmal in Klammern stehen, manchmal nicht. Auch das hat seine besondere Bedeutung. Ist die Art von Anfang an bis heute in der Gattung verblieben, in die sie der Autor bei der Beschreibung eingeordnet hat, wird dieser ohne Klammern angegeben, zum Beispiel *Papilio machaon* LINNÉ, 1758 oder *Sphinx ligustri* LINNÉ, 1758. Es gibt aber auch Arten, die auf Grundlage späterer Studien in eine andere Gattung eingegliedert wurden. Dann erscheinen der Autorenname und die Jahresangabe in Klammern, zum Beispiel: *Acherontia atropos* (LINNÉ, 1758) oder *Parnassius apollo* (LINNÉ, 1758). Das System LINNÉS war im Vergleich zu dem heutigen sehr einfach, und die Forscher unterteilten LINNÉS ursprüngliche Gattungen in viele andere. So kommt es, daß der Name LINNÉ nur sehr selten ohne Klammern auftaucht.

Das Ausschreiben der ganzen Namen mit allen zugehörigen Angaben, mit Jahreszahlen und Klammern ist recht langwierig, und bei den gegenwärtigen Anforderungen des Druckens an Knappheit und Platzsparsamkeit geht man davon ab. Eine Ausnahme machen hier nur taxonomisch bemessene Abhandlungen. In faunistischen Beiträgen oder der angewandten Literatur verwendet man gewöhnlich Abkürzungen und läßt Jahreszahlen und Klammern weg. Für die klassischen Autoren besitzen wir schon geläufige Abkürzungen: L. = LINNÉ, HW. = HAWORTH, TR. = TREITSCHKE, HB. = HÜBNER, u. ä. Man schreibt also: *Papilio machaon* L. u. ä. Die Namen weniger bekannter und gegenwärtiger Autoren werden ausgeschrieben.

Eine andere Regel schreibt vor, daß der gültige Name die Form haben muß (mit Ausnahme der grammatischen Endung des Eigenschaftswortes), in der er bei der ersten Beschreibung im Text auftauchte. Das gilt auch dann, wenn der Autor aus irgendeinem Grunde eine falsche Form benutzt hat oder der Name nach anderen Regeln als den heute gültigen entstand. Die Korrekturen einiger offensichtlichen Druckfehler sind nur selten zugelassen. So wurde zum Beispiel eine neue Weißlingsart nach dem Wiener Sammler J. MANN benannt. Der Genitiv von Mann lautet im Lateinischen Manni. Die Beschreibung erschien jedoch unter dem Namen *mannii* und muß nun so beibehalten werden, auch wenn die grammatische Form unrichtig abgeleitet worden ist. Der Weißling heißt nun also *Pieris mannii* MAYER, 1851. Aus ähnlichen Gründen heißt die Y-Eule *Agrotis ipsilon* (HUFNAGEL, 1766), auch wenn in vielen Sprachen „ypsilon" der Umschrift aus dem Griechischen besser entsprechen würde.

Es kann geschehen (und ist ein recht häufiger Fall), daß die gleiche Art unabhängig von zwei Forschern beschrieben wird. Das ist entweder reiner Zufall oder dem einen entging, daß die Art schon entdeckt und die Beschreibung veröffentlicht wurde. In diesem Falle gilt die sehr wichtige Prioritätsregel, nach der der ältere Name, also der zuerst publizierte, richtig ist. Der jüngere, später publizierte Name bleibt als Synonym bestehen. Hierbei fällt uns augenblicklich ein, daß die Suche alter Namen kein Ende nehmen muß und wir eines Tages bis auf Aristoteles zurückgreifen werden, der ja für die Lebewesen auch Namen benutzte. Um diese extremen Tendenzen einzuschränken, einigten sich die Wissenschaftler unter anderem auf ein vernünftiges Datum, von dem an die Priorität der Namen berechnet werden kann. Dieses Datum ist das Jahr 1758, in dem die 10. Ausgabe von Linnés ,,Systema naturae'' erschien. Die Priorität der Namen wird auf die Bezeichnungen der Familien, Gattungen, Arten und Unterarten angewendet. Bei niedrigeren systematischen Einheiten wird sie nicht verwendet, so daß zum Beispiel mit den Namen der individuellen Formen — abgekürzt f. (Aberration — ab.) frei verfahren werden kann und ihre Anwendung eine Sache der Übereinkunft ist.

Einige Leute nehmen fälschlicherweise an, daß alle Namen, die Linné verwendete, gültig sein müssen. Wir stellen die interessante Frage, ob Linné selbst Synonyme bilden konnte? Die Antwort ist eindeutig: Er konnte nicht nur, sondern er bildete sie auch mehrere Male. Die 10. Ausgabe von ,,Systema naturae'', die 1758 erschien, ist nämlich nicht das letzte Werk Linnés. Linné beschrieb laufend neue Arten und gab 1761 und 1767 weitere Schriften heraus. Für diese späteren Werke gilt schon die Prioritätsregel, und so geschah es, daß vor Linné andere Autoren, vor allem jene, die ihre Beschreibungen zwischen 1758 und 1761 beziehungsweise bis 1767 veröffentlichten, den Vorrang haben. Hierzu gehören zum Beispiel Clerck und Schreber 1759, Scopoli 1763, Müller 1764, Hufnagel 1766 usw.

Ungültige Namen können noch anders entstehen als durch die wiederholte Beschreibung. Es gilt nämlich die Regel, daß im ganzen Tierreich nicht zwei gleiche Gattungsnamen und innerhalb einer Gattung nicht zwei gleiche Artnamen auftreten dürfen. Wenn das geschieht — jemand benennt vielleicht eine neue Gattung der Schmetterlinge mit einem Namen, den schon irgendein Fisch oder eine Fliege trägt —, entsteht ein sogenanntes Homonym, das als Name ungültig ist. Dieses muß durch einen neuen Namen ersetzt werden. Bevor solche Unregelmäßigkeiten bemerkt werden, vergehen oft sogar Jahrzehnte, und der namengebende Autor kann schon gestorben sein. Dann bildet gewöhnlich der den neuen Namen, der den Fehler bei der Revision entdeckt hat. Ein Beispiel: Einige Arten der Eulen, die zur Familie *Noctuidae* gehören, wurden in eine Gattung mit dem üblichen Namen *Agrotis* eingeordnet. Ochsenheimer benannte diese Gattung 1816 so. Vor verhältnismäßig kurzer Zeit stellte man fest, daß die Bezeichnung *Agrotis* in den Jahren 1809—1813 (also einige Jahre früher) auch von Hübner für eine andere Gattung der Familie *Noctuidae* verwendet wurde. Der Name *Agrotis* würde also im Tierreich zweimal auftauchen, was nach der Regel unzulässig ist. Die Priorität hat Hübner und deshalb blieb der Gattungsname *Agrotis* für die Arten der Gruppe *Agrotis venustula* Hbn. gültig, während für die Eulen der früheren Gattung *Agrotis* O. eine andere Bezeichnung gefunden werden mußte. In der Reihenfolge lag am nächsten ebenfalls Hübners Bezeichnung *Scotia*, die er für die Eulen im Jahre 1821 benutzte und die bis dahin als Synonym des Namens *Agrotis* O. angesehen wurde. Heute sollten diese Eulen also *Scotia segetum* Schiff., *Scotia exclamationis* L. usw. heißen und diesen Namen hatte man für sie in der Literatur auch mehrere Jahre als gültig benutzt. Das war unangenehm, denn gerade der Name *Agrotis* war für die Saateulen in der angewandten Literatur weit verbreitet. Der Streit wurde erst von der Internationalen Kommission der zoologischen Nomenklatur beendet. Diese hat bestimmt (vor allem mit Rücksicht darauf, daß es sich um eine wichtige weltbekannte Schädlingsgruppe handelt, und der Name *Agrotis* wird in der angewandten Literatur oft gebraucht), daß der allgemein gebräuchliche Name *Agrotis* O. in diesem Ausnahmsfall trotz der Homonymie als gültig verwendet werden soll. An diesem Beispiel kann auch gezeigt werden, daß jede Namensänderung ihre Gründe hat. Es bestehen viele Synonyme und Homonyme, und um sich in diesem Wirrwarr überhaupt auszukennen, ist es nötig, hinter jedem Namen den Autoren wenigstens abgekürzt anzugeben. Wir haben gezeigt, daß *Agrotis* O. nicht das gleiche ist wie *Agrotis* Hbn. Und so verbergen sich unter den gleichklingenden Artnamen *aceris* Frey. *aceris* L., *aceris* Lep. oder *catax* Esp. und *catax* L. völlig verschiedene Schmetterlinge.

Wir haben der Namensgebung der Schmetterlinge vielleicht ein wenig mehr Platz eingeräumt, als es auf den ersten Blick nötig erscheint. Trotzdem konnten wir bei weitem nicht alle Probleme ansprechen und haben nur einige Beispiele angeführt. In Wirklichkeit entwickeln sich manchmal rechtliche Probleme, die in ihrer Kompliziertheit juristischen Paragraphen in nichts nachstehen und nur von Spezialisten gelöst werden können. Der ,,Code International de Nomenclature zoologique`` (Internationale Regeln der zoologischen Nomenklatur) hilft, die Arbeit mit den neuen Namen zu klären und überhaupt die vielfältigen Klippen der Nomenklatur zu meistern. Das oberste Organ, das die strittigen Fälle regelt, wie wir es oben bei *Agrotis* gesehen haben, ist die Internationale Kommission der zoologischen Nomenklatur (ICZN), die ihre Entscheidung in einer eigenen, internationalen Zeitschrift veröffentlicht.

Neben den wissenschaftlichen Namen gibt es in jeder lebendigen Sprache auch nationale Bezeichnungen. Sie sind nicht so konsequent wie die wissenschaftlichen, folgen freien Regeln und gehen oft aus volkstümlichen, traditionellen Namen hervor. Auch sind sie bei weitem nicht erschöpfend. Gewöhnlich werden nur auffallende, häufige oder wirtschaftlich bedeutende Arten mit Namen versehen, die oft in Lehrbüchern oder in der populärwissenschaftlichen Literatur auftauchen. Die seltenen Arten besitzen keine nationalen Namen, oder ihre Bezeichnungen sind nicht gebräuchlich. In einigen Ländern gibt es ein mehr oder weniger erschöpfendes, offizielles Verzeichnis der Schmetterlingsnamen, anderswo werden die Bezeichnungen frei angewendet, und die gleiche Art kann mehrere Namen tragen. Die meisten Sprachen verwenden Namen, die die wissenschaftliche binomische Nomenklatur nicht kopieren. Einige Sprachen bieten diese Möglichkeit gar nicht. Beispiele für nationale binomische Nomenklaturen, die dem wissenschaftlichen System sehr genau entsprechen, sind die Nomenklaturen für Schmetterlinge (und nicht nur für diese) im Tschechischen und Polnischen. Für Studium, Veröffentlichungen und internationalen Austausch ist es jedoch unbedingt notwendig, sich die wissenschaftlichen Namen der Lebewesen einzuprägen.

Die Entwicklungsstadien der Schmetterlinge und ihre Lebensweise

Die Entwicklung der Schmetterlinge — Metamorphose

Bevor aus dem Ei ein erwachsener Falter entsteht, durchläuft jedes Exemplar eine komplizierte, keimesgeschichtliche Entwicklung, die sogenannte Metamorphose, bei der sich einige völlig verschiedene Entwicklungsstadien ablösen. Aus dem unbeweglichen, vom Weibchen gelegten Ei schlüpft die Raupe, die das Wachstums- und Freßstadium darstellt. Die ausgewachsene Raupe verwandelt sich in eine unbewegliche oder nur wenig bewegliche Puppe, die keine Nahrung aufnimmt. Erst aus diesem Ruhestadium entpuppt sich der erwachsene Falter, Endglied und Gipfel des ganzen Zyklus und zugleich Begründer eines neuen Zyklus. Weil die Schmetterlinge in ihrem Zyklus ein Puppenstadium aufweisen, sprechen wir von Insekten mit vollkommener Verwandlung.

Die keimesgeschichtliche Entwicklung der Schmetterlinge beginnt mit der Befruchtung der Keimzelle, die im Ei enthalten ist. Im Augenblick der Befruchtung kommt zu der schon vorhandenen Erbinformation des Weibchens die des Männchens hinzu. Hier entscheidet sich, wie das zukünftige Tier in den Hauptzügen aussehen, ob es ein Männchen oder Weibchen sein wird. Wenn einige Eier der Befruchtung entgehen, was manchmal geschieht, vertrocknen sie nach der Ablage, ohne sich zu entwickeln. Aus ihnen schlüpfen keine Raupen aus. Die Entwicklung von Raupen aus unbefruchteten Eiern, die sogenannte Parthenogenese, ist eine ausgesprochene Ausnahme. Wir treffen sie z. B. bei einigen Sackträgern an. Was geschieht im Ei? Die erste befruchtete Zelle, die Zygote, beginnt sich zu teilen. Sie muß sich viele Male teilen, bevor sich ein kleiner Embryo, also überhaupt etwas, das einem primitiven Lebewesen ähnelt, abzuzeichnen beginnt. Der Embryo ist reichlich von Dotterreserven umgeben. Diese genügen gerade für die Nährstoffversorgung bei der Entwicklung eines vollkommenen Lebewesens, der kleinen Raupe. Das Leben des Embryos wird von der Eischale, dem Chorion, nicht nur vor mechanischen Schäden, sondern auch vor ziemlich heftigen Witterungsschwankungen geschützt. Eine bestimmte Temperatur, Feuchtigkeit, Licht und Sauerstoff, das sind die Anforderungen, die der Embryo an seine Umgebung stellt. In dem Moment, in dem sich die Raupe aus dem Ei beißt, beginnt ihr selbständiges Dasein. Die Dotterreserven des Eis sind erschöpft, und die Raupe muß sich um sich selbst kümmern. Das leere Chorion dient vielen Raupen als erste Nahrung, und von der Hülle verbleibt dann nur der an die Unterlage geklebte Boden. Andere Raupen beachten die verlassene Eischale nicht und suchen sofort ihre zukünftige Nahrungsquelle auf.

Während der Entwicklung durchlaufen die Raupen mehrere Phasen. Es sind meistens 5, es können aber auch über 10 sein. Langsamer wachsende Raupen durchlaufen eine größere Anzahl von Phasen, und es können auch bei den Raupen einer Art Unterschiede auftreten, die davon abhängig sind, ob es sich um die Sommergeneration oder die überwinternde Generation handelt. Der Übergang von einer Entwicklungsphase zur anderen geschieht durch das Abstreifen der alten und die Ausbildung einer neuen, größeren und lockerer sitzenden Haut. Die Haut wird mit allen Vorsprüngen und Borsten abgestreift. Besonders interessant ist, daß dabei auch die äußeren Teile der Atemröhren und Teile der Mundpartien herausgezogen werden. Der Kopf mit den Kauwerkzeugen, die Fühler und Lippentaster werden als selbständiges Gebilde abgelegt. Jeder Häutung geht eine kurze, ein bis zwei Tage dauernde Ruheperiode voraus. Die Raupe stellt die Nahrungsaufnahme ein, der Kopf teilt sich ab, und bei hellen Exemplaren ist unter der alten die neue Haut zu sehen. Die Raupe, die das letzte Entwicklungsstadium erreicht hat, verwandelt sich bei der letzten Häutung in eine Puppe.

Die Änderungen in Größe und Gewicht der Raupen während der Entwicklung sind beachtlich. In der Länge wachsen die Raupen um das 10- bis 20fache, die Breite des Kopfs vergrößert sich ungefähr 6mal. Das Gewicht der Raupen erhöht sich vom Schlüpfen bis zum Verpuppen zwei- bis dreitausendmal.

Die Puppe ist ein seltsames, fast bewegungsloses Gebilde. Sie nimmt keine Nahrung auf und ändert auch den Standort nicht. In ihrem Innern vollzieht sich aber ein fast unglaublicher Prozeß. Nach dem Verpuppen kommt es zur sogenannten Histolyse, das heißt, daß sich fast alle Organe der Raupe auflösen und die Puppe von einer Art formloser Materie ausgefüllt wird. Aus dieser beginnt sich um eine unscheinbare Keimscheibe ein völlig anders aussehender Organismus, der zukünftige Falter, zu entwickeln.

Wenn die Entwicklung der Puppe zu Ende geht, ist die Hülle mit einem Lebewesen ausgefüllt, das schon alle Organe des erwachsenen Tieres aufweist. In der letzten Phase leuchten schließlich die bunten Flügel, die Augen und der Körper des Schmetterlings durch die Puppenhaut. Das heißt, daß die Puppe bald platzt, der erwachsene Falter ausschlüpft und diese ganze komplizierte Umwandlung abschließt.

Wer erwartet, daß er gleich nach dem Entpuppen einen vollkommenen Schmetterling sieht, der sich in seiner ganzen Pracht erhebt und davonfliegt, wird enttäuscht sein. Aus der Puppe schlüpft nämlich ein seltsames, mit Beinen und farbigen Miniaturflügeln versehenes Geschöpf. Diese Flügel verraten zwar mit ihrer Zeichnung schon die Art, sind aber noch völlig funktionsunfähig. Der geschlüpfte Schmetterling läuft zuerst unruhig hin und her und sucht eine geeignete Stelle, an der er sich festsetzen kann. Dazu kann der Ast eines Gebüschs, ein

17

Baumstamm, der Stengel einer Blume oder ein Grashalm, eine Mauer oder ein Stein, eben irgendeine erhöhte Stelle dienen, an der sich das Tier niederlassen oder eher an den Vorderbeinen so festsetzen kann, daß die Flügel frei hängen können. Dann folgt eine kaum bemerkbare Körperbewegung, eine Art Pumpen, wobei der Schmetterling die Flügeladern mit Körperflüssigkeit und die Tracheen mit Luft füllt. Hierbei vergrößern sich die Flügel, bis sie das normale Ausmaß erreichen. Wenn wir Glück haben und einen Schmetterling unmittelbar nach dem Schlüpfen entdecken, brauchen wir nicht mehr als 10—15 Minuten, um den seltsamen Prozeß des Aushängens der Flügel zu bewundern. Aber auch dann kann der Schmetterling noch nicht wegfliegen. Er klappt die hängenden Flügel in die Stellung um, die er später in der Ruhelage einnimmt (gleich, ob die Flügel flach oder dachförmig zusammengelegt sind oder leicht geöffnet bleiben) und wartet noch 1—2 Stunden, bis sie ausreichend steif geworden sind. In diesem Augenblick erreicht der Falter seine endgültigen Ausmaße und wächst nicht mehr. Wie wir sehen, ist die Entwicklung der Schmetterlinge nicht gerade einfach. Darüber hinaus sind Aussehen, Lebensweise und Schicksale der einzelnen Stadien bei den verschiedenen Arten dieser umfangreichen Insektenordnung so vielgestaltig, unterschiedlich und bewundernswert, daß es sich lohnt, sie genauer kennenzulernen.

Der Schmetterling (Die Imago)

Die Schmetterlinge gehören zu den Insekten, womit das Grundschema ihres Körperbaus festliegt. Der Schmetterlingskörper besteht demzufolge aus drei Teilen: Kopf, Brust und

Bild 3. Die drei Hauptteile des Schmetterlingskörpers: Kopf, Brust (mit Beinen und Flügeln) und Hinterleib (in Bild 4 beschrieben).

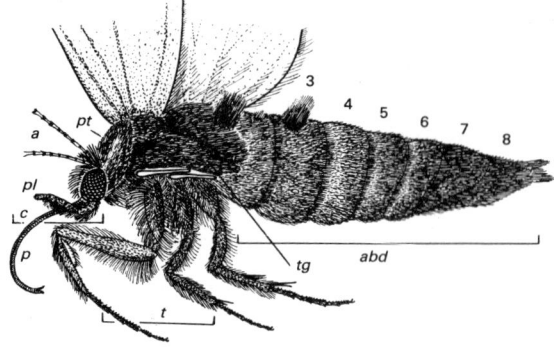

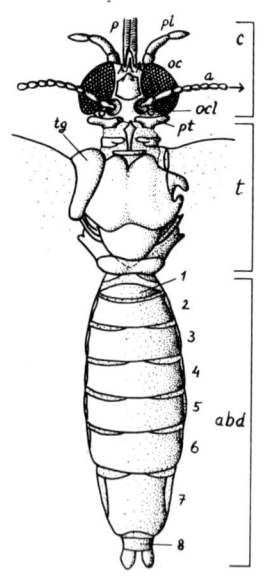

Bild 4. Der von Schuppen befreite Schmetterlingskörper: *c* Kopf (Caput); *t* Brust (Thorax); *abd* Hinterleib (Abdomen); *p* Rüssel (Proboscis); *pl* Lippentaster (Palpi labiales); *oc* Facettenauge (Oculus); *ocl* Punktauge (Ocellus); *a* Fühler (Antennen, verkürzt); *pt* Patagium; *tg* Tegula (auf der rechten Seite entfernt); 1 bis 8 — Hinterleibsglieder.

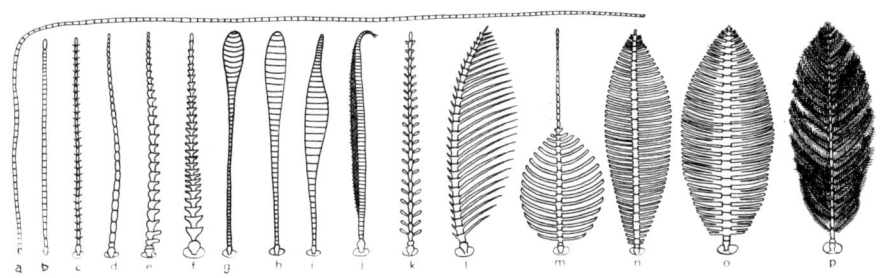

Bild 5. Verschiedene Fühlertypen der Schmetterlinge: a, b — fadenförmig; c, d — borstenförmig;
e, f — gesägt; g — klöppelförmig; h — gekeult; i, j — spindelförmig; k bis o — gekämmt; p — gefiedert.

Hinterleib. Er ist ganz mit feinen Borsten und Schuppen bedeckt. Der Kopf, der mit dem Hals
an der Brust befestigt ist, trägt ein Paar großer zusammengesetzter Augen, die halbkugelförmig
und verschieden gefärbt sind und meist glänzen. Oft sind sie hell gelbgrün, manchmal schwarz,
aber auch fleckig. Meistens sind sie kahl, manchmal bewimpert. Bei einigen primitiveren
Gruppen der Schmetterlinge finden wir darüber hinaus noch ein Paar einfacher Augen.
Auf dem Kopf fallen zwei Fühler auf. Sie bestehen aus einer verschieden großen Anzahl von
Gliedern, die verschieden lang und verschieden geformt sind. Am häufigsten treten fadenförmi-
ge Fühler auf. Wir finden sie bei den Eulen, den meisten Spannern und vielen Familien der
Kleinschmetterlinge. Die Männchen der Kleinfalter aus der Familie *Adelidae* tragen sehr lange
Fühler; sie sind bis zu fünfmal länger als die Flügel und erinnern so an einige Gruppen der
Frühlingsfliegen, denen die Schmetterlinge entwicklungsgeschichtlich am nächsten stehen. Ein
anderer Fühlertyp ist gekämmt und kommt bei den Männchen vieler Arten der Spanner,
Glucken und Trägspinner und auch bei einigen Eulen vor. Die zinkenartigen Ausläufer dieser
gekämmten Fühler können verschieden lang oder einseitig länger sein, so daß der gesamte
Umriß schwertförmig, lanzettlich oder oval ist. Eine besondere Form weisen die Fühler einiger
Sackträger und Motten auf. Die seitlichen Abzweigungen sind lang, dünn und ungeordnet und
erinnern an kleine Vogeldunen. Keulenförmig verdickte Fühler finden wir bei den Widderchen,
dicke oder kantige Fühler (manchmal mit einem harten Haken am Ende) bei den Schwärmern.
Die Tagfalter tragen dünne, aber feste Fühler mit einem Klöppel oder einer flachen Scheibe am
Ende. Diese Falter werden deshalb auch unter dem Begriff *Rhopalocera* (Keulenhörner)
zusammengefaßt. Die Weibchen haben gewöhnlich einfachere Fühler als die Männchen, sie
sind entweder kurz gekämmt, gesägt oder pinselförmig. Das hängt damit zusammen, daß die
Fühler bei den Schmetterlingen als Geruchsorgan dienen, das bei dem Zusammentreffen beider
Geschlechter behilflich ist. Die Männchen suchen im Gelände mit dem Geruchssinn die oft
einige Kilometer weit entfernten Weibchen auf.
Die Mundwerkzeuge der Schmetterlinge können grundsätzlich in zwei Typen unterteilt
werden. Gewöhnlich stellen wir uns den Rüssel der Schwärmer oder Tagfalter vor, und kaum
jemand weiß, daß bei den primitivsten Familien, den *Micropterigidae* und *Eriocraniidae* noch
Kauwerkzeuge vorhanden sind. Bei einigen Arten dieser Familien funktionieren die Beißwerkzeuge sogar noch, und die Falter nähren sich anstatt von Nektar von Blütenstaub. Meistens
sind diese Orange aber verkümmert und nur als funktionsunfähige Schuppen ausgebildet, und
die Imagines nehmen überhaupt keine Nahrung auf.
Bei den höher entwickelten Schmetterlingen entstand aus den Wangen (Galeae) der Rüssel.
Dieses paarige Organ besteht aus zwei Rinnen, die mit einer Naht verbunden sind und somit
eine schmale Röhre bilden. Am Ende sind beide Hälften frei. Mit dem Rüssel saugen die

Bild 6. Verschiedene Typen der Mundwerkzeuge bei den Schmetterlingen: a — entwickelte Kauwerkzeuge bei den primitiven Faltern; b — entwickelter Rüssel; c — verkümmerte Mundwerkzeuge, zur Nahrungsaufnahme unfähig.

Schmetterlinge Nektar oder andere Nährsäfte auf. Die längsten, einige Zentimeter erreichende Rüssel haben die Schwärmer. In der Ruhehaltung wird der Rüssel zu einer Spirale eingerollt und erreicht seine volle Länge nur beim Saugen. Auch die Tagfalter *(Rhopalocera)* und einige Eulen *(Noctuidae)* tragen lange Rüssel. Eine ganze Reihe anderer Schmetterlinge hat kürzere, manchmal auch stichelförmige Rüssel, die zum Anstechen fleischiger Früchte geeignet sind. Bei vielen Familien sind die Mundwerkzeuge teilweise oder ganz reduziert. Der Rüssel kann ebenso wie die Kauwerkzeuge seine Funktion verlieren und als überflüssiges Organ dann in einer weiteren Entwicklungsstufe ganz verschwinden. Die Imagines der Glucken, Augenspinner, Holzbohrer, einiger Bärenspinner, Zahnspinner und anderer nehmen überhaupt keine Nahrung auf und schöpfen die zum Leben nötige Energie aus den Fettreserven, die die Raupe angelagert hat. Alle Daseinsfreude reduziert sich dann einzig und allein darauf, die Vermehrungsaufgabe zu erfüllen und damit den Fortbestand der Art zu sichern.

Außer dem Rüssel sind noch andere Reste von Mundwerkzeugen erhalten geblieben. Aus der Unterlippe bildeten sich die zwei- bis dreigliedrigen Lippentaster (Palpi labiales), die am Kopf

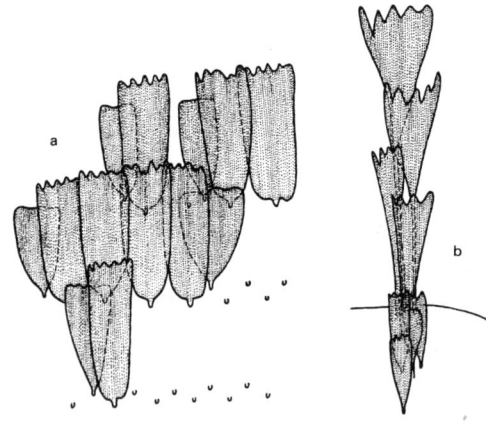

Bild 7. Die Schuppen auf den Flügeln der Schmetterlinge überdecken sich wie Dachziegel: a — Flügelfläche; b — Flügelrand.

so auffallen können, daß sie als wichtiges Merkmal bei der Bestimmung der Familie dienen. Hierbei spielt ihre Länge, Gestalt, Stellung und der Typ der Behaarung eine Rolle. Viel kleiner, bedeutungsloser und oft verkümmert sind die Taster, die von dem zweiten Kieferpaar übrig geblieben sind (Palpi maxillares).

Die Brust setzt sich aus drei Gliedern zusammen: Der Vorderbrust (Prothorax), der Mittelbrust (Mesothorax) und der Hinterbrust (Metathorax). Die einzelnen Teile sind dicht aneinander gefügt und bilden beim oberflächlichen Betrachten ein geschlossenes Ganzes. In der Gestalt der einzelnen Abschnitte, die sich aus den mit festen Nähten verbundenen Skleriten (den festen Teilen des äußeren Skeletts) zusammensetzen, bestehen jedoch große Unterschiede, denn an ihnen sind Beine und Flügel befestigt. Der Schmetterling besitzt drei Beinpaare, an jedem Brustglied eins, und zwei Flügelpaare, die sich am zweiten und dritten Brustglied befinden. Nur selten sind Beine und Flügel verkümmert.

Die Flügel gehören bei den Faltern zu den auffallendsten Körperteilen. Sie sind an der Brust durch ein kompliziertes System kleiner Sklerite befestigt. Sonst sind sie häutig und zweischichtig, denn sie entwickelten sich im Laufe der Zeit aus Ausstülpungen der Oberhaut. Sie werden von kleinen farbigen Schuppen überzogen, die in einer Richtung liegen und sich wie Dachziegel überdecken. Die ganze Herrlichkeit der Schmetterlinge verbirgt sich in diesen kleinen Gebilden, die entweder Pigmente enthalten oder das Licht reflektieren und brechen. Dadurch

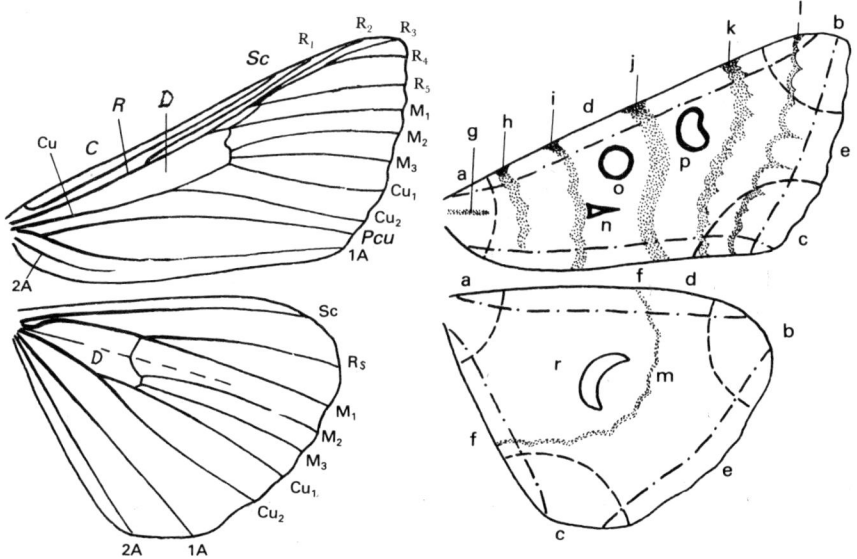

Bild 8. Links: Adern und Felder des Vorder- und Hinterflügels: *C* Costa (deckt sich mit dem Vorderrand des Flügels); *Sc* Subcosta; *R* Radius und seine Äste (R_1-R_5); *M* Medialader und ihre Äste (M_1-M_3); *Cu* Cubitus und seine Äste (Cu_1, Cu_2); *Pcu* Postcubitus (bei einigen Familien im Hinterflügel fehlend); *A* Analis, oft auch Axillaris genannt (1A, 2A). Die zugehörigen Felder sind nach der vorherstehenden Ader genannt (z. B. Analfeld, Cubitalfeld). Eine Ausnahme ist *D* Discoidalfeld.

Rechts: Flügelteile und charakteristische Teile der Zeichnung: a — Flügelwurzel; b — Spitze oder Apex; c — Innenwinkel; d — Vorderrand; e — Außenrand; f — Hinterrand (Innenrand); g — Basallinie, Wurzelstrieme; h — basale Querlinie; i — innere Querlinie; j — Mittelband; k — äußere Querlinie; l — Wellenlinie; m — Mittelband des Hinterflügels; n — Zapfenmakel; o — Ringmakel; p — Nierenmakel; r — Mittelmond oder Mittelfleck.

entstehen (im letzten Fall) metallisch glänzende, blaue, rote oder regenbogenfarben schillernde Flächen, wie wir sie bei den Bläulingen, Feuer- und Schillerfaltern sehen. Ansonsten bilden die farbigen Schuppen komplizierte Zeichnungen. Als Grundlage dienen einige gewellte Querlinien und Flecken in der Flügelmitte. Aus diesem Schema entwickelt sich dann ein wahrer Reichtum an Ornamenten, die für die Schmetterlinge so typisch sind.

Die zarten Flügelmembranen würden beim Fliegen dem Luftdruck allein nicht widerstehen können. Sie sind deshalb mit Längs- und Querspanten, den sogenannten Adern, ausgesteift. In diesen Adern fließt aber kein Blut wie bei den Wirbeltieren. Sie bilden einige Gruppen und werden mit Namen bezeichnet: Costa, Subcosta, Radius, Media, Cubitus, Postcubitus und Analis. Die Abkürzungen dieser Namen schreibt man mit Großbuchstaben: C, Sc, R, M, Cu, Pcu, A. Die Adern schließen Flächen ein, die ähnlich bezeichnet, aber mit kleinen Buchstaben angegeben werden. Einige Adern verzweigen sich, andere bleiben in ihrem ganzen Verlauf einfach. Bei den einzelnen systematischen Gruppen der Schmetterlinge tritt auf den Flügeln eine verschiedene Zahl von Adern auf, und ihre Anordnung ist für die Abgrenzung der Familien äußerst wichtig. Jede Familie wird durch einen bestimmten Äderungstyp charakterisiert.

Die Beine schließen seitlich an, jeweils ein Paar an jedem Brustglied. Sie setzen sich meistens aus folgenden Grundelementen zusammen: Hüftglied (Coxa), Schenkelring (Trochanter), Schenkel (Femur), Schiene (Tibia), Fuß (Tarsus), Praetarsus. Der Fuß ist fünfgliederig, am Praetarsus befindet sich ein Polster mit zwei Häkchen. Am längsten ist gewöhnlich der Schenkel, manchmal auch die Schiene. Die Beine der einzelnen Paare können untereinander ein bißchen verschieden sein. So sind zum Beispiel bei den Flecken- und Augenfaltern die Vorderbeine leicht reduziert, bei den Wicklern und Federmotten sind dagegen die Hinterbeine sehr lang. Auch die Krallen und Anhängsel der Beine weisen verschiedene Stellungen auf und kommen nicht immer in gleicher Anzahl vor. Die stärkste Reduktion der Beine können wir bei den Weibchen einiger Sackträger sehen, die ihre Hüllen überhaupt nicht verlassen und die Beine zur Fortbewegung nicht benutzen.

Der Hinterleib ist walzenförmig und besteht ursprünglich aus 10 Gliedern. Die ersten 7–8 Glieder stimmen in Form und innerem Aufbau überein. Die letzten zwei (bei den Männchen) oder drei (bei den Weibchen) haben sich zu Kopulationsorganen umgebildet, deren Gestalt sich von der Form der ursprünglichen Glieder völlig unterscheidet. Im Inneren des Hinterleibs befinden sich auf der Rückenseite die Verdauungsröhre und auf der Bauchseite ein Nerven-

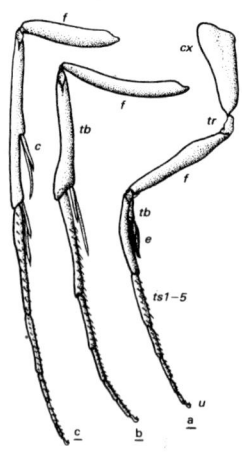

Bild 9. Die Beine des Schmetterlings: a — 1. Paar (Vorderbeine); b — 2. Paar (Mittelbeine), c — 3. Paar (Hinterbeine); *cx* Hüfte (Coxa); *tr* Schenkelring (Trochanter); *f* Schenkel (Femur); *tb* Schiene (Tibia); *ts* 1. bis 5. Glieder des Fußes (Tarsus); *u* Praetarsus mit Kralle (Unguis); *c* Sporen (Calcaria); *e* Anhängsel (Epiphysis), das zur Reinigung der Fühler dient.

Bild 10. Beispiele für die große Variabilität der männlichen Geschlechtsorgane: a, b — Spanner *(Geometridae)*; c, d — Eulen *(Noctuidae)*; *v* Valva; *u* Uncus; *s* Saccus; *c* Corona; *h* Harpe; *p* Penis (Aedeagus), für die Untersuchung gewöhnlich abgetrennt, sonst inmitten der Skleriten ausgehend.

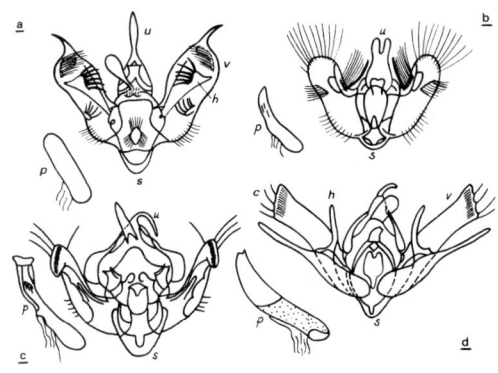

band, weiterhin die Äste der Atemröhren (Tracheen), Drüsen und die inneren Geschlechtsorgane (Hoden mit Spermien oder Eierstöcke mit Eiern).

Die äußeren Geschlechtsorgane, die in das letzte, ringförmig ausgebildete Hinterleibsglied eingelagert sind, dienen als mechanische Hilfe bei der Kopulation. Sie weisen sehr verschiedene Formen auf. Ihre phylogenetische (stammesgeschichtliche) Entwicklung wurde nicht durch umweltbedingte Anpassungen beeinflußt. Deshalb blieben ähnliche Formen der Kopulationsorgane, die von Verwandtschaftsverhältnissen zeugen, auch dort erhalten, wo sich das äußere Bild der Schmetterlinge unter den Selektionstendenzen der Umwelt wesentlich verändert hat. Im Gegenteil dazu zeigt die Analyse der Kopulationsorgane die wirklichen Verhältnisse dort, wo es während der Entwicklung unter gleichen Bedingungen zur Annäherung (Konvergenz) verwandtschaftlich entfernter Gruppen kam und sich die Falter in Form und Farbe der Flügel ähneln. Die Kopulationsorgane der Männchen und Weibchen wurden so zu einem unentbehrlichen Hilfsmittel in der Systematik und Taxonomie der Schmetterlinge. Sie sind so spezifisch, daß wir nach ihnen die meisten Arten der Schmetterlinge bestimmen können, ohne überhaupt die Färbung ihrer Flügel zu kennen.

Das männliche Kopulationsorgan können wir uns wie eine Zange vorstellen. Die Backen dieser Zange heißen Valvae. Das Männchen packt damit das Weibchen. Die Valvae sind überaus vielgestaltig. Manchmal sind sie sehr kompliziert, symmetrisch oder asymmetrisch geformt und tragen Stacheln und Anhängsel, die alle einen Namen haben. Andere auffällige Gebilde sind der Uncus auf der Rücken- und der Saccus auf der Bauchseite. Es handelt sich in beiden Fällen um die abgewandelten Sklerite des letzten Hinterleibsglieds. Zwischen diesen vier Skleriten verläuft der Penis (Aedeagus), eine mit den Hoden verbundene Röhre. Der Penis ist ein sklerotisiertes (versteiftes) walzenförmiges Gebilde, das auf der Oberfläche oft Zähne und im Inneren zahnartige und dornige, oft bündelförmig angeordnete Auswüchse hat.

Das weibliche Kopulationsorgan ist weniger vielgestaltig und meistens im Hinterleib verborgen. Dort befindet sich auch der auffallendste Teil des Organs, die Bursa copulatrix. Das ist ein häutiger Sack, der auf seiner Oberfläche Dornen oder andere feste Gebilde trägt. In der Bursa copulatrix lagern sich bei der Kopulation die Behälter mit den Spermien ein, die vom Männchen übergeben werden. Die Bursa ist oft überfüllt. Mit dieser Spermienreserve befruchtet das Weibchen nach und nach die Eier so, wie sie in den Eierstöcken heranreifen. Die Bursa copulatrix ist mit der Oberfläche des 8. Glieds am Hinterleib durch einen Gang, den Ductus bursae, verbunden, der hier in der Begattungsöffnung, dem Ostium bursae mündet. Diese Öffnung und die Analplatten sind die einzigen Gebilde, die beim Weibchen außen sichtbar sind.

23

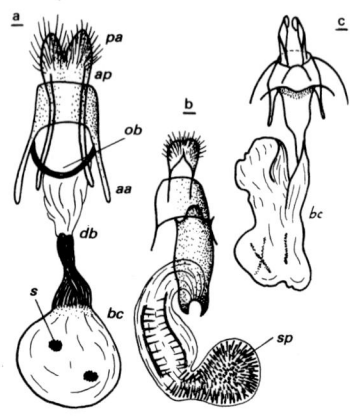

Bild 11. Geschlechtsorgane der Weibchen:
a, b — Spanner *(Geometridae);* c — Eulen *(Noctuidae);*
pa Analpapillen (Papillae anales); *aa* vordere Apophysen; *ap* hintere Apophysen; *ob* Ostium bursae (Eingang in die Bursa); *db* Gang der Bursa (Ductus bursae); *bc* Bursa copulatrix; *s* sklerotisierter Fleck (Signum); *sp* Dornen im Inneren der Bursa (Spini).

Die männlichen und weiblichen Begattungsorgane bilden ein geschlossenes System, das die Kopulation fremder Arten ungefähr so verhindert, wie ein Türschloß nicht mit einem falschen Schlüssel geöffnet werden kann. Die Kopulationsorgane sind für die Systematik und Taxonomie so wichtig, daß ihre Morphologie bis ins Detail untersucht wurde und bei allen Schmetterlingen bekannt ist. Mit ihr befassen sich umfangreiche Artikel in wissenschaftlichen Zeitschriften oder auch ganze Bücher. Bei der Beschreibung neuer Arten und Unterarten, beim Aufsuchen verwandtschaftlicher Beziehungen, bei der zuverlässigen Bestimmung der Arten, kann man ohne dieses Fachgebiet nicht auskommen.
Das erwachsene Tier (Imago) ist im Gegensatz zu der wenig beweglichen Puppe ein überaus lebhaftes und in vielen Richtungen aktives Wesen. Gewöhnlich nimmt es Nahrung auf, in vielen Fällen lebt es aber von den Fettreserven, die die Raupe während ihrer Entwicklung angelagert hat. Die Hauptaufgabe der Imago besteht in der Vermehrung und der Sicherung der Nachkommenschaft. Auf dieses Ziel ist alles, was das Tier im Verlauf seines Lebens unternimmt, ausgerichtet. Wir können das in zwei Grundforderungen zusammenfassen: Einmal müssen sich Männchen und Weibchen der gleichen Art finden, damit es zur Begattung und Befruchtung kommen kann, zum anderen muß im höchsten Maße die Kreuzung zwischen Geschwistertieren und auch zwischen verschiedenen Arten verhindert werden. Die Befruchtung zwischen Geschwistertieren würde zur Degeneration, die zwischen verschiedenen Arten zur Unfruchtbarkeit der Nachkommenschaft führen und das Ende der Entwicklung der Population bedeuten.
Diese beiden Forderungen werden nicht einheitlich erfüllt. Es hat sich gerade hier eine große Anzahl von Verhaltensweisen entwickelt, die sich fast alle ein wenig unterscheiden und gerade jeweils nur für eine bestimmte Art charakteristisch sind.
Wenn wir beachten, daß einige Arten sehr selten sind, ist es nicht einfach für das Männchen, ein Weibchen zu finden, das vielleicht einige Kilometer weiter ausschlüpft. Aber all das ist nicht dem Zufall überlassen. Die nicht befruchteten Weibchen sondern charakteristische Duftstoffe ab, die von besonderen Drüsen gebildet werden. Diese Duftstoffe heißen Pheromone. Sie werden vom Wind in die Umgebung getragen. Die Männchen besitzen an den Fühlern sehr empfindliche Geruchsorgane, mit denen sie den Duft der Weibchen auf große Entfernungen wahrnehmen und danach die Partnerin finden können. Es ist bemerkenswert, daß bei den Männchen die Sexuallockstoffe viel stärkeres Interesse erwecken als die Weibchen selbst. Sie lassen sich auch nur von Drüsen anlocken, die aus den Weibchen operativ entfernt wurden. Hierbei sitzt das operierte Weibchen nebenan und wird nicht beachtet. In gleicher Weise

suchen die Männchen Stellen auf, an denen ein Weibchen gesessen und seinen Duft hinterlassen hat. Wenn wir ein jungfräuliches Weibchen so in einem Käfig unterbringen, daß es von den Männchen nicht erreicht werden kann, fliegen während einer Nacht manchmal mehrere zehn Männchen an. Kommt es zur Befruchtung, stellen die Drüsen ihre Funktion ein, und das Weibchen verliert seine Anziehungskraft für die Männchen.

Auch die Männchen signalisieren mit Sexualduftstoffen. Diese entwickeln sich in drüsenartigen Duftschuppen oder -borsten, die in größeren, Flächen auf den Flügeln, am Hinterleib oder auf den Hinterbeinen konzentriert sein können. Die männlichen Duftstoffe haben eine andere Wirkung als die weiblichen. Sie sollen das Weibchen zur Begattung reizen.

Die Kopulation verläuft nicht immer auf die gleiche Weise. Manche Arten paaren sich sofort nach dem Entpuppen, andere erst nach einigen Tagen. Einige Arten stellen keine Ansprüche an Raum und Umwelt und paaren sich auch in der Gefangenschaft leicht. Im Gegensatz dazu stellen die Tagfalter an die Umgebung erhebliche Ansprüche und legen in Gefangenschaft nur sehr schwer Eier ab. Einige Arten paaren sich nur kurz, bei anderen dauert die Kopulation bis zu zwei Tage. Einige Falter treffen sich nur einmal und sichern dabei die Befruchtung des ganzen Geleges. Andere Arten paaren sich mehrmals, wobei zwischen den einzelnen Kopulationen mehrtägige Pausen eintreten können, in denen die Eier abgelegt werden und die Tiere Nahrung suchen. Das alles hängt auch von der Lebensdauer der Imagines ab.

Wir wollen noch einmal in die Zeit kurz nach dem Schlüpfen zurückkehren. Die Weibchen einiger Arten halten schon sofort nach dem Schlüpfen ihre Eier zum Befruchten und Ablegen bereit. Sie locken die Männchen an und sind bald befruchtet. Solche Arten nehmen oft keine Nahrung auf und versorgen sich das ganze Leben lang von den Reservestoffen im Körper. Die Gelege sind reichlich und groß und innerhalb kurzer Zeit abgestoßen. Der Hang zur Eiablage ist so groß, daß Weibchen, die in der entsprechenden Zeit nicht vom Männchen aufgesucht werden, unbefruchtete Eier legen. Andere Arten schlüpfen mit unreifen Geschlechtsorganen. Bei den Weibchen sind in den Eierstöcken (Ovarien) keinerlei entwickelte Keimzellen vorhanden. Damit die Eier heranreifen, muß der Schmetterling eine sogenannte Fraßzeit durchleben. Er saugt aus den Blüten Nektar oder aus anderen Quellen Nährstoffe. Wenn alles gut verläuft, tauchen nach einigen Tagen in den Ovarien (Eierstöcken) der Weibchen die ersten Eier auf. Es können auch Fälle eintreten, in denen sich die Entwicklung der Eierstöcke vollkommen einstellt und erst nach dem Überwintern oder bei anderen Arten nach der Ästivation (der sommerlichen Ruhepause) vollendet. Die Arten, bei denen sich die Eier in den Ovarien allmählich entwickeln, weisen gewöhnlich eine recht auseinandergezogene Ablagezeit auf, wobei die meisten Eier des ganzen Vorrates in den ersten Tagen abgestoßen werden. Die Eier werden einzeln gelegt, so wie sie sich in den Eierstöcken entwickeln. Sobald die Gelege reichlicher ausfallen, treten zwischen den Ablageperioden größere Pausen ein.

Wenn die Exemplare einer Art zusammentreffen sollen, müssen sie in einer bestimmten, abgegrenzten Zeit ausschlüpfen. Das ist besonders bei kurzlebigen Arten wichtig. Den Impuls zur Entpuppung gibt die Tageslänge oder aber meistens ihre Kombination mit der Temperatur. Die Tagestemperaturen verschieben die Entwicklung der Puppe immer etwas nach vorn. Erreicht der Durchschnitt dieser Temperaturen eine bestimmte Höhe (und mit ihm die Entwicklung einen bestimmten Stand), schlüpft der Falter aus. Der Durchschnitt dieser zum Schlüpfen notwendigen, sogenannten effektiven Temperatur liegt sehr genau fest und bildet für jede Art eine charakteristische Konstante. Diese Erkenntnis hilft zum Beispiel bei der Vorausbestimmung des Auftretens schädlicher Insektenarten. In manchen Fällen kann gerade Frost den Impuls zum Entpuppen geben, was für die Arten des Spätherbstes typisch ist.

Wir können aber feststellen, daß sich auch in der Flugzeit einer Art nicht alle Exemplare gleichzeitig entpuppen. Hierbei denken wir jetzt nicht an die übliche Variabilität oder an mikroklimatische Unterschiede zwischen den einzelnen Standorten in der Natur, sondern eher daran, daß manchmal die Männchen eher als die Weibchen schlüpfen. Bei anderen Arten kann das umgekehrt sein. Hierdurch ist die größtmögliche Befruchtung der Weibchen gleichzeitig mit einer nur geringen Gefahr verwandtschaftlicher Kreuzung gesichert.

Neben der Vermehrung haben die Imagines noch die Aufgabe, für ihre Art neue Lebensräume zu suchen. Als ausgezeichnete Flieger können sie sich über große Entfernungen ausbreiten. Bei Arten, bei denen die Weibchen flügellos oder flugunfähig sind, können die Männchen ihre Partnerin während der Kopulation über bestimmte Entfernungen davontragen. Diese Strecke kann jedoch bei weitem nicht mit den Entfernungen verglichen werden, die die ausgezeichneten Flieger unter den Schmetterlingen überwinden. Arten mit beschränkter Flugfähigkeit können sich deshalb nur sehr langsam ausbreiten.

Das Ei

Mit dem Ei beginnt der neue Lebenszyklus des Schmetterlings. Es ist von einer festen Hülle, dem Chorion, umschlossen und enthält vor allem Nährstoffe (Dotter), die für die Entwicklung des Embryos wichtig sind. Das Chorion hat sehr verschiedene Gestalt und eine reiche Struktur. An einer Stelle befindet sich die Mikropyle, eine Öffnung oder eine ganze Gruppe von Öffnungen, durch die die Spermien zur weiblichen Keimzelle vordringen. Wenn die Mikropyle

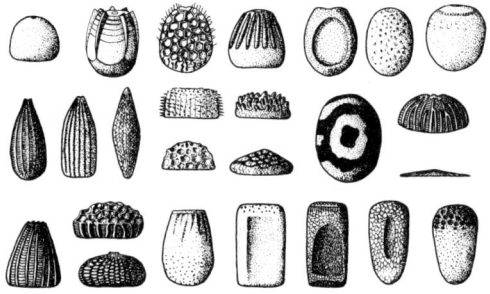

Bild 12. Verschiedene Formen der Schmetterlingseier.

an der Eispitze angebracht ist, sprechen wir von einem stehenden Ei, befindet sie sich an der Seite, dann handelt es sich um ein liegendes Ei.

Die Schmetterlingseier sind meistens kugel- oder halbkugelförmig und sitzen mit der schmalen oder breiten Basis auf der Unterlage auf. Wir finden aber auch schlanke, stehende Eier von zylindrischer, kegel- oder spindelförmiger Gestalt (z. B. bei manchen Tagfaltern) oder niedrige brotlaib- und schuppenartige Eier, die an die Schalen von Meeresweichtieren erinnern. Diese sind für einige Eulen und Wickler typisch. All diese Eier haben einen kreisförmigen Grundriß. Viele Eier sind ungleichmäßig, kantig und mit Auswüchsen oder Vertiefungen und Grübchen an der Oberfläche versehen. Sehr oft schmücken Rippen, die in Meridianrichtung verlaufen, die Eier. Sind diese Rippen grob, überziehen ungefähr 20 das Ei, sind sie zart, steigt ihre Anzahl auf bis zu 50. Sie verlaufen gerade oder zickzackförmig, manchmal verzweigen sie sich. Gerippte Eier sind charakteristisch für die Eulen und einige Tagfalter, wie zum Beispiel für die Fleckenfalter, Augenfalter oder Weißlinge. Andere Eier sind fein gekörnt, wobei sich die Struktur als matter Überzug zeigt und erst bei einer stärkeren Vergrößerung unter dem Mikroskop erkennbar ist. Die Körnung kann auch gröber sein, oder es befinden sich auf der Eioberfläche sternförmige Gebilde oder Netzstrukturen. In der Richtung zur Mikropyle hin ändert sich die Struktur gewöhnlich, und in ihrer Nähe zeigt sich eine Rosette aus blattförmigen Gebilden, die offensichtlich die Spermienbewegung zur Mikropylenöffnung hin ausrichten soll.

Bild 13. Regelmäßige und unregelmäßige Formen der mikropylaren Rosette, Eier mit mittiger Mikropyle.

Bei einigen Eiern kann man überhaupt keine Struktur erkennen, denn sie sind mit einer erstarrenden Masse, mit Schaum oder mit Borsten vom Hinterleib des Weibchens überdeckt. Die Eier sind nach der Ablage meistens weißlichgelb und weich. Nach kurzer Zeit erstarrt das Chorion, und die Eier erhalten ihre Grundfärbung. Sie sind hellgelb, gelborange, aber auch grau, hellgrün, braunrot und schwarz. Die Eier der Ordensbänder und Glucken sind bunt. Die Färbung der Eier bleibt manchmal die ganze Entwicklungszeit über bestehen, manchmal verändert sie sich entsprechend der Embryonalentwicklung. Auf weißlichgelben Eiern entsteht dann manchmal eine rötliche, kranzförmige Zeichnung, andere Eier verfärben sich bräunlich, grau oder beginnen zu glänzen. Am Ende der Embryonalentwicklung scheinen gewöhnlich die kleinen Raupen durch die Schale. Das geschieht vor allem dort, wo sie einen dunklen Kopf und Warzen auf dem Körper haben oder ganz dunkel sind.

Die Weibchen legen die Eier einzeln ab, in kleinen Gruppen von 2 bis 10 Stück, oder sie bilden große Gelege, die mehrere Tausend Eier enthalten können. Reiche Gelege finden wir zum Beispiel bei den Weibchen der Bärenspinner, Trägspinner, Glucken und vieler Eulenfalter. Die Gelege können einschichtig, oft schön in Reihen oder dachziegelartig geordnet oder aber ohne erkennbare Ordnung angehäuft sein. Um die Eier vor Feinden zu schützen, schiebt sie das Weibchen manchmal mit dem schmalen Hinterleibsende in die Risse der Rinde, unter die Blattscheide, in die Rosette der Blätter, hinter Knospen und in leere Samenkapseln. An anderer Stelle überdeckt es das Gelege mit Borsten vom Hinterleib oder einem erstarrenden

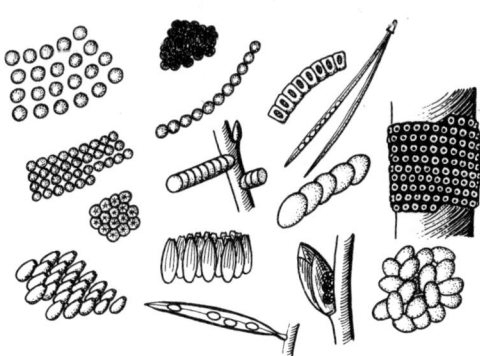

Bild 14. Verschiedene Gelegetypen der Schmetterlinge.

27

Sekret. Die Wurzelbohrer legen ihre Eier auf ungewöhnliche Weise. Das Weibchen scheidet hier kein Sekret ab, um die Eier an der Unterlage festzukleben, sondern läßt diese während des Fluges frei ins Gras fallen. Auf einer Schale rollen diese Eier wie Mohnkörner durcheinander. Bei Arten, deren Raupen auf den oberirdischen Teilen der Pflanzen leben, würden hierbei erhebliche Verluste eintreten. Die Raupen der Wurzelbohrer kriechen aber nach dem Schlüpfen in den Boden und ernähren sich hier von den Wurzeln verschiedener Pflanzen. Von den äußeren Einflüssen spielt bei der Eientwicklung die Temperatur die größte Rolle. Temperaturschwankungen von einigen Graden können die Entwicklung wesentlich beschleunigen oder im Gegenteil um ein Vielfaches verlangsamen. So kann zum Beispiel ein Ei bei 25 ° C die ganze Embryonalentwicklung innerhalb von zwei bis drei Tagen durchlaufen, während es bei nur 10 ° C hierfür einige Wochen, vielleicht sogar Monate, benötigt. Die tödliche Maximaltemperatur liegt bei 40 ° C. Kurzzeitig kann das Ei diese Wärme überstehen, geht aber schon nach einigen Stunden zugrunde. Ähnlich können auch heftige Temperaturschwankungen nach unten, unter den Gefrierpunkt das Leben im Ei auslöschen. Hier überstehen nur die Eier, bei denen die niedrigen Temperaturen im ,,Programm" vorgesehen und die physiologisch darauf vorbereitet sind, auch harte Winter mit strengen Frösten. Gewöhnlich bildet sich im Ei der Embryo aus. Er stellt im Herbst bei niedrigen Temperaturen seine Entwicklung ein, um sie dann im Frühling bei Erwärmung fortzusetzen. An anderer Stelle wächst im Herbst im Ei noch die ganze Raupe heran, die sich aber vor dem Winter in keinerlei Abenteuer einläßt, sondern vom festen Chorion geschützt und mit großer Widerstandsfähigkeit ausgestattet auf den Frühling wartet, um sich nach außen durchzubeißen und die Entwicklung unter günstigen Bedingungen fortzusetzen. Auch die Feuchtigkeit kann die Sterblichkeit der Eier erheblich beeinflussen. Das Gelege verträgt völlige Trockenheit meistens nicht, sondern fordert einen bestimmten Feuchtigkeitsgrad, wobei starke Nässe in der überwiegenden Zahl der Fälle auch schädlich ist.

Die Raupe

Die Raupe ist in der Entwicklung der Schmetterlinge das Freß- und Wachstumsstadium. Ihr Körper ist meistens walzenförmig, wurmartig, aber auch flach oder spindelförmig. Bei allen Arten besteht er aus dem Kopf und im ganzen 13 Gliedern. Die ersten drei Glieder bilden die Brust, die übrigen zehn den Hinterleib.

Den Kopf formt eine feste Kapsel, die zwei Halbkugeln ähnelt. Zwischen diesen Halbkugeln befindet sich eine dreieckige Stirn und oben der Scheitel, ungefähr so wie beim menschlichen Schädel. An den Seiten sind hufeisenförmig je sechs einfache Augen angebracht, die manchmal so eng stehen, daß sie ein einfaches zusammengesetztes Auge bilden. An anderer Stelle können diese Augen artbedingt verschwinden, wie zum Beispiel bei den Raupen einiger Vorratsschädlinge, die meistens im Dunkeln leben. Vor den Augen befindet sich ein drei- bis viergliedriges Fühlerpaar, das sich in einem runden Ausschnitt der Kopfkapsel bewegt. Das mächtigste Organ des Kopfes sind die Mundwerkzeuge. Sie bestehen aus zwei kräftigen, löffelförmigen Kiefern (Mandibulae), an deren Rand sich gewöhnlich mehrere zahnartige Vorsprünge befinden. Man könnte sie mit dem Greifer eines Baggers vergleichen. Oben werden die Kiefer von der Oberlippe (Labrum) bedeckt, unter dieser befindet sich die Unterlippe (Labium), die ein Paar unauffälliger Lippentaster trägt (Palpi labiales).

Weit deutlicher tritt ist die Spinnröhre. Dieses spezifische Raupenorgan, das sich in den anderen Entwicklungsstadien nicht wiederholt, mündet in die Spinndrüse, die eine an der Luft schnell erstarrende Flüssigkeit produziert. Mit Hilfe der Spinnröhre spinnen die Raupen einen Seidenfaden oder verkleben mit der ausgeschiedenen Flüssigkeit Blattschnipsel, Holzspäne, Erdklumpen und anderes Material. Während bei den Imagines das zweite Kiefernpaar (Maxillae) stark reduziert ist, tritt es bei den Raupen als mächtige Kiefertaster auf (Palpi

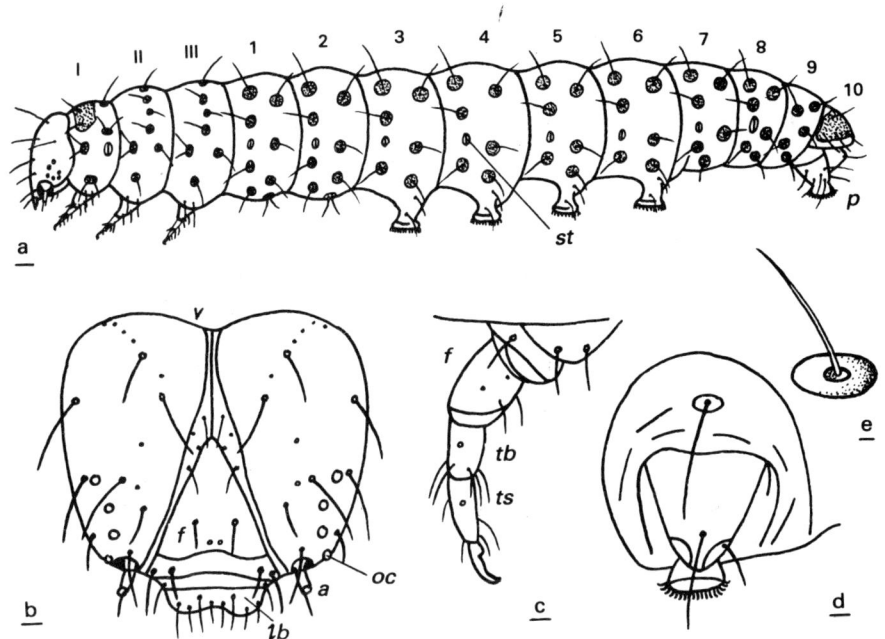

Bild 15. Raupe und die Hauptbestandteile ihres Körpers: a — übliche Raupenform:
I bis III — Brustglieder mit Thorakalbeinen und mit Nackenschild an der Vorderbrust:
1 bis 10 — Glieder des Hinterleibs mit Bauchfüßen und einem Analschild am 10. Glied; *st* Atmungsöffnungen
(Stigmata); *p* Nachschieber; *b* Kopf der Raupe: *a* Fühler (Antennen); *f* Stirn (Frons); *lb* Oberlippe
(Labrum); *c* Thorakalbein; *f* Schenkel (Femur); *tb* Schiene (Tibia); *ts* Fuß (Tarsus); *d* Bauchfuß mit
Hakenkranz; *e* Warze mit der Borste.

maxillares). Dieses Organ hält die Nahrung so fest, daß sie von den Kiefern verarbeitet und in
den Schlund transportiert werden kann. Die Arbeit der Raupe bei der Nahrungsaufnahme
können wir sehr gut bei den großen Raupen der Schwärmer beobachten. Die Raupe des
Wolfsmilchschwärmers hält mit den Vorderbeinen ein schmales Zypressenwolfsmilchblatt
fest, verschlingt es unersättlich innerhalb weniger Sekunden und greift schon nach dem
nächsten. Wenn die Raupe eine Ruhepause einlegt, bleibt nur der kahle Stengel übrig.
An jedem Brustglied der Raupe befindet sich ein Beinpaar, das sich ähnlich wie die Beine der
Imagines aus Gliedern zusammensetzt, jedoch einfacher gebaut ist. Vor allem der Fuß besteht
lediglich aus einem Glied. Die Brustbeine fehlen bei den Raupen nur ausnahmsweise. Außer
ihnen können wir an der Brust noch ein Paar Atemöffnungen und bei manchen Raupen an der
Bauch- oder Nackenseite ausstülpbare Halsdrüsen sehen. Diese Drüsen sind bei den Ritter-
oder Edelfaltern besonders interessant. Sie bilden hier zwei Hörner.
Der Hinterleib trägt weitere acht Paar Atemöffnungen. Sie fehlen nur am 9. und 10. Glied. Die
Beine des Hinterleibs, die sogenannten Bauchbeine, sind weich und muskulös und im
Unterschied zu den Brustbeinen nicht untergliedert. Ihr Fuß trägt eine größere Anzahl von
Häkchen, die regelmäßig in Reihen hufeisen- oder kreisförmig angeordnet sind. Die Zahl der
Bauchbeine ist bei den einzelnen Familien der Schmetterlinge unterschiedlich und kann sich in
einem bestimmten Maße auch während der Raupenentwicklung ändern. Meistens besitzen die

29

Raupen fünf Paar Bauchbeine. Sie befinden sich am 3,, 4., 5., 6. und 10. Glied des Hinterleibs. Die ersten vier Paare ähneln sich im ganzen sehr, die Beine am 10. Glied sind funktionell abgewandelt. Sie sind für die Fortbewegung am wichtigsten und deshalb auch am mächtigsten ausgebildet. Sie werden Nachschieber genannt. Wir finden hier oft Ausnahmen. Die Nachschieber können in Auswüchse oder Geißeln verwandelt sein (wie zum Beispiel bei den Zahnspinnern) und mit der Fortbewegung überhaupt nichts mehr zu tun haben. In diesem Fall übernimmt das Beinpaar am 6. Glied diese wichtige Funktion. Die Zahl der Bauchbeine ist oft reduziert. So fehlen bei den Ordensbändern die Beine des 3. Hinterleibsglieds und sind am 4. Glied so verkürzt, daß sie die Raupe zum Kriechen fast nicht verwendet. Andere Eulenfalter haben gewöhnlich nur am 5., 6. und 10. Glied Beine und bilden eine Art Übergang zu den Spannern, die meistens nur an dem 6. und 10. Glied Beine tragen. Die bekannte Spannerbewegung ist die Folge dieser Reduktion. Bei einigen Raupen (zum Beispiel bei der Familie *Eriocraniidae*) fehlen die Bauchbeine völlig. Im Gegensatz hierzu besitzen die Raupen der Familie *Micropterigidae* an allen ersten acht Gliedern Beine, die Raupen der Familie *Nepticulidae* tragen sie am 2. bis 7. Glied.
Die Haut der Raupen ist entweder fast kahl oder locker oder dicht borstig Sie kann auch mit Auswüchsen, Stacheln und Warzen bedeckt sein. Auch die scheinbar nackten Raupen tragen

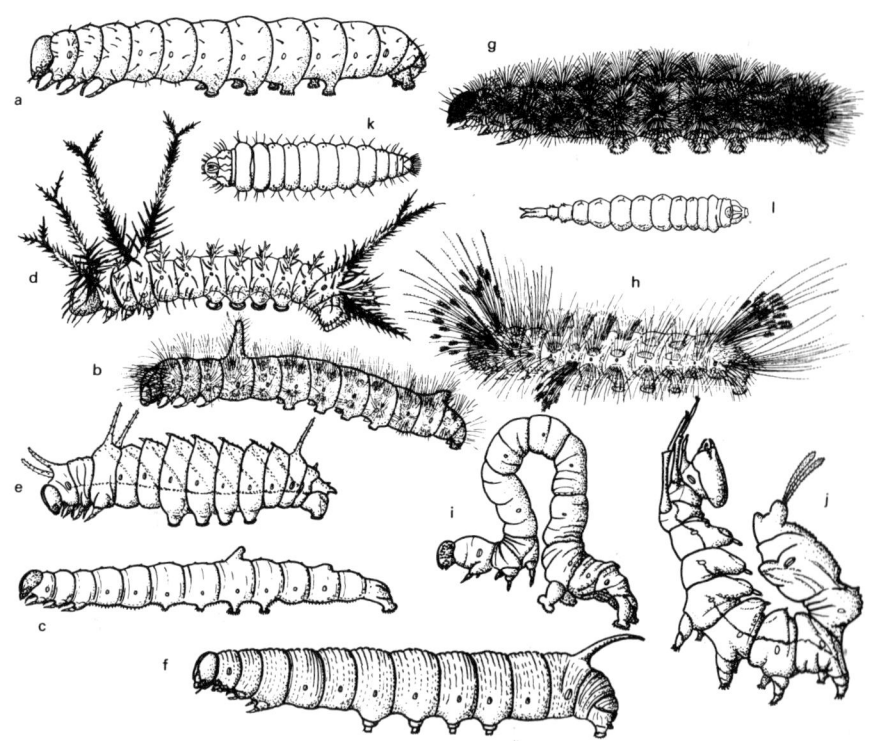

Bild 16. Verschiedene Raupentypen: a, b, c — *Noctuidae;* d, e — *Saturniidae;* f — *Sphingidae;* g — *Arctiidae;* h — *Lymantriidae;* i — *Geometridae;* j — *Notodontidae;* k — *Tischeriidae;* l — *Gracillariidae.*

auf dem Körper feine Wimpern. Die Anordnung dieser Wimpern (die sogenannte Chaetotaxie) ist so feststehend und gesetzmäßig, daß es oft möglich ist, an diesem Merkmal die Raupen einer bestimmten Falterart festzustellen. Diese lockere Behaarung wird bei den borstigen Raupen von zahlreichen sekundären Haaren überdeckt. Diese wachsen entweder aus großen Warzen hervor, oder es sind vergrößerte zarte Hautauswüchse.

Die vielgestaltigen Auswüchse sind auf dem Körper der Raupen an veschiedenen Stellen angebracht und können die Körperform bizarr entstellen. Dank solcher Auswüchse können die Raupen der Spanner zum Verwechseln die Ästchen von Büschen mit Knospen oder Dornen, welkende oder deformierte Blätter, die Hülsen von Kräutern u. ä. nachahmen. Auch die Raupen der Zahnspinner tragen auffallende Buckel, die an Drüsen oder Geschwüre auf Blättern erinnern. Die Raupen der Schwärmer zeichnen sich wieder durch besondere Hörner am Ende des Hinterleibs aus. Auffallend dornig zeigen sich die Raupen der Flecken- und Perlmutterfalter. Bei einigen Arten sind diese Dornen sogar aufgespalten oder mit groben Warzen bedeckt. Die Raupen einiger Augenfalter sind überaus bizarr. Sie tragen harte, sternförmige Dornen und farbige Warzen.

In der Zeichnung und Färbung der Raupen treffen wir eine unerschöpfliche Vielfalt an. Trotzdem unterliegt die Zeichnung auch der buntesten Raupe bestimmten Gesetzmäßigkeiten. Die Farbe ist eine Kombination aus der Färbung der Ober- und Unterhautschichten, in denen die Farbpigmente eingelagert sind. Die Pigmente sind gewöhnlich in Längs-, Quer- oder Schrägstreifen angeordnet oder in Flecken über den Körper verteilt. Viele Raupen zeigen überhaupt keine Zeichnung. Sie sind grün, gelblich oder bräunlich oder tragen nur eine ganz einfache Zeichnung. Raupen, die im Innern von Pflanzen oder im Boden leben, haben ihre Pigmente meist völlig verloren. Andere Raupen sind dagegen von farbigen Tupfen geradezu übersät, wie zum Beispiel die Larven der Wolfsmilch- und Labkrautschwärmer.

Die Größe und Vielgestaltigkeit der Raupen hängt von der Artzugehörigkeit ab. Wenn wir die Änderungen beim Wachstum außer acht lassen, dann sind die kleinsten Raupen der minierenden Schmetterlinge nicht größer als 4 mm. Die Riesenexemplare der Nachtfalter, vor allem die Raupen der tropischen Arten, erreichen Längen von bis zu 15 cm und sind 2—3 cm dick. Die ausgewachsenen Raupen der meisten europäischen Bärenspinner, Eulen und Zahnspinner sind 30—50 mm groß, die der größeren Tagfalter erreichen 20—40 mm. Dünne, lange Raupen finden wir bei den Spannern, kurze und dicke bei den Widderchen, kurze und flache bei den Ritterfaltern und Bläulingen usw.

Das Leben der Raupen ist sehr vielfältig. Hier spielen gleich mehrere Faktoren eine Rolle, und zwar sind es Nahrung, Ort und Zeit des Vorkommens, Dauer der Entwicklung u. ä. Die Raupen sind meistens Pflanzenfresser und auf Grünfutter spezialisiert. Viele Arten bohren aber auch im trockenen Holz oder ernähren sich von moderndem Laub und von Samen. Die Raupe der Kleidermotte lebt in der Natur im Fell und in den Hornteilen der Tiere oder im Gefieder der Vögel. In den menschlichen Behausungen frißt sie Wollstoffe und Pelzwerk. Andere Raupen verzehren Bienenwachs und sind unangenehme Parasiten der Bienenstöcke. Oft treffen wir die Schmetterlingslarven auch auf faulenden Resten von Lebewesen an, auf toten Tieren, im Kot und auf Müllhaufen. Auch die Pilze des Waldes finden in den Reihen der Schmetterlinge Konsumenten. Wir können zum Beispiel große Porlinge sehen, die von den Raupen einer spezialisierten Gruppe der Motten aus der Gattung *Scardia* durchbohrt sind.

Nicht einmal auf den Pflanzen verhalten sich alle Raupen gleich. Einige benagen Wurzeln, bohren in Zwiebeln und Knollen und verbringen ihr ganzes Dasein in unterirdischem Dunkel. Sie fliehen das Licht, sobald sie damit zufällig in Berührung kommen. Die Raupen der Holzbohrer und Glasflügler nagen Gänge in Baumstämmen, den Ästen von Sträuchern und den Stengeln von Pflanzen aus. Die Zünslerraupen der Gattung *Nymphula* und ihre Verwandten leben im Wasser und befressen Seerosen, Teichrosen, Wasserlinsen und andere Wasserpflanzen. Sie nehmen den Sauerstoff aus der Luftschicht auf, mit der sie umgeben sind. Eine Ausnah-

31

meerscheinung bilden die Raupen der Zünslerart *Paraponyx stratiotata* L., deren Atmungsorgane, die Tracheen, aus dem Körper ausgestülpt sind und sich in Kiemen verwandelt haben, die den Sauerstoff direkt aus dem Wasser aufnehmen.

Die Raupen, die Blätter befressen, kennen wir am besten. Aber auch sie verhalten sich unterschiedlich. Einige beißen die Blätter immer vom Rand an, andere beginnen in der Mitte und nagen Öffnungen und Fenster zwischen die Blattrippen. Die beschädigten Blätter sehen dann wie durchschossen aus. Junge Raupen durchlöchern das Blatt gewöhnlich nicht, sondern lassen meistens die Haut an der Oberfläche unbeschädigt. Die Raupen der Wickler rollen das Blatt ein und verspinnen es mit einigen Fasern, damit es sich nicht wieder ausbreiten kann. In dieser Röhre verbringen die Raupen dann den größten Teil ihres Lebens und verlassen sie nur, um in der Umgebung auf Nahrungssuche zu gehen. Auch Blüten, Samenbehälter oder Früchte beherbergen die Raupen vieler Eulen, Wickler und Spanner. Einige von ihnen sind durch ihre Färbung ausgezeichnet an die Umgebung angepaßt, und wir benötigen ein gut geübtes Auge, um sie zu finden. In Blüten leben zum Beispiel oft die Raupen der kleinen Spanner aus der Gattung *Eupithecia*, und wenn sie sich nicht bewegen, unterscheiden wir sie kaum vom Blütenstempel. Sie vernichten hier den Stempel und suchen die nächste Blüte auf. Wir tragen diese Raupen oft in Blumensträußen mit nach Hause, wo sie sich durch kleine Kotstückchen, die auf das reine Tischtuch fallen, verraten.

Die Raupen der Familien *Psychidae*, *Coleophoridae* und *Adelidae* leben in Säcken, die sie mit sich umhertragen. Manchmal ist der Sack völlig aus Fasern gesponnen oder aus einer glänzenden, pergamentartigen Masse hergestellt. Ein andermal besteht er aus Blattschnipseln oder Strohstückchen. Einige Raupen der Sackmotten verwandeln ein ausgenagtes Blattstück, das sie allmählich mit den Kiefern vom Blatt lösen, zu einer Hülle. Die Raupe verläßt den Sack niemals, erweitert ihn aber durch das Verspinnen neuer Teile und Materialien. Während des Fressens schiebt sie nur den Vorderkörper aus der Sacköffnung, um die Nahrung zu erreichen. Wenn sie herangewachsen ist, spinnt sie den Sack mit der Öffnung an ein Blatt oder eine andere Unterlage, dreht sich gewöhnlich mit dem Kopf zum anderen Ende des Sacks, an dem sich Klappen zur Kotabscheidung befinden, und verpuppt sich. Der Falter schlüpft durch diese Klappen aus dem Sack. Die Weibchen einiger Sackträger verbleiben im Sack, werden hier befruchtet und legen auch hier die Eier ab. Erst die Raupen zerstreuen sich in der Umgebung. Die Form und das Material des Sacks sind für jede Art charakteristisch, und wenn wir die Wirtspflanze gut kennen, können wir die Raupe sicher bestimmen.

Außerordentlich interessant ist das Leben der Raupen bei den kleinsten Schmetterlingen, deren Flügelspannweite 4—8 mm beträgt. Hierher gehören vor allem die artenreichen Familien *Lithocolletidae* und *Nepticulidae*, aber auch andere. Die Raupen dieser Falter sind so klein, daß sie in Knospen oder öfter noch in Blättern leben können, in denen sie Gänge und Kammern, sogenannte Minen, ausfressen. Die Raupen fressen die einzelnen Zellen, und hinter ihnen

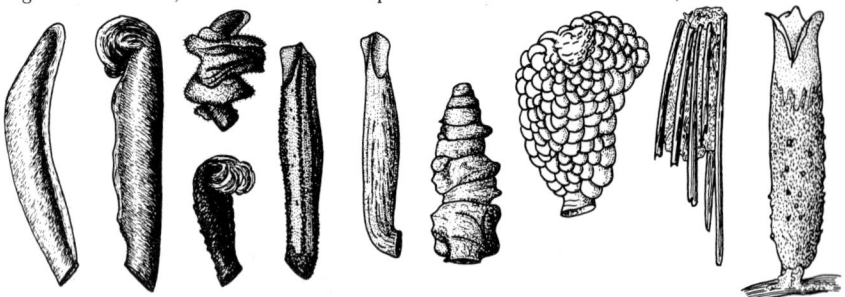

Bild 17. Säcke der Raupen aus der Familie *Coleophoridae* und *Psychidae* (die letzten beiden rechts).

verbleiben — wie im Bergwerk die Stollen in den Kohleflözen — Gänge, die Minen, zurück (daher auch der Name — zum Beispiel Bergmann auf englisch = miner). Die Raupe frißt sich mit dem Kopf vorwärts, in den Hohlraum hinter sich lagert sie Kot ab. Die Minen bilden auf den Blättern verschiedene Ornamente. Manchmal sind es Spiralen oder Zickzacklinien, manchmal kreisförmige, charakteristisch gefärbte Blasen. Die meisten Minen, ob nun gangartig oder flächig, sind für die einzelnen Schmetterlingsarten so typisch, daß wir an ihnen manche Art bestimmen können, ohne auch nur den Falter oder die Raupe gesehen zu haben.

Bei einigen Schmetterlingsfamilien gehört es zur typischen Erscheinung, daß die Raupen gesellig beieinander leben. Wenn ein Weibchen viele Eier in einem Gelege unterbringt, heißt das noch nicht, daß die Raupen gemeinsam aufwachsen. So kriechen zum Beispiel die Raupen der meisten Bärenspinner, Eulen und Spanner, soweit die Weibchen ihre Eier in Gruppen ablegen, nach dem Schlüpfen auseinander und leben solitär. Dem entgegen leben die Raupen vieler Glucken, Trägspinner und kleiner Falter aus der Familie der Gespinstmotten lange, vielleicht ihr ganzes Leben gemeinsam. Gemeinsam lebende Raupen spinnen sich oft aus Fasern ein Nest, das sie vor Unbilden und Feinden schützt und als Orientierungspunkt dient. So ist zum Beispiel das graue, birnenförmige Nest des Wollafters, das aus dichten Fasern besteht, auf einem befallenen Baum schon von weitem erkennbar. Es ist mit einigen Dutzend großer, schwarzer Raupen und deren Kot belastet und kann durch sein Gewicht dünnere Zweige so umbiegen, daß sie aus der Baumkrone oder dem Gebüsch hervorstehen. Von diesem Nest gehen Fasern und Seidenfäden aus und führen in die Baumkrone. Sie dienen dazu, die Raupen zum Nest zurückzuführen, wenn sie in den Zweigen die tägliche Nahrungsaufnahme beendet haben. Das Nest ist kein sinnloses Gebilde, sondern bietet den Raupen Unterschlupf vor Feinden und ungünstigem Wetter. Es ist so fest, daß es nicht leicht ist, hineinzugelangen. Wenn die Raupen auf seiner Oberfläche ruhen, werden sie von kaum sichtbaren Fäden geschützt, die zwischen den Zweigen der Umgebung aufgespannt sind und jeden Vogel von einem Angriff abhalten. Wenn wir das Nest vorsichtig quer durchschneiden, zeigen sich mehrere Schichten. Bei Einbruch kälterer Witterung kriechen die Raupen tiefer in das Nest hinein, wo es wärmer ist und sie besser geschützt sind. Ein ähnliches Nest wie der Wollafter bauen auch die jungen Raupen des Goldafters, des Ringelspinners und andere.

Die Puppe

Die ausgewachsenen Raupen suchen sich einen Platz zum Verpuppen. Die Larven der Tagfalter verpuppen sich frei. Die Raupe spinnt sich gewöhnlich auf der Unterlage aus Fasern ein kleines Polster, an dem sie sich mit den Nachschiebern fest verklammert. Wenn sie sich dann in die eigentliche Puppe verwandelt, taucht an Stelle der Nachschieber ein harter, mit Haken versehener Kremaster auf, der die Puppe definitiv und fest in den versponnenen Fasern verankert. Es gelingt uns eher, die Puppe mit dem gesamten Polster abzulösen oder sie zu zerreißen, als sie aus den Fasern zu trennen. Bei den Puppen der Tagfalter treffen wir zwei Grundstellungen an: Sie hängen entweder am Kremaster kopfüber nach unten, wie zum Beispiel bei den Fleckenfaltern, oder sie stützen sich ungefähr so auf den Kremaster, wie sich ein Specht beim Klettern an Bäumen auf seine Schwanzfedern stützt. Um sich in dieser aufrechten Lage zu halten, sind sie an der Brust mit einem Fasernbündel umgürtet. Die Puppen einiger Tagfalter liegen in einem lockeren Gespinst auf dem Boden. Im Gegensatz hierzu suchen oder schaffen sich die Raupen der Nachtfalter zum Verpuppen irgendeinen Unterschlupf. Im einfachsten Fall ist das ein Riß in der Borke an Bäumen, ein Astloch oder eine Spalte im Gestein. Eine beliebte Stelle zur Puppenbildung vieler Arten sind die hohlen Halme und Stengel der Nährpflanzen. Die Raupe bildet hier eine Kammer, die sie durch Querwände vom übrigen Raum trennt, und schwächt die Wand des Stengels an einer Stelle von innen so, daß nur eine dünne Außenschicht erhalten bleibt. Die Puppe ist auf diese Weise vor feindlichen Blicken geschützt, und der geschlüpfte Falter muß nur ein schwaches Hindernis überwinden, um ins Freie zu gelangen. Das wird ihm auch noch durch die Gestalt der Puppe erleichtert. Diese ist an den Hinterleibsringen mit zahlreichen Dornen versehen, die es ihr ermöglichen, sich aus der Kammeröffnung hervorzuschieben und das Schlüpfen der Imago zu unterstützen. Die leere Puppe bleibt meistens im Halm oder Stengel stecken und zeugt davon, daß hier etwas geschehen ist. Auf diese Art verpuppen sich zum Beispiel die Raupen der Schilfeulen oder einiger Faulholzmotten aus der Gattung *Depressaria,* die Holzbohrer, Glasflügler u. a.

Eine ganze Reihe von Raupenarten sucht Unterschlupf auf dem Boden oder in der Erde. Auf dem Boden finden sich immer genügend Pflanzenteile und moderndes Laub, also geeignetes Material für den Bau einer Puppenkammer. Manchmal geben sich die Raupen damit zufrieden, recht ungeordnet ein wenig Material mit ein paar Fasern zu verbinden und sich darin zu verpuppen. So einfach verborgen sind die Puppen des Nagelflecks und vieler Spanner und Bärenspinner und auch die Raupen einiger Schwärmer. Die meisten Raupen der Eulen kriechen tiefer in den Erdboden und bilden dort Kammern mit festen Wänden aus, die sie manchmal mit reichem Gespinst auspolstern. Wenn man diese Kammern ausgräbt, erinnern sie eher an einen Erdklumpen.

Besonders beachtenswert sind verschiedene lockerere oder festere Kokons, die sich die Raupen vor dem Verpuppen spinnen. Am vollkommensten sind in dieser Richtung wohl die regelmäßig gesponnenen Kokons der Maulbeerseidenspinner. Man kann sie gegen die Spinnrichtung aufwickeln und den feinen Seidenfaden für die Textilindustrie gewinnen. Ähnliche Kokons besitzen auch viele Arten der Glucken oder Eulenspinner. Hier ist der Faden aber grau oder schmutzigbraun und niemals so sauber getönt (weiß, gelb, rosa) wie bei den Seidenspinnern. Die meisten Raupen lagern in den Kokon zwischen die Seidenfasern verschiedene Materialien ein, z. B. Blattstückchen oder Raupenborsten. Diese Kokons finden wir bei den Bärenspinnern und Trägspinnern. Anderswo sind die Fasern gründlich verklebt, oder das Sekret der Spinndrüsen erstarrt langsamer, die Faserstruktur der Kokons ist undeutlich, und es entstehen feste Hüllen aus einer glänzenden, pergamentartigen Masse. Kompakte feste Kokons haben die Glucken der Gattung *Eriogaster,* glasig glänzende, gelbe oder weiße Hüllen schaffen sich die Raupen der Widderchen. Die Glucken der Gattung *Malacosoma* bilden weichere Kokons aus Fasern, die mit einem feinen gelben Staub vermischt sind, der auf der Haut empfindlicher Menschen allergische Ausschläge hervorrufen kann. All das sind Schutzvorrichtungen der sonst wehrlosen Puppen.

Die festesten Kokons finden wir bei den Arten der Familie Zahnspinner, vor allem bei den Gabelschwänzen der Gattungen *Cerura* und *Harpyia.* Die Raupen mischen das Sekret der Speicheldrüsen mit zerbissenen Blatt-, Holz- oder Borkenstückchen und formen daraus in einer Rindenspalte oder Astgabel eine Kammer mit festen Wänden. Diese Kammer steht in ihrer Widerstandsfähigkeit dem Holz in nichts nach. Sie ähnelt darüber hinaus so vollkommen einem Geschwür oder der Überwallung an der Stelle eines ausgebrochenen Asts, daß man sie, obwohl sie nicht besonders klein ist, nur sehr schwer finden kann.

Für eine ganze Reihe von Raupen ist typisch, daß sie überhaupt keine Kokons oder Kammern bilden, sondern sich viel einfacher verpuppen: Sie rollen sich in eine Blattröhre ein, sichern diese mit einigen Fasern ab und verpuppen sich im Innern. Manchmal nutzen sie auch die natürliche Lage einiger Blätter und verbinden diese mit Gespinst. Diese Puppen sind nicht sehr gut geschützt und fallen Vögeln und Raubkäfern leicht zum Opfer. Sie gleichen diese Verluste mit ihrer größeren Anzahl aus und besitzen darüber hinaus eine ausgezeichnete Schutzfärbung. Die lebenden Blätter sichern den Puppen ausreichende Feuchtigkeit, denn durch die Verdunstung scheiden sie ständig Wasserdampf ab. In Blättern verpuppen sich die meisten

Bild 18. Drei Typen von Schmetterlingspuppen: a — pupa libera (z. B. *Eriocraniidae):* Fühler, Füße und die Flügelscheiden
sind frei, nicht verwachsen, auch die Kauwerkzeuge sind sichtbar; b — pupa semilibera (z. B. *Cossidae):* Die Körperanhängsel
sind nicht frei, ihre Gestalt tritt aber an der
Puppe stark hervor, der Hinterleib ist sehr
beweglich. Eine Reihe von Dornen dient als
Stütze beim Herausschieben der Puppe aus
dem Kokon; c — pupa obtecta (z. B. *Noctuidae):* Die Sklerite treten nur unscheinbar
hervor, der Hinterleib ist nur wenig oder
überhaupt nicht beweglich.

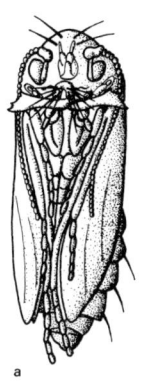 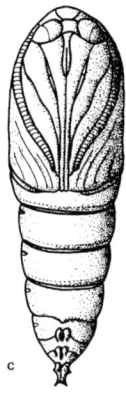 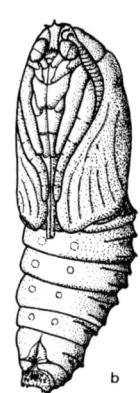

a   c   b

Wickler- und Zünslerraupen, von den Eulen zum Beispiel die Ordensbänder, von den
Tagfaltern die Eisvögel.
Die eigentliche Puppe ist eine feste, gewöhnlich fast einheitliche Hülle, auf der sich undeutlich
einige Organe der zukünftigen Imago abzeichnen. Ihre Bewegungsfähigkeit ist meistens auf
einige Hinterleibsglieder beschränkt.
Wir unterscheiden bei den Schmetterlingen drei Grundtypen von Puppen. Am primitivsten ist
die freie Puppe (Pupa libera), bei der einige Teile abgegliedert und sogar ein wenig beweglich
sind. Auf dem Kopf sind, genau wie bei den Imagines, noch die erhaltengebliebenen Kiefer
sichtbar. Dieser Puppentyp, der bis heute seit Hunderten von Millionen Jahren besteht,
erinnert an die Puppen der Frühlingsfliegen und ist für die urtümlichen Schmetterlingsfamilien
Micropterigidae und *Eriocraniidae* typisch.
Der zweite Typ ist die unvollständige Puppe (Pupa incompleta oder semilibera). Sie taucht
ebenfalls bei den primitiveren Familien, zum Beispiel bei den Holzbohrern oder Widderchen,
auf. Die Flügel und Extremitäten sind frei, gegeneinander nicht verwachsen, aber unbeweglich.
Die Zahl der beweglichen Hinterleibsglieder ist reduziert, und die Puppen sind fester als die des
vorigen Typs.
Am meisten verbreitet und in der Entwicklung am weitesten fortgeschritten ist der Typ der
vollkommenen oder Mumienpuppe (Pupa obtecta), die ein fast einheitliches Gebilde mit den
Andeutungen von Skleriten ist. Der Hinterleib ist aus Ringen zusammengesetzt und auf der
Rückenseite vom 1. Glied an, auf der Bauchseite vom 5. Glied an sichtbar. Die ersten 4 Glieder
sind von den erweiterten Skleriten der Brust überdeckt. Beweglich sind höchstens das 5. und 6.
Hinterleibsglied, manchmal überhaupt keines. An den Seiten der Hinterleibsglieder sind
Atemöffnungen angedeutet. Die Puppen einiger Schwärmer, zum Beispiel die des Liguster-
schwärmers, tragen eine erweiterte Rüsselscheide. Bei anderen Arten bildet die Rüsselscheide
gemeinsam mit den Skleriten der Flügel eine Überlappung, die einen Teil des Hinterleibs
überdeckt. Von besonderer Bedeutung ist bei den Puppen das 10. Hinterleibsglied, das in den
sogenannten Kremaster umgebildet ist. Der Kremaster ist meistens ein wenig langgezogen,
hart, kompakt und auffallend geformt. Seine Skulptur ist für jede Schmetterlingsart charakteristisch. An seinem Ende befinden sich gewöhnlich mehrere Häkchen, die die Puppe in den
Fasern des Kokons oder im Gespinst auf der Unterlage verankern sollen.
Während wir bei den Raupen das Geschlecht der einzelnen Exemplare nicht feststellen können,
es sei denn, daß wir die anatomischen Grundbestandteile der Geschlechtsorgane im Körperin-
neren untersuchen, läßt sich an der Puppe nach äußeren Kennzeichen, an der Öffnung auf der

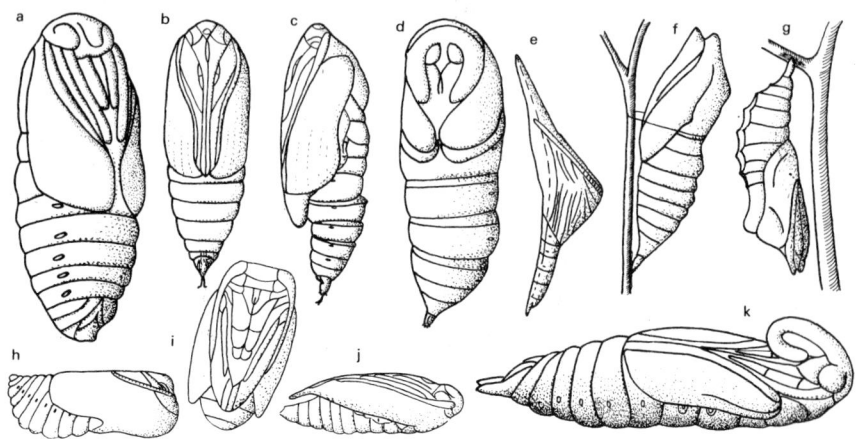

Bild 19. Verschiedene Typen von Schmetterlingspuppen: a — *Saturniidae;* b, c — *Noctuidae;* d — *Lymantriidae;* e — *Pieridae.* f — *Papilionidae;* g — *Nymphalidae;* h — *Lycaenidae;* i — *Nepticulidae;* j — *Argyresthiidae;* k — *Sphingidae.*

Bauchseite des 8. und 9. Hinterleibsglieds das Männchen vom Weibchen unterscheiden. Bei Arten mit ausgeprägtem Geschlechtsdimorphismus, das heißt, daß auch in der Form oder Gestalt der Fühler Abweichungen auftreten, unterscheiden wir das Geschlecht der Puppe auch nach der Größe des ganzen Habitus und nach der Gestalt der Sklerite, die die Fühler bedecken.

Die Größe der Puppe schwankt von denen der kleinsten Schmetterlinge mit 2—3 mm bis zu den mächtigen Puppen der Schwärmer, die 60—70 mm erreichen. Die Puppen der riesigen Augenspinner sind nicht sehr lang, dafür aber dick. In der Regel gilt, daß die Puppe annähernd so groß und so geformt ist wie der Körper des zukünftigen Schmetterlings.

Bei den Tagfaltern finden wir recht bunte, bei den Nachtfaltern eher eintönige Puppen vor. Die der Tagfalter sind gelblich oder grün und tragen oft schwarze Tupfen oder metallisch glänzende Flächen. Die Puppen der Nachtfalter sind grün, oft hell- und dunkelbraun, rotbraun oder schwarz. Die Puppen der Ordensbänder sind grau oder bläulich bestäubt.

Veränderlichkeit und Vielgestaltigkeit

Individuelle Variabilität

Wollten wir die Eigenschaften einer bestimmten Schmetterlingsart sehr genau beschreiben, würden wir bald in Verlegenheit geraten. Wir würden nämlich feststellen, daß sich die einzelnen Exemplare einer Art oder sogar der gleichen Population nur in einem bestimmten Eigenschaftskomplex gleichen, während sie in Einzelheiten voneinander abweichen. Wir wollen uns das am Menschen verdeutlichen: Wir alle gehören zur gleichen Art *Homo sapiens* L. und weisen trotzdem in der Körpergestalt, der Schädelform, der Farbe von Haut, Haaren und Augen, der Widerstandsfähigkeit gegen Krankheiten, den seelischen Veranlagungen usw. so

vielfältige Unterschiede auf. Etwas Ähnliches besteht überall in der Natur – die Veränderlichkeit in verschiedensten Richtungen. Die Variabilität ist nämlich die Grundeigenschaft der lebenden Organismen. Einerseits ist sie Ausdruck der Beschränktheit und Inkonsequenz der Erbinformation, andererseits können wir sie als Raum ansehen, den sich die Natur für ihre Experimente vorbehalten hat. In jedem Falle dient die individuelle Variabilität keinem Selbstzweck, sondern hat praktische Bedeutung. Sie bildet eine bunte Palette und erhöht so die Wahrscheinlichkeit, daß innerhalb der Population Exemplare auftauchen, die fähig sind, sich mit Veränderungen im Milieu auseinanderzusetzen und zu überleben. Im Extremfall bilden diese Exemplare die Rettung der Art. Als Beispiel können wir die Resistenz gegen Abkühlung, Austrocknen, Pflanzenschutzpräparate u. ä. anführen.
Die Einzelexemplare einiger Arten unterscheiden sich nicht sehr. Wir sagen, die Art hat eine kleine Variabilität. Hierher gehören die entwicklungsgeschichtlich älteren Arten, die in einer wenig veränderlichen Umgebung oder unter Bedingungen leben, unter denen ihnen keine Konkurrenz droht, wie zum Beispiel auf einigen Inseln im Meer. Ihre Arteigenschaften haben sich im Laufe der Zeit stabilisiert. Im Gegensatz hierzu zeichnen sich die entwicklungsgeschichtlich jüngeren, unfertigen und nicht stabilisierten Arten durch eine große individuelle Variabilität aus. Sie suchen noch ständig nach der günstigsten Art, sich mit ihrer Umwelt auseinanderzusetzen, und reagieren auf Veränderungen in der Umgebung oder kämpfen mit Konkurrenzarten um ihre Existenz.
In der Taxonomie, bei der Bestimmung neuer Arten, muß die individuelle Variabilität beachtet werden. Hier wird die Art durch einen sogenannten Typ charakterisiert. Das ist ein vom Forscher ausgewähltes Exemplar, nach dem die Art beschrieben wird und das für die systematische Arbeit große Bedeutung hat. Jeder weiß jedoch, daß in der Serie des gefangenen Materials eine ganze Reihe von Exemplaren enthalten sind, die dem Typ kaum gleichen. Es kann sich hier um extreme individuelle Abweichungen handeln, die früher als Aberrationen bezeichnet wurden, oder auch um vererbte Abweichungen, sogenannte Variationen. Ein bekanntes Beispiel für vererbte Abweichungen ist die schwarze Form des Spanners *Biston betularia*, die f. *carbonaria*, die in ihrer Farbe den typischen Exemplaren überhaupt nicht ähnelt und doch zu dieser Art gehört. Einige Wissenschaftler weisen mit Recht darauf hin, daß eine Art viel besser durch die statistischen Werte der einzelnen morphologischen Kennzeichen charakterisiert wird als durch ein Typusexemplar.

Geographische Variabilität

Viele Schmetterlingsarten bewohnen ein ausgedehntes Gebiet, das sich zum Beispiel von Westeuropa bis nach Ostasien, nach Japan, erstrecken kann. Innerhalb eines so großen Areals wirken schon ständige Klimaunterschiede und beeinflussen in den verschiedensten Richtungen tiefgreifend die Variabilität der Organismen. So geschah es, daß sich im Verlaufe langer Epochen örtlich entfernte Populationen der gleichen Art entwickelt haben, die voneinander abweichen. In der Färbung oder der Biologie der Arten entstanden so große Unterschiede, daß wir abwägen müssen, ob es sich um eine oder mehrere selbständige Arten handelt. Meistens klassifizieren wir diese Formen als geographische Rassen oder im zoologischen Sinne als Subspezies oder Unterarten. In der trinomischen Nomenklatur werden die Subspezies, wie schon erwähnt, durch einen dritten Namen angegeben. Ein wichtiges Kriterium für Subspezies ist, daß verschiedene Subspezies nicht gleichzeitig das gleiche Gebiet bewohnen können. Sie müssen örtlich isoliert auftreten. (Bei den Pflanzen weicht die Definition der Subspezies gerade in diesem Punkt ab.)
Die Bedingungen für die Entstehung der Subspezies sind am besten dort, wo das ursprünglich zusammenhängende Areal einer Art durch irgendwelche Barrieren geteilt wurde. Das konnten Meere, Seen, große Ströme, Gebirgskämme, Wüsten u. ä. sein. Ideale Voraussetzungen für die

Herausbildung von Unterarten bestehen auf Inseln, in Hochgebirgen oder in den Randgebieten der biogeographischen Zonen, wo viele Typen der Pflanzengemeinschaften inselartig auftreten. In Mitteleuropa sind das zum Beispiel die Torfmoore, die vieles mit der Tundra gemeinsam haben, von dieser aber örtlich isoliert sind. Ähnlich treten hier Inseln von Steppen auf, die einst zusammenhingen, nun aber von den Steppen Mittelasiens getrennt sind. Die höheren Lagen der europäischen Gebirge stellen isolierte Refugien der Fauna dar, die in der Zeit der Vereisung Europas ein zusammenhängendes Areal bewohnte. Hier liegen die geeigneten Stellen für die Entstehung geographischer Rassen, und von hier wurden auch viele beschrieben. Ein unter anderem typisches Beispiel ist die große Zahl von Rassen des Apollofalters, die aus den verschiedenen Gebirgssystemen Europas beschrieben werden. Eine Reihe von Unterarten ist auch bei dem Feuerfalter *Lycaena dispar* HAW., dem Augenfalter *Erebia epiphron* KNOCH., dem Bergweißling *Pieris bryoniae* O. und bei Hunderten von anderen Arten bekannt. Wenig erforscht ist dieses Problem bei den meisten sog. Kleinschmetterlingen.

Die geographische Variabilität stellt eine höhere Stufe der Veränderlichkeit dar, und es wäre von einem bestimmten Gesichtspunkt aus besser, von geographischem Polymorphismus zu sprechen. Die Exemplare der Unterarten unterliegen selbstverständlich weiterhin der individuellen Variabilität.

Saisonpolymorphismus

Einige Arten haben jährlich nur eine Generation. Andere entwickeln sich schneller und bilden zwei und mehr Generationen im Jahr. Dabei können sich einzelne Generationen im Aussehen stark voneinander unterscheiden. Für diese saisonbedingte Verschiedenartigkeit (Polymorphismus, neuer Polyphenismus) finden wir bei den Tagfaltern die meisten Beispiele. Am bekanntesten ist hier der Netzfalter, dessen Frühlingsgeneration (f. *levana*) braune Flügel mit schwarzer Zeichnung hat, während die Sommergeneration (f. *prorsa*) schwarze Flügel mit gelblichweißen Tupfen und rötlichen Linien zeigt. Ähnlich, auch wenn nicht so auffallend wie hier, unterscheiden sich die einzelnen Generationen anderer Fleckenfalter, des Resedaweißlings, des Rapsweißlings, vieler Feuerfalter, Bläulinge und auch Nachtfalter. Oft taucht der Saisondimorphismus oder Dichroismus auch bei den einzelnen Entwicklungsstadien auf. So sind zum Beispiel die Puppen der Sommer- und Wintergeneration des Schwalbenschwanzes oder Segelfalters verschieden gefärbt.

Sexualdimorphismus

Das Männchen unterscheidet sich vom Weibchen immer in der Ausbildung der inneren und äußeren Geschlechtsorgane. Beide Geschlechter können aber manchmal auch im gesamten Aussehen, vor allem in der Größe und Färbung, voneinander abweichen. Diese Erscheinung, der geschlechtliche Dimorphismus und Dichroismus, ist rein genetisch bedingt.
Viele Beispiele für geschlechtlichen Dichroismus finden wir bei den Tagfaltern. Erinnern wir uns doch nur an die metallisch blau glänzenden Männchen der Bläulinge und ihre dunkelbraunen Weibchen. Beim Großen Kohlweißling sind beim Männchen nur die vorderen Flügelecken schwarz, während das Weibchen auf den Flügeln noch mehrere schwarze Tupfen aufweist. Das Männchen des Aurorafalters trägt bis zur Hälfte lebhaft orange gefärbte Vorderflügel, die beim Weibchen fehlen. Das Männchen des Zitronenfalters zeigt ein prächtiges Zitronengelb, das Weibchen der gleichen Art ähnelt in der Färbung eher einem Weißling.
Unter den Nachtfaltern gibt es viele Arten, bei denen sich Männchen und Weibchen unterscheiden. Beim Schwammspinner ist das große, gelblichweiße Weibchen mit dem dicken Hinterleib recht schwerfällig, während das kleinere, braune Männchen heftig umherfliegt. Einen interessanten Fall von Polymorphismus können wir bei dem Wegerichbär beobachten.

In den Niederungen trägt das Männchen gelbe Hinterflügel, in den Bergen fast weiße. Das Weibchen ist jedoch überall rötlich. Der Geschlechtsdimorphismus drückt sich sehr oft in Größenunterschieden aus. Die Weibchen sind gewöhnlich größer als die Männchen. Diese Erscheinung können wir bei den Tagfaltern, vor allem aber bei den Glucken, Bärenspinnern und Zahnspinnern beobachten. Bei den Weibchen der Spanner sind gewöhnlich die Flügel reduziert. Am interessantesten von diesen Arten sind der Frostspanner und die Arten der Gattungen *Hibernia* und *Lycia*. Auch bei den Weibchen einiger Wickler, Faulholzmotten und Trägspinner sind die Flügel reduziert. Bei vielen Nachtfaltern äußert sich der Geschlechtsdimorphismus in der Gestalt der Fühler. Die Männchen tragen gewöhnlich gekämmte Fühler, während die Fühler der Weibchen viel einfacher, entweder kurz gekämmt, gesägt oder fadenförmig sind. Wir sehen das oft bei Spannern, Glucken, Augen- und Zahnspinnern und bei einigen Eulen. In anderen Fällen sind die Fühler bei den Männchen viel länger als bei den Weibchen. In dieser Richtung fallen die kleinsten Schmetterlinge der Familie *Adelidae* auf, bei denen die männlichen Fühler drei- bis viermal länger sind als die weiblichen.

Die Verbreitung der Schmetterlinge auf der Erde

Die Schmetterlinge sind, bedingt durch ihre Lebensweise, ausgesprochene Landbewohner. Einige Arten, deren Raupen im Wasser leben, stellen eine ausgesprochene Ausnahme dar. Die Schmetterlinge fehlen in der Natur nur in den kältesten und trockensten, eben den unwirtlichsten Gebieten: In der Arktis und Antarktis, in den höchsten Lagen der Hochgebirge und in den Wüsten. Sie sind direkt oder indirekt an die Vegetation gebunden und überall dort verbreitet, wo Pflanzen wachsen können. An anderen Stellen haben sie sich nur mit der Hilfe des Menschen angesiedelt, der ihnen in seinen Häusern und Lebensmittel- und Materiallagern günstige Lebensbedingungen schafft. Sie halten sich an diesen Stellen nur so lange, wie der Mensch dort wirtschaftete. Die Schmetterlinge können vorübergehend, zum Beispiel während der Wanderung oder durch Luftströmungen fortgetragen werden, auch an ungewöhnlichen und für sie unter normalen Bedingungen unbewohnbaren Lokalitäten auftreten. Eine typische Eigenschaft der lebenden Organismen besteht darin, möglichst jeden freien, bewohnbaren Raum auf der Erde zu besiedeln. Dabei werden verschiedene Wege eingeschlagen: Wasser-, Luft-, Landwege, zu Fuß, auf den eigenen Flügeln oder unter der Benutzung lebender und in der Gegenwart auch moderner technischer Verkehrsmittel. Die Wissenschaft, die sich mit der Vergangenheit der Besiedlung der Erdoberfläche durch Lebewesen befaßt, heißt Paläozoogeographie. Sie geht in erster Linie von den Ergebnissen geologischer Forschungen aus, benutzt aber auch die Erkenntnisse der Paläontologen und die Studien der vergleichenden Morphologie. Gerade die vergleichende Morphologie gab Anlaß zu tiefgreifenden Überlegungen, denn es zeigte sich, daß die Organismen entfernter Kontinente vieles gemeinsam haben und nicht alles mit einer späteren Besiedlung oder Verschleppung begründet werden kann. Wir müssen eher voraussetzen, daß sich die heutigen Arten aus gemeinsamen Vorfahren entwickelt haben, die darüber hinaus ein gemeinsames, zusammenhängendes Gebiet bewohnten. Dieses zusammenhängende Territorium zerfiel und die einzelnen zoogeographischen Einheiten wurden allmählich isoliert. Hierzu gibt es eine ganze Reihe von Theorien. Eine davon ist die bekannte Wegenersche Theorie von der Verschiebung der Kontinente, die in ferner geologischer Vergangenheit stattgefunden haben soll. Die gegenwärtige Wissenschaft schreibt jetzt den Gebirgsfaltungen und den damit verbundenen Hebungen und Senkungen des Festlands an vielen Stellen der Erdoberfläche und Meeresverlagerungen, die die einzelnen zoogeographischen Reiche völlig isolieren konnten, größere Bedeutung zu.

Unter Beachtung der paläozoogeographischen Erkenntnisse haben viele Wissenschaftler versucht, unseren Planeten in Einheiten zu unterteilen, die die verwandtschaftlichen Beziehungen zwischen den Lebewesen der einzelnen Kontinente charakterisieren würden. Diese zoogeographischen Gebiete können entweder ökologisch oder regional abgegrenzt werden. Die ökologische Zoogeographie (die Chorologie) geht vom gegenwärtigen Zustand aus und unterteilt die Erde in Meer, Süßgewässer und Land. Das Trockenland untergliedert sich weiter in die Zonen von Wald, Steppen, Wüsten und Tundren. Die regionale Zoogeographie berücksichtigt weit mehr die geschichtlichen Zusammenhänge. Eines der neusten Schemata zur Unterteilung der Erde (das ältere grenzte sechs gleichwertige zoogeographische Regionen ab) bemüht sich, die zeitliche Trennung der einzelnen Faunen zu beachten und zu zeigen, daß zwischen manchen Regionen und Unterregionen (zum Beispiel zwischen der paläarktischen und nearktischen) doch tiefere Beziehungen als zwischen anderen bestehen. Die Erde wird also in drei Faunenreiche, fünf Regionen und sieben Unterregionen gegliedert:

Faunenreich: Megagäa (auch Arktogäa)
   Holarktische Region
      Paläarktische Unterregion
      Nearktische Unterregion
   Orientalische Region
   Äthiopische Region
      Afrikanische Unterregion
      Madagassische Unterregion
Faunenreich: Neogäa
   Neotropische Region
Faunenreich: Notogäa
   Australische Region
      Kontinental australische Unterregion
      Neuseeländische Unterregion
      Polynesische Unterregion

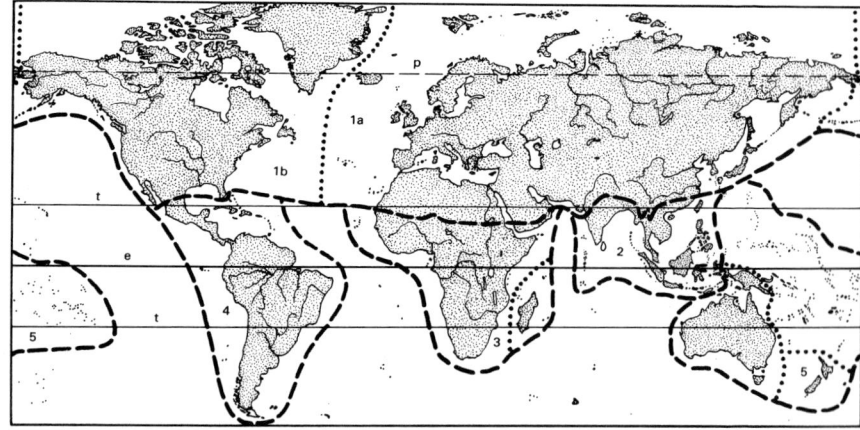

Bild 20. Zoogeographische Unterteilung der Erde: 1 — holarktische Region; 1a — paläarktische Unterregion, 1b — nearktische Unterregion, 2 — orientalische Region, 3 — äthiopische Region, 4 — neotropische Region, 5 — australische Region, e Äquator, t Wendekreis, p Polarkreis.

Von allen drei Faunenreichen ist Notogäa, das Australien mit den benachbarten Inseln, Neuseeland und Polynesien umfaßt, am besten differenziert. In bezug auf die Landfläche ist dieses Reich am kleinsten, und es wird durch eine Reihe endemischer Lebewesen charakterisiert. Das heißt, diese Lebewesen treten sonst nirgendwo anders auf der Welt auf, sie sind gewöhnlich entwicklungsgeschichtlich alt und primitiv. In diesem Reich sind seltsame Wirbeltierarten zu Hause. Hier leben zum Beispiel das Känguruh, das Schnabeltier und der Kiwi. Bei den Schmetterlingen erreichen die primitiven Familien *Micropterigidae, Eriocraniidae* und *Hepialidae* großen Artenreichtum. Einige dieser Arten weisen beachtliche Flügelspannweiten von ungefähr 200 mm auf, die auf der Welt kaum ihresgleichen finden.

Neogäa nimmt im wesentlichen das heutige Südamerika ein. Seine nördliche Grenze verläuft durch Mittelamerika. Die Antillen werden noch zu diesem Gebiet gerechnet, obwohl hier schon Übergänge zu dem letzten Reich deutlich sind.

Megagäa (auch Arktogäa) ist das größte Faunenreich und umfaßt das ganze übrige Gebiet. Es liegt überwiegend auf der nördlichen Halbkugel, wobei nur Afrika auf die südliche Halbkugel übergreift, und unterteilt sich in drei Regionen. Zur orientalischen Region gehören die Halbinseln Südasiens (südlich von Tibet) und Indonesien. Die äthiopische Region umfaßt Afrika südlich der Sahara und wird in Kontinentalafrika und Madagaskar unterteilt, das eine sehr spezifische Fauna mit vielen endemischen Formen aufweist. Diese Inselfauna zeigt, daß sie sich schon sehr lange isoliert entwickelt.

Für uns ist die holarktische Region mit ihren beiden Unterregionen am interessantesten. Die nearktische Unterregion erstreckt sich über Nordamerika und Grönland, die paläarktische über Nordafrika, ganz Europa und den überwiegenden Teil Asiens mit Ausnahme des Gebiets, das zur orientalischen Region gehört. Manchmal werden noch die Arktis und die Antarktis als jeweils selbständige zoogeographische Einheiten angeführt.

Europa liegt also in der großen paläarktischen Unterregion, die sich von den Kanarischen Inseln über Nordafrika bis nach Ostasien ausbreitet. Die vorderste Front der paläarktischen Unterregion im Osten wird von Japan, den Kurilen und Kamtschatka gebildet. Interessant ist, daß die Fauna in einem so großen Gebiet, die Paläarktis hat eine Ausdehnung von mehr als 15 000 km, verhältnismäßig einheitlich ist. Viele europäische Schmetterlingsarten finden wir, nur wenig auf der Ebene der geographischen Rassen abgewandelt, bis nach Ostsibirien vor. Auch die Fauna der paläarktischen Unterregion und Nordamerikas weist viele gemeinsame Züge auf. Viele Arten der Eulenfalter, Spanner, Tagfalter und anderer Schmetterlinge gehören zur gleichen Gattung, und manche Arten sind sogar holarktisch verbreitet, das heißt sie treten in Europa, Asien und Amerika auf. Man kann also annehmen, daß diese Unterregionen vor nicht allzu langer Zeit verbunden waren.

In der paläarktischen Unterregion wurde die Entwicklung der Fauna im Quartär durch die Vereisung, die mit verschiedenen Unterbrechungen fast eine halbe Million Jahre dauerte und vor ungefähr 10 000 Jahren endete, beeinflußt. Vor allem Europa wurde in dieser Zeit von rauhem, subarktischem Klima heimgesucht, das auch in den benachbarten Gebieten seine Spuren hinterließ. Viele wärmeliebende Arten, die Europa im Tertiär bewohnten, verschwanden oder wurden in wärmere Refugien verdrängt. Dem Ausweichen nach Süden lagen jedoch querstehende Gebirgsmassive im Wege. Aus den Refugien kehrte ein Teil der Arten in den wärmeren Zwischeneiszeiten und nach der Eiszeit zurück. Die Eiszeit bedeutete einerseits eine erhebliche Verarmung der Fauna an wärmeliebenden Arten, andererseits drängte sie aus dem Norden eine Reihe kälteliebender, subarktischer Arten nach Süden. Nach dem Rückzug der Gletscher und nach der Erwärmung des Klimas retteten sich die kälteliebenden Arten (gleich ob die alpinen oder nordischen) in die höheren Berglagen oder wichen wieder nach Norden zurück; gegenwärtig sind sie inselartig verbreitet. Wenn sie im Norden und in den europäischen Gebirgen auftauchen, bezeichnen wir sie als boreoalpine (arktisch-alpine) Arten, wenn sie nur in den Bergen leben, sind sie alpine, wenn sie nur im Norden vorkommen, sind es

41

boreale Arten. Ähnliche Verschiebungen der Fauna wie in Europa gab es auch in Asien und Nordamerika, das von der Vereisung jedoch nicht so schwer getroffen wurde. Was für alle Lebewesen gilt, gilt auch für die Schmetterlinge. Gerade unter ihnen können wir konkrete Beispiele für die verschiedensten Probleme finden. Dank ihrem Artenreichtum und dem Interesse, dessen sie sich bei Wissenschaftlern und auch Naturfreunden erfreuen, haben die Schmetterlinge in erheblichem Maße zu erfolgreichen Forschungsergebnissen und zur Aufstellung mutiger Theorien beigetragen.

In der vertikalen Richtung ändert sich das Klima auf der Erde sehr schnell. Unter europäischen Verhältnissen sagt man: 100 m in die Höhe bedeuten die gleiche Veränderung wie 1000 km nach Osten oder 100 km nach Norden. In Mitteleuropa, in der gemäßigten Klimazone, herrscht in Höhen bis zu 300 m warmes Niederungsklima, in Höhen bis 700—800 m Vorgebirgsklima, wobei die Jahresmitteltemperaturen um 2°—3 °C absinken. Mit zunehmender Höhe über Normalnull (NN) nimmt die Temperatur ab, so daß in der Höhe um 1500 m NN eine Jahresmitteltemperatur um 0 °C herrscht. Die Temperatur ist nicht der einzige Faktor. Mit ihr verändert sich auch grundlegend die Vegetation von den Auwäldern, Steppen und Eichenwäldern über die Eichen-Hainbuchenbestände bis zu den Buchen-Tannenwäldern. In höheren Bergen folgen Fichtenbestände, Knieholz, alpine Wiesen und dann die Schneegrenze, ab der keine Pflanzen mehr gedeihen. Selbstverständlich verändert sich mit dem Charakter der Vegetation auch die Artzusammensetzung der Schmetterlingsfauna. Die Schmetterlinge können von den Niederungen bis so hoch in die Berge leben, wie die Bedingungen für den Pflanzenwuchs reichen. Im Norden hört das Leben der Falter schon in Höhen um 1000 m NN auf. Im Süden verschiebt sich diese Grenze in höhere Lagen.

Wir müssen jedoch die Arten, die ständig in den Bergen leben (sie sind hier autochthon) von den Einzelexemplaren bestimmter Arten unterscheiden, die sich zufällig hierher verflogen haben, über dieses Gebiet wandern oder passiv von den Luftströmungen angeweht wurden. Die meisten Gebirgsarten haben sich den Verhältnissen, die in den Höhen von 2000 bis 4000 m herrschen, gut angepaßt. Bestimmte Arten können auch 5000 m hoch leben. Sie steigen dann aber nie unter diese Höhe, denn dort könnten sie in der Konkurrenz nicht bestehen. Es handelt sich hierbei um anspruchslose, unauffällige Arten, deren Raupen sich von harten Gräsern oder Flechten nähren.

Während der Wanderung können Schmetterlinge auf Gebirgspässen zwischen Gletschern in Höhen um 5000 m auftauchen. Verirrte Exemplare finden wir noch höher hilflos auf dem Schnee liegen. Meistens treffen wir hier Tagfalter und auffallend große Nachtfalter, wie es die Schwärmer sind, an. Diese werden auch von Touristen und Bergsteigern bemerkt. So hat man in Tibet in ungefähr 6000 m Höhe Augenfalter beobachtet, und in der Bergsteigerliteratur werden Schmetterlinge ohne genauere Bestimmung in Höhen von 6300 m erwähnt. Auf den Schneefeldern wurden nicht nur einmal Totenkopffalter oder Windenschwärmer gefunden, von denen bekannt ist, daß sie weite Reisen nach Norden unternehmen. Im Hindukusch-Gebirge wurden Falter in Höhen 4000—4500 m NN gesammelt, und aus den Anden ist eine ganze Reihe von Arten bekannt, die in Höhen um 4700 m leben. In den südlicheren Gebirgen leben Schmetterlinge bis zu Höhen von 4000 m. In Europa liegt die Grenze von Schnee und Eis niedriger, ungefähr bei 2500 bis 3000 m. Bis zu dieser Grenze reichen die Schmetterlinge.

Schmetterlinge und ihre Umwelt

Mit den Beziehungen der Lebewesen zu ihrer Umwelt beschäftigt sich eine verhältnismäßig junge, aber dafür umfassende und in ihren Problemen sehr komplizierte Wissenschaft, die Ökologie. Sie geht von der Voraussetzung aus, daß die Lebewesen ein untrennbarer Bestandteil der Natur sind. Einerseits reagieren sie auf die Umwelt, andererseits beteiligen sie sich selbst an der Schaffung der Lebensbedingungen und der Umwelt anderer Organismen. Der Begriff Umwelt ist sehr weitreichend. In erster Linie wird die Umwelt von der leblosen Natur, also der geologischen Unterlage, veränderlichen physikalischen Faktoren, die als Klima wirksam sind (vor allem Temperatur, Feuchtigkeit und Licht), und auch verschiedenen anderen physikalischen und chemischen Einflüssen bestimmt. Hierzu kommen die komplizierten Faktoren der lebendigen Welt. Einer davon wird zum Beispiel von der Nahrung gebildet. Mit ihr hängen solche Beziehungen zwischen den Organismen zusammen wie Konkurrenz, Symbiose, Parasitismus u. ä. Konkurrenz tritt nicht nur beim Konsumieren der Nahrung auf, sondern auch bei der Besiedlung des Lebensraums. Jeder der erwähnten Faktoren kann die Organismen auf der Ebene des Einzelwesens, der Population, der Art oder verschiedener Typen der Gesellschaft, in der sie leben, beeinflussen. Auch die rückläufigen Wirkungen der Organismen auf die Umwelt sind Reaktionen von Einzellebewesen, Populationen oder höheren ökologischen Einheiten. Das ist ein endloser Prozeß gegenseitiger Beeinflussung. Die Einzelwesen, Arten oder Gesellschaften bestehen oder vergehen. Die Fähigkeit, zu überleben, hängt von der Plastizität des Organismus ab, das heißt von seiner ökologischen Valenz. Arten mit einer weitgespannten ökologischen Valenz sind anpassungsfähig und können in der Natur an verschiedenen Stellen leben, die sich oft in ihren Bedingungen wesentlich unterscheiden. Bei den Schmetterlingen finden wir Arten vor, die von den Niederungen bis hoch in die Berge und vom Mittelmeergebiet bis nach Nordeuropa leben. Auch das breite Nahrungssortiment, das von manchen Arten angenommen wird, zeugt von ihrer weiten ökologischen Valenz. Die Anpassungsfähigkeit hat es vielen Arten ermöglicht, sich auch in einer Landschaft zu vermehren, die vom Menschen bewirtschaftet wird und in der die Lebensbedingungen drastisch von den Verhältnissen in der freien Natur abweichen. Demgegenüber sind Arten mit einer eng bemessenen Valenz weniger anpassungsfähig und auf bestimmte, abgegrenzte Bedingungen angewiesen. Hier leben sie gut, jede kleine Änderung kann jedoch ihre Existenz bedrohen. Eine so eng bemessene Valenz haben zum Beispiel die Hochgebirgsschmetterlinge, die sich erfolgreich mit den rauhen Bedingungen des Hochgebirgsklimas auseinandersetzen, aber in einer milderen Umgebung im Konkurrenzkampf nicht bestehen und in Schwierigkeiten geraten. Eine enge Valenz haben in einem bestimmten Sinn auch die monophagen Arten. Das sind Arten, die ausschließlich an eine einzige Nährpflanzenart gebunden sind. Wenn aus irgendeinem Grund diese Nährpflanze ausstirbt, sind auch die Falter zum Untergang verurteilt. Ein wichtiger Begriff in der Ökologie ist die sogenannte ökologische Nische. Das ist ein freier Raum in der Natur, der von den Arten besetzt werden kann, ungefähr so etwas wie eine Wohnung zum Vermieten. Diesen Raum müssen wir im weitesten und übertragenen Sinne des Wortes verstehen, denn eine Nische kann verschiedensten Charakter aufweisen. Am einfachsten können wir uns eine Nische als unbewohntes Areal in einer Landschaft vorstellen, in der zum Beispiel ein Wald- oder Steppenbrand alles vernichtet hat. Es kann auch ein gepflügtes und besätes Feld sein. Die Lebewesen der Umgebung ziehen hierher um und besiedeln diese Fläche. Ein noch unbewohnter Baum, ein freies Gebüsch sind räumliche Nischen. Als Nische können uns auch Nahrungsstoffe vorstellen, die noch keinen Konsumenten haben (zum Beispiel Getreidevorräte im Lager). Eine Jahreszeit, in der keine andere konkurrenzfähige Art lebt, ist eine Zeitnische. Meistens sind die Nischen jedoch komplizierter und werden von der Kombination mehrerer, gleichzeitig wirkender Faktoren abgegrenzt, von denen der eine oder andere gerade für eine bestimmte Art wichtig ist. So stellt zum Beispiel eine Baumkrone mit spezifischer Feuchtigkeit, Luftströmung und Stellung zur Sonne eine Nische dar. Ein anderer Teil der Krone, zum Beispiel die von der Sonne abgewandte Seite, kann eine andere Nische bilden. Im Rahmen solcher Nischen können sich verschiedene Arten den Raum so teilen, daß die eine auf jungen Trieben, die andere auf alten Blättern, die eine im Frühling, die andere im Sommer usw. lebt. Für manche Arten bildet ein völlig unscheinbarer Raum eine geeignete

Nische, zum Beispiel ein einziges Blatt oder nur dessen Teil, der von einem bestimmten Pflanzengewebe oder Chemismus der Pflanzensäfte charakterisiert wird. Nischen dieser Art werden zum Beispiel von einigen Arten der minierenden Schmetterlinge belegt. Hier können wir auch die Erklärung dafür suchen, warum einige Arten ihre Minen an der Basis, andere mitten in der Spreite des Blatts, die einen an der Unterseite, die anderen an der Oberseite anlegen. Eine Zeitnische ist ein bestimmter Abschnitt des Jahres, der sich zum Beispiel durch regnerisches Wetter, eine bestimmte Tageslänge, ein bestimmtes Spektrum von blühenden Pflanzen u. ä. auszeichnet. Wenn mehrere Arten eine Nische besetzen oder sich darum bemühen, kommt es zu Konkurrenz und Existenzkampf. Es tritt ein Prozeß ein, dessen Ergebnis die Verdrängung eines der Konkurrenten in eine andere Nische ist, soweit er dort überhaupt leben kann. Will eine solche Art ihre Existenz retten, muß sie zwischen zeitigerem oder späterem Auftreten wählen, eine höhere oder niedrigere Pflanzenetage oder eine andere Nährpflanzenart besiedeln usw.

Einfluß der leblosen Natur

Die Temperatur ist ein Grundfaktor in den Lebensbedingungen der Schmetterlinge. Die Falter sind nur innerhalb eines bestimmten Temperaturbereichs aktiv. Sie haben keine beständige Körpertemperatur und sind von der Außentemperatur abhängig. Sie werden entweder direkt von den Sonnenstrahlen oder von der Luft erwärmt und können ihre Körpertemperatur aus eigenen Energiequellen, zum Beispiel durch das Flattern der Flügel, nur sehr gering erhöhen (das auch nur dann, wenn sie von außen auf eine bestimmte Temperatur erwärmt wurden). Die Tagfalter fliegen, wenn die Sonne nicht scheint, aus Wärmemangel nicht aus. Im Hochgebirge fällt diese Erscheinung besonders auf. Hier spürt auch der Mensch eine starke Abkühlung, sobald die Sonne von einer Wolke bedeckt wird. In diesem Augenblick lassen sich alle Schmetterlinge nieder und fliegen erst wieder auf, wenn die Sonne wieder scheint. Mit der Ausnutzung der Sonnenenergie hängt auch die Färbung der Falter zusammen. Es ist kein Zufall, daß viele Gebirgsarten dunkel gefärbt sind. Hierdurch erhöht sich die Absorption der Sonnenenergie.

Die Schmetterlinge benötigen zum Leben eine bestimmte Minimaltemperatur, das ist die sogenannte untere Temperaturschwelle. Sie bewegt sich bei den verschiedenen Arten und Entwicklungsstadien von 2°−3 °C bis 10 °C und ist auch für die einzelnen Typen der Aktivität verschieden. Am niedrigsten liegt die Temperatur für das Existenzminimum. Sie kann sich je nach Art ungefähr von −40 °C bis +5 °C bewegen. Werden diese Temperaturen unterschritten, tritt nach einigen Tagen, früher oder später, der Tod ein. Die nächste Schwelle bildet das Entwicklungsminimum im Bereich um 5° bis 10 °C. Unter dieser Temperatur stellen die Raupen ihre Entwicklung ein, nehmen die Imagines und Raupen keine Nahrung mehr zu sich und hört die Entwicklung der generativen Organe der Imagines auf. Das ganze Geschehen des Organismus reduziert sich auf die physiologischen Vorgänge, die das Überleben sichern. Die Temperaturschwellen unterscheiden sich sehr von Art zu Art im Verlaufe des Jahres und auch in verschiedenen Klimazonen. Überwinternde Raupen, die im Frühling bei der ersten Erwärmung auf Nahrungssuche gehen, sind, wenn wir sie in die Hand nehmen, eiskalt. Tropische Arten stellen ihre Aktivität bei verhältnismäßig hohen Temperaturen ein. Niedrige Temperaturen, die für die Arten der gemäßigten Zone normal sind, können bei längerer Dauer für die tropischen Arten den Tod bedeuten. Die widerstandsfähigsten Arten der Gebirge, des hohen Nordens, des Spätherbstes oder zeitigen Frühjahrs fliegen, fressen, paaren und vermehren sich bei Temperaturen, die dem Gefrierpunkt nahe liegen.

Bei optimalen Temperaturen sind die Schmetterlinge am aktivsten. Sie bewegen sich bei den meisten Faltern der gemäßigten Zone zwischen 20° und 25 °C. Manchmal tritt unter diesen Bedingungen ein regelrechtes Ausschwärmen ein. Wir können uns davon bei der Nachtfalterjagd mit einer beleuchteten Leinwand überzeugen. Die Falter fliegen die Lichtquelle in warmen Nächten am stärksten an. Kühles Wetter senkt ihre Aktivität erheblich. Auch die Entwicklung der Eier, Raupen und Puppen verläuft unter optimalen Temperaturen am schnellsten. Das weiß jeder, der Raupen züchtet und mit ihnen experimentiert. Als Beispiel können wir das Ei der häufig vorkommenden Gammaeule anführen. Es entwickelt sich bei 25 °C ungefähr innerhalb von 3 Tagen, benötigt bei 20 °C annähernd eine Woche und bei 15 °C 15—20 Tage. Ähnlich kann auch die Entwicklung der Raupe von 10—12 Tagen bei 25 °C auf das Doppelte bei niedrigeren Temperaturen ausgeweitet werden oder ganz aufhören. Hohe Temperaturen vertragen die Schmetterlinge verhältnismäßig schlecht. Anfangs verstärkt sich ihre Aktivität noch, erreicht bald aber die Grenze des Erträglichen und geht dann in Erschöpfung über, der ein rascher Tod folgt. Die kritische obere Temperaturgrenze liegt bei 40 °C. Viele Larven sterben schon bei länger anhaltenden Temperaturen über 30 °C. Besonders empfindlich auf höhere Temperaturen sind Boden- und Wasserinsekten, vor allem die Larven, die in diesem Milieu leben. Die Schmetterlinge ertragen eher Temperaturschwankungen nach unten als nach oben. Sie sind hieran physiologisch besser angepaßt und überleben leicht auch harte Fröste von −20° bis −30 °C.

Der Körper der Lebewesen besteht überwiegend aus Wasser. Bei den Schmetterlingen haben vor allem die Raupen einen großen Wassergehalt. Wasser ist einerseits ein Baumaterial für verschiedene Verbindungen, andererseits ein Transportmittel für die gelösten Stoffe im Körper. Die Wasserzufuhr und Reserve im Organismus ist deshalb eine grundlegende Existenzfrage für alle Lebewesen. Die Anforderungen an die Feuchtigkeit bewegen sich genauso wie bei den Temperaturen in bestimmten Grenzen und unterscheiden sich sowohl bei den einzelnen Arten als auch bei den Entwicklungsstadien. Gewöhnlich schadet eine zu hohe oder zu niedrige Feuchtigkeit. Es gibt aber auch viele Arten von Eiern, Raupen und Puppen, die ohne hundertprozentige Feuchtigkeit nicht auskommen können. Die Feuchtigkeit wirkt in der Regel gleichzeitig mit der Temperatur, und beide Faktoren ergänzen sich. Der Einfluß einer ungünstigen Temperatur verstärkt sich bei ungünstiger Feuchtigkeit.

Der Wasserbedarf wird bei den Schmetterlingen auf zwei Arten gesichert: Einmal durch das Haushalten mit der Körperflüssigkeit, zum anderen durch die Zufuhr. Einige Schmetterlingsarten sind gut an das Leben unter trockensten Bedingungen angepaßt. Reiche Behaarung oder Sklerotisation des Körpers verhindern den Verlust von Wasser. Die Eier widerstehen mit einem dicken Chorion der Trockenheit, und die Kokons erhalten ihm Inneren die geeignete Feuchtigkeit.

Andere Arten suchen ein Milieu mit entsprechender Feuchtigkeit auf. Die Imagines fliegen leicht zu den Stellen, wo sie die geeignetsten Bedingungen finden. Die Weibchen legen ihre Eier dort ab, wo die erforderliche Feuchtigkeit zur Verfügung steht, in die Rosetten der Blätter, in die Grasbüschel, in den Boden, auf die Blattunterseite u. ä. Die Raupen einiger Eulen (*Nonagria, Gortyna* u. a.) leben im Inneren von Stengeln, in denen immer eine hohe Feuchtigkeit herrscht. Ebenso leben die Miniaturraupen der Schmetterlingsfamilien *Lithocolletidae* und *Nepticulidae* in Minen. Nimmt man sie heraus, vertrocknen sie bald. Die Raupen der Wickler und anderer kleiner Falter fressen sich in ausschlagende Blätter und Knospen ein und verspinnen sich, oder sie rollen Blätter zu Kammern zusammen, in denen infolge der Transpiration der Blätter immer eine größere Feuchtigkeit als in der Umgebung herrscht. Einige Raupen nützen die Feuchtigkeit im Boden aus. Sie leben dort und ernähren sich von den Wurzeln der Pflanzen, oder sie verbergen sich hier nur tagsüber, wenn außen eine niedrige Luftfeuchtigkeit herrscht. Die nächtliche Aktivität der meisten Raupen hängt ebenfalls mit der erhöhten Luftfeuchtigkeit zusammen.

Auch die Puppen reagieren empfindlich auf mangelnde Feuchtigkeit, obwohl sie eine relativ feste Hülle besitzen. Jeder Schmetterlingszüchter weiß, daß er die Puppen in der Zucht regelmäßig mit Wasser besprühen muß, damit sie nicht vertrocknen. In der Natur sind die

Puppen in versponnenen Blättern, in denen eine höhere Feuchtigkeit herrscht, in Kokons oder im Boden untergebracht.

Für die Wasseraufnahme von außen sind weder die Eier noch die Puppen der Schmetterlinge, noch die Imagines mit verkümmerten Mundwerkzeugen ausgestattet. Sie gewinnen das für die biochemischen Prozesse erforderliche Wasser beim Abbau der Fettreserven des Körpers. Schmetterlinge mit ausgeprägtem Rüssel entnehmen das Wasser den Säften, von denen sie sich ernähren, oder sie saugen direkt. Auf feuchtem Sand versammeln sich ganze Schwärme von Weißlingen und Bläulingen, manchmal taucht auch ein Perlmutter- oder Segelfalter auf. Schillerfalter und Eisvögel saugen auf feuchten Waldwegen Wasser. Die Jungfernkinder lassen sich im Frühling auf dem feuchten Boden nieder, und wenn ein trockener Sommer herrscht, fliegen die Eulen abends auf Baumstämmen zusammen, die mit Köderbrei oder nur mit Wasser angefeuchtet wurden. Die Raupen gewinnen Wasser aus der Nahrung. Die grünen Blätter sind also für sie nicht nur Nahrungs-, sondern auch Wasserquelle.

Das Licht hat im Leben der Schmetterlinge eine etwas andere Funktion als die Temperatur und Feuchtigkeit. Wenn wir einmal außer acht lassen, daß das Sonnenlicht die Energiequelle für das Leben auf der Erde überhaupt ist, stellt das Licht für die Schmetterlinge eher einen Signalisations- und Orientierungsfaktor als eine Lebensnotwendigkeit dar. Wichtig ist auch, daß die Schmetterlinge auch andere Wellenlängen als der Mensch wahrnehmen können. Ihr Sehvermögen ist meistens nach dem ultravioletten Teil des Spektrums hin verschoben, und sie sehen also Strahlen, die das menschliche Auge nicht registriert. Die meisten Eulen lassen sich mit ultraviolettem Licht anlocken. Es gibt aber auch Schmetterlinge, wie zum Beispiel einige Bärenspinner, die zahlreich auch rotes Licht anfliegen. Schließlich hat man festgestellt, daß bei einigen Schmetterlingen das Sehspektrum Lücken aufweist. Sie reagieren auf kurzwellige Strahlung, sind im Bereich des grünen Lichts farbenblind und sehen das Licht längerer Wellen wieder sehr gut. In jedem Falle zeigt sich den Schmetterlingen die Welt in anderen Farben als dem Menschen. Wahrscheinlich reagieren die Schmetterlinge auch auf Wärmestrahlen und elektrische und magnetische Felder. Sie können die Farben des Nachthimmels unterscheiden und nehmen das Licht der Sterne wahr. Sie sind empfindlich auf Beleuchtungsveränderungen im Verlaufe des Tages, und eine bestimmte Lichtqualität gibt ihnen das Signal zur Entfaltung oder Einstellung der Aktivität. Diese außerordentlichen Fähigkeiten können uns den Tagesrhythmus vieler Arten erklären. Die Tagfalter sind vormittags am aktivsten. Von einer bestimmten Stunde am Nachmittag an beginnen sie, ihre Schlupfwinkel zum Übernachten aufzusuchen. Einige Falter entwickeln typische Aktivität in den späten Nachmittagsstunden (z. B. die Männchen einiger Glucken), in den Abendstunden (Schwärmer und viele Eulen) oder wieder vormittags bei Sonnenschein (Augenspinner, Birkenspinner). Daneben fliegen sie jedoch auch noch nachts aus. Auch ausgesprochene Nachtfalter fliegen nicht die ganze Nacht über, sondern haben „ihre Stunde". Das wissen die Sammler, die nachts mit Licht Schmetterlinge fangen, sehr gut. Einige Bärenspinner (*Eucharia casta* Esp., *Arctinia caesarea* Gz.) fliegen in der Abenddämmerung und dann erst wieder in der Morgendämmerung zum Licht. Der große, farbige Braune Bär taucht erst gegen Mitternacht an der Lampe auf und fliegt dann manchmal in großen Mengen an. Zur gleichen Zeit steigt auch die Aktivität der Eule *Noctua pronuba* L. heftig an.

Das Licht ist ein sehr geeignetes Signal zur Regelung der Aktivität im Tages- und Jahresverlauf. Lichtintensität, Temperatur und Feuchtigkeit schwanken während dieser Zeiträume unregelmäßig und halten nur in groben Zügen einen bestimmten Rhythmus ein. Das Licht folgt einer genauen Regel. Der Wechsel von Tag und Nacht und die Veränderungen der Tageslänge im Verlaufe des Jahres sind durch die Umdrehung der Erde und durch ihre Bahn um die Sonne festgelegt. Die Lichtintensität wird zwar durch zeitweilige Bewölkung gestört, aber sonst funktioniert dieser Rhythmus schon Millionen von Jahren. Den Schmetterlingen stand eine genügende Zeit zur Verfügung, sich diesem Rhythmus anzupassen und ihn zu benutzen.

Die Ruheperioden im Leben der Schmetterlinge

Der Wechsel der Jahreszeiten hat zur Folge, daß sich im Leben der Schmetterlinge (aber auch bei anderen Insekten und Lebewesen) günstige und ungünstige Perioden abwechseln. Besonders in der gemäßigten Klimazone auf der Nordhalbkugel wirken sich diese Veränderungen markant aus. Der Sommer mit seinen günstigen Temperaturen und ausreichendem Nahrungsangebot wird alljährlich vom Winter abgelöst, den die Schmetterlinge normalerweise nicht überleben könnten. Aber auch in den Tropen wechselt ein relativ trockener Sommer mit der Regenzeit ab, und für die Entwicklung mancher Arten ist nicht jedes Wetter geeignet. Für die Insekten ist es aber lebenswichtig, die ungünstigen Perioden des Jahres, einen strengen Winter oder dürren Sommer, ohne Schaden zu überstehen und den gesamten Jahreszyklus abzuschließen. So wie wir bei vielen Wirbeltieren den Winterschlaf kennen, besteht auch im Leben der Schmetterlinge eine Zeit der relativen Ruhe. Sie wird Dormanz genannt (nach dem lateinischen Wort dormire = schlafen, in Ruhe verharren). In dieser Periode wird gewöhnlich die Nahrungsaufnahme eingeschränkt, und das Lebewesen zehrt von den angelagerten Fettreserven. Um diese Vorräte nicht vorzeitig zu erschöpfen, muß der Stoffwechsel verlangsamt und die Energieabgabe auf ein Minimum gesenkt werden. Deshalb wird auch die Bewegung eingeschränkt, und die physiologischen Prozesse und biochemischen Reaktionen im Körper wickeln sich sehr langsam ab, viel sparsamer als in der Zeit normaler Aktivität. Die Dormanz kann entweder alle Körperfunktionen erfassen, dann verfällt das Tier in einen Starrezustand, oder nur einige, gewöhnlich die generativen Organe (Fortpflanzungsorgane) betreffen. Im zweiten Fall läuft, fliegt und frißt das Insekt, vermehrt sich aber nicht, denn die Entwicklung seiner Geschlechtsorgane, der Hoden und Eierstöcke, ist blockiert. Die Ruheperiode muß nicht mit der Ruheperiode der ganzen Natur zusammenfallen (auch wenn es meistens geschieht), denn jeder Art sagt etwas anderes zu. Die Dormanz kann im Stadium des Eies, der Raupe, der Puppe und der Imago in der Jahreszeit eintreten, in der sie für die jeweilige Art am günstigsten und notwendig ist. Der Schmetterling kann im Verlauf seines Entwicklungszyklus mehrmals in den Ruhezustand verfallen, die Dormanz muß aber nicht immer vom gleichen Typ sein. Bei Arten, die jährlich mehrere Generationen bilden, kann die Dormanz nur an eine davon gebunden sein; die anderen Generationen entwickeln sich ohne Unterbrechung. Die Dormanz kann auch nur einen bestimmten Teil der Population betreffen. Dann entstehen die unvollständigen oder Teilgenerationen.

Unter dem Begriff Dormanz verbirgt sich ein ganzer Komplex sehr komplizierter Erscheinungen, bei deren Erforschung wir immer noch ziemlich am Anfang, im Stadium der Sammlung von Fakten stehen. Mehrere Versuche, die verschiedenen Typen der Dormanz zu klassifizieren, haben vor der Kritik oder Ökologen und Physiologen nicht bestehen können.

Die Dormanztypen haben sich im Verlaufe der Stammesentwicklung unter dem Einfluß des äußeren Milieus geformt, und Arten, die im System dicht nebeneinander stehen, können auf Grund unterschiedlicher Anpassung völlig abweichende Dormanztypen aufweisen. Wir unterscheiden bei der Dormanz gewöhnlich zwei Gruppen. Der erste Typ stellt eine sofortige Reaktion auf Veränderungen der Lebensbedingungen dar und wird als Quieszenz bezeichnet. Die zweite Form verläuft langsamer, sie setzt die Vorbereitung des Organismus auf den Beginn einer ungünstigen Periode voraus. Diese Vorbereitungen müssen in einem erheblichen zeitlichen Vorsprung eintreten und sind vollkommen mit den jährlichen klimatischen, beziehungsweise astronomischen Zyklen synchronisiert. Es sind verschiedene Arten der Diapause. Für all diese Erscheinungen finden wir unter den Schmetterlingen viele Beispiele.

Die Quieszenz ist im wesentlichen der Übergang in den Starrezustand. Sie dauert so lange an, wie die ungünstigen Bedingungen wirksam sind, und wird meistens von der Temperatur, seltener von ungeeigneter Feuchtigkeit beeinflußt. Die Quieszenz kann zu jeder Zeit unterbrochen und wieder erneuert werden, sie ist also reversibel. Charakteristisch an der Quieszenz ist, daß sie keine Vorbereitungsphase hat. In ihr besteht die Widerstandsfähigkeit gegen plötzliche Wechsel in den Lebensbedingungen, vor allem gegen Frost. Bei den Schmetterlingen ist die Quieszenz typisch für die arktischen und die Gebirgsarten, die in schwankendem Klima leben und jede geeignete Möglichkeit zum Fressen nützen und andererseits auch heftige Temperaturgefälle und plötzlich eintretende Schneestürme, die in diesen Gegenden auch im Sommer keine Seltenheit sind, überleben müssen. Die Entwicklung dieser Arten, die von der Quieszenz unterbrochen wird, ist in Abhängigkeit von der Witterung sehr verschieden und kann sich auch über mehrere Jahre hinziehen.

Den Gegenpol zur Quieszenz bilden die verschiedenen Arten der Diapause. Sie werden vor allem durch die Tageslänge (die Beleuchtung) gelenkt. Bis zu einem gewissen Maß können auch andere Faktoren, Temperatur, Feuchtigkeit und Nahrungsqualität, wirksam sein. Eine bestimmte Tageslänge und auch deren Veränderung signalisieren nicht nur, daß eine für das Leben ungünstige Zeit bevorsteht (so ist zum Beispiel die Verkürzung der Tage ein Zeichen dafür, daß der Winter naht), sondern lassen den Organismus – er hat es nach länger wirkenden Erfahrungen gelernt – abschätzen, wann die Witterungsänderungen eintreten. Er bereitet sich also schon vom Sommer oder Herbst an auf den Winter vor, setzt Fett an und sucht noch bei schönem Wetter einen geeigneten Unterschlupf. Auch der Sommer kann ungünstige Lebensbedingungen schaffen. Es kann übermäßig trocken sein und dadurch, daß die Wirtspflanze verblüht und verdorrt oder sich die chemische Zusammensetzung der Blätter ändert und die Nahrung den Raupen nicht zusagt, kann Nahrungsmangel eintreten. Beim Kiefernspinner treffen wir eine Art der Dormanz an, die als Oligopause bezeichnet wird. Für sie ist kennzeichnend (ähnlich wie bei der Quieszenz), daß die Dormanz vom gleichen Faktor, der sie zuvor bewirkt hatte, abgeschlossen wird. Die Raupen des erwähnten Falters unterbrechen ihre Entwicklung im Herbst unter dem Einfluß der sich verkürzenden Tage. Die Wirkung der einzelnen Tage summiert sich und die Raupen verfallen allmählich in einen immer tieferen Schlaf. Erst die Verlängerung der Tage im Frühling weckt die Raupen nach und nach und langsam, so daß sie ihre vollständige Aktivität erst verhältnismäßig spät, erst in der Zeit, in der die Triebe der Kiefern ausschlagen, erreichen. Das war ja auch Ziel der Oligopause.

Bei den Schmetterlingen beobachten wir oft einen besonders ausgeprägten Typ der Dormanz. Es ist die „Eudiapause" oder die „echte Diapause". Das ist eine entwicklungsgeschichtlich sehr fortgeschrittene Methode zum Überleben einer ungünstigen Periode. Ihr geht ein vollkommenes System langzeitlicher Vorbereitungen voraus. Die Diapause hat mehrere Besonderheiten, die sie von den anderen Typen der Dormanz unterscheiden. Sie ist in erster Linie nicht reversibel. Wenn sie einmal beginnt, muß sie auch bis zum Abschluß verlaufen, wobei es keine Rolle spielt, ob inzwischen der Faktor, der sie hervorgerufen (induziert) hat, unwirksam geworden ist. Hiermit hängt unmittelbar zusammen, daß ein Entwicklungsstadium der Schmetterlinge nur eine kurze Zeit lang für den Impuls empfindlich ist. Bei einigen Arten liegt dieser Zeitpunkt in der 3. oder 4. Entwicklungsphase der Raupen. Wird diese empfindliche Periode überschritten, das heißt, der Impuls stellt sich in ihrem Verlauf nicht ein (sondern vielleicht z. B. erst mit Verspätung in der 5. Phase), findet auch die Diapause nicht statt, und das Insekt entwickelt sich ohne Unterbrechung weiter. Es hat inzwischen die Fähigkeit verloren, auf den induzierenden Faktor zu reagieren. Ein anderes Charakteristikum der echten Diapause besteht darin, daß sie von einem einzigen Faktor (meistens der Länge der Beleuchtung) hervorgerufen, von einem anderen aber (Temperatur oder Feuchtigkeit) abgeschlossen wird. Darüber hinaus benötigt die Diapause für ihren Ablauf die Erfüllung bestimmter Bedingungen. Im anderen Fall würde das Insekt an Erschöpfung eingehen, ohne wieder zu aktivem Leben erwacht zu sein. Gewöhnlich verlaufen bestimmte Prozesse bei höheren Temperaturen schneller. Die Diapause gestaltet sich bei niedrigen Temperaturen von annähernd 4 °C am günstigsten. Schmetterlingszüchter wissen, daß die überwinternden Puppen „ausfrieren" müssen. Das heißt, sie müssen eine Kälteperiode überstehen, wenn im Frühling ein Falter schlüpfen soll. Bringen wir die Puppen in einem warmen Zimmer unter, können wir, auch wenn die Puppen noch lange lebendig sind, keinen Schmetterling erwarten. Nicht nur der Verlauf, sondern auch die Induktion der Diapause ist manchmal an eine bestimmte Temperatur gebunden. So ist eine Raupe zum Beispiel nur dann für den Impuls empfindlich, wenn die Temperatur unter 20 °C, bei anderen vielleicht auf 15 °C oder 16 °C abfällt. Bei 25 °C ist der Effekt auch nicht garantiert. Der zeitliche Vorsprung des Signals für die Diapause (der Induktion) vor dem eigentlichen Absinken der Aktivität führt manchmal zu interessanten Einzelfällen. Sehr oft findet die Induktion im Stadium der Raupe statt. Diese verpuppt sich noch, und erst dann, im Puppenstadium, verläuft die Diapause. An anderer Stelle entscheidet sich schon im Ei die Diapause der Raupe. Das zur Diapause vorbereitete Ei entwickelt sich rasch bis zu einer bestimmten Phase, und im Chorion erscheint die Raupe, die manchmal noch mit reichen Dotterreserven versehen ist. In diesem Stadium überwintert das Ei. Bei einigen Arten reicht es, daß eine bestimmte, die sogenannte kritische Tageslänge überschritten und damit der Effekt hervorgerufen wird. Auf eine weitere Verkürzung oder Verlängerung der Tage tritt keine Reaktion ein. Andere Arten fordern, daß sich die Tageslänge tatsächlich verändert. Einige Arten reagieren auf die relativen Unterschiede in der Beleuchtung. Bei ihnen hat Dauerbeleuchtung die gleiche Wirkung wie ständige Dunkelheit. Auch die Zusammensetzung des Spektrums ist nicht ohne Bedeutung, denn nur einige Farben erzielen den Effekt.

Die Diapause verläuft die ganze Zeit über nicht gleich intensiv, sondern hat mehrere Phasen. Am tiefsten ist sie zu Beginn. Nach einer bestimmten Zeit geht sie in die Quieszenz über, und es hängt dann nur noch von der Temperatur ab, ob das Insekt zum Leben erwacht. In der Natur verläuft die Winterdiapause von November bis Januar am stärksten. In dieser Zeitspanne ist es überhaupt nicht erwünscht, daß das Insekt erwacht. Es darf sich auch von einer zufälligen Erwärmung nicht provozieren lassen, denn nach zwei bis drei Tagen können erneut Fröste einsetzen, die das Schicksal des Tieres besiegeln würden. Es gibt noch einen anderen Sicherungsmechanismus. Die Raupen einiger Glucken (zum Beispiel des Brombeerspinners) erwachen erst dann, wenn sie bei ausreichender Temperatur gebührend mit Wasser benetzt werden. Sie werden also von der Schneeschmelze und dem Frühjahrsregen, die Begleiterscheinungen der anbrechenden Vegetationszeit sind, geweckt.

Trotz aller Bemühungen ist es durch keinerlei Veränderungen der Versuchsbedingungen gelungen, die Diapause einiger Schmetterlinge, zum Beispiel des Frostspanners, zu beeinflussen. Wir können das damit erklären, daß sich der Lebensrhythmus dieser Arten schon so stabilisiert hat, daß er vererbt wird und dadurch in einem bestimmten Maße von äußeren Bedingungen unabhängig ist.

Die Diapause kann als Schutzstrategie zum Überleben ungünstiger Perioden auch einen größeren Zeitraum als ein Jahr umfassen. Schmetterlingszüchter kennen Fälle, in denen die Puppen von Schwärmern, Zahnspinnern oder auch vieler Eulen mehrere Jahre gelegen haben, bevor der Falter geschlüpft ist. Das ist eine Reserve der Art für den Fall, daß im ersten Jahr nicht alles planmäßig abläuft, daß vielleicht sehr schlechtes Wetter herrscht und die ganze Population zugrunde gehen müßte. Weiterhin hat die Diapause für die Synchronisation (gleichzeitiges Auftreten) der Population Bedeutung. Bei Arten mit mehreren Generationen im Jahr entwickeln sich die Einzelwesen unter abweichenden Mikrobedingungen so unterschiedlich, daß sich am Ende der Saison die Grenzen zwischen den einzelnen Generationen verwischen. Wenn dieser Vorgang fortschritte, würde sich das Auftreten der Individuen über einen größeren Zeitraum auseinanderziehen und sich damit auch die Wahrscheinlichkeit des Zusammentreffens der Partner verringern. Während des Winters gleicht sich das alles aus, und im Frühling schlüpft die ganze Art wieder gemeinsam.

Das Kapitel über die Diapause kann vielen Sammlern manches Rätsel klären. Jemandem gelingt es, zu Hause aus gefangenen Raupen die Imagines noch im Herbst zu erzüchten. Ein anderer muß bis zum Frühjahr auf den Falter warten oder erzielt gar kein Ergebnis, obwohl sich die Raupen verpuppt hatten. Die Erklärung kann ganz einfach sein: In dem einen Fall wurden die Raupen in einem Raum gehalten, in dem keine Lampe leuchtete und nur der Rhythmus des Tageslichts wirkte. In dem anderen Fall haben wir vielleicht ein Buch gelesen und bis tief in die Nacht hinein geleuchtet, und gerade in dieser Zeit wurde über die Dormanz der Raupen entschieden. Aus der Kompliziertheit der Dormanz geht auch hervor, warum das Überwintern der Raupen unter künstlichen Zuchtbedingungen so schwierig ist.

Die Nahrung der Schmetterlinge

Schmetterlinge sind heterotrophe Organismen. Das heißt, sie können sich nicht von anorganischen Stoffen ernähren und sind auf die Produktion der übrigen lebenden Organismen angewiesen. Deshalb spielen die Pflanzen und anderen Lebewesen im Dasein der Schmetterlinge eine sehr wichtige Rolle. Die Pflanzen liefern den Faltern und Raupen größtenteils die Nahrung. Lebewesen werden nur in Ausnahmefällen verzehrt. Sie stellen eher Nahrungskonkurrenten oder Feinde dar. Zwischen den Schmetterlingen und den übrigen lebendigen Welt haben sich so recht komplizierte Verhältnisse entwickelt.

Hauptnahrung der Schmetterlinge sind lebende Pflanzen. Die Raupen fressen an Blättern, Blüten, Früchten oder Holz. Die Imagines saugen aus den Blüten Nektar und süße Säfte aus Früchten und verletzten Baumstämmen. Die Fähigkeit verschiedener Raupenarten, unterschiedliche Nahrung zu konsumieren, ist nicht gleich. Polyphage Tiere können auf vielen Pflanzenarten aus den verschiedensten Familien leben und entwickeln sich überall gut. So wurden zum Beispiel die Raupen der Gammaeule auf über 220 Pflanzenarten aus 51 Familien, die des Amerikanischen Webebären auf mehr als 130 Pflanzenarten beobachtet. Besonders wenig wählerisch sind die Arten, die von Wurzeln leben oder im Holz bohren.

Oligophage Tiere sind spezialisierter. Sie ernähren sich höchstens von einigen Pflanzenarten, die zur gleichen Familie gehören. So lebt zum Beispiel der Wolfsmilchschwärmer auf verschiedenen Wolfsmilcharten, der Totenkopf auf Nachtschattengewächsen wie Bocksdorn oder Kartoffel, das Pfauenauge auf Brennnesseln und Hopfen. Manchmal wird Oligophagie von einem anderen Faktor als der systematischen Verwandtschaft der Pflanzen, zum Beispiel von der Umgebung begrenzt. So wurden z. B. die Raupen der Eule *Archanara sparganii* Esp auf Rohrkolben, Igelkolben und Wasserschwertlilie gefunden. Zwischen Polyphagie und Oligophagie können wir kaum eine feste Grenze feststellen. Beide Typen gehen ineinander über. Es gibt Raupen, die normalerweise nur auf einigen Pflanzenarten leben, im Bedarfsfall aber, zum Beispiel bei Übervermehrung, ihr Nahrungssortiment erheblich erweitern.

Die am weitestgehend spezialisierte Gruppe sind die monophag lebenden Falter. Sie können sich nur von einer einzigen Pflanzenart, manchmal sogar nur von einem bestimmten Teil dieser Pflanze, der Blüte oder Frucht, ernähren. Wir finden sie in allen Familien verstreut. Konsequente Monophagie ist jedoch verhältnismäßig selten. Die meisten Falter sind oligophag. Monophagie ist wie jede Spezialisierung für die Art riskant. Wenn die Nährpflanze verschwindet, ist auch das Schicksal der Schmetterlingsart, die an sie gebunden ist, besiegelt.

Viele Raupen leben auf abgestorbenem Pflanzensubstrat. Das ist zum Beispiel für die artenreiche Spannergattung *Idaea* typisch, deren Raupen sich von trockenen, modernden Blättern, Heu u. ä. ernähren. Von den Eulen ernähren sich auf die gleiche Weise die Raupen der Art *Epizeuxis calvaria* F. Die Raupen der Eule *Laspeyria flexula* Schiff und einige Spanner der Gattung *Boarmia* befressen Moos und Flechten. Die Raupen der Eule *Parascotia fuliginaria* L. und der Motten aus der Familie *Tineidae* leben in abgestorbenen Porlingspilzen.

Eine besondere Gruppe bilden die Konsumenten von Früchten und Erzeugnissen der Nahrungsmittelindustrie. Sie haben sich zu Lagerschädlingen entwickelt. Die meisten von ihnen gehören in die Familien *Tineidae, Pyralidae, Gelechiidae* und *Tortricidae*. Zur Familie *Tineidae* gehören die auf Materialien tierischer Herkunft, auf Pelze, Wolle, Federn u. ä. spezialisierten Arten. In der Natur leben sie in Vogelnestern, in den Höhlen der Säugetiere und auf toten Tieren. Es geht ihnen aber in den Materiallagern und in menschlichen Unterkünften, in denen kein Nahrungsmangel besteht, viel besser.

Es gibt unter den Schmetterlingsraupen, wenn auch selten, so trotzdem, Raublarven, die entweder andere Raupen oder andere Lebewesen überfallen. Zahlreich sind die Arten *Cosmia trapezina* L. und *Eupsilia transversa* HUFN., die Feinde kleiner Raupen. Wir finden diese Raublarven oft in den Gespinsten der Zünsler und Wickler, in denen sie sich nach der Vernichtung des ursprünglichen Mieters festgesetzt haben. Interessant ist die Raupe der seltenen, wärmeliebenden Art *Porphyrinia communimacula* SCHIFF. Sie frißt auf den Obstbäumen Schildläuse.

Die Qualität der Nahrung beeinflußt die Entwicklung der Raupen und auch die Fruchtbarkeit der Imagines. Der Gehalt an Grundnährstoffen ist nicht in jeder Nahrung gleich. Das Gleiche gilt auch für die anderen Stoffe, die Glykoside, Vitamine, Alkaloide, Farbstoffe u. ä. Der hohe oder niedrige Gehalt von einem dieser Bestandteile kann den Grund für das Ungeeignetsein einer Nahrung für eine bestimmte Raupenart bilden. In diesem Fall verlangsamt sich die Entwicklung und steigt die Sterblichkeit. Die Qualität der Nahrung wird wesentlich von der Entwicklung der Pflanzen im Verlaufe der Vegetationsperiode, von ihrer Reife, dem Absterben oder der Speicherung von Nährstoffen, beeinflußt. Die Raupen reagieren dadurch, daß sie eine geeignetere Pflanzenart oder jüngere Triebe aufsuchen, von verwelkten Blüten auf Blätter und von Bäumen auf Kräuter übergehen. Die Auswahl der geeigneten Nahrung wird meistens schon vom Weibchen vorgenommen, das eine bestimmte Pflanzenart aufsucht und dort seine Eier ablegt. Die Raupen kosten ihre Nahrung erst, bevor sie zu fressen beginnen.

Das Verhalten der Schmetterlinge

Neben den Beziehungen im Bereich der Nahrungskette, bei denen die Schmetterlinge einerseits als Verbraucher und andererseits als Nahrung der übrigen Lebewesen auftreten, bestehen Beziehungen, die aus dem langandauernden Zusammenleben in einem Gebiet hervorgehen. Es sind positive und negative Beziehungen, die in den verschiedensten Ebenen liegen: Sie bestehen zwischen den Einzelwesen des gleichen oder unterschiedlichen Geschlechts einer Art, zwischen differenzierten Populationen und zwischen den Gesellschaften der Arten.

Die Schmetterlinge leben meistens individuell. Wenn sich manchmal mehrere Exemplare versammeln, hat das andere Gründe als bei den sozialen Insekten, wie den Ameisen und Bienen, die organisierte Staaten bilden. Das massenhafte Auftreten von Schmetterlingen und Raupen ist zwar selten, fällt dafür aber auf. Meistens handelt es sich dabei um Wanderung, Massendormanz oder die Konzentration an Nahrungs- und Feuchtigkeitsquellen.

Ein bekanntes Beispiel für die Wanderung ist der amerikanische Schmetterling *Danaus plexippus* L. Die Falter wandern, um zu überwintern, und versammeln sich alljährlich in Tausenden Exemplaren auf ausgewählten Bäumen, die sie mit ihren Körperchen wortwörtlich übersäen. Es ist nicht bekannt, warum die Schmetterlinge gerade von diesen Bäumen und nicht von anderen angezogen werden. Um diese bemerkenswerte Naturerscheinung nicht zu stören, stehen die Schmetterlingsbäume unter strengem, gesetzlichen Schutz. Die australische Eule *Agrotis infusa* BOISD. fliegt auf den Gipfeln von Hügeln zusammen, um den heißen tropischen Sommer zu überstehen. Hier drängen sich dann auf kleinstem Raum zwischen Steinen und Felsen riesige Mengen von Faltern. Massenhaft wandern auch einige Arten der Familie *Pieridae,* die Weißlinge und Gelblinge. In Afrika wurden ganze Wolken von Gelblingen beobachtet. In Europa kann man die Baumweißlinge bei ihrer gemeinsamen Wanderung sehen. Die Berichte von mit Weißlingen verschneiten Feldern gehören wohl nur noch der älteren Literatur an, trotzdem tauchen aber manchmal so viele Schmetterlinge auf, daß sie der Aufmerksamkeit nicht entgehen. Einige Fleckenfalter (zum Beispiel der Distelfalter und der Admiral) oder der Postillon, auch Wandergelbling genannt, tauchen plötzlich in der Gegend auf, ohne daß jemand ihre Ankunft beobachtet hätte. Gelingt es manchmal, ihre Wanderung zu beobachten, sehen wir die einzelnen Schmetterlinge immer nach einigen Sekunden vorüberfliegen, manchmal rascher, manchmal in größeren Intervallen. Diese Schmetterlingszüge wurden meistens an Hochgebirgspässen beobachtet, die die Falter durchfliegen müssen, um die Gebirgskämme, die ihnen im Wege stehen, zu überwinden. Wanderfalter sind in den Bergen nicht zu Hause, und sie erregen, vor allem wenn sie in einer Zeit, in der hier noch Schnee liegt, auftauchen, besondere Aufmerksamkeit.

Ähnlich wie die Tagfalter wandert auch eine ganze Reihe von Nachtfaltern. Alljährlich gelangt ein Teil der Gammaeulen-Population durch Wanderung nach Mitteleuropa. Ein anderer Wanderfalter ist die Ypsiloneule. Da die Schmetterlinge nachts ziehen, entging ihre Wanderung lange der Aufmerksamkeit der Beobachter. Manchmal fliegen so viele Eulenfalter an, daß ihre Nachkommenschaft, die Raupen, ernsthafte Schäden an den landwirtschaftlichen Kulturen verursacht. Zu den bekannten Wanderfaltern, die einzeln ziehen, gehören die großen Schwärmer: der Totenkopf, der Winden- und der Oleanderschwärmer. Diese Falter können in der gemäßigten Zone zwar nicht überwintern, finden hier aber ein günstiges Klima für die Vermehrung vor. Sie bemühen sich, eine freie Nische auszufüllen in der Hoffnung, daß es ihnen gelingt, sich hier einmal ständig anzusiedeln. Sie besiedeln alljährlich von Afrika her Süd- und Mitteleuropa und werden manchmal auch weit im Norden gefangen.

Die Entfernungen, die die Schmetterlinge zurücklegen müssen, betragen Hunderte und Tausende von Kilometern. Sie nützen bei ihren Wanderungen günstige Luftströmungen aus, und so ist ihre Ankunft gewöhnlich mit einer bestimmten Witterung verbunden. Selbstverständlich gehen auf der Reise viele Exemplare zugrunde, das ist aber der Tribut, den die Art für ihre Expansionsziele zahlen muß.

Die Raupen leben meistens allein und bemühen sich, den größtmöglichen Abstand voneinander zu erreichen. Sie reagieren auf die Anwesenheit eines Nachbarn äußerst unwirsch, und sollte es zum Beispiel durch Übervermehrung geschehen, daß sich viele Exemplare auf einem beschränkten Raum einfinden, kommt es zu Kannibalismus. Manche Raupen besitzen auch eine Vorrichtung, die ihnen hilft, größeren Abstand voneinander zu erreichen. Die kleinen Raupen des Schwammspinners haben sehr lange Borsten oder Haare, so daß sie vom Wind weggetragen werden können. Ein Extrem des solitären Lebens zeigen die Raublarven.

Einige Raupenarten verbringen einen Teil ihres Lebens oder auch ihr ganzes Dasein in mehr oder wenig umfassenden Kolonien. Diese Kolonien treffen wir meistens bei den Glucken, Trägspinnern und nur selten bei anderen Arten an. Die Raupen des Mondvogels fressen zuerst gemeinsam an einem Blatt, später dann auf einem Ast von Linden, Haseln und Birken. Die Raupen des Trauermantels, des Großen und Kleinen Fuchses und anderer Falter verhalten sich ähnlich. Sie kriechen erst in der letzten Entwicklungsphase, oder um sich zu verpuppen, auseinander. Die Raupen des Goldafters, des Ringelspinners und des Birkenwollafters leben in Nestern zusammen, von denen schon berichtet wurde. Die gelbschwarzen Raupen der Gespinstmotten verspinnen ganze Büsche von Schlehen, Apfelbaum, Traubenkirsche und Spindelbaum mit grauen Spinnweben und hausen hier zu Hunderten gemeinsam. Auf verschiedenen Sträuchern leben natürlich verschiedene Arten dieser Motten.

Die Raupen der Prozessionsspinner pilgern in langen Reihen von einer Stelle zur anderen, um Nahrung zu suchen. Dabei berührt eine Raupe mit dem Kopf immer das hintere Ende der vorauskriechenden. Diese Formation erweitert sich manchmal keilförmig, so daß nach hinten immer mehr Raupen nebeneinanderherlaufen. Bei der üblichsten europäischen Art wird dieses Verhalten in Artnamen festgehalten — *Thaumetopoea processionea* L. Wir wollen hier den Versuch mit einer amerikanischen Art erwähnen, wobei eine lange Reihe von Raupen zu einem Kreis geschlossen wurde. Die Raupen krochen dann einige Tage lang bis zur völligen Erschöpfung in diesem Kreis umher. Es ist möglich, diese Formation an jeder beliebigen Stelle zu unterbrechen. Die Raupen folgen dann dem Exemplar, das zufällig gerade an die vorderste Stelle gelangt. Daran sehen wir, daß die Anordnung dieser Raupenzüge rein instinktiv und unorganisiert erfolgt und keinem Tier eine führende Rolle vorbestimmt ist.

Schmetterlinge in der Biozönose

Wir konnten uns an vielen Beispielen davon überzeugen, daß die Schmetterlinge in einem organisierten Kontakt zur übrigen Natur stehen. Je reicher die umgebende Natur ist, um so kompliziertere gegenseitige Beziehungen und Bindungen entstehen. Im Verlaufe der langen Entwicklung hat sich vielleicht auch auf Kosten ungeeigneter Einzelwesen oder ganzer Arten immer ein relatives Gleichgewicht ausgebildet, das von der Artengesellschaft bedingt und an die bestehenden Bedingungen gebunden ist. Betrachten wir irgendeinen Ort in der Natur, einen sogenannten Biotop, näher, sehen wir, daß er von einem bestimmten Vegetationstyp charakterisiert wird. Das kann zum Beispiel ein Wald sein mit einer bestimmten Zusammensetzung von Baumarten, mit einer Reihe von Sträuchern im Unterwuchs und einer Kräuteretage, die sich aus bestimmten Pflanzen zusammensetzt. Diese gesamte Vegetation, die an eine geeignete geologische Unterlage gebunden ist, bildet den Lebensraum für viele Arten von Lebewesen. Die Pflanzen besitzen hier Boden, den sie für ihr Wachstum benötigen, den pflanzenfressenden Tieren steht dadurch ausreichende Nahrung zur Verfügung, und die Raubtiere finden genügend Beute. Aber nicht nur das. Der Materialverbrauch ist nur gerade so groß, daß er mit kleineren oder größeren Schwankungen wieder nachwachsen kann. Der Komplex der pflanzlichen und tierischen Organismen, der einen so großen Raum einnimmt, daß er fähig ist, das Gleichgewicht mit eigenen, inneren Kräften zu erhalten, das heißt mit Hilfe der Beziehungen, die die Organismen gegenseitig verbinden, wird Biozönose genannt. Fügen wir hier noch die Bindungen an die geologische Unterlage bei, dann sprechen wir von Geobiozönose, eventuell von einem Ökosystem. Die Biozönose ist also eine Einheit, die relativ unabhängig ist von benachbarten, abgeschlossenen Einheiten. Was die Raupen und andere Pflanzenfresser vertilgen, wächst rechtzeitig wieder nach. Damit sich die Pflanzenfresser nicht zu stark vermehren, werden sie von Raubtieren gefressen. Auch diese haben ihre Feinde, entweder fähigere oder größere Raubtiere, Parasiten oder verschiedene Krankheiten, die sie dezimieren.

Das Gleichgewicht der Biozönose kann nur durch einen Eingriff von außen gestört werden. Nach einiger Zeit treten aber die alten Verhältnisse wieder ein. Wenn die Störung zu stark oder zu lange wirksam war, geht die alte Biozönose zugrunde, und es bildet sich eine neue aus, die den veränderten Bedingungen besser entspricht. Als gewaltsame Störung können wir elementare Katastrophen ansehen, Wald- oder Steppenbrände, großräumige Überschwemmungen, länger anhaltende Klimaänderungen und auch, das ist besonders aktuell, die Eingriffe des Menschen, das Roden der Wälder, der Bau von Talsperren, Straßen und Siedlungen und die chemische Behandlung mit Pestiziden.

Als Beispiel für eine Biozönose können wir den Komplex der Organismen eines Laubwaldes, eines Torfmoores, eines Gebirgsfichtenwaldes, einer Alpenwiese, einer Steppe u. ä. anführen. Das sind ausgewogene Gesellschaften, die sich unter bestimmten Bedingungen durch historische Prozesse herausgebildet haben. Die Biozönose ist nicht völlig homogen und auch nicht statisch. Sie setzt sich aus einzelnen Teilen zusammen, und auch wenn das Ganze nach außen hin in den Hauptzügen unveränderlich erscheint (wenigstens unter relativ konstanten Bedingungen), befindet sich in seinem Inneren alles in Bewegung. Die Bäume wachsen, beeinflussen damit den Einfall des Sonnenlichts zum Unterwuchs. Im Unterwuchs keimen, blühen und reifen Kräuter, grünen und welken Sträucher. In den einzelnen Teilen der Biozönose entsteht ein charakteristisches Mikroklima, das von den Pflanzenetagen, der Beschattung und Besonnung, der Dichte des Pflanzenwuchses u. ä. gebildet wird. In der Biozönose entstehen auch jene Nischen, über die wir schon weiter vorn berichtet haben. Hier können wir sie nun als funktionierende Einheiten betrachten. Pflanzen und Tiere besiedeln unaufhörlich die freien Nischen, andere verlassen sie, manche vernichten sie, und wieder andere schaffen neue. Die Organismen erfüllen den Biotop mit Bewegung und bilden so die Biozönose. Das ist nicht einfach, denn die Beziehungen sind allseitig: Die Nischen im Boden und Raum werden von Pflanzen bewohnt, die Pflanzen- und Raumnischen werden von Lebewesen gefüllt. Ein bestimmtes Lebewesen in einer bestimmten Nische ist Bestandteil einer komplexen Nische für ein anderes Lebewesen, zum Beispiel für einen Parasiten oder Symbionten. Viele Arten der Pflanzen oder Tiere sind nur eine Zeitlang aktiv, sie leben nur in einem bestimmten Jahresabschnitt. Ei und Puppe der Insekten sind zwar Bestandteile der Biozönose, stellen aber eine bestimmte Zeit keine Ansprüche an die Nahrung. Sie überlassen in dieser Zeit also anderen Lebewesen ihre Nahrungsnische.

Der Artenreichtum der Schmetterlinge in der Biozönose kann nur auf dieser ökologischen Grundlage erklärt und verstanden werden. Hier leben Arten nebeneinander, die in den Baumkronen und in der Kräuteretage wohnen, die sich von Holz, trockenen Blättern, Blüten und auch Früchten ernähren. Einige Arten leben im zeitigen Frühjahr, andere im Sommer und im Herbst bis zu Frostbeginn. Sie bilden so mit den übrigen Organismen ein zeitliches und räumliches Mosaik. Hier kann jedoch nur eine bestimmte Anzahl von Arten unterkommen, gerade so viele, damit für alle ausreichend Platz und Nahrung zur Verfügung steht. Tauchen mehr Arten auf, kommt es zur Konkurrenz, und der Platz wird von den anpassungsfähigsten Lebewesen eingenommen.

Der Reichtum an Arten und ihrer gegenseitigen Beziehungen ist nicht in allen Biozönosen gleich. Er verändert sich im Laufe des Jahres und hängt von den klimatischen Bedingungen und anderen Einflüssen der anorganischen Natur ab.

Die Quelle aller Energie für das Leben auf der Erde ist die Sonne. Die einzigen Organismen, die fähig sind, diese Energie aufzufangen und in organische, weiter verwendbare Stoffe einzubauen, sind die grünen Pflanzen. Wir sagen, sie sind autotroph, das heißt, sie können sich allein von anorganischen Stoffen ernähren. Sie sind Produzenten lebender Materie. Alle anderen Organismen, vor allem die Tiere, können nur von der Energie leben, die die Pflanzen gespeichert haben, sie sind heterotroph. Sie leben also auf Kosten anderer Organismen, von denen sie die Energie in Form von Nahrung übernehmen, um sie teilweise zu verwerten, teilweise abzubauen und teilweise weiterzugeben. Im letzten Fall sind sie in der Nährstoffkette selbst Nahrung für andere Organismen. Wenn jeder Organismus in der Nährstoffkette ein wenig Energie für seine Lebensäußerungen benötigt, ist offensichtlich, daß jedes spätere Glied um etwas Energie ärmer ist. Am Ende der Kette stehen die mächtigsten Organismen. Sie kommen kaum noch als Nahrung für andere Lebewesen in Frage. Zu ihnen gehört auch der Mensch, und sie erhalten nur noch einen kleinen Teil der ursprünglichen, von den Pflanzen aufgefangenen Energie.

Die Nährstoffkette kann in jeder beliebigen Phase unterbrochen und der Zyklus von Mikroorganismen abgeschlossen werden, die die lebende Materie abbauen und den Rest der Energie in die anorganische Natur zurückführen. Wenn die Pflanzen die einzigen Organismen sind, die Sonnenenergie auffangen, ist es logisch, daß von dieser Fähigkeit der Artenreichtum der übrigen Glieder der Kette abhängt. Bestehen für das Leben und die Assimilation der Pflanzen schlechte Bedingungen, herrscht wenig Licht, wenig Wärme, Wasser- und Nährstoffmangel, ist die Primärproduktion lebendiger Materie gering und reicht für einen großen Reichtum an Arten nicht aus. Dann entsteht eine an Arten arme Biozönose mit verhältnismäßig einfachen Beziehungen zwischen den Organismen. Sie kann von außen leicht gestört werden, denn ihr fehlen ausreichende Kräfte zur eigenen Regeneration. Diese Verhältnisse bestehen tatsächlich in den Hochgebirgen, Polargebieten, Wüsten, auf armen und trockenen Böden u. ä. In den für die Vegetation günstigen Verhältnissen wird mehr Energie gewonnen, die Biozönose ist aktiver und der Artenreichtum der Organismen größer. Die inneren Beziehungen sind komplizierter, und die Biozönose ist lebensfähiger.

Die Übervermehrung der Schmetterlinge

Die Vermehrungsfähigkeit der Insekten ist sehr groß. Die Weibchen der Schmetterlinge legen gewöhnlich 100 bis 300 Eier. Die Weibchen einiger Arten der Trägspinner, Glucken und Eulen haben Gelege mit einigen Tausend Eiern. Wenn die Populationsdichte der Elterngeneration erhalten bleiben soll, dürfen sich aus dem ganzen Gelege schließlich nur zwei Imagines entwickeln. Die Sterblichkeit aller Entwicklungsstadien muß also fast 100 % erreichen. Bei tausend abgelegten Eiern sind das 99,8 %. Während der normalen Entwicklung kommt es tatsächlich zu so drastischen Dezimierungen der Populationen. Wenn aus irgendeinem Grund mehrere Exemplare überleben, steigt die Populationsdichte. Die günstigen Bedingungen und eine niedrige Sterblichkeit (Mortalität) können auch in den nächsten Generationen noch andauern. Die Anzahl der Einzelexemplare steigt dann rasch an. Tritt nun nicht noch im letzten Augenblick eine Wende ein, kommt es zur Übervermehrung der betreffenden Art. Aber auch das dauert nicht ewig. Als erste Folge wird die geeignete Nahrung rasch verbraucht, und meistens hilft auch die Expansion der Schmetterlinge oder Raupen in die Umgebung auch nicht lange. Die hungrigen Raupen verhalten sich anders als sonst. Oft tritt Kannibalismus ein. Sie schließen ihre Entwicklung nicht ab, sind geschwächt und werden von Krankheiten befallen. Parasiten und Räuber vermehren sich, und aus der weiten Umgebung fliegen die Vögel zusammen und verzehren die Insekten. Allmählich kehrt alles wieder zu normalen Verhältnissen zurück. Der Verlauf der Übervermehrung vom Normalzustand über die Kulmination wieder zum Normalzustand wird Gradation oder Gradationszyklus genannt und dauert gewöhnlich einige Jahre.

Für den Gradationszyklus der einzelnen Arten ist eine bestimmte Periodizität charakteristisch, die sich einmal aus der Fähigkeit der Art, sich an den gegebenen Bedingungen zu orientieren (man spricht jetzt oft von der Strategie der Arten), zum anderen aus dem Grad der Störung der natürlichen Verhältnisse ergibt. Es gibt Arten, die sich unter keinen Umständen übermäßig vermehren. Es liegt nicht in ihrem Wesen. Andere Arten haben einen starken Hang dazu, und es liegt nur daran, was ihnen erlaubt wird. In einem ideal ausgeglichenen Ökosystem treten praktisch keine Gradationen auf. Die Natur beherrscht alle Abweichungen mit eigenen Kräften. Je weiter sich das Ökosystem aber von diesem idealen Gleichgewichtszustand entfernt, desto öfter kommt es zu Gradationen.

Überall dort, wo der Mensch wirtschaftet, ist die ursprüngliche Natur gestört und es entstehen künstliche, nicht ausgewogene Gesellschaften. Felder, Gärten, Plantagen und die Monokulturen auf Feldern und in Wäldern würden ohne menschliche Pflege beginnen, in den ursprünglichen Zustand zurückzukehren. Auch die unscheinbaren Enklaven ursprünglicher Natur, die noch unlängst bestanden haben, werden oft wenigstens indirekt gestört. Torfmoore werden abgebaut, Feuchtland wird entwässert, in den Bergen weidet Vieh und dort, wo der Mensch direkt hingelangen kann, trägt er die Produkte seiner Tätigkeit mit: von der Industrie verschmutzte Atmosphäre und verseuchte Gewässer. Wir wollen einige Beispiele anführen, die zeigen, wohin die gestörten ökologischen Bindungen, die in der Natur über ganze Jahrhunderte gebildet wurden, führen. Der Kahlfraß der Nonnen in den Fichtenmonokulturen war der Schrecken der Wälder zu Beginn dieses Jahrhunderts und zwang die Förster, über die Verfahren der Waldbewirtschaftung nachzudenken. Der Eichenwickler verursacht Katastrophen in Eichenbeständen. Früher erstreckten sich seine Zyklen über sechs bis sieben Jahre, später, als zur Beseitigung der Plagen Insektizide angewendet wurden, kam es oft alljährlich zur Übervermehrung. Man hatte die natürlichen Regulationskräfte zerstört. In Obstplantagen und auch in Wäldern werden die Blätter vom Frostspanner, dem Goldafter und Ringelspinner abgefressen. Die Raupen der Apfelwickler schädigen die Apfelbäume auf der ganzen Welt. Pflaumen-, Aprikosen- und Pfirsichbäume werden von den Raupen des Pflaumenwicklers heimgesucht. Auf den Feldern kommt es oft zu einem Massenbefall der Saat-, Ypsilon- und Gammaeule. Auf Bergwiesen vermehrt sich manchmal die Dreizack-Graseule übermäßig. Die Maisernte wird auf der ganzen Welt vom Maiszünsler bedroht. Andere Schmetterlingsarten, die unter normalen Umständen bescheiden in der Natur leben und von niemandem beachtet werden, vermehren sich überstark auf den Plantagen von Zuckerrohr, Reis und Baumwolle und auf Gemüse- und Tabakfeldern. Besonders günstige Bedingungen für eine Übervermehrung bestehen in den Lagern von Getreide und Lebensmitteln. Nicht selten wird eine ganze Getreideernte von den Larven der Getreide- und Kornmotte vernichtet. Mühlen und Bäckereien sind mit der Mehlmotte oder dem Mehlzünsler verseucht.

So sieht also die schlimmere Seite des Schmetterlingslebens aus. Wir können den Faltern aber nichts vorwerfen, denn es war der Mensch, der das natürliche Gleichgewicht gestört hat.

Schmetterlinge und Mensch

Der Mensch steht zur ungestörten Natur in einem eindeutigen Widerspruch, obwohl er selbst ein Bestandteil der Natur ist und ohne diese gar nicht existieren könnte. Einerseits möchte er alle Buntheit und all den Reichtum erhalten, sei es nun aus ästhetischen oder kulturellen Gründen oder zur Belehrung kommender Generationen, andererseits ist er bestrebt, die Kräfte der Natur zu binden und seinen Interessen zu unterwerfen. Er nimmt den Boden der ursprünglichen Wälder und Steppen für seine Felder, Siedlungen, Industriewerke und Straßenbauten in Beschlag, überschwemmt ganze Gebiete mit dem Wasser künstlicher Becken und Stauseen, greift mit den Industrieabfällen in das Leben des Meeres und der Seen ein, dringt in unwirtliche Einöden und in die Gebirge vor und regelt das Wachstum der Wälder, um Holz zu gewinnen. Trotz gewisser Teilerfolge bedeutet diese Tätigkeit eher eine Vernichtung und Verarmung als eine Umgestaltung und Beherrschung der Natur.

Die Schmetterlinge sind ein sehr empfindlicher Indikator für den gegenwärtigen Zustand in der Natur, und da sie eine sehr artenreiche Ordnung darstellen, sind sie auch ein sehr deutlicher Indikator. So konnte man noch in den vierziger Jahren unseres Jahrhunderts auf den Feldern und Wiesen Mitteleuropas 46 zahlreich vorkommende Tagfalterarten beobachten. Im Wald waren es 28 Arten. Gegenwärtig, also ungefähr 40 Jahre später, verblieben auf den Feldern 11 und in den Wäldern etwa 9 Arten, die als zahlreich vorkommend angesehen werden können. Die anderen Arten sind so stark zurückgegangen, daß sie als selten bezeichnet werden müssen. Alles zeugt davon, daß diese ungünstige Entwicklung auch weiterhin andauert. Wir finden schon heute viele Arten nur noch in den Sammlungen und Museen. Der Grund dafür ist einfach. Im reinsten Sinne des Wortes wurde die Umwelt der Schmetterlinge verbraucht und industriell aufgearbeitet. Wiesen, auf denen es von bunten Schmetterlingen wimmelt, belebte Lichtungen und Kahlschläge, gehören eher zu den Jugenderinnerungen der älteren Generation als zur heutigen Wirklichkeit. Und all diese Veränderungen haben sich im Verlaufe nur einer menschlichen Generation abgespielt. Es ist eine Frage, wie lange man diesen Prozeß noch fortsetzen kann und wo die Grenzen zur Vernichtung des Lebensraumes liegen. Nach den Schmetterlingen (und nicht nur nach ihnen) zu urteilen, haben wir diese kritische Grenze vielleicht schon überschritten.

Die Bedeutung der Schmetterlinge in der Natur könnten wir nur schwer bewerten, wenn wir sie aus allen, schon so viele Male betonten Zusammenhängen reißen würden. Die Schmetterlinge sichern mit ihrer Existenz und ihrem Formenreichtum Fülle und Farbigkeit der Lebensäußerungen im Komplex der gesamten Natur. Sie stellen mit all ihren Entwicklungsstadien, im ökologischen Zusammenhang gesehen, als zahl- und artenreiche Komponente des Tierreichs eine beträchtliche Masse lebender Materie dar, und damit ein riesiges Reservoir benutzbarer Energie. Die Schmetterlinge sind ein wichtiges Glied in der Nahrungskette vieler Arten, sie sind der Energielieferant für Konsumenten höherer Stufen, zu denen irgendwo am Ende auch der Mensch gehört. Die Schmetterlinge spielen eine wichtige Rolle in den Beziehungen zu den Pflanzen. Als Pflanzenfresser gehören sie zu den Regulatoren einer übermäßigen Vegetation. Gleichzeitig spielen sie eine wichtige Rolle bei der Bestäubung und sichern die Fortpflanzung vieler Arten von Samenpflanzen. Einige tropische Pflanzen haben den Schmetterlingen Form und Farbe ihrer Blüten angepaßt und bieten ihnen als Gegenleistung für die Bestäubung Nektar an. Im Verhältnis zum Menschen spielen die Schmetterlinge gleich in mehreren Richtungen eine wichtige Rolle. Die indifferenten Arten, es sind die meisten, bereichern das Leben des Menschen kulturell und ästhetisch. Es ist Sache jedes einzelnen, wie weit er die angebotenen Werte benutzt. Wenn wir die Bestäubungstätigkeit der Schmetterlinge nicht in Betracht ziehen, dann gibt es nur sehr wenige ausgesprochen nützliche Arten. Wir können eher von Arten mit Gebrauchswert sprechen. Hierher gehört an erster Stelle der Maulbeerseidenspinner, der im Orient schon vor 4000 Jahren vor unserer Zeitrechnung gezüchtet wurde, aber erst später nach Europa gelangte. Das Produktionsgeheimnis der Seidenherstellung wurde streng gehütet und der Versuch, den Falter illegal auszuführen, mit dem Tode bestraft. Man berichtet von Mönchen, denen es im 6. Jahrhundert unserer Zeitrechnung gelang, die Eier des Falters in Bambusstöcken nach Istanbul zu schmuggeln. Von hier aus hat er sich dann über ganz Europa verbreitet. Die Seide, die vom Puppenkokon abgewickelt wird, ist ein Produkt der Raupe. Ein Kokon ergibt 800—1000 m Seidenfaden. Für ein Kilogramm Rohseide benötigt man ungefähr 50 000 Kokons. Wir können uns ausrechnen, wie viele Kokons für die industrielle Produktion, die jährlich gegen 30 000 t reine Seide herstellt, benötigt werden. Es ist in jedem Fall sehr schwierig, eine so große Menge von Raupen zu züchten. Der Maulbeerseidenspinner ist im wesentlichen eine domestizierte Art, die in der freien Natur nicht mehr lebt. Man hat viele Rassen gezüchtet, die sich in der Biologie und Färbung der Eier, Raupen und Kokons unterscheiden. Die Bedeutung des Seidenspinners wurde durch die Entwicklung von künstlichen Fasern herabgesetzt. Naturseide hat jedoch wegen ihrer unnachahmlichen Eigenschaften eine bestimmte Position in vielen Industriezweigen behalten. Für die Seidengewinnung werden noch einige Arten von Nachtfaltern aus den Familien der Glucken und Augenspinner herangezogen. Diese Produktion ist jedoch nicht so umfassend, und auch die Seide hat selbstverständlich andere Eigenschaften.

Einige monophage Schmetterlingsarten wurden zu Versuchen bei der biologischen Unkrautbekämpfung verwendet. Gewisse Erfolge hat man mit der Zünslerart *Cactoblastis cactorum* BERG. bei der Vernichtung des Feigenkaktus erzielt, der nach Australien verschleppt worden war und hier die Schafzucht bedrohte. Unlängst sind Spanner der Gattung *Aplocera* nach Amerika importiert worden. Sie leben monophag auf Hartheu. Diese schöne europäische Pflanze wächst dort als lästiges Unkraut. Die Importe von Insekten sind sehr riskant und müssen äußerst vorsichtig ausgeführt werden, denn es könnte geschehen, daß sich die eingeführte Art auf irgendeine heimische Pflanze umstellt und zu einem ernsthaften Schädling wird.

Wir dürfen bei der Bewertung der Nützlichkeit von Schmetterlingen nicht vergessen, daß viele Arten wichtige Objekte zu den verschiedensten biologischen Versuchen liefern. Dank ihrer einfachen Zucht sind die Zünsler *Galleria mellonella* L. und *Ephestia kuehniella* Z. für den Biologen so übliche Labortiere, wie es die weißen Mäuse, Ratten, Hamster und Kaninchen in der medizinischen Forschung sind. Sie dienen zu ökologischen Beobachtungen, sind Gegenstand genetischer und physiologischer Versuche, bilden Modelle für die Erforschung neuer Methoden zum Schutz von Pflanzen und Produkten und helfen bei der Aufklärung der allgemeinen Gesetzmäßigkeiten der Natur.

Als Folge der Eingriffe in die natürlichen Verhältnisse der Ökosysteme haben sich aus vielen, früher indifferenten Arten Schädlinge entwickelt. Die Verarmung an Pflanzen- und Tierarten in den sogenannten Kulturbiozönosen hat die Entstehung ausgedehnter, nicht bewohnter Nischen zur Folge, die dann von anpassungsfähigen Schmetterlingsarten mit einer großen Vermehrungsfähigkeit besiedelt werden. Hier steigt die Populationsdichte, und es kann zur Übervermehrung kommen, die manchmal wirtschaftlich bedeutende Ausmaße erreicht. Weniger bedeutende Arten können sich am sogenannten komplexen Fraß beteiligen. Das heißt, die Raupen verschiedener Arten fressen gemeinsam, so daß die Summe ihrer Schäden wirtschaftliche Auswirkungen haben kann.

Eine Gefahr stellen die wandernden Arten dar. Sie tauchen unvorhergesehen auf, die Weibchen legen ihre Eier ab, und die Raupen hinterlassen eine Wüstenei. Wir kennen Jahre, in denen die Raupenplagen Tausende von Quadratkilometern ganz Europas heimsuchten und es gar nicht möglich war, die Ertragsverluste genauer zu berechnen. Aus den Jahren 1921−1924 wird berichtet, daß die Massen der hungrigen Raupen der Gammaeule, als sie während der Jagd auf Nahrung ein neues Feld besiedelten, einen Zug zum Stehen brachten. Ein andermal fand man auf jeder Zuckerrübenpflanze 50 und auch über 100 Raupen. Wenn wir erwägen, daß jede Raupe für ihr Leben ungefähr 100 cm^2 Blattfläche benötigt, ist der Kahlfraß eine Frage von zwei bis drei Tagen.

Auch verschleppte Arten sind sehr gefährlich, denn sie gelangen in Gebiete, in denen sie keine natürlichen Feinde haben. Wenn sie hier auch noch ein geeignetes Klima vorfinden, hindert sie nichts an einer Übervermehrung. Ein Beispiel hierfür ist der Amerikanische Webebär, der während oder nach dem 2. Weltkrieg aus Amerika nach Europa eingeschleppt wurde und hier in Obstgärten und Alleen zu wüten begann. Den umgekehrten Weg, von Europa nach Amerika, reisten der Schwammspinner, der Maiszünsler und eine ganze Reihe von Wicklern, die auf Laub- oder Nadelbäumen leben.

Es gibt ziemlich viele schädliche und wirtschaftlich bedeutende Arten, und wir können sie hier nicht im einzelnen behandeln. Die Arten, die Felder, Gärten und Plantagen bewohnen, werden in der reichhaltigen Literatur der Landwirtschaftsentomologie beschrieben. Die Arten der Wälder sind in der nicht weniger umfangreichen Literatur der Forstentomologie enthalten. Dort werden die einzelnen Arten, ihre Lebensweise und ihre Vernichtung bei unerwünschtem Auftreten sehr genau beschrieben.

Wir sammeln Schmetterlinge

Der Fang von Schmetterlingen ist nur dann zu vertreten, wenn ein ernsthaftes Interesse dahintersteht. Das Sammeln um des Sammelns willen, nur um möglichst viele aufgespießte Schmetterlinge vorzeigen zu können, sollte man nicht betreiben. Ernsthafte Sammelarbeit, etwa zur Bestandsaufnahme eines Gebietes oder zur Feststellung der Variationsbreite einer Art, verbunden mit der Mitgliedschaft in einer Entomologischen Vereinigung, kann durchaus sinnvoll sein. Viele Liebhaber-Entomologen haben auf diese Weise schon zu neuen Erkenntnissen der Wissenschaft beigetragen.

Der gewissenhafte Sammler entnimmt der Natur überlegt die Exemplare, die er benötigt. Oft ist auch die Zucht von Schmetterlingen die sinnvollere Art, zu Sammlungsexemplaren zu kommen. Schuld an der Ausrottung ganzer Arten und dem Rückgang der Individuenzahl sind nicht die Schmetterlingssammler, sondern die Vernichtung vieler Lebensräume, die Ausrottung vieler Futterpflanzen sowie die oft unüberlegte Anwendung von Insektiziden.

Der Fang von Schmetterlingen

Mit Ausnahme frostiger Wintermonate können wir das ganze Jahr über Schmetterlinge fangen. Die ersten Arten beginnen zur Zeit der Schneeschmelze auszufliegen, die letzten finden wir im späten Herbst. Im zeitigen Frühling fliegen auch die überwinternden Arten aus. Bei den Tagfaltern sind es viele Fleckenfalter und der Zitronenfalter, bei den Nachtfaltern ist es eine Reihe von Eulen, Spannern und kleinen Schmetterlingen.

Wir finden die Schmetterlinge an Stellen mit üppiger und artenreicher Vegetation, an Waldrändern, auf blühenden Wiesen und Lichtungen, in blumenreichen Bachtälern, aber auch an trockeneren Standorten, in Steppen, auf steinigen Hängen u. ä. Einige Arten müssen wir an besonders ausgeprägten Orten, an denen sie leben, suchen. Die Tagfalter lassen sich an sonnigen Tagen auf den Blüten oder den Blättern von Kräutern und Sträuchern oder auf dem feuchten Boden nieder. Viele Arten werden von stark riechenden Stoffen angelockt. Schillerfalter und Eisvögel sitzen zum Beispiel auf den Ausscheidungen des Viehs, auf stark riechendem Käse u. ä. Tagsüber kann man kleine Schmetterlinge mit Stockschlägen aus dem Pflanzenwuchs aufscheuchen und fangen. Die Eulen sitzen, wenn sie sich nicht gerade sorgfältig verborgen haben, auf Stämmen und Steinen, gewöhnlich auf der Schattenseite. Tagsüber fliegen auch einige Schmetterlinge aus, die wir zu den sogenannten Nachtfaltern rechnen. Vor allem in den Nachmittagsstunden sind einige Eulen, Glucken, Trägspinner und Spanner aktiv.

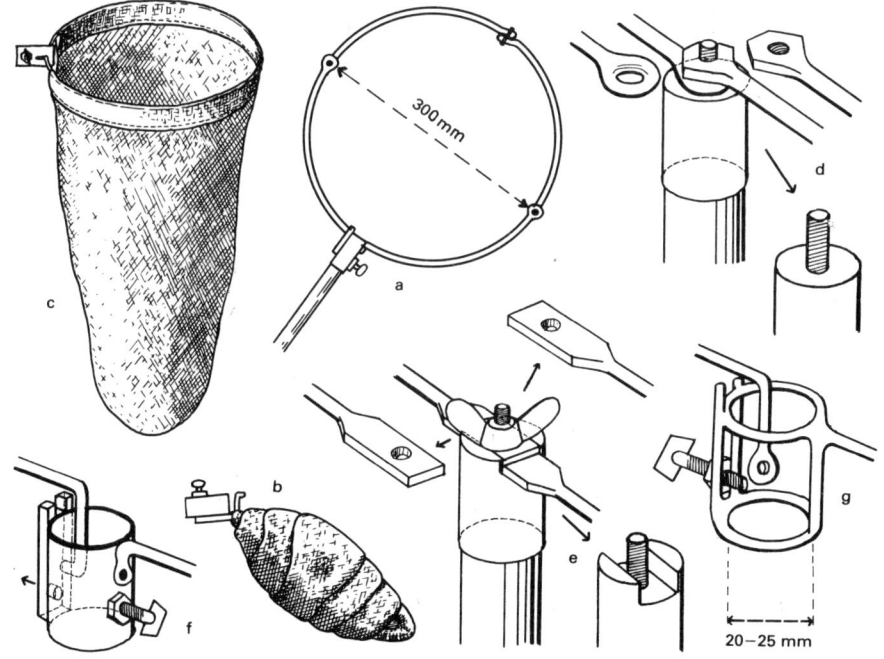

Bild 21. Schmetterlingsnetz: a − zerlegbarer Rahmen; b − zusammengelegtes Netz; c − ausgebreitetes Netz; d bis g − verschiedene Mechanismen zur Befestigung des Netzes an der Stange; d, e − Stange mit Metallabschluß; f, g − Vorrichtung zur Befestigung an jeder beliebigen Stange.

59

Wir fangen die Falter auf verschiedene Weise. Am einfachsten ist die Jagd mit einem Schmetterlingsnetz. Einige ausruhende Schmetterlingsarten kann man von den Bäumen klopfen oder wie die Raupen mit einem Kescher aus dem Pflanzenwuchs keschern. Die meisten nachtaktiven Falter locken wir mit Licht oder Ködern an. Die Männchen vieler Arten lassen sich mit einem neugeschlüpften Weibchen locken. Die im Verborgenen lebenden Arten, die kleinsten Falter und unbeschädigte Tiere erhalten wir am leichtesten durch die Zucht aus Eiern, Raupen oder Puppen.

Das Schmetterlingsnetz wird aus feinem Gewebe, aus Tüll oder Nylon hergestellt. Es ist sackförmig, unten abgerundet und oben mit einer ungefähr 30 cm großen Öffnung versehen. Diese Öffnung ist an einem Metallrahmen befestigt. Der Sack muß so lang sein, daß er sich über den Rand des Rahmens werfen läßt. Dadurch wird der gefangene Falter eingeschlossen. Der Rahmen ist rund, besteht entweder aus einem Stück oder ist zusammenlegbar und wird an einer Holz-, Bambus- oder Metallstange befestigt. Diese Befestigung kann starr oder durch eine Schraube lösbar ausgeführt werden, so daß das ganze Gerät zerlegbar ist. Die Länge der Stange richtet sich nach dem Bedarf. Für die Tagfalterjagd benötigen wir einen verhältnismäßig langen Stock. Für den Fang von Nachtfaltern und Kleinschmetterlingen reicht eine kürzere Stange. Am praktischsten ist eine mehrteilige Stange, die man nach Belieben verkürzen und verlängern kann.

Eine beliebte Methode ist die Jagd mit Licht. Dabei nutzen wir die bekannte Eigenschaft oder eher Schwäche der Nachtfalter, sich vom Licht anlocken zu lassen. Wir benötigen zu dieser Jagd eine intensive Lichtquelle. Im Gelände eignen sich Petroleum-, Benzin- oder Gasdrucklampen; steht eine Anschlußmöglichkeit an das elektrische Netz zur Verfügung, benutzen wir eine starke Glühlampe oder Quecksilberlampe, die ultraviolettes Licht ausstrahlt und eine hervorragende Lockwirkung besitzt. Wenn wir mit UV-Licht jagen, müssen wir die Augen mit einer Brille und das Gesicht mit einer Creme schützen. Stromquelle kann auch eine Autobatterie oder ein transportabler Generator sein. Außer der Lichtquelle benötigen wir eine 1 bis 2 m^2 große, weiße Leinwandfläche, die wir senkrecht so aufstellen, daß der untere, 30−50 cm breite Rand auf dem Boden liegt. Es gibt verschiedene Haltekonstruktionen, hier kann die eigene Erfindungsgabe helfen. Die Lichtquelle wird ungefähr 50−70 cm vor der Leinwand so angebracht (aufgehängt, auf einen Ständer gestellt u. ä.), daß die ganze Fläche gut beleuchtet ist. An einem geeigneten Ort, am besten auf einer Anhöhe mit reicher Vegetation, auf der das Licht weit in die Umgebung leuchtet, fliegen die Falter an, lassen sich auf der Fangfläche oder im Gras der Umgebung nieder oder laufen und flattern auf der Leinwand umher. Wir suchen die gewünschten Exemplare aus und fangen sie meistens direkt ins Tötungsglas.

Eine vervollkommnete Art der Lichtjagd ist die Benutzung von automatischen Lichtfallen. Es gibt gegenwärtig sehr viele Typen von Lichtfallen. Sie befriedigen aber meistens die Forderungen der Sammler auf unbeschädigtes Material nicht und werden deshalb meist in der Forschung eingesetzt.

Die Jagd mit Ködern ist eine ausgezeichnete Methode, Nachtfalterarten zu fangen, die Nahrung aufnehmen. Sie kann das ganze Jahr über praktiziert werden. Die besten Ergebnisse werden jedoch in einer Zeit erzielt, wenn in der Natur Mangel an blühenden Pflanzen herrscht, das heißt im Frühling bis zum Mai und dann von der Mitte des Sommers bis zum Ende der Saison. Grundlage des Köders ist jede gärende oder duftende Flüssigkeit, die Schmetterlinge anlockt. Ein geeigneter und empfohlener Köder ist Bier, das mit einigen Löffeln Honig, Sirup oder Obstsaft und eventuell mit ein paar Apfelstückchen verkocht wird. Dann tauchen wir Trockenobstschnitzel oder Stückchen eines porösen Materials in diese Flüssigkeit und hängen sie vor Einbruch der Dämmerung an Ästen im Gelände auf. Ein anderer Köder ist Obstbrei, der aus zerkleinerten Früchten oder Kompott hergestellt wird. Einige Stunden vor der Verwendung mischt man ein Stück Hefe bei und läßt den Brei angären. Diese Masse wird dann mit einem Spachtel oder Pinsel auf Baumstämme, Äste und Blätter aufgetragen. Die Zubereitung des Köders ist so etwas wie Kochkunst. Viele Sammler besitzen Geheimrezepte für „garantiert" wirksame Lockmittel, die nicht ihresgleichen finden.

Wenn wir mit Ködern fangen, müssen wir den Standort schon vor Sonnenuntergang aufsuchen und die Köder 1—2 m über dem Boden, am besten an Waldrändern, in Schneisen, an Wegen und Büschen und auch an einzeln stehenden Bäumen anbringen. Die Vorbereitungen müssen vor Einbruch der Dämmerung abgeschlossen sein. Mit der Dämmerung, manchmal noch bei Tageslicht, stellen sich die ersten Nachtfalter ein, nach Einbruch der Dunkelheit ist der Anflug am stärksten. Wir gehen, solange der Anflug dauert, mit einer Lampe umher und fangen die Falter direkt in das Tötungsglas.

Unbefruchtete Schmetterlingsweibchen sondern einen typischen Duft ab, der die Männchen über große Entfernungen anlockt. Quelle der Duftstoffe sind Drüsen, die Sexuallockstoffe, sogenannte Pheromone, ausscheiden. Das Weibchen für diese Jagd erhalten wir meistens aus der Zucht unter natürlichen Bedingungen, damit es sich gerade zu der Zeit entpuppt, wenn in der Natur eine bestimmte Art vorkommt. Wir bringen es in einem kleinen Käfig unter und tragen diesen draußen an einen geeigneten Platz, an dem wir das Auftreten der Art erwarten. Es gelingt manchmal, mit einem einzigen Weibchen mehrere Dutzend Männchen anzulocken. Die Jagd mit Hilfe eines Weibchens praktiziert man vor allem bei den Glucken, Trägspinnern und Bärenspinnern. Die Jagdzeit muß der natürlichen Aktivität der Art entsprechen. Meistens ist der Vorabend gut geeignet.

Einige pheromonähnliche Stoffe wurden auch synthetisch erzeugt und in Fallen gefüllt, die man dann in der Landwirtschaft zum Abfangen der Männchen schädlicher Schmetterlingsarten aufstellt.

Eine gute, wenn auch anstrengende Methode zum Sammeln der frühen Falter ist das Abklopfen der Schmetterlinge von den Bäumen an einem Frostmorgen, der einer Reihe schöner Tage, an denen schon viele Schmetterlinge ausgeschlüpft waren, folgt. Wir müssen kurz nach Tagesanbruch im Wald sein und brauchen neben den üblichen entomologischen Geräten einen Gummihammer oder weich umhüllten Schlegel, mit dem wir an die Baumstämme schlagen. Nach dem Schlag fallen die vor Kälte erstarrten Schmetterlinge, die im Geäst oder höher am Stamm saßen, zu Boden. Wir benötigen hierbei gar kein Netz. Die Falter fliegen vor Kälte nicht weg, und wir können sie direkt in das Tötungsglas sammeln. Wenn wir unter dem Baum ein großes Tuch ausbreiten, verlieren wir zwar etwas Zeit, gewinnen aber die flügellosen Weibchen, die sonst im Gras verlorengehen. Wir werden außerdem überrascht sein, wie viele andere Insekten (Käfer, Wanzen u. ä.) schon in dieser Zeit auf den Bäumen leben. Sobald die Sonne höher steigt und es wärmer wird, ist es Zeit, die Arbeit zu beenden. Die aufgescheuchten Falter beginnen abzufliegen. Durch dieses Abklopfen im Frühling können wir alle Arten der Jungfernkinder, den Birkenspinner, die Eulen der Gattung *Orthosia,* die Falter der Gattung *Tethea,* verschiedene Spanner, überwinternde Wickler und Frühlingswickler erlangen.

Auch am Abend lohnt sich das Abklopfen der Schmetterlinge von blühenden Salweiden, Pappeln, Ahorn u. ä., die viele Arten zur Nahrungsaufnahme anfliegen. Wir breiten ein Tuch unter dem blühenden Baum oder Strauch aus und schlagen an den Stamm oder schütteln die Äste. Die Schmetterlinge fallen reflexartig zu Boden und verharren eine Weile. Es ist keine Ausnahme, daß von einem einzigen Strauch mehrere Dutzend Falter fallen. Wir haben genügend Zeit, sie beim Licht der Lampe zu betrachten und unsere Auswahl zu treffen. Wir erhalten vor allem Eulen der Gattungen *Conistra, Orthosia, Xylina, Lithophane* und andere. Die Spanner fliegen gewöhnlich weg und müssen mit dem Netz gefangen werden.

Das Sammeln der kleinsten, minierenden Schmetterlinge erfordert eine etwas abweichende Technik. Wir züchten sie zwar meistens aus den Minen, suchen sie aber manchmal auch in der Natur. Sie vertragen den Transport im Tötungsglas schwer, und beim Nadeln müssen wir oft eine Lupe benützen. Wenn diese Falter erhärten, sind sie für die Präparation praktisch verloren, und wir müssen sie unpräpariert in der Sammlung hinterlegen. Wir fangen diese Falter deshalb einzeln in kleine Gläser (z. B. 10 × 50 mm) und transportieren sie lebendig. Getötet und weiterverarbeitet werden sie dann in Ruhe zu Hause. Es ist selbstverständlich, daß wir bei dieser Jagd eine erhebliche Menge kleiner Gläser mit ins Gelände tragen müssen.

Sammeln von Eiern, Raupen und Puppen

In der Natur gefangene Schmetterlinge sind oft beschädigt. Viele Sammler, die in ihrer Sammlung unbeschädigte Exemplare besitzen möchten, züchten die Falter aus Eiern, Raupen und Puppen. Die Nachtfalter leben oft verborgen und sind schwer erreichbar. Es ist oft leichter, Raupen zu sammeln und aus ihnen die Falter zu züchten.

Eier erhalten wir manchmal sehr leicht, wenn es uns gelungen ist, in der Natur ein Weibchen zu fangen. Es ist meistens schon befruchtet. Wir schließen es in eine Schachtel ein und tragen es heim. Manchmal legt es seine Eier schon auf dem Wege an der Schachtelwand ab, ein andermal müssen wir es erst längere Zeit in der Gefangenschaft mit Honiglösung oder einem Obstsaft füttern. Wir tauchen Watte oder Filterpapier in diese Nährlösung und lassen das Weibchen daran saugen. Die Weibchen einiger Arten bereiten Schwierigkeiten. Sie legen ihre Eier nur an lebende Pflanzen oder in eine Spalte, zum Beispiel in zerknülltes Papier oder in Wellpappe oder in ein feuchtes Milieu ab. Manche Weibchen, vor allem die der Tagfalter, brauchen Raum zum Umherfliegen, sonst erhalten wir ihre Eier nicht. Wir können sie zwischen den Fenstern frei lassen, wo wir in einer Vase auch die Nährpflanze der Raupe aufstellen. Bei manchen Nachtfaltern hilft manchmal eine kleine Narkose, um die Eiablage zu erzwingen. Es gibt aber auch Fälle, in denen wir gar nichts erreichen. Die Weibchen benötigen vielleicht die Erfüllung besonderer Bedingungen, die wir in der Zucht nicht bieten können. Eier, die wir direkt vom Weibchen erhalten, haben den Vorteil, daß wir von vornherein wissen, um welche Art es sich handelt. Wir können dann in der Fachliteratur die Nährpflanze der Raupen erfahren und die Zucht vorbereiten.

Das Sammeln von Eiern in der Natur ist sehr mühevoll. Es gelingt eher zufällig, ein ganzes Gelege zu finden. Wenn wir jedes Blatt an einem Gebüsch und Ast für Ast untersuchen, werden wir manchmal über die Anzahl der gefundenen Eier überrascht sein, aber meistens nicht wissen, zu welcher Schmetterlingsart sie gehören. Wenn wir nicht genügend Erfahrungen besitzen, ist die Bestimmung der Eier sehr schwer, und es kann geschehen, daß ein ganz anderes Insekt ausschlüpft. Wir müssen immer die Pflanze beachten, auf der die Eier gefunden wurden. Das kann uns später die Wahl der Futterpflanze für die Raupen erleichtern. Die gefundenen Eier sortieren wir nach der Nährpflanze und dem Aussehen und ziehen sie getrennt auf.

Manchmal gelingt es, ein Weibchen (vor allem bei den Tagfaltern) beim Legen der Eier zu beobachten und die Eier sofort nachzusammeln. Die Zahl der gewonnenen Eier ist dann zwar nicht sehr groß, doch die Kenntnis der Art ist bei der künftigen Zucht von Bedeutung.

Die Raupen suchen, klopfen oder keschern wir in der Natur. Im ersten Fall untersuchen wir sorgfältig Pflanze für Pflanze, Blatt für Blatt, ohne auch nur eine Blüte auszulassen. Wir widmen auch den Ästen und Stämmen unsere Aufmerksamkeit. Dort überall können Raupen vorkommen. Auf ihre Gegenwart weisen oft Fraßstellen hin. Viele Arten leben im Boden, und wir entdecken sie beim Umgraben. Erfolgreich ist gewöhnlich die nächtliche Raupenjagd mit einer Lampe, denn viele Raupen sind nachts aktiv. Man kann sie im Lichtschein schon von weitem sehen, sie fallen manchmal aber bei stärkerer Bodenerschütterung ins Gras. Es ist also ratsam, vorsichtig umherzugehen. Im Frühling kriechen die Raupen an den kahlen Ästen dem ersten Grün nach, und man kann an einem Abend mehrere Hundert Stück sammeln. Es überwiegen die Arten der Erdeulen, unter ihnen können aber auch Seltenheiten vorkommen, die man mit anderen Methoden nur schwer erlangt.

Eine andere Sammelmethode ist das Abklopfen. Wir halten den Klopfschirm, einen Schirm, dessen Griff seitlich angebracht ist (notfalls kann ein Regenschirm verwendet werden), unter die Äste und klopfen den Strauch mit einem Stock ab. Die Raupen lassen sich durch die Erschütterung in den Schirm fallen oder gleiten an einer Faser herab.

Zum Keschern wird ein Gerät benötigt, das ähnlich aussieht wie ein Fangnetz. Es besteht jedoch aus festem Leinen und einem festen Metallrahmen, der nicht rund sein muß. Auch die Halterstange ist stärker. Der Kescher muß auch heftige Stöße an die Pflanzen aushalten, und das Gewebe darf nicht am ersten besten Ast zerreißen. Dieses schwere Gerät halten wir mit beiden Händen, gehen durch den Pflanzenbestand und führen den Kescher von einer Seite zur anderen, wie wenn wir mit dem Metallrahmen die Spitzen der Pflanzen abmähen wollten. In den Kescher fallen neben einer Menge verschiedenster Insekten auch Raupen, die wir immer nach einigen Schlägen herausnehmen müssen.

Beim Raupensammeln macht sich Zielstrebigkeit bezahlt. Wir erfahren aus der Fachliteratur, wann und auf welchen Nährpflanzen die Raupen der Schmetterlinge leben, die wir erhalten möchten, wie die Fraßstellen aussehen und wo diese zu suchen sind. Einige Gruppen von Raupen erfordern spezielle Sammelmethoden. Die Raupen der Glasflügler und Holzbohrer bohren in den Ästen und Wurzeln, die Raupen vieler anderer Arten in modernden Stämmen, Baumstümpfen und unter der Rinde. Sie zu erlangen ist mühevoll, und wir kommen nicht ohne Spaten, Säge, Stemmeisen und ähnliches Werkzeug aus.

Minierende Raupen suchen wir auf den ausgewählten Pflanzenarten, denn sie sind oft monophag. Wir trennen das Blatt mit der Mine ab und legen es in einen geschlossenen Behälter, in dem eine hohe Feuchtigkeit und der Turgor des Gewebes erhalten bleiben, so daß die Raupe ihre Entwicklung abschließen kann. Die Todesrate ist groß, und wir können mit Erfolg nur dann rechnen, wenn wir schon ziemlich ausgewachsene Raupen finden. Nach dem Ablösen des Blatts ändern sich nämlich bald Spannung und Chemismus des Zellsafts, worauf die Raupen sehr empfindlich reagieren. Die günstige Zeit für das Sammeln von Minen liegt deshalb bei vielen Arten im Herbst vor dem Laubfall. In dieser Zeit sind die Raupen in den Minen ausgewachsen, sie verpuppen sich nach dem Überwintern sofort und beenden ihre Entwicklung. Bei den Sommergenerationen sind die Ergebnisse schlechter.

Raupen, die in Säcken leben, sammeln wir mit diesen und lösen sie auch nicht von den Pflanzen oder einer anderen Unterlage. Wir übertragen sie mit Pflanzenstücken in die Zucht. Die Sackträger fressen alles mögliche und überstehen auch eine recht grobe Behandlung. Die Raupen der Sackmotten sind in der Nahrungsauswahl auch in bezug auf die Zuchtbedingungen empfindlicher. Die Raupen in den Sackhüllen sind oft von Parasiten befallen, und es schlüpfen aus ihnen am Ende mehr Schlupf- und Brackwespen als Schmetterlinge.

Der Parasitismus ist überhaupt eine unangenehme Seite der Zucht von in der Natur gefangenen Raupen. Nach vielen Sorgen mit der Fütterung ist dann das Ergebnis gleich Null. Es wäre jedoch falsch, sich an den Schlupfwespen, Brackwespen, Erzwespen, Zehrwespen und Raupenfliegen dadurch rächen zu wollen, daß wir sie ohne Bedenken vernichten. Diese Insekten legen wir nach der Tötung in ein Glasröhrchen, versehen sie mit Angaben über den Fundort und Wirt, verschließen das Glas mit Watte und heben es für einen Sammler von Parasiten auf. Das Material mit den entsprechenden Angaben hat unermeßlichen wissenschaftlichen Wert, und jeder ernsthafte Hymenopterologe (Sammler von Hautflüglern) oder Dipterologe (Sammler von Zweiflüglern) oder jedes naturwissenschaftliche Museum wird dafür dankbar sein.

Die Puppen der Schmetterlinge können wir an den verschiedensten Stellen, die oft mit der Lebensweise der Raupen in Verbindung stehen, finden. Wir wollen hier nicht alles wiederholen, was schon im Kapitel über das Leben der Schmetterlinge gesagt wurde. Besondere Aufmerksamkeit widmen wir den Fugen und Rissen in der Rinde, den Astansätzen und den zusammengerollten Blättern. Hier befinden sich die Puppen in Gespinsten und Kokons. Wir können sie auch aus dem Boden graben oder in der Waldspreu finden. Der Ertrag ist dabei aber relativ gering, und die Puppensucher hinterlassen darüber hinaus im Walde oft eine Wüstenei.

Die Zucht von Schmetterlingen aus Eiern, Raupen und Puppen

Wenn wir keine Sammlung der Entwicklungsstadien anlegen wollen, dann suchen wir die Eier, Raupen und Puppen, um schöne, unbeschädigte Falter zu erzüchten. Wie wir das Material erlangen, wurde schon gesagt. Was sollen wir aber nun damit anfangen? Am anspruchsvollsten ist die Zucht der Schmetterlinge aus Eiern. Wir bringen die Eier in kleinen Glas- oder Kunststoffgefäßen unter und achten darauf, daß sie nicht allzu großer Trockenheit oder dem direkten Sonnenlicht ausgesetzt sind. Die Anforderungen der einzelnen Arten sind jedoch unterschiedlich, und wir kommen nicht ohne bestimmte Erfahrungen aus. Kurz vor dem Schlüpfen der Raupen (gewöhnlich ändert sich die Farbe der Eier) legen wir ein Blattstück der Futterpflanze (soweit wir diese überhaupt kennen) in das Glas, damit die geschlüpften Raupen darauf kriechen können. Wenn wir die Futterpflanze nicht kennen, versuchen wir einige Pflanzenarten oder benutzen sogenannte Universal- oder Notnahrung. Das sind Pflanzenarten, von denen sich sehr viele Raupen ernähren. Von den Kräutern gehören hierzu zum Beispiel der Löwenzahn, Wegerich oder Brennessel, von den Bäumen Eiche, Weide, Birke u. ä. Nimmt die Raupe eine dieser Arten an, haben wir das Spiel gewonnen. Die Zuchtbehälter für kleine Raupen dürfen nicht zu groß sein (geeignet ist zum Beispiel eine Größe von 50—100 cm³). Als Grundsatz gilt, daß die Raupe überall, wo sie umherkriecht, auf Nahrung stößt. Der Zuchtbehälter wird mit einem lockeren Gewebe verschlossen, das so dicht ist, daß die Raupen nicht hindurchkriechen können. Wir passen auf, daß sich an den Behälterwänden kein Niederschlag bildet, denn die Raupen ertrinken in den Tropfen leicht, aber auch, daß die Nährpflanze nicht vertrocknet. Wir können den Behälter nach Bedarf mit einem Deckel verschließen. Größere Raupen setzen wir allmählich in kleinere Gruppen und züchten sie in größeren Gläsern oder Kunststoffschachteln. Später können wir sie in Raupenkästen sperren.

Der Raupenkasten besteht aus einem unteren Teil aus Holz der ungefähr 25 × 25 × 10 cm groß ist, darüber befindet sich eine ungefähr 40 cm hohe mit Drahtnetz überzogene Holzkonstruktion. Es ist vorteilhaft, zum Säubern und zum Auswechseln der Nahrung eine Tür im Käfig anzubringen. Der Raupenkasten eignet sich nicht für Arten, die nicht an der Nahrung bleiben und ständig umherkriechen. Hier halten sich auch manche Futterpflanzen, die in der Vase ebenfalls schnell welken, nur sehr schwer. Gläser bieten da gewisse Vorteile. Wir besitzen davon meistens mehr als Raupenkästen und können sie auswechseln, waschen und besser sauberhalten. Sie nehmen nicht so viel Platz weg, und die Nahrung welkt in ihnen auch nicht so schnell. Manchmal entsteht in ihnen aber ein Feuchtigkeitsüberschuß, und dann ist es, vor allem bei erhöhter Temperatur, ein kleiner Schritt zu irgendeiner Infektion. Die Gläser dürfen nicht dem direkten Sonnenlicht ausgesetzt werden.

Bei der Raupenzucht muß praktisch jeden Tag die Nahrung gewechselt und der Kot, der schnell verschimmelt und zur Infektionsquelle werden kann, beseitigt werden. Sollte in irgendeiner Zucht eine Infektion auftreten, ist es am besten, die Zucht sofort zu vernichten und den Raupenkasten oder das Glas zu desinfizieren. Bei der infizierten Zucht sind die meisten Raupen befallen, und Verzögerungen können uns auch die übrigen, benachbarten Zuchten kosten.

Die Raupen werden solitär oder gesellig, nach ihrem Wesen untergebracht. Bei einigen Arten neigen die Raupen zu Kannibalismus. Die Raupen der Holzbohrer müssen in Glasbehältern gezüchtet werden, Holz- oder Papierkästen würden sie durchlöchern und davonfliehen.

Wenn die Zeit zum Verpuppen anbricht, beginnen die Raupen unruhig zu werden, verlieren das Interesse an der Nahrung und kriechen im Raupenkasten hin und her, bevor sie dann alle Nahrungsreste aus dem Verdauungsapparat entfernen. Zur gleichen Zeit suchen sie einen geeigneten Platz zum Verpuppen. Einige Arten benötigen in dieser Zeit eine Erdschicht, um sich dort hineinzubohren und eine Kammer für die Puppe zu bilden. Eine ganze Reihe von

Raupen errichtet sich eine geeignete Kammer auch aus Sägespänen, Papierwatte und anderem Material. Wenn wir diese Periode vor dem Verpuppen verpassen, verliert die Raupe die Fähigkeit, sich in den Boden zu bohren oder sich eine Kammer zu errichten, und verpuppt sich frei auf dem Boden. Solche Puppen sind oft beschädigt oder nicht geschlossen, und aus ihnen schlüpfen, soweit überhaupt etwas schlüpft, deformierte Schmetterlinge.

Die Glucken, Trägspinner, Augenspinner, Bärenspinner und auch einige Eulen und verschiedene andere Schmetterlinge spinnen sich die verschiedensten Hüllen, die manchmal fester und manchmal weniger vollkommen sind. Sie wählen hierfür gerollte Blätter, Astgabeln oder die Ecke des Raupenkastens.

Die Puppen fordern keine besondere Pflege. Grundsätzlich entnehmen wir sie den Gespinsten und Kokons nicht. Freie Puppen legen wir auf feuchten Sand und überdecken sie bis zur Schlupfzeit mit Stoff oder Filterpapier und besprengen sie hin und wieder, um eine mäßige Feuchtigkeit zu erhalten. Wenn wir Unannehmlichkeiten, die durch die Störung des Verlaufs der Diapause eintreten können, vermeiden wollen, belassen wir die Puppen lieber unter natürlichen Bedingungen und bewahren sie zum Beispiel in einem ungeheizten Raum mit natürlicher Beleuchtung, in einem Keller am Fenster, in einem Gartenhaus u. ä. auf. Wir müssen die Puppen aber mit einem Drahtnetz sichern, damit sie nicht von Mäusen gefressen werden können. Wir müssen auch darauf achten, daß der Falter nach dem Schlüpfen einen Gegenstand vorfindet, auf den er klettern kann.

Die Entwicklung der Puppe kann erst nach Abschluß der Diapause im Januar oder Februar beschleunigt werden, indem wir sie in einem Raum mit höherer Temperatur unterbringen. Die Falter schlüpfen dann viel früher als in der Natur und zeigen oft verschiedene individuelle Abweichungen von der typischen Färbung.

Über die Zucht von Schmetterlingen aus Eiern, Raupen und Puppen berichtet EKKEHARD FRIEDRICH im ,,Handbuch der Schmetterlingszucht", Kosmos-Verlag.

Abtöten der Schmetterlinge und ihre Lagerung vor der Präparation

Die Abtötung der Falter kann auf zwei Arten erfolgen. Wir nützen den Augenblick, wenn sich das Tier im Netz beruhigt hat und die Flügel gegeneinander schlägt. In dieser Lage halten wir es fest und drücken ihm leicht von unten die Brust zusammen. Um das Tier endgültig zu töten, legen wir es einige Zeit in das Tötungsglas. Kleinere Tagfalter, Nachtfalter und Kleinschmetterlinge fangen wir aus dem Netz oder von den Pflanzen und Baumstämmen direkt ins Tötungsglas.

Das Tötungsglas ist ein nicht sehr großes Glasgefäß mit einem breiten Hals, in dem die Atmosphäre mit giftigen Dämpfen gesättigt ist. Auf dem Boden liegt ein Wattestück, das mit dem Giftstoff betropft wird. Für das Töten von Schmetterlingen eignet sich Chloroform. Es wirkt schnell und zuverlässig und beschädigt die Färbung nicht. Diäthyläther oder Äthyloktan, die mit Erfolg bei der Abtötung von Käfern, zweiflügligen und anderen Insekten verwendet werden, wirken auf Schmetterlinge zu langsam, und die Falter können sich durch Flattern im Glas beschädigen. Oft werden Tötungsgläser mit Zyankali verwendet. Der Giftstoff liegt unter einer Watte- oder Sägespäneschicht und ist oben mit Gips vergossen. Cyanwasserstoff (,,Blausäure"), der durch Feuchtigkeit aus dem Zyanid frei wird, dringt durch die poröse Gipsschicht und tötet zuverlässig die meisten Falter. Lediglich die Widderchen und einige Spanner widerstehen diesen Dämpfen lange und lassen sich deshalb in diesen Gläsern nur schlecht töten. Die Tötungsgläser mit Zyankali sind sehr praktisch, weil eine Füllung für die ganze Saison und oft länger ausreicht. Nachteilig ist, daß sich einige rot oder grün gefärbte Falter entfärben und daß die Zyanpräparate stark giftig sind. Zyankali wird in den meisten Ländern nur mit einer besonderen Genehmigung verkauft, und die Tötungsgläser mit diesem Gift sollten nicht in Hände von Jugendlichen geraten. Bei entsprechend vorsichtiger Benutzung kann kein Unglück geschehen. Gefährlich ist jedoch der Verlust eines solchen Glases, das dann von einem Unbefugten oder sogar einem Kind gefunden werden kann. Auch die Scherben eines zerbrochenen Tötungsglases sind gefährlich. Es ist deshalb besser, das Angebot der modernen Technik zu nutzen und anstatt der Gläser Kunststoffgefäße zu verwenden. Es sei jedoch darauf hingewiesen, daß sich Plexiglas nicht für Chloroform eignet, da es von diesem aufgelöst wird.

In der Praxis kommen wir nicht mit einem Tötungsglas aus, denn in jedes Glas sollte nur ein lebendiger Falter gelangen. Erst von den toten Exemplaren können wir vorübergehend mehrere gemeinsam aufbewahren, wenn wir das Tötungsglas ruhig stehen lassen (im Auto, Zelt, u. ä.). Für verschiedengroße Schmetterlinge halten wir verschiedengroße Tötungsgläser bereit. Ihre Anzahl und Größe hängt von der uns interessierenden Gruppe der Schmetterlinge ab. Ein Sammler von Tagfaltern wird mit größeren Gläsern, deren Halsdurchmesser 5−10 cm beträgt, ausgerüstet sein. Für Nacht- und Kleinfalter benötigt man eher kleinere Gläser mit einer Öffnung von 2−3 cm.

Große Schmetterlinge, wie Schwärmer und Glucken, tötet man nach der ersten Betäubung mit einer Ammoniakspritze von unten in die Brust. Anstelle der Injektionsnadel kann auch eine Nähmaschinennadel verwendet werden, in deren Öhr ausreichend giftige Flüssigkeit haftenbleibt. Zur Betäubung der Falter für die kurzzeitige Manipulation und die Anbringung der tödlichen Injektion kann Kohlendioxid verwendet werden, das im Handel in Druckflaschen zur Getränkezubereitung oder zum Aufpumpen von Autoreifen angeboten wird. Wenn der Schmetterling aus dem Kohlendioxid in die reine Luft entlassen wird, erholt er sich sehr schnell.

In den Dämpfen von Chloroform, Äther oder Blausäure töten wir auch die Raupen und Puppen ab. Die Puppen weisen eine geringe Atmungsintensität auf und müssen deshalb lange, manchmal mehrere Tage, im Tötungsglas verbleiben. Eier, Raupen und Puppen können zur Abtötung auch in eine Konservierungsflüssigkeit, in Alkohol, Formalin u. ä., geworfen werden.

Die getöteten Falter tragen wir nicht die ganze Exkursion über in den Tötungsgläsern umher. Wir entnehmen sie nach einer bestimmten Zeit, die zur Abtötung reicht, den Gläsern, stecken sie auf eine Nadel und bringen sie in einer geeigneten Schachtel unter. Gute Dienste erweisen Blech- oder Kunststoffschachteln, auf deren Boden angefeuchteter Torfmull liegt. Dadurch bleibt im Behälter eine geeignete Feuchtigkeit erhalten, und die Falter verlieren, bis sie zu Hause präpariert werden, ihre Geschmeidigkeit nicht. Wenn wir die Falter nicht sofort präparieren können, z. B. auf größeren Exkursionen, müssen wir das Material gut trocknen, damit es nicht verschimmelt. Wir legen es entweder genadelt in trockene Behälter oder ordnen es zwischen Watteschichten so an, daß es sich nicht bewegen und gegenseitig berühren kann. Tagfalter legt man einzeln in Spitztüten.

Präparieren von Schmetterlingen

Der tote Falter muß zuerst auf eine Insektennadel gestochen werden. Diese Nadeln gibt es in einer schwarzen und einer weißen Ausführung, sie sind 36−38 mm lang und verschieden stark. Die Stärken tragen gebräuchliche Bezeichnungen. Die dünnsten Nadeln haben die Stärke 000, etwas dickere die Stärke 00, dann 0, 1, 2, 3, 4 usw. Das sind dann schon Nadeln, die für die kräftigen Körper der Schwärmer verwendet werden. Für die kleinsten Schmetterlinge ist aber auch die Nadel der Stärke 000 noch ziemlich dick. Für diese gibt es besonders feine Nadeln, die Minutienstifte, die ungefähr 15 mm lang und nicht stärker als 0,2 mm sind. Für die meisten europäischen Tagfalter verwenden wir die Nadeln Nr. 1 und Nr. 2, für die Nachtfalter Nr. 2 bis

Nr. 3 usw. Weil es manchmal sehr beschwerlich ist, sehr dünne Nadeln in den Boden des Sammlungskastens zu stecken, gilt der Grundsatz, daß vor allem die kleinsten Schmetterlinge auf möglichst starke, jedoch die Kleinheit des Körpers berücksichtigende Nadeln gespießt werden. Der Schmetterling wird so aufgesteckt, daß die Quer- und Längsachse des Körpers mit der Nadel einen rechten Winkel bilden. Er wird bis in das obere Drittel der Nadel geschoben.

Die eigentliche Präparation führen wir auf Spannbrettchen durch. Das sind im wesentlichen zwei Tafeln, die sich leicht zu der zwischen ihnen liegenden Rinne neigen. Es gibt zwei Arten von Spannbrettern, feste oder solche mit verschiebbaren Brettchen und verschieden große, dem Falterausmaß entsprechende Geräte. Die Rinne ist ungefähr 25 mm tief und mit einer weichen Masse zum Einstecken der Nadeln ausgelegt. Beim Präparieren bringen wir den Schmetterlingskörper so in der Rinne an, daß die Nadel senkrecht zu den Achsen des Bretts steht und sich die Flügel nicht am Rinnenrand verstoßen können. Während der Arbeit berühren wir den Schmetterling nur mit Nadeln und Pinzetten. Die Finger können sehr leicht die Schuppen von den Flügeln des Tieres streifen. Zuerst öffnen wir die Flügel des Falters, legen sie flach auf das Brett und bedecken sie mit einem Pergament- oder Zellophanstreifen. Diesen Streifen befestigen wir vor den Flügeln mit einer Nadel oder halten ihn leicht mit den Fingern der linken Hand fest. Mit der Präparationsnadel packen wir dann den linken Vorderflügel an der Wurzel und schieben ihn so nach vorn, daß sein hinterer Rand mit der Längsachse des Spannbretts einen rechten Winkel bildet. Dann schieben wir den linken Hinterflügel so weit unter den Vorderflügel, daß auf der Außenseite zwischen beiden Flügeln ein genügend tiefer Einschnitt entsteht. In dieser Lage drücken wir den Papierstreifen fest und sichern ihn rings um den Flügelrand mit Nadeln gegen Verschiebungen. Das rechte Flügelpaar wird ähnlich bearbeitet. Wir können dabei, um uns die Arbeit zu erleichtern, das Spannbrett umdrehen. Schließlich schieben wir unter den Hinterleib ein Stück Watte oder zwei gekreuzte Nadeln, damit er die natürliche Lage erhält, und ordnen die Fühler unter dem Papierstreifen so, daß sie annähernd parallel zu den Rändern der Vorderflügel liegen.

Die präparierten Falter müssen auf dem Spannbrett trocknen. In trockenen Zimmern dauert das bei kleinen Schmetterlingen 3–4 Tage, bei den Tagfaltern und üblichen Nachtfaltern 7–10 Tage. Falter mit dickem Hinterleib müssen 2–3 Wochen trocknen. Wenn wir genügend Spannbretter besitzen, lohnt es sich, die Schmetterlinge länger darauf zu belassen und so sicher zu sein, daß sich die Flügellage in der Sammlung nicht verändert. Erst vollkommen trockene Schmetterlinge lösen wir aus der Umklammerung der Nadeln und Papiere und ordnen sie in die Sammlung ein.

Die Präparation der kleinsten, auf Minutienstiften steckenden Falter ist anspruchsvoller. Das Arbeitsprinzip ist das gleiche, nur müssen alle Geräte feiner sein.

Die Raupen werden durch Trocknen oder Konservierung in Flüssigkeiten präpariert. Beim Trocknen schneiden wir den After auf und quetschen vom Kopf her mit einer Walze die Eingeweide aus dem Körper. Die Haut wird dann auf ein Röhrchen geschoben und mit einer Klammer befestigt. Wir trocknen die Raupe in einem kleinen Ofen oder über einer Asbestplatte, unter der sich ein Gasbrenner befindet. Durch die Röhre gelangt Luft in die Raupenhülle und spannt sie, bis sie trocken ist. Die präparierten Raupen werden in Glasröhrchen oder Reagenzgläsern untergebracht und diese mit Wattepfropfen verschlossen.

Gegenwärtig bevorzugt man das Einlegen der Raupen in Konservierungslösungen. Gewöhnlich werden die toten Tiere vorher in Wasser kurz aufgekocht. Sie verlieren zwar ihre Färbung, aber auf der gespannten Haut sind alle Strukturen gut zu erkennen. Die Raupe wird dann in einem kleinen Reagenzglas in 70 %igem Alkohol eingelagert. Für spezielle Zwecke werden auch andere Flüssigkeiten verwendet. Die Gläschen werden mit den nötigen Angaben versehen, mit Watte verschlossen und serienweise in größeren Gläsern ebenfalls in Alkohol untergebracht. Sie müssen untergetaucht sein. Zu einer Raupensammlung sollten Vermerke mit der Beschreibung der Farbe und Zeichnung des lebendigen Tiers gehören. Eine ausgezeichnete Ergänzung bilden Alben mit Farbfotos oder Diapositive.

Harte, stark sklerotisierte Puppen töten wir ab, trocknen sie und legen sie trocken in Gläser oder Sammelkästchen. Weichere Puppen würden sich beim Trocknen deformieren und werden deshalb ähnlich wie die Raupen in Flüssigkeiten konserviert. Auch die leeren Hüllen (Exuvien) der Puppen aus der Zucht sind wertvoll. Die Schmetterlingszüchter werfen sie manchmal ganz überflüssigerweise weg. Die meisten Artmerkmale finden wir am Hinterleib der Puppe, vor allem am Kremaster. Dieser Teil bleibt nach dem Schlüpfen des Falters unbeschädigt. Der Vorteil der Exuvie besteht darin, daß wir wissen, zu welcher Falterart sie gehört. Zur Puppe gehört auch ein Kokon, ein Gespinst, eine Kammer aus Erde oder anderem Material. Die Säcke der Raupen und Puppen der Sackträger und Sackmotten werden gewöhnlich in der Sammlung direkt zu dem Falter, der daraus geschlüpft ist, gesteckt. Diese Säcke helfen bei der Artbestimmung, die bei diesen Familien und sehr ähnlichen Imagines recht schwer ist.

Eier werden von kaum jemandem gesammelt. Hier besteht noch ein großes freies Wirkungsfeld. Harte Eier und ihre charakteristischen Gelege (zum Beispiel die der Glucken und Trägspinner) legen wir nach dem Abtöten trocken. Für weiche Eier werden in der Fachliteratur Rezepte für Fixierungs- und Konservierungslösungen angegeben, in die die Eier gelegt werden. Man kann auch leere Eischalen sammeln, soweit sie von der geschlüpften Raupe nicht gefressen werden. Für eine ernsthaftere Arbeit mit den Eiern benötigt man eine stark vergrößernde Lupe oder ein Stereomikroskop. Man muß am frischen Ei die Größe messen, die Form vermerken und Färbung und Struktur des Chorions beschreiben. Manchmal fertigt man auch mikroskopische Präparate an.

Wir können auch eine Sammlung von Raupenminen anlegen und diese durch interessante und charakteristische Fraßstellen an Pflanzen erweitern. Die Blätter mit den Minen und die durch Raupenfraß beschädigten Pflanzen trocknen wir zwischen Lösch- oder Zeitungspapier und kleben sie dann auf Bögen, auf denen auch die notwendigen Angaben über das Vorkommen und Auffinden vermerkt werden. Das Ergebnis dieser Arbeit ist ein aufschlußreiches und wertvolles Herbarium.

Die gegenwärtige Fototechnik ermöglicht die Anfertigung farbiger Makrofotografien entweder als Diapositive oder auf dem Wege vom Negativ zum Positiv. Bei dieser Jagd ohne Waffen können wir die Schmetterlinge in Situationen aufzeichnen, die sonst nicht festzuhalten sind. Die Farbfotografie kann einmal als Ergänzung zu den übrigen Sammelmethoden dienen oder als selbständige Disziplin Aufnahmen von Schmetterlingen und Raupen in ihrer natürlichen Umwelt zum Ziel haben.

Niemand, der sich bis zu einem bestimmten Niveau hinaufgearbeitet hat und nach der Literatur weniger bekannte Falterarten selbst bestimmt, kommt ohne die Präparierung der Kopulationsorgane beider Geschlechter aus. Wir wollen deshalb kurz bei dieser wichtigen Methode verweilen. Gegenstand des Interesses sind die harten, sklerotisierten Teile, die wir aus dem Hinterleib lösen und von Haaren, verschiedenen Häuten und Muskulatur befreien müssen. Wir benötigen dazu ein Reagenz- oder kleines Becherglas, ein Uhrglas oder eine Petrischale und ein wenig 10 %ige Kalilauge* (KOH), die wir aus gekauften Tabletten herstellen. Wir mischen einen Gewichtsteil KOH mit neun Gewichtsteilen destillierten Wassers. In diese Lauge legen wir ein Stückchen vom Hinterleib des untersuchten Falters und kochen das Ganze 5—15 Minuten (nach der Größe des Schmetterlings) im Wasserbad so, daß sich die häutigen Teile auflösen. Mit der Zeit lehrt uns die Erfahrung, wie lange wir bei verschieden großen Schmetterlingen kochen müssen. Nach dem Abkochen legen wir den

---

* Vorsicht, Kalilauge ist stark ätzend! Nicht über der offenen Flamme erhitzen, da die Lauge bei Siedeverzug aus dem Gefäß spritzen kann. Augen schützen!

Hinterleib in eine Schale mit Wasser und arbeiten hier mit einer Lupe, die 10- bis 20fach vergrößert, weiter. Mit einer Pinzette lösen wir die Kopulationsorgane aus dem Hinterleib und säubern sie mit Präparationsgeräten von den restlichen Häuten, Haaren und verschiedenen Verunreinigungen. Damit sind sie zur Besichtigung vorbereitet. Manchmal muß noch der Aedeagus getrennt werden, oder an anderer Stelle ist es nötig, das letzte Hinterleibsglied zu erhalten. Es trägt oft wichtige Bestimmungsmerkmale. Die auspräparierten Kopulationsorgane legen wir entweder in ein kleines Reagenzglas mit Glyzerin, oder wir übernehmen eine der üblichen Methoden (nach der Spezialliteratur) und fertigen in Kanadabalsam eingedeckte, dauerhafte mikroskopische Präparate an. Die Reagenzgläser oder mikroskopischen Präparate versehen wir mit Etiketten mit den nötigen Angaben. Wir führen genau Buch über diese Präparate. Jedes von ihnen erhält eine Nummer, mit der auf einem kleinen Schild auch der Falter versehen wird, von dem das entsprechende Material entnommen wurde. In letzter Zeit ist es üblich, die herauspräparierten Kopulationsorgane in eine kleine Ampulle mit Glyzerin zu lagern, diese zu verschließen und an der Nadel des entsprechenden Schmetterlings zu befestigen. Die Sammlung von Faltern mit abgebrochenem Hinterleib, der zur Anfertigung mikroskopischer Präparate „geopfert" wurde, ist nicht weniger wertvoll. Sie zeugt im Gegenteil von der seriösen Einstellung des Amateursammlers und von seinem ernsthaften Interesse, das das gewöhnliche Anhäufen von Faltern übersteigt.

Fundortzettel

Das Sammlungsmaterial hat nur dann seinen vollen Wert, wenn jeder Falter, jede Raupe, jedes Reagenzglas, jeder Sammelkasten und jedes mikroskopische oder andere Präparat einen Zettel mit Angaben über den Fund enthält. Dort sind das Datum des Fundes, der Name der Gemeinde und des Staates, zu dem der Fundort gehört, bei Gebirgen auch die Meereshöhe, und am Ende der Name des Sammlers und eventuell weitere Einzelheiten vermerkt.
Im Gelände finden wir weder Zeit noch Ruhe, diese Beschriftungen vorzunehmen. Wir versehen das Sammelergebnis deshalb als Ganzes mit einem provisorischen Zettel oder einem Hinweis auf irgendeine Tagebuchaufzeichnung. Bei allen Manipulationen mit dem Material dürfen wir nicht vergessen, auch diesen Zettel mit den zugehörigen Angaben zu übertragen, sonst gibt es leicht Verwechslungen. Zweifelhafte Angaben werfen ein schlechtes Licht auf die ganze Sammlung. Es bewährt sich, die Zettel gleichzeitig mit der Präparierung der Falter zu schreiben und sie am Rand des Spannbretts in der gleichen Reihenfolge wie die Schmetterlinge zu befestigen. Nach dem Abtrocknen der Tiere teilen wir jedem Exemplar sofort seine Angaben zu und stecken das Papier gemeinsam mit dem Falter auf die Nadel. Dann kann das Material ohne Verwechslungsgefahr weiterverarbeitet werden. Einige Sammler schreiben die Zettelchen erst alle auf einmal im Winter, wenn es weniger Arbeit im Gelände gibt. Jedoch bedeutet die Beschriftung einiger Hundert oder sogar Tausend Etikette eine erhebliche psychische Belastung, und darüber hinaus ist jegliche Bewegung des gesammelten Materials bis zur Bezeichnung blockiert.
Damit die Fundortzettel ihrem Zweck dienen können, müssen einige Grundsätze eingehalten werden. Vor allem sollen die Angaben so geschrieben sein, daß sie jeder, der die Falter in die Hand bekommt, verstehen kann, das heißt, sie müssen leserlich, kurzgefaßt und verständlich sein. Der eigene Name und die geographischen Bezeichnungen werden grundsätzlich nicht abgekürzt. Ausnahmen bilden nur einige, international angewandte Abkürzungen. Hinter dem Namen des Sammlers wird die lateinische Abkürzung leg. oder lgt. (= legit, sammelte) angefügt. Das Gebiet eines Landes können wir genauer bestimmen mit den Abkürzungen: c. − centralis (zentral), mer. − meridionalis (südlich), or. − orientalis (östlich), occ. − occiden- talis (westlich), und bor. − borealis oder sept. − septentrionalis (nördlich). Wir geben eventuell auch an, daß das Material aus einer Zucht stammt und benutzen dabei folgende

Abkürzungen: e. o. = ex ovo (aus dem Ei), e. l. — ex larva (aus der Raupe), e. p. — ex pupa (aus der Puppe). Handelt es sich um Zuchtexemplare, muß auch das Datum, an dem das bestimmte Entwicklungsstadium in der Natur gefunden wurde, angegeben werden. Es hat größere Bedeutung als das Datum, an dem der Falter in der Gefangenschaft schlüpfte, denn dieser kann hier die Puppe an einer ganz untypischen Zeit verlassen (z. B. im Winter). Die Angaben werden mit Tusche oder wasserfester Tinte geschrieben. Geeignet sind auch mit der Maschine geschriebene, fotografisch verkleinerte oder mit kleinen Typen gedruckte Zettel. Beispiele für Fundortzettel:

25. VI. 1977	Bulgaria mer.	Germania
Tursko	Pirin-Vichren	Bayerischer Wald
Bohemia c.	2700 m	Regen, e. l. 16. II. 1974
I. Novák lgt.	14. VII. 1975	larva 4. VIII. 1973
	leg.: G. Schulz	G. Schulz leg.

Wir müssen ständig vor Augen haben, daß unser Material durch Museen oder im Austausch im Rahmen wissenschaftlicher Zusammenarbeit an das andere Ende der Welt gelangen kann, oder daß unsere Angaben nach Jahrzehnten von Wissenschaftlern entziffert werden, wie es heute mit den Sammlungen LINNÉS und anderer, älterer Forscher geschieht. Gut etikettierte Sammlungen haben ihren Wert und werden, wenn wir sie abgeben wollen, von Museen oder anderen Sammlern gekauft. Material ohne oder mit nur zweifelhaften Angaben hat höchstens ästhetischen Wert oder kann als Lehrhilfsmittel dienen und ist zum allmählichen Verbrauch bestimmt.

Anlegen einer Schmetterlingssammlung

Die Schmetterlingssammlungen werden meistens in verglasten Kästen, die sich zur Betrachtung am besten eignen, untergebracht. Wenn der Deckel undurchsichtig ist, muß bei jeder Betrachtung der Kasten geöffnet werden, und der entstehende Luftzug kann die Falter leicht beschädigen. Auf dem Boden des Kastens befindet sich eine gepreßte Torfschicht oder ein anderes, weiches Material zum Einstecken der Nadeln. Die Schmetterlinge werden nach dem entomologischen System, immer die Exemplare einer Art zusammen, in den Kästen entweder nebeneinander oder in Reihen hintereinander angeordnet. Jede Art wird am Anfang der Reihe mit dem Namen gekennzeichnet, und auch am Kasten ist gewöhnlich ein Zettel mit den Namen der darin enthaltenen Falter, oder, der Übersicht wegen, wenigstens mit den Namen der Familien angebracht. Das Format der Kästen ist nicht genau festgelegt. Für große Schmetterlinge werden die Maße 50 cm × 40 cm × 6—7 cm vorgezogen, für kleine Falter Kästen von 40 cm × 30 cm verwendet. Im allgemeinen paßt man die Kastenmaße den Maßen der Schränke an, die für die Aufbewahrung der Sammlung zur Verfügung stehen. Die Kästen werden nebeneinander stehend wie Bücher oder besser flach liegend gestapelt. In den Schränken sind die Falter vor Lichteinfall geschützt (Schmetterlinge verblassen im Licht) und können dort auch gut gegen Schädlinge desinfiziert werden.

Außer den Sammlungskästen werden wir eine ganze Reihe von Arbeitskästen kleineren Formats benötigen. Wir können dazu die leeren Verpackungen verschiedener Materialien verwenden, soweit ihre Höhe für die Nadeln ausreicht. Auf den Boden kleben wir ein weiches Material, um die Nadeln einstechen zu können. Feste Kisten, am besten Blechbehälter, werden wir auf Exkursionen benutzen, kleine Schachteln dienen zum Versand des Materials mit der Post.

Jede Sammlung muß sorgfältig gepflegt und vor Schädlingen geschützt werden, von denen es eine ganze Menge gibt. Am gefürchtetsten ist der kleine, ungefähr 2 mm lange Museumskäfer, dessen behaarte Larve sich unter anderem von toten Insekten in den Sammlungen nährt. Den befallenen Schmetterling erkennen wir an dem graubraunen Pulver, das sich unter ihm im Kasten zeigt. Bei kleinen Schmetterlingen sitzt die Larve obenauf, dickere Körper sind gewöhnlich völlig durchbohrt. Andere gefährliche Schädlinge sind vor allem in feuchterer Umgebung die ungefähr 1 mm langen, hellbraunen Bücherläuse. Sie verraten sich auch durch Pulver auf dem Kastenboden, beschädigen aber eher die Flügelflächen zwischen den stärkeren Adern. Es ist nötig, gegen diese Schädlinge die Sammlung von Zeit zu Zeit zu desinfizieren. Meistens werden Paradichlorbenzol in verschiedenen Handelsformen, Lindan, aber auch einige Organophosphate (zum Beispiel Shelltox-Streifen auf DDVP-Basis) verwendet. Das alles sind Gifte, und bei der Desinfektion der Sammlungen ist Vorsicht geboten. Bei Kästen mit Kunststoffböden muß der Giftstoff sorgfältig ausgewählt werden. So löst zum Beispiel Paradichlorbenzol Polyester auf.

Das Ausmaß der Sammlung hängt vom Zweck ab, für den sie bestimmt ist. Die Sammlung des Amateurs, der sich zur eigenen Freude und aus Erkenntnisdrang mit Schmetterlingen beschäftigt, wird sicher keine großen Serien von einer Art, sondern eher mehrere Arten enthalten. Die Sammlung eines Spezialisten, der sich für eine bestimmte Gruppe der Lepidoptera interessiert, wird ganz anders aussehen. Sie wird ärmer an Arten sein, dafür aber große Stückserien zum Studium der Veränderlichkeit enthalten, Material aus den verschiedensten Teilen des gesamten Verbreitungsgebietes zeigen usw. Wieder anders werden die Sammlungen für den Unterricht in den Schulen und die mit praktischer Orientierung auf schädliche Arten für die Arbeiten in Land- und Forstwirtschaft aussehen.

Die Naturwissenschaftlichen Museen besitzen die größten Sammlungen. Diese erfüllen hier aber schon eine wissenschaftliche Mission, und nur ein kleiner Teil ist für die Öffentlichkeit zugänglich. Das meiste Material ist in Schränken gelagert, wird sorgfältig vor Schädlingen geschützt und steht den Spezialisten zur wissenschaftlichen Arbeit zur Verfügung.

Eine Sammlung von Raupen, Puppen oder Eiern sieht nicht so schön aus wie eine Sammlung erwachsener Falter, besitzt aber erheblichen wissenschaftlichen Wert, denn die sogenannten präimaginalen Stadien sind immer noch wenig bekannt. Die Raupen und Puppen vieler Schmetterlinge wurden bis jetzt noch nicht entdeckt, von den Eiern ganz zu schweigen. Nur wenige Museen können sich einer größeren Sammlung der Entwicklungsstadien von Schmetterlingen rühmen.

Das Studium der Schmetterlinge

Ein Entomologe, der nicht nur Falter anhäufen, sondern etwas von der entomologischen Problematik und vom Leben der Schmetterlinge erfahren möchte, sollte ein Arbeitstagebuch führen. Dieses Tagebuch müssen wir uns nicht als Heft oder Buch vorstellen, in das die alltägliche Tätigkeit eingetragen wird. Wir schreiben hier nur wirklich wichtige Fakten auf. Das Tagebuch kann aus einzelnen Blättern bestehen, die später gebunden oder in eine Mappe gelegt werden. Auch Karteikarten im Heftformat eignen sich, denn wir können sie nach einem bestimmten System übersichtlich ordnen. Sollten wir uns später für eine Änderung entschließen, können wir die Karten ohne Schwierigkeiten umordnen.

Bestandteil des Tagebuchs sind einzelne Aufzeichnungen, die Protokolle. Sie können die verschiedensten Angelegenheiten betreffen, von denen wir überzeugt sind, daß wir sie später bei der Arbeit oder für Veröffentlichungen benötigen werden. So kann zum Beispiel der Ablauf einer Exkursion protokolliert werden, was übrigens bei den meisten Sammlern üblich ist. Wir erklären eingehend die Angaben, die sich auch auf dem Fundortzettel des Falters befinden: Wir beschreiben den Fundort, verzeichnen seine geographische Lage (es gibt viele Ortschaften mit gleichen Namen), seine Meereshöhe, erwähnen das Wetter zur Zeit des Fangs, die blühenden Pflanzen, erläutern die Fangmethode usw. Dann stellen wir ein Verzeichnis der am Fundort beobachteten Arten auf. Die häufigen Arten sammeln wir nicht auf jeder Exkursion, denn sonst würde unsere Sammlung bald unermeßliche Größen annehmen. Wir sollten aber ihr Auftreten wenigstens im Tagebuch vermerken. Das Protokoll kann auch die Beobachtung einiger Arten enthalten, Einzelheiten über ein plötzliches, zahlreiches Auftauchen einer seltenen Art, die Beschreibung eines Versuchs oder des Zuchtverlaufs u. ä. Wir können im Tagebuch auch unsere Erwägungen und Zweifel, die Ansichten von Kollegen und eine Reihe anderer interessanter Fakten festhalten. Manche Protokolle können zwei bis drei Zeilen, andere mehrere Seiten einnehmen. Am Kopf jeder Aufzeichnung sollten das Datum und ein kurzes Stichwort, das sich auf den Inhalt bezieht, angegeben werden. Dadurch wird uns das spätere Aufsuchen erleichtert. Die Aufzeichnungen werden so angefertigt, daß sie jeder verstehen kann. So haben wir die Gewißheit, daß wir uns nach Jahren auch selbst noch im Tagebuch zurechtfinden. Auf unser Gedächtnis sollten wir uns dabei nicht verlassen. Die Aufzeichnungen im Tagebuch werden wir erst später richtig schätzen, wenn wir größere Kenntnisse über die Schmetterlinge erworben haben und diese zu veröffentlichen beginnen.

Schlüssel zur Bestimmung der Schmetterlingsfamilien

Der Schlüssel, der hier zur Bestimmung der Schmetterlingsfamilien benutzt wird, ist ein dichotomischer Schlüssel, das heißt, er spaltet sich bei jeder Position in zwei Richtungen auf. Er ist so aufgestellt, daß der Benutzer bei jeder Zahl eine zweifache Wahl hat. Wir haben den zu bestimmenden Falter vor uns liegen und vergleichen, ob seine Beschreibung mit Punkt a) oder mit Punkt b) übereinstimmt. In unserem Schlüssel werden diese Punkte durch eine Ziffer und einen Strich unterschieden. Entspricht einer der Punkte der Beschreibung, fahren wir in der Bestimmung nach der Zahl fort, die am Ende jedes Punktes angegeben ist. Wir vergleichen erneut und wählen eine der beiden gegebenen Möglichkeiten, die so angeboten werden, daß sie sich gegenseitig ausschließen. Schließlich gelangen wir zu einer Position, die keinen Hinweis auf eine weitere Zahl besitzt, sondern mit dem Namen der Familie des Schmetterlings abschließt. Wir haben damit das Ziel erreicht. In der Spezialliteratur kann mit ähnlichen Schlüsseln im Rahmen der Familie die Gattung und im Rahmen der Gattung die Art bestimmt werden.

Bei der Bestimmung können wir viele Merkmale mit bloßem Auge feststellen, manchmal werden wir zur Lupe greifen müssen. Eine 5- bis 10fache Vergrößerung sollte völlig ausreichen. Im Schlüssel wird oft die Stellung der Flügeladern beurteilt. Diese sind jedoch mit Schuppen überdeckt und schlecht sichtbar. Wir haben zwei Möglichkeiten. Entweder opfern wir, wenn wir von der gleichen Art eine Serie besitzen, ein weniger schönes Exemplar und entfernen mit einem Pinsel vorsichtig die Schuppen von den Flügeln, oder wir tauchen die Flügel mit den Schuppen in Xylol, Benzin, Äther u. ä. Die Schuppen benetzen sich, und die Adern sind ganz gut zu sehen. Nach dem Verdunsten der Chemikalie sehen die Flügel wie zuvor aus. Das einzige Risiko besteht bei den kleinen Faltern, wo sich die Fransen verwirren können.

Wir wollen einmal nach unserem Schlüssel einen Weißling und irgendeine Glucke bestimmen.

Wir beginnen mit dem Weißling bei Nr. 1, sehen, daß die Merkmale mit Punkt 1a übereinstimmen: Die Fühler sind am Ende klöppelförmig erweitert, der Körper ist schlank, die Flügel sind breit. Am Ende steht der Hinweis auf Nr. 2. Im Vergleich mit der Abbildung bei Nr. 2 stellen wir fest, daß die Aderung dem Punkt 2b entspricht, wo der Hinweis auf Nr. 4 folgt. Bei Nr. 4 vergleichen wir die Lippentaster. Sie sind kurz, entsprechen dem Punkt 4b, wir fahren bei Nr. 5 fort.

Die Augen sind rundlich, keinesfalls oval, entsprechen also Punkt 5b. Wir folgen dem Hinweis auf Nr. 7.

Hier entspricht Punkt 7a nicht, sondern 7b: Vorderbeine normal entwickelt, der Falter ist im wesentlichen weiß. Es folgt der Hinweis auf Nr. 9. Hier beurteilen wir den inneren Rand der Hinterflügel und die Ader 2 A auf dem Hinterflügel. 2 A ist entwickelt, also enden wir bei Punkt 9b — Familie *Pieridae* — Weißlinge.

Ähnlich können wir unseren Schlüssel bei der Bestimmung einer Glucke beurteilen. Wir folgen den Positionen: 1b, 10a, 11b, 13b, 15b, 33b, 34b, 41b, 42b, 45b, 46b, 49b: *Lasiocampidae* — Glucken.

Es kann passieren, daß wir den Schmetterling nicht sorgfältig genug betrachtet haben oder daß einige Punkte etwas komplizierter sind, oder wir haben zufällig ein Exemplar ausgewählt, bei dem nicht alle Organe typisch sind. Nach einer gewissen Zeit geraten wir in die Sackgasse, und es bleibt uns nichts anderes übrig, als der Reihe nach über die Positionen zurückzukehren. Um das rückläufige Suchen dort zu erleichtern, wo ein größerer Sprung über mehrere Nummern erfolgt, ist in einigen Fällen in der Klammer die Nummer der Ausgangsposition angegeben. Unser Schlüssel ist im ganzen kurz, aber diese Hilfe für das rückwärtige Suchen spielt bei den Schlüsseln eine große Rolle, in denen viele systematische Einheiten verarbeitet wurden und die Positionen in die Hunderte gehen.

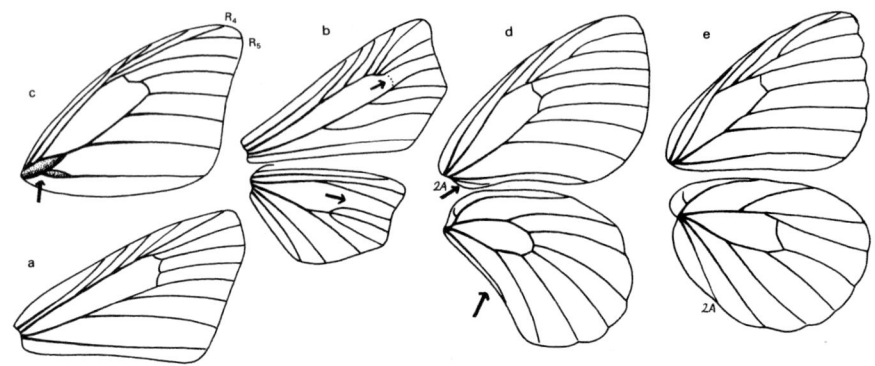

Bild 22. Verschiedene Typen der Flügeläderung bei den Schmetterlingen.

1 Fühler dünn, am Ende keulen- oder klöppelförmig erweitert (Bild 5g, h). Körper schlank, Flügel breit. **2**
– Fühler anders geformt, fadenförmig, gekämmt u. ä., sind sie keulenförmig erweitert, dann sind sie dick, oder die Falter haben im Verhältnis zur Größe einen robusten Körper. **10**
2 Adern der äußeren Teile der Vorderflügel sind nicht geteilt (Bild 22a, b). **3**
– Einige Adern (z. B. R$_3$ und R$_4$) gabelförmig verzweigt. (Bild 22c, d, e) **4**
3 Mittelfeld, von Adern begrenzt, auf beiden Flügeln außen nicht geschlossen (Bild 22b), Flügelumriß kantig, an der Fühlerwurzel fehlt Haarpinselchen.

Thyrididae – Fensterschwärmer, S. 292
(Schmetterlinge mittlerer Größe mit glasigen Fensterchen auf den Flügeln. Tagaktiv. Ungefähr 700 Arten bekannt, vor allem in den Tropen, in Europa nur 2 Arten).
– Mittelfeld der Vorderflügel geschlossen (Bild 22a), an der Fühlerwurzel ein Pinselchen. Flügel abgerundet.

Hesperiidae – Dickköpfe, S. 134 f.
(Kleine bis mittelgroße Tagfalter mit gedrungenem Körper, breitem Kopf, Fühler am Ende verbreitert und oft mit einem Häkchen abschließend. Raupen kahl oder fein behaart, mit großem Kopf. Über 4000 Arten bekannt, am meisten in Südamerika, in Europa nur ein paar Dutzend Arten).
4 Lippentaster (Bild 3) so lang wie die Brust

Libytheidae, S. 98
(Kleine Familie mittelgroßer Tagfalter mit keulenförmigen Fühlern und sehr langen Lippentastern, in Europa nur eine wärmeliebende Art – *Libythea celtis* F$_{SSL}$.).
– Lippentaster sind viel kürzer als bei vorangehender Position **5**
5 Augen oval, (Bild 30b), mit weißen Schuppen gesäumt **6**
– Augen rund, ohne weiße Schuppen am Rand **7**
6 Hinterflügel haben Praecostalader (Bild 23a). Auf der Unterseite zwei Reihen weißer Flecken zwischen den Adern und eine Reihe schwarzer Punkte. Färbung der Flügeloberseite braunrot mit schwarzer Zeichnung, jedoch ohne metallischen Glanz.

Nemeobiidae – Scheckenfalter, Würfelfalter, S. 98
(Kleinere, bunte Tagfalter mit kurzen Tastern. Etwa 1500 Arten beschrieben, Hauptvorkommen in den Tropen Amerikas, in Europa nur eine Art – *Hamearis lucina* L.).
– Hinterflügel ohne Praecostalader (Bild 23b), auf Ober- und Unterseite anders gezeichnet als in der vorigen Position, Färbung rotbraun oder blau, stark metallisch glänzend oder braun bis schwarz mit orangen oder blauen Tupfen im Saum der Flügel oder inmitten der Vorderflügel.

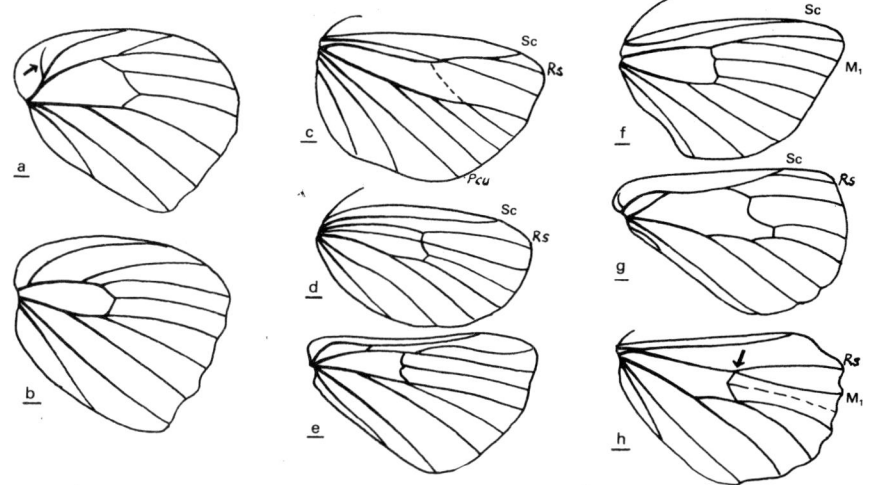

Bild 23. Verschiedene Typen der Äderung von Hinterflügeln bei den Schmetterlingen.

Lycaenidae − Bläulinge, S. 124 ff.
(Kleine, höchstens mittelgroße Tagfalter mit ausgeprägtem Sexualdimorphismus. Männchen oft blau oder rot, metallisch glänzend, Weibchen dunkelbraun oder getupft. Fühler mit Klöppel, setzen dicht an den Augen an. Raupen feinhaarig, kurz, flach, leben oft in Ameisenbauten. Über 6000 Arten bekannt, davon ungefähr 100 in Europa).
7   Vorderbeine verkümmert, krallenlos (Bild 29a). Falter braun, rotbraun oder schwarz, bunt.   8
−   Vorderbeine normal entwickelt, mit Krallen am Ende. Falter im wesentlichen weiß oder gelb mit schwarzer oder farbiger Zeichnung.   9
8   Eine oder mehrere Adern an der Flügelwurzel blasenartig erweitert (Bild 22c).
                                                                      Satyridae − Augenfalter, S. 114 ff.
(Kleine bis große Tagfalter, gelblich bis braun gefärbt, gewöhnlich mit augenartiger Zeichnung auf den Flügeln und oft mit bunter Schutzfärbung auf der Unterseite. Fühler dünn mit unscheinbarem Klöppel. Raupen spindelförmig, kahl, oft längsgestreift, mit zwei Vorsprüngen am Körperende. Artenreiche Familie, tritt an extremen Standorten auf, in Hochgebirgen, in Polargebieten, in Steppen u. ä. In Europa ungefähr 100 Arten.
−   Adern der Vorderflügel sind an der Wurzel nicht blasenartig erweitert.
                                                                      Nymphalidae − Fleckenfalter, S. 100 ff.
(Mittelgroße bis große, bunt gefärbte Tagfalter mit festen Fühlern, diese tragen am Ende einen Klöppel. Analfeld der Hinterflügel erheblich erweitert. Raupen mit Auswüchsen auf dem Kopf oder ganz dornig und feinhaarig. Umfangreiche Familie mit über 4000 Arten, überwiegend in den Tropen, in Europa leben nur ungefähr 70 Arten).
9   Innenrand der Hinterflügel mehr oder weniger konkav ausgeschnitten. Ader 2A auf dem Vorderflügel als kleines Äderchen entwickelt, fehlt auf dem Hinterflügel (Bild 22d).
                                                                      Papilionidae − Ritter- oder Edelfalter, S. 88 ff.
(Große, bunt gefärbte Tagfalter, oft gespornte Hinterflügel, Fühler fest, am Ende klöppelförmig erweitert. Raupen kahl, oft bunt, manchmal hinter dem Kopf mit ausstülpbarer Drüse. Ungefähr 700 Arten beschrieben, vor allem in den Tropen, in Europa 10 Arten).
−   Innenrand der Hinterflügel nicht konkav ausgeschnitten. Adern 2A auf den Vorderflügeln unerkennbar, auf den Hinterflügeln normal entwickelt (Bild 22e).

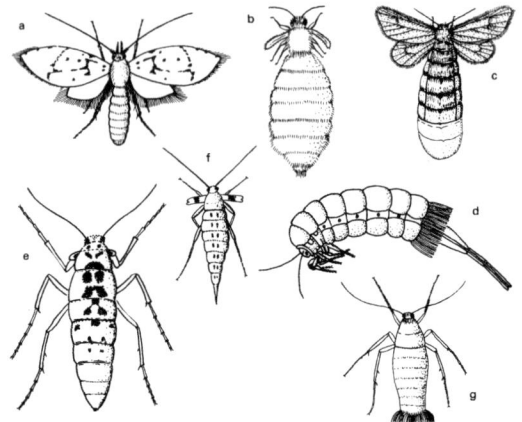

Bild 24. Schmetterlingsweibchen mit reduzierten oder völlig fehlenden Flügeln: a — *Oecophoridae;* b, c — *Lymantriidae;* d — *Psychidae;* e, f, g — *Geometridae.*

Pieridae — Weißlinge, S. 92 ff.

(Mittelgroße Tagfalter, gewöhnlich weiß oder gelb gefärbt, mit schwarzen oder farbigen Tupfen auf den Flügeln, ausgeprägter Geschlechtsdimorphismus. Fühler sind fest, am Ende allmählich keulenförmig erweitert. Raupen kurz und dicht behaart, gelblich oder grün, mit kleinem Kopf. Ungefähr 1500 Arten, in Europa 45).

10 (1)   Flügel vollkommen entwickelt, flugfähig.   **11**
  —   Flügel verkümmert oder fehlen ganz (Bild 24).   **50**
11   Flügel tief in einzelne Teile aufgespalten, an Federn erinnernd (Bild 25a, b)). Sind die Flügel nicht so gespalten, dann sind die Hinterschienen mehr als zweimal so lang wie die Schenkel (Bild 29d).   **12**
  —   Flügel ganzrandig oder nur flach ausgeschnitten. Hinterschienen sind kürzer als bei der vorigen Gruppe.   **13**
12   Jeder Flügel in 6 Federchen untergliedert (Bild 25a).

Alucitidae — Federmotten, S. 292

(Kleinste, zarte Falter, Flügel in 12 quergestreifte Federchen unterteilt. Raupen leben in Pflanzenstengeln. Etwa 100 Arten bekannt, in Europa weniger als zehn).

  —   Vorderflügel in 2 Federn oder Lappen geteilt, Hinterflügel in 3 Federn geteilt oder Flügel überhaupt nicht unterteilt (Bild 25b, c).

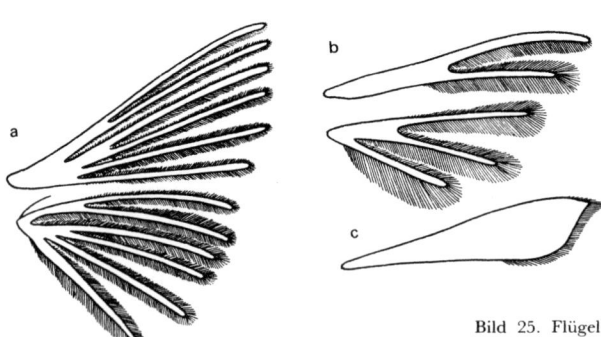

Bild 25. Flügel der Federmotten und Federgeistchen: a — *Alucitidae;* b, c — *Pterophoridae.*

Pterophoridae —Federgeistchen, S. 276

(Kleinste bis kleine, unauffällig gefärbte Falter mit schmalen Flügeln. Fühler fadenförmig, Hinterbeine sehr lang, Raupen und Puppen locker behaart. Raupen leben oft in versponnenen Blättern oder in Stengeln. Ungefähr 600 Arten beschrieben, in Europa über 100).

13 Vorder- und Hinterflügel ähnlich geformt und annähernd gleich groß, am Vorderflügel Jugum, auf den Hinterflügeln mehrere Radialadern (Bild 2a). **14**

— Vorder- und Hinterflügel verschieden geformt. Hinterflügel kleiner, mit nur einer Radialader und am Vorderrand an der Wurzel mit gewöhnlich einer oder mehreren harten Borsten, dem sogenannten Frenulum (Bild 2b). **15**

14 Größere Arten, Flügelspannweite wenigstens 20 mm, mit kurzen Fühlern, die höchstens bis zu ein Viertel der Vorderflügellänge erreichen.

Hepialidae — Wurzelbohrer, S. 340

(Primitive, kleine bis riesige Falter, deren Flügel durch das Jugum verbunden sind, auf Vorder- und Hinterflügeln gleiche Aderung. Färbung meistens unauffällig. Dämmerungsaktivität. Raupen leben im Boden und befressen die Wurzeln der Pflanzen, entwickeln sich oft über mehrere Jahre. Etwa 400 Arten beschrieben).

— Kleinste Arten, Flügelspannweite bis zu 20 mm. Fühler wenigstens wie die halbe Vorderflügellänge lang.

Micropterigidae — Urmotten, S. 342
Eriocraniidae — Trugmotten, S.342

(Entwicklungsgeschichtlich primitivste Gruppen der Schmetterlinge, mit noch erhaltenen Kiefern. Raupen mit 8 Paaren Bauchbeinen oder nur mit Beinrudimenten, oft in Minen lebend. Auf der Welt sind einige Dutzend Arten beschrieben, in der australischen Region auch größere, in Europa gegen 30 Arten).

15 Ader Pcu auf dem Hinterflügel gut entwickelt (Bild 23c) oder Falter sehr klein, Spannweite bis zu 10 mm. **16**

— Ader Pcu fehlt auf dem Hinterflügel (Bild 23d, e). Falter immer größer als 10 mm in der Spannweite. **33**

16 Falter, die im Aussehen an Bienen oder Wespen erinnern. Hinterflügel (oft auch Vorderflügel) stellenweise glasig, ohne Schuppen, dadurch gut hervortretende, dunkle Aderung (Bild 26d). Vorderflügel sind schmal, Hinterleib schwarz, oft mit gelben oder roten Querstreifen.

Sesiidae — Glasflügler, S. 314

(Kleine bis mittelgroße Falter mit fadenförmigen oder leicht verdickten Fühlern, der Hinterleib schließt mit einem Haarbüschel ab. Tagaktiv. Raupen bohren im Holz oder den Wurzeln der Pflanzen, entwickeln sich manchmal mehrjährig. Ungefähr 1000 Arten bekannt, vor allem in Südamerika. In der Paläarktis ungefähr 220 Arten, in Mitteleuropa etwas über 30).

— Anders aussehende und anders gefärbte Falter. **17**

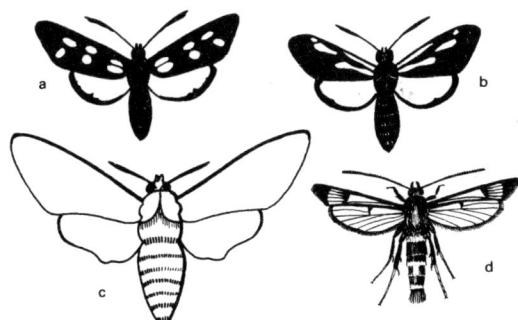

Bild 26. Charakteristische Schmetter-
lingsformen: a, b — Widderchen *(Zygaenidae);* c — Schwärmer *(Sphingidae);*
d — Glasflügler *(Sesiidae).*

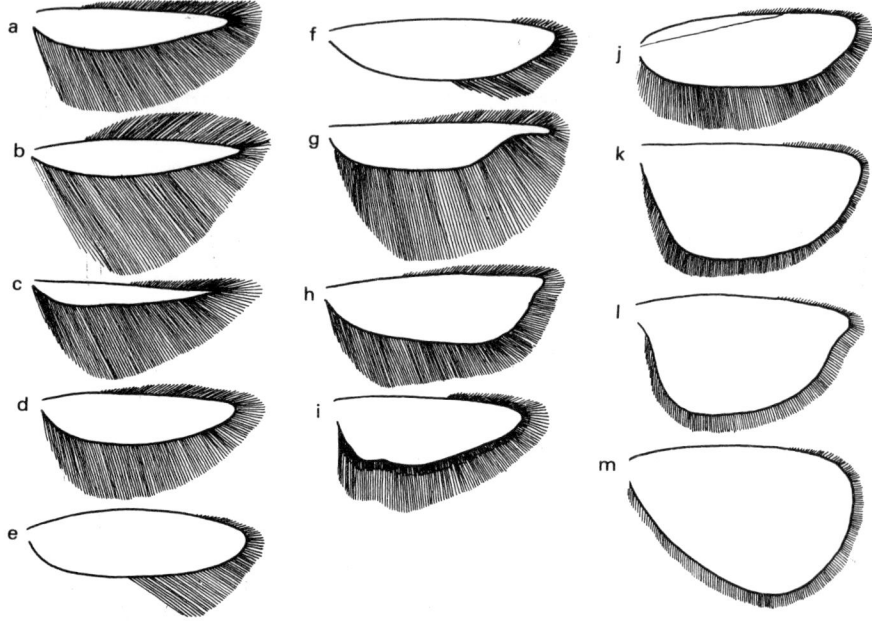

Bild 27. Die Fransenlänge und die Form der Hinterflügel sind charakteristische Kennzeichen für eine Reihe von Schmetterlingsfamilien.

17 Hinterflügel verschieden geformt (Bild 27a—m), meistens nur wenig länger als breit, jedoch nicht schmal und keilförmig mit zwei Rändern (Bild 27a—d). Fransen der Hinterflügel sind gewöhnlich kürzer als die Breite der Hinterflügel, sie bilden oft nur einen schmalen Saum am Flügelrand, der sich am inneren Flügelrand verbreitet(Bild 27k—m). **18**

— Hinterflügel schmal und keilförmig (Bild 27a—d), so daß sie nur einen Vorder- und Hinterrand haben, sie werden von langen Fransen verbreitert, diese sind so lang wie die größte Breite der Hinterflügel, oft länger.

Nepticulidae — Zwergmotten, S. 342
Coleophoridae — Sack- oder Futteralmotten, S. 306
Gracillariidae — Blatt-Tüten- oder Miniermotten,
und andere Familien der sog. Kleinschmetterlinge, S. 316
(Ihre Unterscheidung ist sehr schwierig und ohne Mikroskop praktisch unmöglich, sie erfordert darüber hinaus große Erfahrung).

Nepticulidae — Gehören zu den kleinsten Faltern überhaupt, erreichen Spannweiten von nur 3—8 mm, nachtaktiv. Flügel schwarz oder glänzend metallisch, tragen helle Tupfen. Raupe miniert in Blättern. Ungefähr 300 Arten bekannt, in Europa ungefähr 150 Arten.

Coleophoridae — Kleinste bis kleine Falter (bis 25 mm Spannweite), meistens unauffällig gefärbt, mit schmalen Flügeln und langen Fransen; nachtaktiv. Fühler sind dicht mit langen, in Reihen geordneten Schuppen besetzt. Raupen leben in Säcken (Bild 17) und beißen in Blättern rundliche Minen mit kleiner, mittiger Öffnung aus. Etwa 1000 Arten beschrieben, vor allem auf der nördlichen Halbkugel verbreitet, in Europa ungefähr 300 Arten.

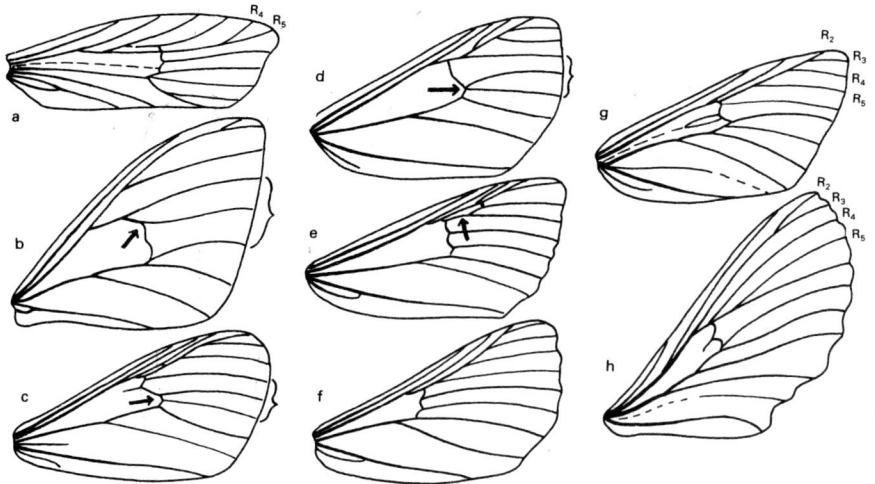

Bild 28. Verschiedene Typen der Äderung der Vorderflügel.

Gracillariidae — Kleinste Falter, Flügelspannweite 6−10 mm, tag- und nachtaktiv, die Flügel mit langen Fransen sind oft bunt gefärbt, die Raupen minieren in Blättern. Etwa 2000 Arten bekannt, in Europa 200.

18 Die Fransen der Hinterflügel sind länger als ein Drittel der größten Breite der Hinterflügel (Bild 27g−j), an der Außenseite der Vorderflügel ebenfalls längere Fransen (Bild 27e, f). **19**
— Fransen der Hinterflügel sind kürzer als ein Drittel der größten Breite der Hinterflügel, oft nur als schmaler Saum. Fransen der Vorderflügel immer nur als schmaler Saum (Bild 27k−m). **28**

19 Kopfbedeckung mehr oder weniger anliegend (Bild 30a, b), die Lippentaster sind länger als die Brust und sichelförmig nach oben gebogen, oder ihr Mittelglied ist erheblich durch Schuppen verbreitert;oder sind die Hinterflügel am Außenrand ausgeschnitten (Bild 27g, h), gegebenenfalls treten beide Merkmale gemeinsam auf, Rüssel immer mit Schuppen bedeckt. Adern R_1 und R_5 des Vorderflügels haben einen gemeinsamen Ansatz (Bild 28a).

Gelechiidae — Palpenmotten, S. 298
Oecophoridae — Faulholzmotten, S. 300 f.

(Verwandte Familien kleinster und kleiner Falter. Spannweite von 6 bis 30 mm, mit unterschiedlicher Äderung der Hinterflügel, eine Reihe von Arten unauffällig, viele Arten bunt gefärbt, vor allem bei den *Oecophoridae*. Der Rüssel ist entwickelt, Fühler sind fadenförmig. Meistens nachtaktiv. Raupen leben im Moder, unter der Borke, in Stengeln, in versponnenen Blättern, einige Arten minieren. Etwa 5000 Arten der Familie *Gelechiidae* und ungefähr 4000 Arten der Familie *Oecophoridae* bekannt).
— Kopf mit nicht anliegenden Haaren bedeckt (Bild 30c, d). Lippentaster kürzer als die Brust. Außenrand der Hinterflügel nicht ausgeschnitten. **20**

20 Beine anliegend geschuppt, Hinterfüße mit Dornen (Bild 29c). Lippentaster auf dem 2. Glied mit langen Büscheln von Schuppen und Haaren, so daß das 3. Glied auf der Rückseite des zweiten zu entspringen scheint (Bild 30e, f).

Plutellidae, S. 308 f.

(Kleine Familie kleinster Falter. Nachtaktiv. Spannweite bis zu 20 mm, meistens unauffällig gefärbt. Fühler fadenförmig, der Rüssel ist entwickelt. Die Raupen minieren oder leben in Gespinsten. Ungefähr 300 Arten bekannt).
— Füße ohne Dornen, Taster anders ausgebildet. **21**

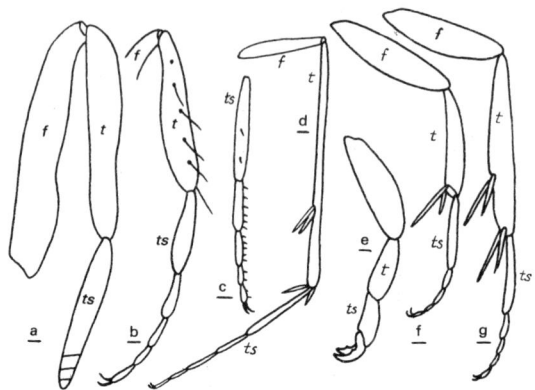

Bild 29. Verschiedene Beintypen bei den Schmetterlingen: *f* Schenkel (Femur); *t* Schiene (Tibia); *ts* Fuß (Tarsus).

21 Lippen- und Kiefertaster fehlen (Bild 31a), der Kopf ist abstehend behaart (Flügel grau, seidig glänzend mit undeutlicher Netzzeichnung, Weibchen flügellos, Raupen in Säcken). **32 (a)**
— Taster (wenigstens die Lippentaster) sind entwickelt, auch wenn klein. Fehlen sie, dann ist der Kopf anliegend beschuppt. **22**
22 Lippentaster sind mehr oder weniger anliegend beschuppt, die Hinterflügel sind im basalen Drittel am Vorderrand verbreitert (Bild 27j), die Hinterbeine sind anliegend beschuppt, der Kopf auf dem Scheitel (nur auf dem Scheitel) abstehend behaart. **23**

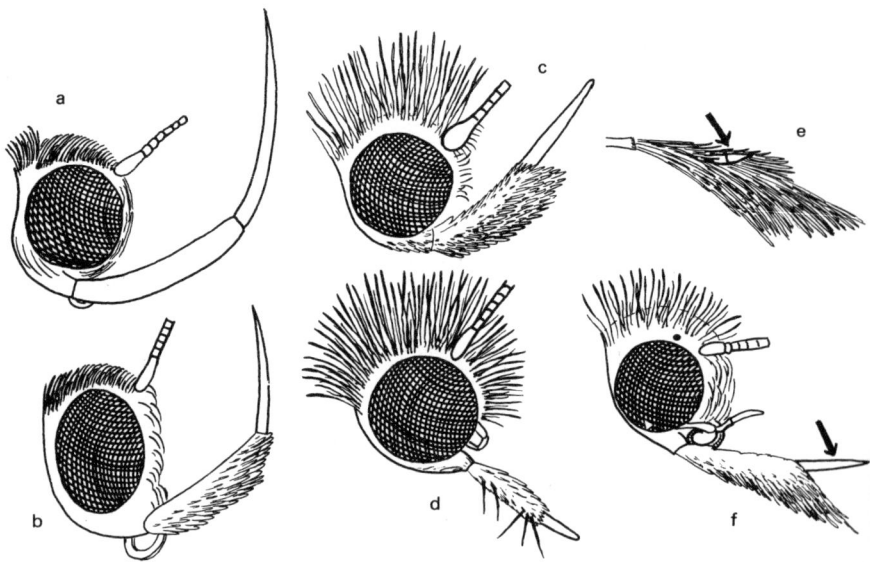

Bild 30. Zu den wichtigen Kennzeichen bei der Unterscheidung der Schmetterlingsfamilien gehören auch die Behaarung des Kopfs und die Länge, Gestalt und Stellung der Lippentaster (Palpi labiales). Die Fühler sind auf den Abbildungen verkürzt dargestellt.

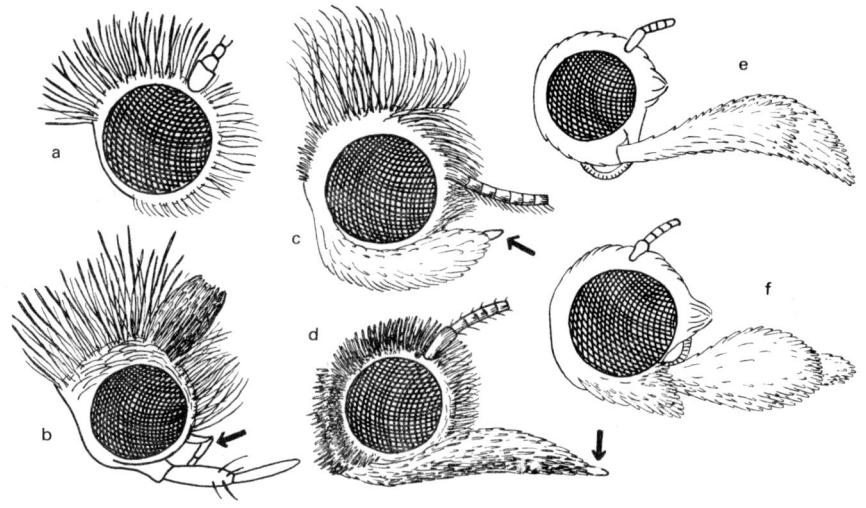

Bild 31. Schmetterlingsköpfe von der Seite gesehen (Fühler verkürzt dargestellt).

— Die Lippentaster sind nicht anliegend beschuppt oder behaart oder mit festen Wimpern versehen, oder sie fehlen ganz, die Hinterschienen sind nicht anliegend fein behaart. **24**

23 Fühler kürzer als die Vorderflügel, die einfachen Augen fehlen oder sind undeutlich.

Yponomeutidae — Gespinstmotten, S. 308

(Kleinste Falter, mit Spannweite bis zu 25 mm, mit schmalen Vorderflügeln, die auf hellerem Grund oft mit vielen schwarzen Punkten geschmückt sind, Fühler fadenförmig. Nachtaktiv, Raupen leben oft gesellig auf Sträuchern, die dicht mit Fasern umsponnen sind. Auf der Welt sind (in Abhängigkeit vom Begriff der Familie) ungefähr 1000 Arten bekannt, in Europa über 100.)

— Fühler ungefähr so lang wie die Vorderflügel, die einfachen Augen sind deutlich (Bild 30f).

Acrolepiidae — Mottenartige

(Kleine Familie mit nur einigen Dutzend Arten. Kleinste Falter, nachtaktiv, Raupen gewöhnlich minierend).

24 Einfache Augen fehlen oder sind undeutlich. **25**

— Einfache Augen sind deutlich (Bild 30f). **27**

25 Rüssel gut entwickelt, wenigstens an der Wurzel mit Schuppen bedeckt, Kiefertaster fehlen, Fühler so lang wie die Vorderflügel, manchmal um das Mehrfache länger (Bild 5a).

Adelidae — Langhornmotten, S. 336

(Kleinste Falter mit langen Fühlern, vor allem bei den Männchen, Flügel sind oft bunt, an anderer Stelle ausdrucksvoll metallisch glänzend, meistens tagaktiv, einige Arten nachtaktiv, Raupen minieren oder leben in Säcken. Ungefähr 250, in der Paläarktis 120, in Mitteleuropa um 30 Arten bekannt).

— Rüssel immer ohne Schuppen, meistens mehr oder weniger verkümmert, bei Arten mit langen Fühlern sind die Kiefertaster immer deutlich. **26**

26 Kiefertaster sind lang, winklig gebogen (Bild 31b), Flügel mit Schuppen und mikroskopisch kleinen Stacheln bedeckt, Fühler oft länger als die Vorderflügel.

Incurvariidae — Miniersackmotten S. 338

(Kleine Familie kleiner, unauffällig gefärbter Falter, manchmal mit hellen Tupfen auf den Flügeln, Fühler sind fadenförmig, manchmal gekämmt. Raupen minieren oft, wenigstens in den Jugendstadien, auf der Welt etwa 75 Arten bekannt.)

— Kiefertaster fehlen oder sind kurz, Flügelfläche ohne Stacheln, Fühler nicht länger als die Vorderflügel.

Tineidae — Echte Motten, S. 318

(Kleinste bis kleine Falter, meistens unauffällig gefärbt, Fühler fadenförmig oder gefiedert, meistens nachtaktiv, einige Arten auch tagaktiv, Raupen ernähren sich oft von Materialien tierischer Herkunft, auch von Samen und abgestorbenen Pflanzenresten, auf der Welt werden ungefähr 2000 Arten, in der Paläarktis 350, in Europa 60 Arten beschrieben).

27 Auf dem Vorderflügel haben die Adern R_4 und R_5 einen gemeinsamen Stiel (Bild 28a).   **32** (a)

  – Auf dem Vorderflügel haben die Adern R_4 und R_5 keinen gemeinsamen Stiel.   **26** (b)

28 (10) Die Ader Sc nähert sich auf dem Hinterflügel der Ader Rs und fließt meistens ein Stückchen mit ihr ineinander (Bild 23c).

Pyralidae – Zünsler S. 278 ff.

(Kleinste bis mittelgroße Falter, oft mit langen, nach vorn gerichteten Tastern und breiten, fächerförmigen Hinterflügeln, Fühler fadenförmig. Nachtaktiv, die meist einfach gefärbten Raupen mit den langen Haaren leben sehr verschiedenartig: in versponnenen Blättern, in Stengeln, in Samen und Mehlprodukten. Von dieser riesigen Familie sind auf der Welt 20 000 Arten bekannt, sie wird aber in mehrere kleinere Familien unterteilt, in Mitteleuropa ungefähr 300 Arten).

  – Die Ader Sc verläuft auf dem Hinterflügel frei und nähert sich auch nicht der Ader Rs (Bild 23d).   **29**

29 Schienen der Hinterbeine mit Mittel- und Endspornen(Bild 29g). Körper schmaler als 3 mm, Fühler niemals spindelförmig, wenn Fühler gekämmt, dann Lippentaster entwickelt.   **30**

  – Schienen der Hinterbeine nur mit Endspornen (Bild 29f). Wenn Mittelsporne entwickelt sind, dann treten spindelförmige Fühler auf, oder der Körper ist dick, pelzig und breiter als 3 mm, oder die Fühler sind gekämmt und breiter als 3 mm, oder die Fühler sind gekämmt und die Flügel ganz oder fast ganz zeichnungslos.   **31**

30 Lippentaster sind ei- oder dreieckförmig, nach vorn gerichtet, durch Schuppen stark verbreitet, das dritte Glied wird von den Schuppen des zweiten Glieds verdeckt (Bild 31c, d), Hinterflügel meist trapezförmig (Bild 27k, l).

Tortricidae – Wickler, S. 324 ff.

(Kleinste, höchstens kleine Falter mit geraden, fadenförmigen Fühlern und meistens entwickelten Mundwerkzeugen. Nachtaktiv, Falter überwintern oft, Raupen graugrünlich mit recht langen, einfachen Wimpern, leben oft in eingerollten Blättern, in Früchten, aber auch unter Baumrinde. Ungefähr 5000 Arten bekannt, überwiegend in der gemäßigten Zone, in der Paläarktis leben über 2000, in Mitteleuropa fast 500 Arten. Der Familie *Tortricidae* steht die Familie *Cochylidae* mit ungefähr 400 Arten sehr nahe).

  – Taster sind anders geformt, nicht verbreitert, oder aber das Endglied weist nach oben(Bild 30b).

Gelechiidae

und einige andere kleinere Familien kleiner Schmetterlinge:

Bradyptesidae, Orthotaelidae, Glyphipterigidae u. a, S. 312

31 Schmetterlinge mit roten, gelben oder weißen Tupfen und metallisch blauen und grünen Schuppen auf sonst schwarzen Flügeln, (Bild 26a, b), an anderer Stelle sind die Flügel ohne Zeichnung, ganz metallisch grün bis rötlich mit metallisch grünlichem Glanz. Fühler oft spindelförmig (Bild 5i).

Zygaenidae – Widderchen, S. 294 f.

(Kleine bis mittelgroße Falter mit gut entwickelten Mundwerkzeugen. Tagaktiv. Fühler lang, keulenförmig oder gekämmt. Raupen kurz und dick mit einziehbarem Kopf, locker borstig, Puppe in glattem, glänzendem, spindelförmigem Kokon. Ungefähr 1000 Arten, in Europa nur etwas über 50 bekannt).

  – Falter anders gefärbt, Fühler nicht spindelförmig.   **32**

32 Lippentaster sind nicht sichtbar, Flügelfärbung unauffällig, grau, braun, schwarz, ohne oder mit netzartiger Zeichnung, Falter kleiner, Flügelspannweite bis zu 25 mm.

Psychidae – Sackträger, S. 320

(Kleinste bis kleine Falter mit verkümmerten Mundwerkzeugen und ausgeprägtem Sexualdimorphismus. Männchen sind unauffällig gefärbt, haben gefiederte Fühler und fliegen vor allem am Vorabend und nachts, seltener tagsüber, Weibchen sind flügellos mit oft völlig reduzierten Gliedmaßen, sie verlassen den Sack nicht. Einige Arten vermehren sich parthenogenetisch – ohne Befruchtung der Weibchen – und in manchen Gebieten, vor allem im Norden des Verbreitungsareals und im Gebirge, kommen Männchen überhaupt nicht vor. Raupen leben in Säcken, die aus versponnenen Pflanzenteilen bestehen(Bild 17). Ungefähr 900 Arten bekannt, vor allem in den Tropen, in Mitteleuropa annähernd 100 Arten).

  – Lippentaster sind deutlich, Flügel zeigen deutlichere Zeichnung, Falter mit Spannweiten über 20 mm.

Cossidae – Holzbohrer, S. 334

(Primitive, einfach gefärbte Schmetterlinge mit verkümmerten Mundwerkzeugen und kurzen, bei den Männchen manchmal gekämmten Fühlern. Kleine bis riesige Arten, einige tropische Vertreter gehören zu den größten Schmetterlingen überhaupt. Nachtaktiv. Raupen mit kräftigen Beißwerkzeugen nagen im Holz oder in Stengeln, Knollen, Zwiebeln usw., einige Arten entwickeln sich mehrjährig. Ungefähr 600 Arten bekannt, überwiegend in den Tropen, in Europa nicht ganz 10 Arten).

33 (15) Fühler sind dick, spindelförmig oder kantig, oft mit einem Häkchen, (Bild 5j) der Körper ist robust, spindel- oder torpedoförmig (Bild 26c).

Sphingidae – Schwärmer, S. 212 ff.

(Große bis riesige Falterarten mit schmalen Vorder- und kleinen rundlichen Hinterflügeln. Mundapparat gut entwickelt, oft ist es ein sehr langer, spiralig eingerollter Rüssel. Schwärmer sind am Vorabend, nachts und manche Arten auch tagsüber aktiv, Raupen kahl, dicht quergerieft, oft mit Horn am Körperende. Ungefähr sind 1000 Arten bekannt, die überwiegend in den Tropen leben, in Europa kennen wir ungefähr 20 Arten).

– Fühler und Körper anders geformt. **34**

34 Die Ader M_2 auf dem Vorderflügel liegt mittig zwischen M_1 und M_3 oder näher zu M_1 (Bild 28b). **35**

– Die Ader M_2 auf dem Vorderflügel liegt näher zu M_3 als zu M_1 (Bild 28c, d). **41**

35 Große Falter (über 50 mm, oft 150–200 mm Flügelspannweite) mit breiten Flügeln, die mittig an Augen erinnernde Zeichnung tragen.

Saturniidae – Augenspinner, Pfauenspinner, S. 222 f.

(Große bis riesige Falter, tropische Arten gehören zu den größten Faltern der Erde. Fühler gekämmt, bei den Männchen betont, Mundwerkzeuge verkümmert, nachtaktiv, manche Arten tagaktiv, Raupen sind mächtig, farbig, mit Warzen und groben Borsten, Kopf verhältnismäßig klein, verpuppen sich in festen, groben Kokons. Ungefähr 1200 Arten bekannt, vor allem in den Tropen und im Orient, in Europa weniger als 10 Arten).

– Die Flecken auf den Flügeln sind nicht augenförmig, sondern eher ring- oder halbmondförmig, erinnern sie trotzdem an Augen, dann ist die Art klein, Flügelspannweite 30–40 mm. **36**

36 Ader Sc des Hinterflügels nähert sich an Rs an, oder sie haben einen gemeinsamen Stiel (Bild 23g). **37**

– Ader Sc des Hinterflügels nähert sich nicht an Rs an (Bild 23f). **39**

37 Vorderecke des Vorderflügels ist sichelartig verlängert, wenn nicht, dann besitzen wenigstens Sc und Rs auf dem Hinterflügel einen gemeinsamen Stiel (Bild 23g).

Drepanidae – Sichelflügler, S.236

(Kleine bis mittelgroße Falter mit breiten, gewöhnlich sichelförmig ausgeschnittenen Flügeln, der Rüssel ist kurz oder fehlt, die Fühler sind kurz, kurz gekämmt bis gesägt. Nachtaktiv. Raupen fast kahl, mit Auswüchsen auf dem Körper, grün oder lebhaft gefärbt, das letzte Glied ist zur Spitze gezogen. Ungefähr 400 Arten beschrieben, in Mitteleuropa leben nur 7 Arten, in Südamerika nicht vertreten).

– Vorderecke des Vorderflügels nicht sichelförmig, Sc und Rs des Hinterflügels verlaufen getrennt (Bild 23e). **38**

38 Der Vorderflügel hat ein Zusatzfeld (Bild 28e), Frenulumborste gut entwickelt (Bild 1b), in der Zeichnung fehlt die auffällige Gelbfärbung. Vorderbeine sind ohne mächtige Kralle.

Thyatiridae – Eulenspinner, S. 238

(Mittelgroße Falter mit pelzigem Körper, an Eulen erinnernd, der Rüssel ist gut entwickelt, die Taster sind ziemlich lang, grob schuppig. Nachtaktiv. Raupe mit großem Kopf lebt zwischen versponnenen Blättern. Kleine Familie mit annähernd 150 Arten, davon leben ungefähr 10 % in Europa).

– Vorderflügel ohne Zusatzfeld (Bild 28f), Frenulum fehlt. Flügel überwiegend gelb oder mit gelber Zeichnung, an den Vorderbeinen eine mächtige Kralle (Bild 29e), die zur Fortbewegung im Gras dient.

Lemoniidae – Herbstspinner, S. 234

(Kleine Familie mit einer Gattung und einigen Arten der paläarktischen Unterregion, in Mitteleuropa zwei Arten, eine nacht- die andere tagesaktiv. Mittelgroße pelzige Falter mit verkümmertem Rüssel und gekämmten Fühlern, Raupen behaart, die Haare sind zu Querbändern verdichtet).

39 Körper schlank, der Rüssel meist gut entwickelt. Ist der Körper dicker und pelzig und der Rüssel verkümmert, dann befinden sich die Adern Rs und M_1 der Hinterflügel nicht auf einem Stiel, oder dieser ist nur sehr kurz ausgebildet (Bild 23h), oder sind die Vorderflügel auf der Außenseite zahnartig ausgeschnitten. Auf dem Kopf befindet sich ein Organ, das Chaetosoma genannt wird (Bild 32).

Geometridae – Spanner, S. 240 ff.

(Kleine bis mittelgroße Falter mit breiten Flügeln, beim Weibchen manchmal verkümmert, Fühler fadenförmig, beim Männchen oft gekämmt. Meistens nachtaktiv, Raupen sind schlank, oft bunt und oft mit warziger Haut und verschiedenen Körperauswüchsen. Die Familie wurde in mehrere kleine unterteilt. Im ganzen ungefähr 4000 Arten bekannt, davon ungefähr 800 in Europa, vor allem in der Waldzone).

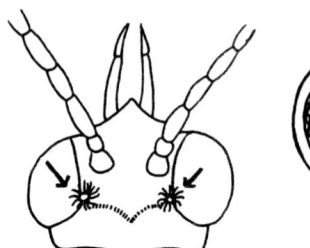

Bild 32. Das bewimperte Organ, das sogenannte Chaetosema, ist für die Familie der Spanner *(Geometridae)* typisch.

– Körper verhältnismäßig gedrungen und pelzig, Rüssel verkümmert (Bild 6c) oder fehlt. Auf dem Hinterflügel befinden sich die Adern Rs und M_1 auf einem ziemlich langen Stiel. Chaetosema fehlt.   **40**
40 Schienen der Hinterbeine mit 2 Spornpaaren (Bild 29g). Wenn mit einem Spornpaar, dann die Flügelspannweite über 40 mm. Weibchen ohne gewellte, ablösbare Haare am Hinterleib.
                                                   Notodontidae – Zahnspinner, S. 202 f.
(Mittelgroße, im ganzen unauffällig gefärbte Falter mit nächtlicher Aktivität, Fühler kurz, gekämmt oder gewimpert, Mundorgane verkümmert, Raupen glatt oder bizarr mit Buckeln oder behaart, in Längsrichtung farbig gebändert, ihre Hinterbeine sind manchmal zu Hörnern mit ausstülpbaren Geißeln umgewandelt. Ungefähr 2000 Arten, vor allem in Südamerika, in Mitteleuropa ungefähr 40 Arten).
– Hinterbeinschienen mit einem Spornpaar (Bild 29f), kleinere Arten, Spannweite bis zu 40 mm, das Weibchen trägt am Hinterleib ein reiches Pinselchen gewellter, ablösbarer Haare.
                                    Thaumetopoeidae – Prozessionsspinner, S. 234
(An Arten arme Familie mittelgroßer Falter, unauffällig graugefärbt, Körper dicht behaart, Mundwerkzeuge verkümmert, Fühler gekämmt. Die haarigen Raupen leben gesellig. Ungefähr 80 Arten bekannt, davon nur einige in Europa, in Amerika gar nicht vertreten).
41 Auf dem Hinterflügel fehlt die Ader Sc (Bild 33b), Hinterflügel viel kleiner als Vorderflügel, Vorderflügel mit weißen Flecken.
                        Ctenuchidae (Syntomidae) – Widderbären, S. 148
(Kleine bis mittelgroße Falter mit kleinem Kopf und gedrungenem Körper, Fühler lang, fadenförmig, Mundwerkzeuge als spiralig eingerollte Rüssel ausgebildet. Tagaktiv, Raupen dicht behaart. 2300 Arten

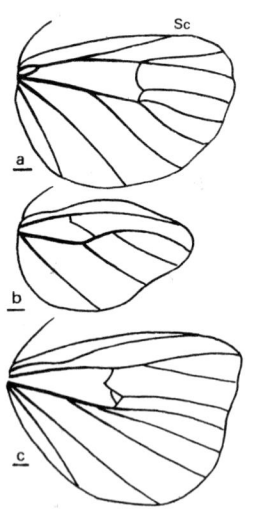
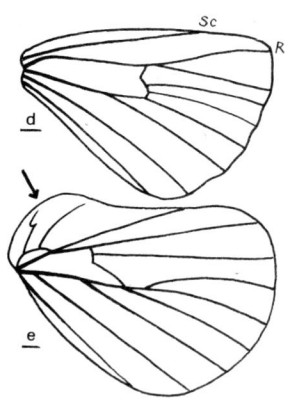
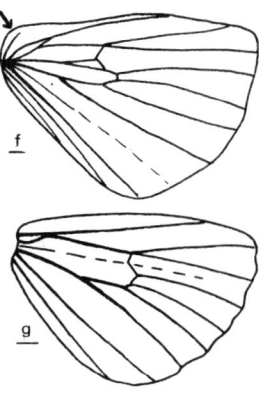

Bild 33. Äderung und Form der Hinterflügel sind für viele Familien charakteristisch.

bekannt, vor allem in Südamerika, Südafrika und im Orient, in Europa lebt kein ganzes Dutzend).

  — Ader Sc auf dem Hinterflügel ist entwickelt, die Hinterflügel sind nicht auffallend kleiner als die Vorderflügel, normal geformt (Bild 33a).   **42**

42 Ader Sc auf dem Hinterflügel geht schon von der Wurzel her oder nach kurzem, freien Verlauf in den Spindelstamm Rs über(Bild 33a).   **43**

  — Ader Sc auf dem Hinterflügel verläuft erst frei und geht erst weiter von der Wurzel entfernt in den Spindelstamm über, oder nähert sich diesem nur, oder verläuft von der Wurzel aus in der ganzen Länge frei (Bild 33c, d).   **45**

43 Auf den Vorderflügeln Gruppen nicht anliegender Schuppen, Lippentaster lang, von oben gesehen ragen sie um eine Kopflänge über den Kopf hinaus, Arten bis zu 30 mm Spannweite.   **44**

  — Die Schuppen auf den Vorderflügeln liegen überall an, die Lippentaster ragen nicht über den Kopf um dessen Länge hinaus, Arten mit Spannweiten von meistens über 30 mm.   **Arctiidae** — Bärenspinner, S.138 ff.

(Gedrungene, mittelgroße bis große Falter, mit breiten, meist sehr bunten Flügeln, Fühler fadenförmig oder bei den Männchen gekämmt, Mundwerkzeuge meistens reduziert, bei einigen Gruppen jedoch Rüssel entwickelt. Überwiegend nachtaktiv, einige Arten tagaktiv. Raupen behaart, braun oder bunt, gewöhnlich sehr lebhaft. Ungefähr 8000 Arten bekannt, Schwerpunktvorkommen in Südamerika, in Europa etwa 40 Arten).

44 Das zweite Glied der Lippentaster ist keilförmig, verbreitert sich zum Ende hin (Bild 31e).   **48 (b)**

  — Das zweite Glied der Lippentaster ist eiförmig, verbreitert sich zum Ende hin nicht (Bild 31f).   **43 (b)**

45 Ader Sc auf dem Hinterflügel läuft erst frei und verbindet sich dann auf ein langes Stück mit dem Spindelstamm, (Bild 39a) Spätherbstfalter.   **39 (a)**

  — Ader Sc auf dem Hinterflügel verläuft anders oder verbindet sich mit dem Spindelstamm nur kurz.   **46**

46 Am Frenulum der Hinterflügel sind eine oder mehrere Borsten angebracht (Bild 1b, c; 33a—c).   **47**

  — Die Borsten am Frenulum der Hinterflügel fehlen, und der Flügel springt an der Stelle des Frenulum lappenartig vor (Bild 33e—f).   **49**

47 Der Rüssel ist verkümmert, die Ader Sc des Hinterflügels verläuft lange frei, nähert sich dann allmählich dem Spindelstamm oder ist mit diesem durch eine kurze Querader verbunden (Bild 33c, 23e).   **Lymantriidae** — Trägspinner, S.150 f.

(Mittelgroße Falter mit ausgeprägtem Sexualdimorphismus, Männchen kleiner, schlank, mit gekämmten Fühlern, fliegen oft heftig und zickzackförmig, Weibchen robuster, oft mit dickem Hinterleib, fliegen schwerfällig oder haben verkümmerte Flügel. Nachtaktiv, Männchen mancher Arten auch tagaktiv. Raupen behaart, sehr bunt, mit Rückendrüsen oder dichten Pinselhaaren, leben oft gesellig. Ungefähr 1800 Arten bekannt, die meisten in Südafrika und im Orient, in Mitteleuropa 17 Arten).

  — Rüssel meistens gut entwickelt, die Ader Sc nähert sich bald, aber nur kurz, in der Richtung zum Spindelstamm, kehrt dann wieder zurück (Bild 33g).   **48**

48 Hinterleib rot mit schwarzer Zeichnung, ähnlich auch die Hinterflügel.   **43 (b)**

  — Anders gefärbte Falter.

                                                Noctuidae — Eulen, S. 154 ff.

(Kleine bis große Falter, meistens unscheinbar gefärbt, nur einige Gruppen auffälliger gefärbt, Fühler fadenförmig, seltener bei Männchen gekämmt. Mundwerkzeuge meistens gut entwickelt. Taster bei manchen Gruppen sehr lang. Die Falter fliegen meistens nachts, Tagesaktivität ist selten oder Notlösung. Raupen meistens kahl mit einfachen Wimpern, seltener dichter behaart, Anzahl der Bauchbeine zwischen 3—5 Paar. Größte Familie mit annähernd 20 000 beschriebenen Arten, die über die ganze Welt verbreitet sind, oft in extremsten Bedingungen. In Europa sind über 1100 Arten bekannt. Die Familie wird in mehrere Unterfamilien unterteilt, von denen einige auch als selbständige Familien angesehen werden, wie z. B. **Agrotidae, Plusiidae** und **Acronyctidae**).

49 In der Ecke des Vorderflügels sind drei helle, dreieckförmige Flecken in einer leicht gebogenen Reihe angebracht, die Adern R_2 bis R_5 entspringen alle an einem gemeinsamen Stiel(Bild 28g).   **Endromididae** — Frühlingsspinner, S. 234

(Eine sogenannte monotypische Familie mit einer Gattung und der einzigen Art *Endromis versicolora* L. Fühler gekämmt, Mundwerkzeuge verkümmert. Nachtaktiv, die Männchen fliegen auch bei Sonnenschein vormittags aus. Die Raupe ist grün mit schrägen, weißen Streifen und schwarzen Punkten auf dem Körper).

  — Zeichnung anders ausgebildet. Adern R_2 bis R_5 nicht alle an einem Stiel (Bild 28h).   **Lasiocampidae** — Glucken, S.226 ff.

(Mittelgroße bis große, gedrungene und haarige Falter mit breiten Flügeln, bräunlich oder grau gefärbt, mit einfacher Zeichnung, Fühler kurz, bei den Männchen lang gekämmt, bei den Weibchen kürzer gekämmt. Mundwerkzeuge verkümmert. Nachtaktiv, Männchen mancher Arten fliegen schon vor Einbruch der Dunkelheit. Raupen dicht behaart, entwickeln sich sehr langsam. Ungefähr 1300 Arten bekannt, fehlen auf Neuseeland und in Ozeanien, die meisten in Südamerika und den Tropen der anderen Erdteile, in Europa nur wenig mehr als 20 Arten).

50 (10) — Flügelloser Falter, lebt im Wasser. Flügelloses Weibchen der Gattung
Acentropia aus der Familie **Pyralidae,** S. 292
— Schmetterling lebt nicht im Wasser. **51**
51 Falter (Weibchen) im Sack, den die Raupe hinterlassen hat (Bild 17), dann fast ohne Schuppen und ohne Beine; oder nahe neben dem Sack, dann mit Beinen (Bild 24d) und nur locker mit Schuppen versehen, der Hinterleib ist oft kugelförmig, von Eiern ausgefüllt.
Psychidae — Sackträger, S. 320
— Weibchen lebt nicht im Sack, Schuppenbedeckung und Behaarung des Körpers normal. **52**
52 Beine kurz und schwach (Bild 24b, c), Körper und Beine wellig behaart.
Weibchen der Familien **Arctiidae** und **Lymantriidae,** S. 138 ff., 150 f.
— Beine lang und stark (Bild 24a, e). Borsten und Schuppen oft anliegend. **53**
53 Lippentaster sind länger als der Kopf und von oben gut zu sehen (Bild 24a).
Weibchen der Familie **Oecophoridae,** S. 300 f
— Lippentaster kürzer als bei der vorangehenden Gruppe und von oben kaum sichtbar. **54**
54 Fühler kürzer als die Vorderflügel, einfache Augen sind entwickelt.
Weibchen der Gattung *Exapate* aus
der Familie **Tortricidae,** S. 326
— Fühler sind länger als die Vorderflügel (Bild 24e—g), (soweit die Weibchen nicht flügellos sind), einfache Augen fehlen.
Weibchen der Familie **Geometridae,** S. 240 ff.

Bestimmungsteil

Erklärung der Symbole

♂ = Männchen

♀ = Weibchen

a = Das Symbol **a**, das hinter der Nummer
des Schmetterlings eingefügt ist, bedeutet, daß die Unterseite des Schmetterlings abgebildet ist.

b = Raupe

c = Puppe, Kokon, usw.

Familie Papilionidae — Ritter oder Edelfalter

1 Papilio machaon L. — Schwalbenschwanz. 50—75 mm. Einer der schönsten europäischen Falter. Lebt außer in Europa noch in Nordafrika, in der gemäßigten Zone Asiens bis nach Japan und in Nordamerika. In England ist er selten, auf Irland fehlt er. In Schweden wurde die Nominatrasse (ssp. *Papilio machaon machaon*) beschrieben. Der Schwalbenschwanz bildet innerhalb seines ausgedehnten Verbreitungsgebietes eine ganze Reihe geographischer Formen, zum Beispiel in Mitteleuropa die ssp. *gorganus* Frhs. in England die ssp. *britannicus* Seitz und in Nordamerika die ssp. *aliaska* Scudd. Er tritt im Norden mit einer Generation, in Südeuropa und Afrika mit 2—3 Generationen auf. In Mitteleuropa bildet er zwei Generationen aus: Die erste von April bis Juni, die zweite von Juli bis August. Der Falter fliegt an grasigen, steppenartigen Stellen und steigt in den Bergen bis zu 2000 m. Die Raupen leben auf Doldengewächsen, vor allem auf Mohrrüben, Kümmel und Fenchel. Wenn sie gereizt werden, schieben sie hinter dem Kopf zwei kleine, rote, hornförmige Drüsen (1 b) hervor. Es gibt zwei verschiedene Puppen. Sie sind bei der Sommergeneration grün und bei der überwinternden Generation graubraun.

2 Iphiclides podalirius L. — Segelfalter. 50—70 mm. Wärmeliebender als die vorangegangene Art und auch nicht so weit verbreitet. Die nördliche Grenze seines Gebiets läuft durch Polen und Deutschland. In Schweden oder England wurden nur selten einzelne, verirrte Exemplare gefangen. Im Osten über Kleinasien und Transkaukasien bis nach Westchina verbreitet. In Mittel- und Südeuropa bewohnt der Segelfalter Baumsteppengelände und taucht im allgemeinen dort auf, wo Schlehen vorkommen, die am häufigsten als Nährpflanze für die Raupen dienen. Der Segelfalter bildet in Mitteleuropa zwei Generationen, in Süden drei. Er fliegt im Frühling von April bis Juni, im Sommer dann im August und September aus. Seine Raupen (2 b) leben einzeln auf Schlehen, Weißdorn, Mehlbeeren und verschiedenen Obstbäumen, zum Beispiel auf Apfelbäumen. Die Puppe wird vom Kremaster gestützt und ist mit einem Faden umgürtet. Die Sommerpuppen sind ähnlich wie beim Schwalbenschwanz grün und die überwinternden braun. Der Segelfalter ist ebenso wie die vorangegangene Art in einigen Staaten geschützt. Beide Arten reagieren offensichtlich empfindlich auf Veränderungen in der Natur, die vom Menschen hervorgerufen werden. Sie verschwinden in letzter Zeit immer mehr, vor allem in den niedrigen Lagen mit intensiver Landwirtschaft. Das Verbot, diese Schmetterlinge zu fangen, scheint zu ihrem Schutz wenig beizutragen. Ihr Verschwinden hängt eher mit der Vernichtung der geeigneten Biotope zusammen.

3 Parnalius polyxena Schiff. *(= Zerynthia p.)* — Osterluzeifalter. 45—55 mm. Wärmeliebender Schmetterling. Die nördliche Grenze seines Verbreitungsgebiets führt durch die südlichen Teile Mitteleuropas. Der Schwerpunkt seines Vorkommens liegt im östlichen Mittelmeerraum und erstreckt sich weiter nach Kleinasien. In Spanien fehlt die Art ganz. Sie lebt in den Niederungen, in Ufer- und Aubiotopen. Hier fliegt im April und Mai eine einzige Generation aus. Die Raupen (3b) leben im Mai und Juni auf Osterluzei und kommen oft in größeren Mengen gemeinsam vor. Die Puppen sind lang und schlank. Wir finden sie aufrecht stehend, auf den Kremaster (3c) gestützt, an den Stengeln der Pflanzen. Der Osterluzeifalter leidet unter der Uferamelioration, der Behandlung des Biotops mit Insektiziden gegen Mücken und Insektiziden, die von benachbarten Feldern herangeweht werden. Früher trat er stellenweise häufig auf, heute ist er selten geworden. In einigen Staaten wird er geschützt.

2b

2c

1b

2

3

3b

3c

1

Familie Papilionidae — Ritter oder Edelfalter

1 Parnassius apollo L. — Apollo. 65—75 mm. Das Verbreitungsgebiet dieser Art beginnt in Westeuropa, erfaßt alle europäischen Gebirge, die Karpaten, den Kaukasus und endet in Asien östlich des Baikals. In Ostasien treten andere Arten der gleichen Gattung auf. Der Apollo bewohnt Gebirgstäler und Bergwiesen. Er bevorzugt felsige Biotope mit kalkiger Unterlage. An geeigneten Stellen kann man ihn auch in Höhen von nur 200 m auftreffen, andererseits lebt er hoch in den Bergen, zum Beispiel in den Alpen bis zu 2200 m. Das inselartige Auftreten des Falters bedingte die Entstehung vieler lokaler Rassen, vor allem in Europa, wo mehrere Dutzend beschrieben wurden. Der Apollo wird als ein Relikt aus dem Tertiär angesehen, das die europäische Eiszeit überlebt hat. Er bildet jährlich eine Generation und fliegt von Juni bis September aus (entsprechend der Meereshöhe und der Lage des Standorts zur Sonne). Die Eier überwintern. Manchmal schlüpfen die Raupen (1b) schon im Herbst, wachsen aber erst im Frühjahr heran. Sie fressen an verschiedenen Arten der Fetthenne und Hauswurz. (Abb. 1c — Puppe). Dieser Falter gehört zu den wirklichen Kleinodien der Schmetterlingswelt und erfreut sich bei den Sammlern einer fast nicht wünschenswerten Beliebtheit. Hieran ist auch seine Verhaltensweise schuld. Er fliegt bei sonnigem Wetter langsam umher und sitzt so ruhig auf Kratzdisteln und Disteln, daß man ihn mit der Hand fangen kann. Zugleich reagiert diese Art aber sehr empfindlich auf Veränderungen der Umwelt. Sie ist an vielen Stellen schon verschwunden und wird auch dort, wo sie bis jetzt noch lebt, immer seltener. Der Apollo ist in vielen Ländern Europas streng geschützt.

2 Parnassius phoebus F. — Alpenapollo. 50—60 mm. In Färbung und Lebensweise ähnelt dieser Falter stark der vorangegangenen Art. Er kommt in Europa nur in den höheren Lagen der Alpen (1500—2500 m) vor und bewohnt sonst den Ural, Sibirien und das Felsengebirge Amerikas. In dem Gebiet, in dem er auftritt, bildet er eine Reihe geographischer Rassen. Die Raupe lebt vom Herbst oder Frühjahr bis zum Sommer auf Steinbrech und Hauswurz.

3 Parnassius mnemosyne L. — Schwarzer Apollo. 45—60 mm. In Europa überall nördlich der Pyrenäen verbreitet. Eine Ausnahme bildet vielleicht der nördlichste Teil Norwegens. Man trifft ihn auch in England an. Im Osten endet sein Verbreitungsgebiet in Mittelasien. Er bewohnt feuchte, grasige Stellen in untergliedertem Gelände und die Ränder von Laubwäldern mit dichtem Unterholz. Wir finden ihn vor allem in den Niederungen, aber auch in den Bergen bis zu Höhen um 1500 m. Der Schwarze Apollo bildet jährlich eine Generation aus. In den Niederungen fliegt er im zeitigen Frühjahr, manchmal schon im April. In den Bergen können wir ihn noch im Juli sehen. Das Weibchen legt die Eier frei oder auf verschiedenen Gegenständen dort ab, wo die Nährpflanze der Raupe, der Lerchensporn, wächst, der dann, wenn der Falter ausfliegt, schon vertrocknet ist. Die Raupen schlüpfen bald im Frühling des kommenden Jahres. Sie wachsen schnell heran, und nach einem kurzen Puppenstadium schlüpft der Falter aus. Obwohl die Nährpflanze des Schwarzen Apollos in Europa sehr verbreitet ist, wird der Falter immer seltener und ist an vielen Standorten schon ganz verschwunden. Er ist deshalb in einigen Ländern gesetzlich geschützt. Zweckdienlicher wäre es wohl, wenn man die Gegenden, in denen der Falter auftritt, vor der allgemeinen Umweltverschmutzung bewahren würde.

1c

1♂

1♀

1b

3♂

2♂

Familie Pieridae — Weißlinge

1 Aporia crataegi L. — Baumweißling. 50—65 mm. In der ganzen paläarktischen Zone mit Ausnahme von Nordskandinavien und Großbritannien verbreitet. Fällt durch sein massenhaftes Vorkommen und seine Wanderungen auf, bei denen er plötzlich auch in für ihn nicht typischem Gelände auftaucht. In diesem Jahrhundert sind die Bestände des Baumweißlings stark zurückgegangen, und den bekannten Kahlfraß der Raupen an Obstbäumen findet man nur in wärmeren Gebieten. Der Baumweißling bildet eine Generation, die von Mai bis Juli ausfliegt. Die Raupen (1b) entwickeln sich noch im Sommer, überwintern dann gesellig in Gespinstnestern und schließen im Frühjahr ihre Entwicklung ab. In dieser Zeit richten sie auch die größten Schäden an. Sie leben auf Weißdorn, Schlehen und Obstbäumen. (Abb. 1c — Puppe).

2 Pieris brassicae L. — Großer Kohlweißling. 50—65 mm. In ganz Europa mit Ausnahme der nördlichsten Gebiete und in Nordafrika verbreitet. Im Osten endet sein Verbreitungsgebiet im Himalaja. Der Große Kohlweißling gehört zu den am häufigsten vorkommenden Tagfaltern und den bekanntesten Gemüseschädlingen. Er bildet von April bis August zwei Generationen. Die gelben Eier werden haufenweise an den Blattunterseiten abgelegt, und auch die Raupen entwickeln sich lange Zeit gemeinschaftlich (2b). Sie ernähren sich von verschiedenen Kreuzblütlern, vor allem von auf Feldern angebautem Weißkraut, Wirsing, Kohlrabi u. ä. Die Puppen der zweiten Generation überwintern. Der Falter zeichnet sich durch Sexualdimorphismus aus. Das Weibchen trägt auf den Flügeln mehr schwarze Flecken als das Männchen.

3 Pieris rapae L. — Kleiner Kohlweißling, Rübenweißling. 40—50 mm. Wohl der am häufigsten auftretende Tagfalter überhaupt. Ursprünglich war er in der paläarktischen Zone verbreitet, wurde aber mit Gemüse allmählich fast über die ganze Welt verschleppt und verursacht nun oft Schäden an landwirtschaftlichen und Gartenkulturen. Der Kleine Kohlweißling hat sich dem Leben in der Kulturlandschaft gut angepaßt. Entsprechend der klimatischen Verhältnisse bildet der Falter 1—3 Generationen aus. Wir treffen ihn sowohl in warmen Niederungen als auch hoch in den Bergen an. In Mitteleuropa entwickeln sich gewöhnlich zwei Generationen, die sich in Größe und Zeichnung ziemlich stark unterscheiden und so ein Beispiel für saisonbedingten Polymorphismus abgeben. Die Raupen (3b) leben auf Kreuzblütlern, aber auch auf Reseda, Kapuzinerkresse u. ä. Die Puppe überwintert.

4 Pieris napi L. — Rapsweißling. 35—45 mm. Diese sehr veränderliche Art ist über die ganze paläarktische Zone und in Nordamerika verbreitet. In diesem Gebiet wurde eine große Anzahl geographischer Rassen beschrieben, auffällig ist aber auch der saisonbedingte Polymorphismus (4 a — Flügelunterseite der 1. Generation, 4 ♀ gehört zur 2. Generation). Vor allem die Frühjahrsgeneration ist ausdrucksvoll gefärbt. Der Falter bewohnt Wiesen, feuchte Täler und Laubwaldränder. In einem Jahr entwickeln sich 1—3 Generationen, die ineinander übergehen, so daß der Schmetterling praktisch vom Frühjahr bis zum Herbst ausfliegt. Die Raupe lebt auf wildwachsenden Kreuzblütlern. Die Puppe überwintert.

5 Pieris bryoniae Hb. — Bergweißling. 35—48 mm. Tritt insellartig in den Gebirgen (bis zu 2000 m NN) Europas, Asiens und Alaskas auf. Im Norden ist sein Verbreitungsgebiet zusammenhängender. Der Falter ist ein Eiszeitrelikt und zeichnet sich dadurch aus, daß er an den isolierten Standorten geographische Rassen bildet, die in großer Zahl beschrieben wurden. Interessant ist der Geschlechtsdimorphismus. Das Männchen ist weiß, ähnlich wie bei P. napi L., das Weibchen sehr dunkel oder wenigstens mit stark dunkel bestäubter Flügeläderung; manchmal auch in ganzen gelbe Töne. Der Falter fliegt in 2—3 Generationen von Mai bis August aus. Die Raupe lebt auf Gänsekresse, Brillenschötchen und Hellerkraut. Die Puppe überwintert.

1   **1b**   **1c**   **2b**

5♀   **2♀**   **2♂**

3a   **3♂**   **3♀**

4♂   **4♀**

4a   **3b**

Familie Pieridae — Weißlinge

1 Pontia daplidice L. — Resedafalter. 35–45 mm. Diese Art ist in der ganzen gemäßigten paläarktischen Zone von Nordafrika bis Japan verbreitet. Sie lebt bis zu 60° n. Br., verfliegt sich aber noch viel weiter nach Norden. Der Falter gehört vor allem in Mittel- und Westeuropa zu den regelmäßigen Wanderern. In Nordeuropa und England ist er nicht heimisch, wurde hier aber oft gefangen. Auch aus Island werden Funde angegeben. In Mitteleuropa bildet er 2 Generationen: von April bis Mai und von Juli bis August. Im Süden entwickeln sich mehrere, ineinander übergehende Generationen, und der Falter fliegt ohne Unterbrechung von Februar bis Oktober. Auffallend ist der Saisonpolymorphismus dieser Art. Die Frühlingsgeneration wurde als f. *bellidice* beschrieben. Auch zwischen Männchen und Weibchen bestehen Unterschiede in der Färbung, denn das Weibchen weist mehr schwarze Zeichnung auf. Die Raupe lebt von Mai bis Juni und dann wieder im Herbst auf Kreuzblütlern und Reseda. Die Puppe überwintert.

2 Anthocharis cardamines L. — Aurorafalter. 35–45 mm. Wurde in Schweden von Linné beschrieben, bewohnt aber das riesige Gebiet der Paläarktis von Westeuropa bis nach China und Japan. In Niederungen tritt er häufiger auf, steigt aber in den Gebirgstälern auch hoch, bis zu 2000 m NN, hinauf. Einer der ersten Frühlingsfalter, der bis zum Juni auf Wiesen, an blühenden Rändern lichter Laubwälder und im Gehölz an Wasserläufen umherfliegt. In den Bergen kann er noch im Juli auftauchen. Mit auffallendem Sexualdimorphismus. Die Männchen sind außen auf der Hälfte der Vorderflügel orange gefärbt, die Weibchen sind nur schwarzweiß. Selten wurden auch gynandromorphe Exemplare gefangen, bei denen die eine Hälfte der Flügel so gefärbt ist, wie bei den Männchen, die andere Hälfte denen der Weibchen gleicht. Jährlich nur eine Generation. Die Raupe (2b) lebt von Mai bis August auf Kreuzblütlern, vor allem auf Schaumkraut, Turmkraut und Rauke. Die Puppe überwintert (2c). In den letzten Jahren verschwindet der Aurorafalter zunehmend. Die Hauptgründe hierfür liegen wahrscheinlich in der Trockenlegung der feuchten Standorte, im Umpflügen oder Düngen von Wiesenland und der Anwendung von Insektiziden.

3 Leptidea sinapis L. — Senfweißling, Tintenfleck. 30–40 mm. Gehört zu den kleinsten Weißlingen und genauso wie die vorangehende Art zu den Faltern, die immer mehr verschwinden. Mit Ausnahme von Schottland und den nördlichsten Gebieten Europas in ganz Europa bis zum Kaukasus und in Kleinasien bis nach Syrien verbreitet. In Europa 2 Generationen. Sie fliegen von Mai bis Juni (3c) und von Juli bis August (3d) aus und unterscheiden sich in der Färbung. Auch Männchen und Weibchen weisen Unterschiede auf. Das Weibchen ist fast ganz rein weiß, das Männchen trägt in den Ecken der Vorderflügel einen grauen bis schwarzen Fleck. Die Raupe (3b) kann man von Mai bis September auf trockenen Wiesen vor allem auf Wiesenplatterbse finden. Die Puppe überwintert. Sie ist spitz gestreckt; mit einer Faser umgürtet und stützt sich auf den Kremaster. An einigen Stellen östlich von Mitteleuropa und weiter nach Osten, bis nach Japan tritt der sehr ähnliche Weißling *Leptidea morsei* FENTON auf. Er wurde erst Ende des vergangenen Jahrhunderts entdeckt und ursprünglich als eine Abart von *L. sinapis* beschrieben. Genauere Untersuchungen haben aber gezeigt, daß es sich um eine selbständige Art handelt, die sich durch größere Ausmaße und andere Form der Flügel, späteres Auftreten und andere Anforderungen an den Biotop und die Nährpflanzen der Raupe unterscheidet.

3c ♂

3d ♂

3♀

3a

1♂

1♀

2♂

1a ♂

2♀

3b

2b

2a ♂

2c

Familie Pieridae — Weißlinge

1 Colias palaeno L. — Moorgelbling, Zitronengelber Heufalter. 40—50 mm. Im nördlichen Teil der Paläarktis verbreitet. In Nordamerika leben verwandte Arten. Der Falter ist ein typisches Überbleibsel aus der Eiszeit (Glazialrelikt). Er fliegt im Juni und Juli in den Bergen und über Torfland. Eine Generation. Die Raupe lebt von den Blättern der Rauschbeere und überwintert halb ausgewachsen. Ihre Entwicklung schließt im Frühjahr ab, und nach einem kurzen Puppenstadium schlüpft der Falter. Wie eine ganze Reihe von Schmetterlingen, die inselartig auftreten, neigt auch dieser Falter zur Herausbildung geographischer Rassen. Die nominate Unterart *palaeno* L. lebt in Schweden; in Mitteleuropa ist die ssp. *europome* Esp. bekannt, in den Alpen die kleinere und dunklere ssp. *europomene* O. Der Geschlechtsdimorphismus zeigt sich in der gelben Färbung des Männchens und der weißlichen Farbe des Weibchens. Stellenweise tauchen aber auch gelbe Weibchen auf, die als f. *illgneri* bezeichnet werden.

2 Colias chrysotheme Esp. 32—40 mm. Eine Art der asiatischen Steppen, deren Verbreitungsgebiet bis zum Altai reicht und in Europa auf der Höhe von Wien seine westliche Grenze besitzt. In Mitteleuropa taucht der Falter also nur recht selten auf. Manchmal wandert er wie zum Beispiel 1954 in größerer Zahl nach Mitteleuropa. Er bildet zwei Generationen aus, eine im Mai, die andere von August bis September. Die Raupe lebt auf Rauhhaariger Wicke.

3 Colias crocea Fourcr. — Postillon, Wandergelbling. 35—50 mm. Typischer Wanderfalter, der in Mitteleuropa in manchen Jahren sehr zahlreich auftritt und dann wieder längere Zeit sehr selten ist. Wahrscheinlich hat sich in der letzten Zeit auch die nördliche Verbreitungsgrenze nach Süden verschoben. Er bewohnt Nordafrika, das ganze warme Europa und Westasien bis nach Afghanistan. Er bildet 2—3 Generationen und fliegt vom April bis Mai und vom Juli bis zum Herbst aus. Die Raupe lebt auf Schmetterlingsblütlern, zum Beispiel auf Luzerne, und überwintert. Das Weibchen unterscheidet sich vom Männchen, es trägt im schwarzen Saum gelbe Flecken. Außerdem treten noch eine bestimmte Anzahl weißlicher Weibchen f. *helice* oder Übergangsformen auf.

4 Colias hyale L. — Gemeiner Heufalter, Goldene Acht. 40—45 mm. Im ganzen wärmeren Europa auf Steppen, Wiesen, blütenreichen Hängen und auch auf Feldern verbreitet; im Osten bis zum Altai. Als guter Flieger taucht er oft auch in Gegenden auf, die er sonst nicht bewohnt, wie zum Beispiel hoch im Gebirge. Er wurde sogar in der Umgebung von Leningrad, in Finnland und Schweden und in den Alpen in 2000 m Höhe angetroffen. Das Weibchen ist weißer als das Männchen. Der Falter fliegt in zwei Generationen von April bis Juni und vom Juli bis September aus. Die Raupen (4b) leben auf Luzerne (sie sind grün mit einem gelborangen Streifen in Höhe der Stigmen) und überwintern halbausgewachsen. Im Sommer verläuft ihre Entwicklung jedoch sehr rasch (Abb. 4c — Puppe).

5 Colias australis Vrty — Südlicher Heufalter. 35—45 mm. Wurde mit der vorangehenden Art verwechselt und erst im Jahre 1911 beschrieben. Es scheint jedoch, daß zu dieser Art Exemplare gehören, die C. Ribbe schon 1905 als *Colias alfacariensis* beschrieben hatte, was eigentlich der richtige Name des Schmetterlings sein sollte. Der Südliche Heufalter unterscheidet sich von der vorangegangenen Art unter anderem durch stärker abgerundete Vorderflügel und eine weniger intensive Bestäubung der Flügelwurzeln. Er fliegt in zwei Generationen vor allem auf ausgetrocknetem Steppenland. Die Raupe lebt auf Kronwicke und Hufeisenklee.

1♂

5

1♀

3♂

4♂

3♀

4♀

4c

2

4b

Familie Pieridae — Weißlinge

1 Gonepteryx rhamni L. — Zitronenfalter. 50—55 mm. Im ganzen gemäßigten Teil der paläarktischen Zone von Nord- und Westafrika bis nach Sibirien verbreitet. Gehört zu den weniger veränderlichen Arten, jedoch mit auffallendem Geschlechtsdimorphismus. Das zitronengelbe Männchen kennt jeder. Das grünlichweiße, fliegende Weibchen wird dagegen oft für einen Weißling gehalten. Auch der Lebenszyklus dieses Falters findet bei den Tagfaltern keine Parallele. Jährlich entwickelt sich nur eine einzige Generation. Die Raupen (1b) leben am Frühlingsende auf Kreuzdorn, vielleicht auch auf Spindelbaum und Liguster. Sie entwickeln sich recht schnell, und schon am Sommeranfang schlüpfen aus der Puppe die Falter. Diese verfallen jedoch bald in den Sommerschlaf (Dormanz) und fliegen erst im Herbst kurze Zeit umher. Danach überwintern sie (die zweite, die Winterdormanz) und gehören dann im Frühjahr gemeinsam mit einigen Ritterfaltern zu den ersten Schmetterlingen. Der Zitronenfalter tritt am häufigsten in den Niederungen und Vorgebirgslagen auf. Im Gebirge wurde er nur ausnahmsweise in Höhen bis zu 2000 m angetroffen.

Familie Danaidae — Wanderfalter

2 Danaus plexippus L. — Monarch. 85—95 mm. Gehört zwar nicht zu den europäischen Schmetterlingen, wurde aber mehrmals in Portugal, Spanien, Frankreich, England und Irland gefangen. Er stammt aus Nordamerika und ist in seiner Heimat durch die ausgedehnten Wanderungen in Nordsüdrichtung und umgekehrt bekannt. Als Wanderfalter besiedelte er auch andere Erdteile wie zum Beispiel Australien und Neuseeland. In Amerika lebt die Raupe auf *Asclepias curassavica*, in den neu besiedelten Gebieten hat sie sich auch an andere Nährpflanzen angepaßt, zum Beispiel an *Gossypium arboreum* oder *Euphorbia mauretanica*.

Familie Libytheidae

3 Libythea celtis Laich. — Zürgelbaumfalter. 30—40 mm. Diese wärmeliebende Art ist in Nordafrika, in ganz Südeuropa und Asien bis nach Japan verbreitet. Einige Male wurde der Falter in Mitteleuropa angetroffen. Dieser nicht besonders große Schmetterling fällt durch seine zipfeligen Flügel, die ausdrucksvolle Färbung und die langen Taster auf. Auch die Fühler unterscheiden sich von den übrigen Tagfaltern; sie verbreitern sich allmählich keulenförmig. Die Falter fliegen von Juni bis Mai des folgenden Jahres. Sie überdauern den Sommer und Winter im Ruhezustand, manchmal wandern sie im Sommer in kühlere Gebiete im Gebirge oder im Norden. Die Raupen leben auf *Celtis australis*.

Familie Nemeobiidae — Scheckenfalter

4 Hamearis lucina L. — Frühlingsscheckenfalter, Perlbinde. 25—28 mm. Von Spanien über Mittel- und Südeuropa bis nach Mittelrußland verbreitet. Bewohnt lichte Laubwälder und Wiesen in den Niederungen und mittleren Lagen, steigt im Gebirge nicht über 1300 m. In den wärmeren, südlicheren Gebieten ist der Falter etwas größer als im Norden. In den letzten Jahrzehnten sind seine Bestände in ganz Europa stark zurückgegangen. Die Gründe hierfür sind ungeklärt. Vielleicht reagiert der Schmetterling empfindlich auf Veränderungen der Landschaft. Fast überall bildet er eine Generation (von April bis Juni), nur in den wärmsten Gebieten taucht eine zweite Generation auf. Die Raupe lebt von August über den Winter bis zum nächsten Frühjahr auf Schlüsselblumen und Ampfer. Verschiedenen Beobachtungen zufolge kann auch die Puppe überwintern.

4a

2

4

3

1♀

1♂

1c

1b

Familie Nymphalidae — Flecken- oder Edelfalter

1 Apatura iris L. — Großer Schillerfalter. 55—65 mm. Gehört mit dem Kleinen Schillerfalter zu den Schmetterlingen, bei denen die Flügel der Männchen metallisch blauviolett reflektieren. Am liebsten hält er sich in feuchten Laubwäldern an Bächen, Flüssen und Seen auf und verweilt auf den Blättern von Bäumen, die über die Wasserfläche reichen. Anderswo locken ihn aufgeweichte Waldwege, auf denen er Wasser saugt, oder er läßt sich auf dem Kot von Rindern nieder. In der Laubwaldzone des gesamten gemäßigten Europas und Asiens bis nach Japan verbreitet. In den Bergen steigt er bis ungefähr 1300 m auf. Die Imago fliegt von Juni bis August aus. Die Raupe (1b) lebt von August an, überwintert und ernährt sich dann im Frühjahr von Salweiden, anderen Weidenarten und Zitterpappeln.

2 Apatura ilia Schiff. — Kleiner Schillerfalter. 50—60 mm. Stellt ähnliche Ansprüche an den Biotop wie die vorangegangene Art, ist jedoch wärmeliebender, und sein Verbreitungsgebiet, das von Spanien bis nach Japan reicht, liegt südlicher. Der Falter bildet von Mai bis Juli eine Generation. Im Süden taucht von Juli bis September oft noch eine zweite auf. Die Raupe überwintert halb ausgewachsen. Sie ernährt sich von verschiedenen Pappelarten, Salweiden und anderen Weidenarten. Zwischen den normalen Exemplaren (2) tauchen f. *clytie* (2c) mit einer ockeren Grundfärbung und verschiedene Übergangsformen auf.

3 Limenitis populi L. — Großer Eisvogel. 65—80 mm. Lebt in den feuchten Laubwäldern der Niederungen und Gebirgstäler und gehört zu den prächtigsten Schmetterlingen Europas. Sein Verbreitungsgebiet erstreckt sich über die gemäßigte Zone von Frankreich bis nach Japan und reicht recht weit nach Norden. Der Große Eisvogel entwickelt jährlich nur eine Generation, die im Juni und Juli ausfliegt. Die Raupen überwintern. Sie fressen an Zitterpappeln.

4 Limenitis reducta Stgr. — Blauschwarzer Eisvogel. 45—50 mm. Dieser wärmeliebende Schmetterling ist von Spanien über Südeuropa bis zum Iran verbreitet. In Mitteleuropa ist er selten. Er bildet offensichtlich jährlich 2 Generationen, die von Mai bis September ausfliegen. Die Raupen leben und überwintern auf verschiedenen Geißblattarten.

5 Limenitis camilla L. — Kleiner Eisvogel. 45—52 mm. Tritt gemeinsam mit den Schillerfaltern an Bächen auf. Sein Verbreitungsgebiet entspricht ungefähr dem des Großen Eisvogels. Er reicht jedoch nicht so weit nach Norden und auch nicht so hoch in die Berge. Der Kleine Eisvogel gehört zu den Arten, die in der letzten Zeit zurückgehen. Die einzige Generation fliegt von Mai bis Juli aus. Die Raupe überwintert in einem versponnenen Blatt des Geißblatts.

6 Neptis sappho Pall. — Schwarzbrauner Trauerfalter. 40—45 mm. Erreicht in Mitteleuropa die Westgrenze seiner Verbreitung. Er wurde im Wolgagebiet beschrieben und tritt östlich bis nach Japan auf. Seine Heimat sind Laubwälder der Niederungen und Waldsteppenhänge, wo er an sonnigen Tagen vom Mai bis Juli umherfliegt und sich gern auf den Ästen von Bäumen und Büschen niederläßt. Die Raupe überwintert fast ausgewachsen. Sie frißt an Frühlingsplatterbse.

7 Neptis rivularis Scop. — Schwarzer Trauerfalter. 42—50 mm. Ähnlich wie die vorangehende Art verbreitet, reicht jedoch westlich im Unterschied zu dieser bis nach Frankreich. Er ist im ganzen häufiger und tritt an Waldrändern und feuchten Stellen auf, wo seine Nährpflanze, der Spierstrauch, wächst. Die Flugzeit der einzigen Generation erstreckt sich von Mai bis August. Die Raupen überwintern.

Familie Nymphalidae — Flecken- oder Edelfalter

1 Nymphalis antiopa L. — Trauermantel. 55—75 mm. Diesen bekannten Schmetterling können wir in den Niederungen, im Gebirge, in Wäldern, an Gewässern und in Parks antreffen. Er bewohnt ganz Europa (mit Ausnahme einiger Mittelmeerinseln und Südspaniens), ganz Asien und Nordamerika. Im höchsten Norden lebt er nicht, fliegt aber regelmäßig dorthin. Die einzige Generation fliegt von Juni bis Juli aus. Der Falter überwintert und vermehrt sich im folgenden Frühjahr. Dann saugt er mit besonderer Vorliebe den Saft verletzter Birken und Eichen. Am Ende des Sommers sucht er abgefallenes und überreifes Obst auf. Die Raupen (1b) leben am Frühlingsende und Sommeranfang gruppenweise auf Birken, Weiden und Zitterpappeln. Sie fressen die Zweige völlig kahl. Der Trauermantel war in den vergangenen Jahrzehnten fast ganz verschwunden, taucht aber in der letzten Zeit wieder häufiger auf.

2 Nymphalis polychloros L. — Großer Fuchs. 50—55 mm. Das Verbreitungsgebiet dieses Falters liegt im Vergleich zu dem des Trauermantels westlicher und südlicher. Er kommt noch in Nordafrika vor und reicht östlich bis zum Himalaja; im nördlichsten Europa fehlt er. In seiner Lebensweise ähnelt er dem Trauermantel. Er sucht gern blühende Salweiden auf. Die Raupen entwickeln sich im Verlaufe des Frühjahrs. Sie fressen die Blätter von Weiden, Ulmen, Pappeln und Obstbäumen. Nach einem kurzen Puppenstadium schlüpfen im Juni und Juli die Falter, die dann überwintern.

3 Inachis io L. — Tagpfauenauge. 50—60 mm. Gehört zu den geläufigsten Schmetterlingen. Mit Ausnahme Nordafrikas über die ganze paläarktische Zone verbreitet; bildet dem Klima entsprechend 1—2 Generationen aus. Die Imago überwintert. Die Raupen (3b) leben gesellig auf Brennesseln oder Hopfen. Dieser Schmetterling gehört zu den wenigen Arten, die durch die Zivilisation nicht beeinträchtigt werden. Das hängt vielleicht mit der Zunahme stickstoffreicher Böden, auf denen Brennesseln besonders gut gedeihen, zusammen. Die erwachsenen Falter finden auf Kleefeldern und Blumenbeeten in den Städten ausreichend Nektar. Im Frühling gehört das Tagpfauenauge auf blühenden Salweiden gemeinsam mit den anderen Fleckenfaltern zu den auffallenden Erscheinungen der erwachenden Natur.

4 Vanessa atalanta L. — Admiral. 50—60 mm. Diese wärmeliebende Art überwintert nur in Ausnahmefällen nördlich der Alpen. Sie bewohnt Nordafrika und Südeuropa, im Osten reicht sie bis nach Mittelasien und wandert alljährlich über ganz Europa. Der Falter gelangt auch nach Nordamerika und in andere Erdteile. Die graugelben, stachligen Raupen leben einzeln in eingerollten Blättern von Brennesseln. Am Ende des Sommers konzentrieren sich die geschlüpften Falter auf überreifen Früchten, vor allem auf Birnen und Pflaumen in Obstgärten und verbleiben hier bis in den späten Herbst hinein. Sie zeigen auf den Flügelflächen eine auffallende Zeichnung. Die Flügelunterseiten dagegen tragen eine Färbung, die sich auf Baumstämmen, wo der Falter gern mit geschlossenen Flügeln sitzt, völlig verliert.

5 Vanessa cardui L. — Distelfalter. 45—60 mm. Gehört zu den bekannten Wanderarten und ist mit Ausnahme Südamerikas über die ganze Welt verbreitet. In Mitteleuropa ebenfalls häufig, obwohl er hier nicht überwintert. Er fliegt von April bis Juni hierher und entwickelt über den Sommer, bevor er wieder wegzieht, 1—2 Generationen. Die Raupen leben auf Disteln, Brennesseln, Hopfen u. a. In der landwirtschaftlichen Fachliteratur können wir Berichte über Schäden an Kulturpflanzen finden.

Familie Nymphalidae — Flecken- oder Edelfalter

1 Aglais urticae L. — Kleiner Fuchs. 40—50 mm. Am häufigsten vorkommender Fleckenfalter überhaupt. Findet man im Winter im Keller, auf einem kalten Flur oder auf dem Dachboden einen überwinternden Schmetterling, handelt es sich meistens um den Kleinen Fuchs. Sobald im Frühling die Sonne zu wärmen beginnt, versucht er durch das geschlossene Fenster ins Freie zu gelangen. In der Natur treffen wir ihn oft, wenn noch Schnee liegt. Er ist in ganz Europa und Asien verbreitet und gehört in den kalten nördlichen Gebieten und hoch in den Bergen zu den am häufigsten vorkommenden Schmetterlingen, mit denen manchmal die Blüten der Habichtskräuter, Leimkräuter, Schlüsselblumen u. ä. besetzt sind. In den Alpen tritt der Kleine Fuchs gewöhnlich in Höhen gegen 3000 m auf, im Himalaja wurde er in Höhen über 5000 m beobachtet. Oft kommt es zu lokalen Wanderungen von den Niederungen in die Berge. Dieser Falter hat sich ausgezeichnet der Zivilisationslandschaft angepaßt. In manchen Ländern wird er als unschädliche Art massenhaft aus den Raupen gezüchtet und in den Städten ausgesetzt, um dort die blühenden Beete der Parks zu beleben. Jährlich entwickeln sich 2—3 Generationen, und wir können im Verlaufe des Sommers die Raupen (1b) in verschiedenen Entwicklungsstadien überall auf Brennesseln finden. Die Brennesseln werden dabei völlig kahl gefressen, so daß nur Stengel und Blattstiel übrigbleiben.

2 Polygonia c-album L. — C-Falter. 42—50 mm. Mit Ausnahme des hohen Nordens in der ganzen Paläarktis verbreitet. Auch wenn er in den letzten Jahren stark zurückgeht, gehört er noch zu den häufigeren Arten. Sein Jahreszyklus ist besonders interessant. Die überwinternden Falter legen im Frühling Eier, aus denen sich zwei Gruppen von Imagines entwickeln. Die eine Gruppe ähnelt den typischen Schmetterlingen (2) und bereitet sich am Ende des Sommers auf das Überwintern vor. Die andere Gruppe entwickelt sich schneller aus den Raupen und schlüpft eher, schon im Mai und Juni. Diese Falter unterscheiden sich in Flügelform und Zeichnung und werden als f. *hutchinsoni* bezeichnet. Sie vermehren sich noch im Sommer und erst diese nächste Generation schließt sich wieder den überwinternden Imagines der ersten Gruppe an. Hier liegt also ein Beispiel für Saisonpolymorphismus bei einer partiellen zweiten Generation vor. Die Raupen (2b) leben einzeln auf Brennesseln, Hopfen, Stachelbeeren und anderen Pflanzen. Der C-Falter ist eine sehr veränderliche Art und wurde in einer ganzen Reihe von Abweichungen beschrieben, die sich auf die verschiedenen Formen des C-Zeichens auf den Flügelunterseiten beziehen.

3 Polygonia egea Cr. — Glaskrautfalter. 40—45 mm. Mittelmeerart, bis nach Kleinasien und Persien verbreitet. Mit den Flügeloberseiten ähnelt sie sehr dem C-Falter. Ihre Flügelunterseiten sind aber fein gestreift und heller (3a). Jährlich entwickeln sich zwei Generationen, die erste im Mai und Juni, die zweite im August. Die zweite Generation überwintert bis zum Frühjahr. Die Raupen leben auf Glaskraut, seltener auf Brennesseln und anderen Pflanzen.

4 Araschnia levana L. — Landkärtchen. 28—40 mm. Kleinster europäischer Fleckenfalter, zeichnet sich durch seinen besonderen Saisonpolymorphismus aus. Während die Frühlingsform f. *levana* braunrot ist (4♂), ist die Sommerform f. *prorsa* fast schwarz. (4♀). Im Herbst entwickelt sich manchmal noch eine 3. Generation, eine der farblichen Übergang zwischen diesen beiden Formen bildet. Das Landkärtchen ist in der gemäßigten Zone der paläarktischen Unterregion verbreitet und gehört zu den wenigen Arten, die in den letzten Jahrzehnten häufiger geworden sind. Die Raupen (4b) wachsen auf Brennesseln, vor allem in Niederungen, heran. Sie sind schwarz, bewegen sich langsam und fallen bei Störungen zu Boden. Sie leben lange in Gruppen zusammen und kriechen erst im letzten Entwicklungsstadium auseinander. Wir können sie an Flüssen und Bächen und an den Rändern von Auwäldern finden.

2

4♂

3a

3

2a

4b

1b

1

2b

1c

4c

4♀

Familie Nymphalidae — Flecken- oder Edelfalter

1 Boloria pales Schiff. — Hochgebirgs-Perlmutterfalter. 30—37 mm. Hochgebirgsschmetterling, tritt insel-artig in den höheren Lagen der europäischen Gebirge auf. Wir finden ihn in den Pyrenäen, Alpen, Karpaten und im Kaukasus. In Asien reicht er bis nach Westchina. An den einzelnen Standorten bildet dieser Perlmutterfalter lokale Formen. Seine einzige Generation fliegt von Juni bis August über der Baumgrenze bis in Höhen von 3000 m. Auf den blühenden Bergwiesen mancher Gebirge taucht er sehr zahlreich auf. Die Raupe lebt auf Veilchen und überwintert.

2 Boloria aquilonaris Stich. — Nördlicher Perlmutterfalter. 30—35 mm. In Farbe und Zeichnung der vorangehenden Art sehr ähnlich, hat jedoch ein anderes Verbreitungsgebiet und stellt andere Ansprüche an den Biotop. Typischer arktisch-alpiner Falter, der in Nordeuropa zusammenhängend, in den südlicheren Höhenlagen inselartig vorkommt. Im Norden kommt sie zusammenhängend, in den südlicheren bis zu 200 m Höhe hinab. Der Falter fliegt im Juni und Juli. Die Raupe lebt auf der Kleinen Moosbeere und überwintert im Jugendzustand meistens im Lager des Torfmooses. Die gesamte Verbreitung dieser Art ist, besonders in Asien, nicht genau bekannt, denn sie wird oft mit *B. pales* und *B. napaea* verwechselt.

3 Proclossiana eunomia Esp. — Moor-Perlmutterfalter. 28—40 mm. Hier handelt es sich ebenfalls um eine arktisch-alpin verbreitete Art. Im Norden kommt sie zusammenhängend, praktisch zirkumpolar vor. Sie reicht von Skandinavien über Rußland und Sibirien bis zum Amur und bewohnt auch die Gebirge und den Norden Nordamerikas. In Mitteleuropa taucht der Falter inselförmig auf und lebt hier von den Niederungen bis zu 1500 m Höhe meistens auf Sumpfland in der Umgebung von Torfmooren. Er fliegt von Ende Mai bis Juli aus. Die Raupe (3b) überwintert und lebt auf Wiesenknöterich, aber auch auf Veilchen und Heidel-beeren.

4 Clossiana selene Schiff. — Braunscheckiger Perlmutterfalter. 28—38 mm. In der ganzen gemäßigten Zone Europas und Asiens verbreitet und greift auch auf Nordamerika über. Er lebt von den Niederungen bis in die Berge zu Höhen um 2400 m an Waldrändern, auf Wiesen und buschigen Biotopen. Er ist veränderlich und weist im Norden die Tendenz auf, dunklere Formen zu bilden. Unter kälteren Bedingungen bildet sich eine Generation heraus, in Mitteleuropa sind es regelmäßig zwei, die von Mai bis Juli und von August bis September ausfliegen. Die Raupe lebt auf Veilchen und Heidelbeeren. Sie überwintert.

5 Clossiana euphrosyne L. — Veilchen-Perlmutterfalter. 32—40 mm. Unterscheidet sich von der vorange-gangenen Art durch die Zeichnung auf der Unterseite der Hinterflügel. Sein Verbreitungsgebiet ist mit Ausnahme Amerikas ähnlich, in Europa reicht er jedoch weiter nach Süden. Er bewohnt lichte Wälder mit Lichtungen oder trockenere Wiesen bis zur oberen Baumgrenze. In Mitteleuropa bildet dieser Perlmutterfal-ter zwei Generationen aus. Sie fliegen im April bis Juni und von August bis September. Die Raupe lebt auf verschiedenen Veilchenarten und überwintert.

6 Clossiana dia L. — Kleinster Perlmutterfalter. 27—35 mm. In der gemäßigten Zone Europas und Asiens bis nach Westchina verbreitet. Gehört zu den kleinsten Perlmutterfaltern. Seine 2—3 Generationen fliegen schon von April an praktisch das ganze Jahr über auf grasigen Lichtungen in den Wäldern, auf Hängen und Wiesen. Auffallend sind seine violettbraunen Flügelunterseiten. Die Raupe lebt auf Veilchen, Brombeeren und Himbeeren und überwintert.

Familie Nymphalidae — Flecken- oder Edelfalter

1 Pandoriana pandora Schiff. — Grüner Silberstrich. 60—70 mm. Dieser größte europäische Perlmutterfalter ist in Nordafrika, ganz Südeuropa und im Osten in Westasien und Nordwestindien verbreitet. In Mitteleuropa liegt die nördliche Verbreitungsgrenze ungefähr in Höhe des Donauoberlaufs. In den vergangenen Jahren ist der Falter an vielen Standorten völlig verschwunden. Die Imagines weisen Geschlechtsdimorphismus auf; das Weibchen ist größer und dunkler als das Männchen. Sie fliegen von Mai bis Oktober in einer Generation und bevorzugen außerhalb des Waldes liegende Hänge und Böschungen, auf denen Disteln blühen. Die Raupe lebt auf Veilchen, vor allem auf Feldstiefmütterchen, und überwintert.

2 Argynnis paphia L. — Kaisermantel, Silberstrich. 55—65 mm. Gehört zu den häufigsten großen Perlmutterfaltern Europas, verschwindet aber in den letzten Jahren und hält sich zahlreich lediglich in Gebieten auf, die von der Zivilisation nicht gestört werden. Sein Flug zeigt den Beginn des Hochsommers an. Er belebt dann Kahlschläge und grasige Wege oder feuchte Wiesen, auf denen Disteln und Kratzdisteln blühen, auf denen er sich gern niederläßt. Der Kaisermantel ist in der ganzen gemäßigten Zone der paläarktischen Unterregion verbreitet und fliegt von Juli bis September aus. Die Raupe lebt auf verschiedenen Veilchenarten und überwintert. Interessant ist die dunkle, fast schwarze Form des Weibchens f. *valesina*, die manchmal zwischen den normalen Exemplaren auftaucht. Im übrigen sind auch die normalen Weibchen größer und dunkler als die Männchen.

3 Mesoacidalia aglaja L. — Großer Perlmutterfalter. 50—55 mm. Auf grasreichen Lichtungen, Wegen und Hängen beheimatet und weist eine große, vertikale Verbreitung auf, die von den Niederungen bis zu den Gebirgswiesen reicht. Er wurde auch in Höhen über 3000 m beobachtet. Sein Areal umfaßt ganz Europa und Asien bis nach Japan. In Afrika ist er nur in Marokko bekannt. Diese Falterart ist sehr variabel und wurde mit mehreren geographischen Rassen beschrieben. Sie unterscheidet sich von den ähnlichen Arten F. *adippe* und F. *niobe* durch die Zeichnung der Flügelunterseiten. Der Große Perlmutterfalter fliegt von Juni bis August aus. Die Raupe lebt auf Veilchen und überwintert.

4 Fabriciana adippe Schiff. — Märzveilchenfalter, Hundsveilchen-Perlmutterfalter. 42—55 mm. Sehr variabel und in einer ganzen Reihe geographischer und individueller Formen beschrieben. Oft tritt f. *cleodoxa* auf, bei der die silbrigen Tupfen auf den Flügelunterseiten fehlen. Das Verbreitungsgebiet dieser Art ähnelt dem des Großen Perlmutterfalters, es ist lediglich ein wenig nach Süden verschoben, denn der Hundsveilchen-Perlmutterfalter ist wärmeliebender. Die Imago fliegt ähnlich wie die anderen großen Arten der Perlmutterfalter von Juni bis August den ganzen Sommer über aus und erscheint auf grasigen Lichtungen und an Waldrändern vor allem in aufgegliederter Hügellandschaft. Die Raupe überwintert. Sie ernährt sich von verschiedenen Veilchenarten.

5 Fabriciana niobe L. — Mittlerer Perlmutterfalter, Stiefmütterchen-Perlmutterfalter. 42—55 mm. Von Westeuropa über Mittelrußland und Kleinasien bis nach Persien verbreitet, bewohnt ähnliche Biotope wie die vorangegangenen Arten. Wir treffen ihn auch hoch in den Bergen über der Baumgrenze bis zu 2500 m an. Sehr variabler Schmetterling, der zur Herausbildung dunkler Formen (f. *obscura*) tendiert. Die kleinen, grünlichen bis violetten Perlmutterflecken auf der Flügelunterseite fehlen oft (f. *eris*). Für den Falter ist eine schwarze Doppellinie auf der Unterseite der Hinterflügel typisch. Er fliegt von Juni bis August aus. Die Raupen befressen verschiedene Veilchenarten und überwintern.

1a

1♂

3a

4

2

4a

5

5a

Familie Nymphalidae — Flecken- oder Edelfalter

1 Issoria lathonia L. — Kleiner Perlmutterfalter. 35—45 mm. Von Nordafrika über ganz Europa und Asien bis zum Himalaja und Westchina verbreitet. Es scheint jedoch, daß er im nördlichen Teil dieses Gebietes, obwohl hier recht häufig, nicht zu Hause ist, sondern alljährlich vom Süden her anfliegt und hier im Verlaufe des Sommers 1—2 Generationen bildet. Der Falter gehört zu den ausgesprochenen Wanderfaltern, er ist sehr scheu und fliegt überaus geschickt. Man kann ihn meistens auf Feldern und Steppenland antreffen, wo er sich gern auf den Erdboden setzt. Seine Zeichnung ist sehr variabel, trotzdem kann man ihn kaum mit einer anderen Art verwechseln, denn die Unterseite seiner Hinterflügel ist mit großen silbrigen Tupfen besetzt, die manchmal zu Streifen zusammenfließen (das geschieht vor allem bei gezüchteten Exemplaren — f. *paradoxa*). Der Kleine Perlmutterfalter fliegt von April bis Oktober aus (im Süden schon von Februar an). Die einzelnen Generationen gehen ineinander über. Auch die Raupen kann man während des ganzen Jahres finden, denn bei günstigen klimatischen Verhältnissen überwintern sie (1b). Sie ernähren sich von Hundsveilchen und anderen Feld- oder Steppenpflanzen.

2 Brenthis hecate Schiff. 30—40 mm. Dieser Falter lebt inselartig in Südwest- und Südeuropa. Zusammenhängend kommt er vom Balkan über Südrußland und Kleinasien bis nach Mittelasien vor. Er bewohnt in wärmeren Gebieten Baumsteppen und grasige Hänge, wo seine Nährpflanze, der Backenklee, wächst. Er gehört zu den am frühesten im Jahre auftauchenden Perlmutterfaltern. Die einzige Generation fliegt im Mai und Juni aus. Der Schmetterling flattert niedrig über dem Pflanzenwuchs dahin. Die Raupe überwintert.

3 Brenthis daphne Schiff – Brombeer-Perlmutterfalter. 40—50 mm. Diese wärmeliebende Art ist ähnlich verbreitet wie der vorher beschriebene Falter, tritt jedoch zusammenhängender auf und reicht im Osten bis nach Japan. Gehört zu den selteneren Perlmutterfaltern, und wir finden ihn vor allem an warmen, trockenen, grasbewachsenen Biotopen, wo er sich gern auf verschiedene Blüten setzt. Besonders auffallend sind bei diesem Schmetterling die abgerundeten Flügel mit der gröberen schwarzen Zeichnung. Sicher erkennen kann man ihn jedoch an der Zeichnung auf der Flügelunterseite. Er bildet eine Generation und fliegt am Sommeranfang aus. Die Raupe lebt auf verschiedenen Veilchenarten und Brombeeren und überwintert.

4 Brenthis ino Rotr. — Violetter Silberfalter. 32—40 mm. Mit Ausnahme Großbritanniens in der gemäßigten Zone Europas bis weit nach Norden, über ganz Asien bis nach Japan verbreitet. In Südeuropa tritt er nur vereinzelt auf, denn er bevorzugt feuchte und kühlere Standorte. In den Bergen steigt er bis auf 1500 m. Wir finden ihn dort auf feuchten Wiesen und an den Rändern von Moorland. Sein Flug ist langsam und flatternd, oft setzt er sich auf die Blüten von Disteln, Brombeeren, Witwenblumen u. ä. Dort, wo er vorkommt, ist er gewöhnlich recht häufig. Wo aber durch Trockenlegungen die feuchten Wiesen zurückgehen, verschwindet an vielen Standorten auch dieser Schmetterling. Seine Flugzeit beginnt im Juni und endet im Juli. Das Weibchen legt hohe, gelbe, grob gerippte Eier, aus denen helle, braun gestachelte Raupen mit einem gelben Rückenstreifen schlüpfen. Die Raupen fressen an Brombeeren, Mädesüß und Geißbart. Sie wachsen erst nach dem Überwintern aus.

2

3

2a

1

3a

1a

1b

4

4a

Familie Nymphalidae — Flecken- oder Edelfalter

1 Melitaea cinxia L. — Wegerich-Scheckenfalter. 33—40 mm. In Marokko und ganz Europa mit Ausnahme von England und Nordskandinavien verbreitet. Sein Areal erstreckt sich in Asien bis zum Amur. Er bevorzugt blumenreiche Wiesen von den Niederungen bis in Höhen von 2000 m. Die Raupen leben auf Wegerich und anderen niedrigen Pflanzen. Der Falter bildet zwei Generationen aus, die von Mai bis Juli und von August bis September fliegen.

2 Melitaea phoebe SCHIFF. — Großer Scheckenfalter. 32—42 mm. Diese wärmeliebende Art ist in Nordafrika, Mittel- und Südeuropa und in Mittelasien bis nach Nordchina verbreitet. Sie bildet innerhalb dieses Gebietes eine ganze Reihe geographischer Formen. Der Schmetterling fliegt von April bis Juni und von Ende Juli bis August in 2 Generationen aus. Die Raupen leben auf Flockenblumen und Wegerich.

3 Melitaea didyma ESP. — Roter Scheckenfalter. 30—40 mm. Dieser wärmeliebende Falter fehlt in Nordeuropa und steigt auch in den Bergen nicht höher als bis zu 1000 m. Sein Verbreitungsgebiet beginnt in Nordafrika und erstreckt sich über Europa bis nach Mittelasien. Er ist einer der variabelsten Scheckenfalter. Die Weibchen sind dunkler als die Männchen, manchmal fast schwarz. Die einzelnen Generationen unterscheiden sich voneinander, die geographischen Rassen sind ausgeprägt. Aus Bayern stammt die nominate Unterart (3). In den Bergen Mittel- und Südeuropas lebt die ssp. *meridionalis* STGR., in Süd- und Südwesteuropa die ssp. *occidentalis* STGR. Der Rote Scheckenfalter bildet in Mitteleuropa eine sehr ausgedehnte Generation, in wärmeren Lagen sind es zwei. Er fliegt von Mai bis August auf trockenen Hängen und Steppenland. Die Raupen leben von Wegerich, Ehrenpreis, Ziest u. ä.

4 Mellicta athalia ROTT. — Gemeiner Scheckenfalter. 25—38 mm. In ganz Europa und im gemäßigten Asien bis nach Japan verbreitet. Dieser häufig vorkommende Falter fliegt von Mai bis August meistens nur mit einer Generation aus. Wir treffen ihn sowohl in lichten Wäldern als auch auf Wiesen und Steppen. Er bevorzugt aber feuchte Orte. Die erwachsenen Falter lassen sich gern auf feuchtem Boden nieder. Hier versammeln sich auf kleinem Raum oft einige zehn Exemplare. Sehr veränderlicher Schmetterling, der nur schwer von einigen verwandten Arten unterschieden werden kann. Die Raupen (4b) leben vor allem auf Wegerich und überwintern.

5 Euphydryas maturna L. — Eschen-Scheckenfalter. 35—42 mm. Kommt verstreut in Mittel- und Nordosteuropa und in Asien bis zum Altaigebirge vor. Diese lokale Art geht in der letzten Zeit zurück und wird in einigen Ländern deshalb geschützt. Der Falter lebt in den feuchten Wäldern der Niederungen. Die Raupen halten sich lange in Nestern auf Eschen oder Pappeln auf, kriechen nach dem Überwintern auseinander und leben dann auf niedrigeren Pflanzen wie Wegerich, Ehrenpreis u. ä. Die einzige Generation fliegt im Mai und Juni aus.

1

5♀

5♂

3a

1a

3♂

2

3♀

2a

4a

4

4b

Familie Satyridae — Augenfalter

1 Melanargia galathea L. — Damenbrett, Schachbrett. 37—52 mm. In Nordafrika und der gemäßigten Zone Europas bis zum Kaukasus verbreitet. Eine Generation, die über einen langen Zeitraum, von Juni bis August, ausfliegt. Wir finden ihn auf Wiesen, Steppen und auch in hellen Wäldern, die reich an grasbewachsene Lichtungen sind. Die Färbung des Schmetterlings ist sehr wechselhaft. Das betrifft sowohl das Ausmaß der schwarzen Zeichnung als auch die Unterlage, die von weiß bis gelb variiert. Interessant ist die Form *procida*, die eine stark reduzierte helle Zeichnung zeigt. Auch einige geographische Rassen sind beschrieben worden, so zum Beispiel aus Südfrankreich die ssp. *lachesis* Hb. oder aus Nordafrika die ssp. *lucasi* Rmbr. Die Raupe lebt auf verschiedenen Gräsern, wie Lieschgras, Honiggras u. ä. Sie überwintert.

2 Hipparchia fagi Scop. — Großer Waldportier. 60—70 mm. In Süd-, Mittel- und Südosteuropa bis nach Südrußland verbreitet und gehört zu den größten und sehr auffallenden Augenfaltern. Er tritt lokal auf, und in der letzten Zeit verschwinden immer mehr seine Standorte. Der Große Waldportier bevorzugt lichte, warme Wälder, deren Ränder und auch Baumsteppen. Dort fliegt er bei sonnigem Wetter umher und sitzt gern mit zusammengeschlagenen Flügeln auf den Stämmen der Bäume. Die Färbung der Flügelunterseite ermöglicht es dem Falter, völlig mit der Färbung der Unterlage zu verschwimmen. Die einzige Generation fliegt von Juni bis August. Die Raupe lebt vor allem auf Honiggras und überwintert.

3 Hipparchia semele L. — Rostbinde. 48—55 mm. Das Verbreitungsgebiet dieses Falters umfaßt mit Ausnahme der nördlichsten Gebiete ganz Europa und endet im Osten, soweit bekannt, in der Gegend von Armenien. Die Rostbinde bewohnt Baumsteppen- und Feldbiotope mit vorzugsweise sandigen Unterlagen oder lehmige und steinige Hänge. An sonnigen Tagen setzt sie sich gern auf den erwärmten Boden und sonnt sich. Sie ist wie die meisten der großen Augenfalter sehr scheu. In den letzten Jahren sind die Bestände dieses Falters stark zurückgegangen, und er ist mancherorts zur Seltenheit geworden. Die Flugzeit dauert von Juni bis September. Die Raupe ernährt sich von verschiedenen Gräsern und überwintert.

4 Chazara briseis L. — Berghexe, Steppenpförtner. 45—60 mm. In Nordafrika, Süd- und Mitteleuropa und in Asien bis zum Altai und Pamir verbreitet. Sie ist wärmeliebend und sucht steppige und felsige Hänge auf, wo sie sich im vollen Sonnenschein auf den Erdboden oder auf Steinen niederläßt. Sie saugt an blühenden Adonisröschen auch Nektar. Die Berghexe bildet innerhalb ihres Verbreitungsgebietes eine Reihe geographischer Rassen, die sich durch die Größe und Intensität der hellen Flügelflecken unterscheiden. Von den Individualformen ist f. *pirata* interessant, bei der die hellen Stellen auf den Flügeln durch orange braune Färbungen ersetzt werden. Die Berghexe bildet eine Generation, die von Juni bis September ausfliegt. Die Raupe lebt auf Kopfgras und überwintert.

5 Arethusana arethusa Schiff. — Schwingelfalter. 40—55 mm. Diese wärmeliebende Steppenart ist in Süd- und Mitteleuropa verbreitet und zieht im Osten bis nach Mittelasien. Der Falter tritt lokal, an den einzelnen Standorten jedoch recht zahlreich auf. Er ist stark veränderlich und fliegt am Ende des Sommers, von August bis September aus. Die Raupe lebt auf Schwingel und überwintert.

1

5

2♂

2♀

2a

4a

4♀

2a

3♀

4♂

Familie Satyridae — Augenfalter

1 Minois dryas Scop. — Blauäugiger Waldportier. 45—60 mm. Im Fluge scheint dieser Falter völlig schwarz zu sein. Typisch ist für ihn auch, daß er sich in der Luft hüpfend fortbewegt. Diese lokale Art ist in der gemäßigten Zone Europas bis nach Japan verbreitet. In den letzten Jahrzehnten ist sie in Europa an vielen Stellen völlig verschwunden. Das Männchen ist kleiner als das Weibchen und trägt auf den Flügeln weniger blaue Augen. Der Falter bewohnt Wiesen und lockere Wälder mit grasigen Lichtungen bis in Höhen von 1500 m. Die einzige Generation fliegt von Juli bis September aus. Die Raupe lebt auf verschiedenen Gräsern, vor allem auf *Avena elatior* und überwintert.

2 Brintesia circe F. — Weißer Waldportier, Schattenkönigin. 55—65 mm. Gehört zu den am ausdrucksvollsten gefärbten Augenfaltern. Die Farbe der Flügelunterseiten ist vollkommen den Baumstämmen angepaßt, auf denen das Tier oft mit geschlossenen Flügeln ruht. Der Weiße Waldportier ist in den warmen Gebieten Europas und Asiens bis zum Himalaja verbreitet. Er tritt lokal auf und bewohnt warme, vor allem mit Eichen bestandene Wälder und Baumsteppen. Hier fliegt er im Juni und Juli, jedoch nur bei Sonnenschein, umher. Die Raupe ernährt sich von verschiedenen Gräsern, vor allem von Lolch und Trespe. Sie überwintert.

3 Erebia ligea L. — Milchfleck, Weißsprenkel-Schwärzling. 37—45 mm. Lebt in Nordeuropa. In Mitteleuropa können wir ihn nur in den Bergen von 500 m — 1000 m Höhe antreffen. Im Osten reicht er bis nach Japan. Er lebt in den Gebirgstälern innerhalb der Waldzone und auf den Wiesen der Vorgebirgslagen und fliegt entsprechend der Höhenlage von Juni bis August aus. Die Raupe lebt auf Finger- und Waldhirse. Sie überwintert.

4 Erebia euryale Esp. 33—40 mm. Dieser Gebirgsschmetterling ist in den höheren Lagen der europäischen und asiatischen Berge bis zum Ural und Altai beheimatet. Sein typisches Milieu findet er in der Fichtenwaldregion über 1000 m NN. Hier tritt er oft recht zahlreich auf und läßt sich auf Habichtskraut und verschiedenen anderen Gebirgspflanzen nieder. Blühendes Kreuzkraut dient oft als Sammelplatz dieser Schmetterlinge. Die einzige Generation fliegt an sonnigen Tagen im Juli und August aus. Die Raupen leben auf verschiedenen Gräsern und überwintern.

5 Erebia epiphron Knoch. 30—35 mm. Eine typische Art der europäischen Berge mit Ausnahme Fennoskandinaviens. Seine Domäne sind die Alpenwiesen in Höhen von 1000 bis 2000 m und die Wiesen in der Knieholzzone. An diesen Stellen fliegt er oft recht häufig. Dieser Falter tritt inselartig auf und bildet deshalb eine Reihe von Unterarten. Er fliegt im Juli und August aus. Die Raupe lebt im Herbst und im Frühjahr auf verschiedenen Berggräsern, vor allem auf Rasenschmiele.

6 Erebia medusa Schiff. — Blutgrasfalter. 32—40 mm. Nur wenige Arten der umfangreichen Gattung *Erebia* treten in den niedrigeren Lagen auf. Es sind meistens Gebirgs- und Hochgebirgsschmetterlinge. Der Blutgrasfalter bewohnt aber die Niederungen bis in Höhen von 1500 m. Er lebt in den unteren Lagen der feuchten Wiesen und an grasigen Stellen in nassen Wäldern, in den Bergen siedelt er auf Wiesen und Weiden. Er bildet eine Generation, die entsprechend der Meereshöhe von Mai bis Juli ausfliegt. Die Raupe lebt vom Sommer ab nächsten Frühjahr auf verschiedenen Gräsern, vor allem auf Wald- und Fingerhirse.

1 ♂ **1** ♀ **2** **3** **3a** **4a** **4** **5** **6**

Familie Satyridae — Augenfalter

1 Erebia gorge Hв. — Kleiner Mohrenfalter. 35—40 mm. Dieser typische Gebirgsaugenfalter tritt an sonnigen und felsigen Gebirgs- und Hochgebirgshängen in 1500 bis 3000 m Höhe auf. Er fliegt nur an sonnigen Tagen dort aus, wo es fast keine Vegetation mehr gibt, und setzt sich auf die Blüten des Habichtskrauts, das in den Felsspalten wächst, oder meistens auf erwärmten Gesteinschutt und Felsen. Sein Areal erstreckt sich, mit Ausnahme des Nordens, lediglich über die europäischen Gebirge von den Pyrenäen über die Alpen und die Tatra bis zum Balkan. Der Falter fliegt von Juni bis August. Die Raupe lebt auf verschiedenen Gräsern und überwintert.

2 Erebia pronoe Esp. 38—45 mm. Gehört ebenfalls zu den Schmetterlingen, die auf die europäischen Gebirge beschränkt sind. Sein Verbreitungsgebiet liegt etwas niedriger als das der vorangegangenen Art. Es erstreckt sich annähernd von 1000 m bis in 2000 m Höhe, also in Lagen, wo schon lichte Nadelwälder, Knieholz und feuchte, grasreiche Wiesen wachsen, die zu den beliebten Standorten gehören. Interessant ist das späte Auftreten des Schmetterlings, er fliegt von Ende Juli bis Ende September. Die Raupe überwintert. Sie ernährt sich von verschiedenen Gräsern, vor allem von Rispengras.

3 Erebia pandrose Bhk. — Lappländischer Schwärzling. 35—40 mm. Im Unterschied zur vorangegangenen Art boreoalpin verbreitet und tritt außer in den europäischen und mittelasiatischen Gebirgen auch im Norden zusammenhängend auf. Dort besiedelt er die Polargebiete und hält sich auch in den niederen Lagen auf. In Mitteleuropa ist für diesen Falter typisch, daß man ihn nicht unter 1600 m antrifft. Er fliegt an sonnigen Tagen über den alpinen Wiesen zwischen Knieholz und steigt auch über die Baumgrenze bis zu 3000 m auf. Sobald eine Wolke die Sonne verdeckt, setzt sich der Schmetterling sofort nieder. Er taucht von Juni bis August auf. Die Raupen überwintern und fressen an verschiedenen Gräsern, vor allem an Schwingel und Rispengras. Diese Art ist sehr veränderlich. Eine besonders ausdrucksvolle Färbung auf den Flügelunterseiten zeigt zum Beispiel die ssp. *roberti* Peschke aus der Hohen Tatra.

4 Maniola jurtina L. — Großes Ochsenauge. 40—48 mm. In Nordafrika, praktisch in ganz Europa, über Kleinasien bis zum Iran verbreitet. Obwohl der Falter in den letzten Jahren stark zurückgegangen ist, gehört er noch zu den häufigen Arten. Früher war er eine typische Erscheinung der Auen und Feldraine, jetzt hält er sich eher in lichten, grasreichen Wäldern auf. Er bildet eine, ausnahmsweise zwei Generationen, die von Juni bis September ausfliegen. Die Raupe ernährt sich von verschiedenen Grasarten und überwintert.

5 Hyponephele lycaon Kühn — Kleines Ochsenauge. 37—43 mm. Im ganzen gemäßigten Europa und im Osten bis nach Mittelasien verbreitet. Er hält sich an trockenen, grasigen Standorten auf und bevorzugt sandige Unterlagen. In den letzten Jahren verschwindet er. Der Schmetterling fällt durch seinen Geschlechtsdimorphismus auf. Er fliegt von Juni bis August. Die Raupe lebt auf Rispengras.

6 Pyronia tithonus L. — Rotbraunes Ochsenauge. 30—38 mm. Gehört eher zu den wärmeliebenden Schmetterlingen, wurde jedoch auch in England und Irland beobachtet. In Nordost- und Nordeuropa fehlt er zum Beispiel ganz. Der Falter fliegt in lichten, lockeren Laubwäldern, ist in den letzten Jahren aber an vielen Stellen in Europa verschwunden. Die Raupe lebt auf verschiedenen Gräsern.

Familie Satyridae — Augenfalter

1 Aphantopus hyperantus L. — Brauner Waldvogel. 35—42 mm. Gehört zu den häufigsten Schmetterlingen der Auen und lichten Wälder, die er von Juni bis August, manchmal noch länger, belebt. In den Bergen dringt er bis in 1500 m Höhe vor. Sein Areal erstreckt sich über die ganze gemäßigte Zone Europas und Nordasiens bis zum Ussurigebiet. Im Mittelmeerraum und in der Arktis fehlt er. Seine individuelle Variabilität ist, zum Beispiel bei der Anzahl der Augen auf den Flügeln, erheblich. Auch Männchen und Weibchen weisen Unterschiede auf. Tendenzen zur Herausbildung geographischer Formen bestehen aber nicht. Die Raupe lebt auf verschiedenen Gräsern und überwintert.

2 Coenonympha tullia MÜLL. — Großer Heufalter, Großes Wiesenvögelchen. 30—35 mm. Neigt eher zu kälteren und feuchten Biotopen. Fehlt in Südeuropa, ist sonst aber von Nordwesteuropa über ganz Asien bis zum Stillen Ozean und in Nordamerika entlang der westlichen Gebirge bis nach Kalifornien verbreitet. Der Falter ist sehr veränderlich und bildet eine Reihe geographischer Rassen. In Mitteleuropa finden wir ihn meistens auf feuchten Wiesen und in der Umgebung von Sumpfland bis 2000 m Höhe. Durch die Trockenlegung der Biotope verschwindet er immer mehr. Der Falter fliegt im Juni und Juli. Die Raupe lebt auf verschiedenen Sumpfgräsern und überwintert.

3 Coenonympha pamphilus L. — Kleiner Heufalter, Kleines Wiesenvögelchen. 23—33 mm. In Nordafrika, ganz Europa und in Asien bis nach Sibirien verbreitet. Er gehört zu den häufigsten Schmetterlingen und widersteht den Zivilisationseinflüssen verhältnismäßig gut. Diese anspruchslose Art lebt in mehreren ineinander übergehenden Generationen vom Frühling bis in den Herbst und steigt im Gebirge bis zu 2000 m auf, wo sie nur eine Generation bildet. Das Weibchen ist etwas größer als das Männchen, unterscheidet sich aber in der Färbung kaum. Die Raupe frißt verschiedene Gräser und überwintert.

4 Coenonympha arcania L. — Perlgrasfalter. 28—35 mm. Typische Art lockerer, grasbewachsener Wälder von den Niederungen bis in die Berge gegen 1000 m. Der Falter fliegt im Juni und Juli in einer Generation aus und sitzt am liebsten auf Blättern in den Kronen von Büschen und niedrigeren Bäumen. Er ist von Westeuropa bis zum Ural verbreitet und gehört meistens noch zu den zahlreichen Arten. Die Raupe lebt auf Gräsern, vor allem auf Perlgras.

5 Coenonympha glycerion BKH. — Rotbraunes Wiesenvögelchen. 27—32 mm. Von Westeuropa bis nach Sibirien verbreitet; fehlt in Spanien, England, dem größten Teil Skandinaviens und im Mittelmeerraum. Im Verbreitungsgebiet dieses Schmetterlings wurden unterschiedliche geographische Rassen beschrieben. Er hält sich auf feuchten Vorgebirgswiesen auf und bildet im Juni und Juli eine Generation. Die Raupe ernährt sich von verschiedenen Gräsern und überwintert.

6 Coenonympha hero L. — Braunes Wiesenvögelchen. 28—33 mm. In den mittleren und nördlicheren Teilen Europas und über ganz Asien bis nach Japan verbreitet. Tritt aber nur sehr lokal begrenzt und verhältnismäßig selten auf; in den Berglagen ungefähr bis zu Höhen von 1300 m. Die Falter der einzigen Generation fliegen schon Ende Mai und im Juni auf feuchten Waldwiesen und Fluren umher. Die Raupe ernährt sich von Gräsern, vor allem von Strandroggen *(Elymus arenarius)*. Sie überwintert.

1♂ 1♀ 1a 2 2a 3 3a 4 4a 5♂ 5♀ 5a 6 6a

Familie Satyridae – Augenfalter

1 Pararge aegeria L. – Laubfalter. 32–42 mm. Von Nordafrika über ganz Europa bis nach Mittelasien verbreitet, bewohnt lichte Laubwälder, vor allem Eichen- und Buchenbestände. In den Bergen höchstens bis zur oberen Laubwaldgrenze, also bis zu Höhen von 1000 m. Der Falter bildet jährlich gewöhnlich zwei Generationen, von denen die erste zeitig im Frühjahr von März bis Mai, die zweite von Juli bis September ausfliegt. Der Schmetterling ist veränderlich und bildet einige ausgeprägte geographische Rassen. Aus Südeuropa und Nordafrika stammt die nominate ssp. *aegeria* L. Die Grundfarbe ihrer Flügel ist orange. In Mitteleuropa lebt die ssp. *tircis* BTL. (1). Sie ist auch unter dem Synonym *egerides* STGR. bekannt und trägt Flügel mit heller Grundfärbung. Die Raupe lebt im Sommer und Herbst auf Quecken und anderen Gräsern. In Europa überwintert offensichtlich die Puppe.

2 Lasiommata megera L. – Mauerfuchs. 35–45 mm. Ähnlich verbreitet wie die vorangehende Art. Sein Areal ist nur etwas nach Süden verschoben. An den Biotop stellt er aber völlig andere Ansprüche. Er lebt an offenen, warmen Stellen mit lehmiger oder steiniger Unterlage und bildet jährlich zwei Generationen, die im Mai und Juni und im August und September ausfliegen. In südlichen Gebieten entwickelt sich noch eine dritte Generation. Der Falter fliegt an grasigen Stellen und auf Feldern und läßt sich gern auf Mauern und Steinen nieder. Die Raupe lebt auf Gräsern.

3 Lasiommata maera L. – Rispenfalter, Braunauge. 37–50 mm. Verbreitung wie bei den beiden vorangegangenen Arten ; in Asien bis zum Himalaja. Wir treffen ihn in lockeren, grasreichen Wäldern, an Waldrändern, auf Hängen und Kahlschlägen an, wo er sich gern auf den Stämmen oder auf gefällten Bäumen niederläßt. Er bildet jährlich zwei Generationen. Die erste fliegt von Mai bis Juni, die andere im Juli und August. Im Gebirge fliegt nur eine Generation aus, sie dringt bis in Höhen um 2000 m vor. Die Raupe (3b) ernährt sich von verschiedenen Grasarten und überwintert. Leider verschwindet diese Art in letzter Zeit immer mehr aus den europäischen Wäldern.

4 Lasiommata petropolitana F. 34–40 mm. Kommt in Europa nur in den Bergen vor, tritt aber in Skandinavien, Rußland und in Sibirien bis zum Amur zusammenhängend auf. Er ist dem Braunauge sehr ähnlich, trägt aber auf den Flügeln kleinere und deutlichere Augen, und die dunklen Schatten auf den Unterseiten der Vorderflügel verlaufen anders. Der Falter ist auch ein wenig kleiner. Meistens fliegt er von April bis Juli mit nur einer Generation aus. Ausnahmsweise kann er im September noch eine zweite Generation bilden. Die Raupe überwintert. Sie ernährt sich von Schwingel.

5 Lopinga achine SCOP. – Bacchantin. 45–55 mm. In der gemäßigten Zone der Paläarktis verbreitet, fehlt in Süd- und Nordeuropa und auch in Großbritannien. Bewohnt, lokal begrenzt, lichte Laubwälder, tritt an den Standorten aber sehr zahlreich auf. In den Bergen treffen wir diesen Falter nicht an. Er bildet von Juni bis August eine Generation. Die Raupe lebt auf Gräsern. Sie überwintert.

6 Kirinia roxelana CR. 50–60 mm. In Südosteuropa, Kleinasien, Syrien, und dem Irak verbreitet. Wärmeliebende Art mit auffallendem Geschlechtsdimorphismus. Sie bildet eine Generation und fliegt von Mai bis Juli aus. Die Männchen tauchen viel eher auf als die Weibchen. Die Biologie der Raupen ist noch nicht erforscht.

1

2♂

2♀

4

3

3a

4a

6

3b

3c

5

Familie Lycaenidae — Bläulinge

1 Thecla betulae L. — Nierenfleck. 32—37 mm. Mit Ausnahme der nördlichsten und südlichsten Gebiete in ganz Europa und in Asien bis nach Korea verbreitet. Der Nierenfleck ist ein Bewohner von Laubwäldern und buschigen Hängen bis zu Höhen von ungefähr 1000 m. Die Raupe lebt im Mai und Juni auf Schlehen, Pflaumen, Birken und Haselsträuchern. Die Puppe liegt dann recht lange, so daß die Imago von August bis Oktober ausfliegt. Das Weibchen unterscheidet sich durch orangefarbene Flecken auf den Vorderflügeln vom Männchen. Die Eier überwintern. Der Nierenfleck gehört zu den aussterbenden Arten und ist mancherorts schon zur Seltenheit geworden.

2 Quercusia quercus L. — Eichenzipfelfalter. 28—33 mm. In den Eichenwäldern Europas und Vorderasiens bis nach Armenien verbreitet. Fliegt in den Baumkronen umher und läßt sich auf den Blättern nieder. Seine einzige Generation fliegt von Juni bis August aus. Das Männchen unterscheidet sich in der Färbung vom Weibchen. Die Raupe (2b) ist schon im Sommer im Ei ausgebildet, schlüpft und entwickelt sich aber erst im Frühjahr. Sie ernährt sich von Eichenblättern. Der Schmetterling gehört zu den zahlreich vorkommenden Arten, entgeht aber dank seines Lebens in den Baumkronen der Aufmerksamkeit.

3 Nordmannia ilicis Esp. — Stechpalmenzipfelfalter. 26—30 mm. In der wärmeren Zone Europas, in Kleinasien und im Libanon verbreitet. Seine einzige Generation fliegt im Juni und Juli um die Eichen der Niederungen. Im Süden steigt er bis auf 1500 m. Die Raupe lebt auf Eichen. Das Ei überwintert.

4 Strymonidia spini Schiff. — Schlehenzipfelfalter. 27—32 mm. Ähnlich verbreitet wie die vorangegangene Art. Im Osten bis zum Irak und Iran. Er bildet jährlich im Juni und Juli eine Generation und lebt an trockenen, buschigen Stellen, wo er um Schlehen- und Kreuzdornbüsche fliegt. Diese dienen auch als Nährpflanze für die Raupen. Das Ei überwintert. In den letzten Jahren ist dieser Falter an vielen Stellen verschwunden.

5 Strymonidia w-album Knoch. — Ulmenzipfelfalter, Weißes W. 27—30 mm. In der gemäßigten Zone von Mitteleuropa bis nach Japan verbreitet. Bildet eine Generation, die von Juni bis August an den Rändern von Laubwäldern und um die Baumgruppen in waldloser Landschaft ausfliegt. Die Schmetterlinge setzen sich gern auf blühenden Zwerg-Holunder, Wasserdost u. ä. Die Raupen leben auf Ulmen und anderen Laubbäumen. Die Eier überwintern.

6 Strymonidia pruni L. — Pflaumenzipfelfalter. 25—28 mm. In der gemäßigten Zone Europas und östlich bis nach Korea verbreitet. Der Falter tritt lokal begrenzt in den Niederungen in warmen, buschigen Biotopen auf, die mit Schlehen bewachsen sind. Stellenweise treffen wir ihn auch in Pflaumenplantagen an. Seine Flugzeit dauert von Juni bis Anfang August. Die Raupen leben im Frühjahr auf Schlehen und Pflaumen. Die Eier überwintern.

7 Callophrys rubi L. — Brombeerfalter. 24—28 mm. In der ganzen Paläarktis verbreitet. In Nordamerika leben nah verwandte Arten. Er bildet entsprechend den klimatischen Bedingungen eine bis zwei Generationen und lebt sowohl auf trockenen, mit Schlehen bewachsenen Hängen als auch hoch in den Bergen und auf Torfmoosen. Seine grünen Flügelunterseiten lassen keine Verwechslungen mit anderen Arten zu. Die Raupe lebt polyphag auf verschiedenen Pflanzen, zum Beispiel auf Ginster, Brombeeren und Heidelbeeren. Sie überwintert.

Familie Lycaenidae — Bläulinge

1 Lycaena phlaeas L. — Kleiner Feuerfalter. 22—27 mm. Lebt in der ganzen Paläarktis und darüber hinaus in einem Teil Nordamerikas. Er bewohnt trockene blütenreiche Orte in waldloser Landschaft oder in Baumsteppengebieten und steigt in den Bergen oft bis auf 2000 m Höhe. Der Falter bildet eine Reihe Unterarten aus. In Nordeuropa wurde zum Beispiel die ssp. *polaris* Courv. beschrieben, deren Flügelunterseite grau ist. Entsprechend dem Standort bilden sich 2—3 Generationen aus, und wir können den Schmetterling noch spät im Herbst an sonnigen Tagen in den Feldern antreffen. In dieser Zeit läßt er sich am liebsten auf dem warmen Erdboden nieder. Er ist scheu und fliegt gewandt. Die Raupe lebt auf Ampfer und Knöterich. Sie überwintert.

2 Lycaena dispar Hw. — Großer Feuerfalter. 27—32 mm. Bewohnt verstreut Europa und Asien bis zum Amur. In den letzten Jahren ist er an vielen Stellen verschwunden, denn durch Entwässerungsarbeiten wurde sein natürliches Milieu, feuchte und sumpfige Wiesen in den Niederungen, zerstört. Erstmals wurde er in England beschrieben, wo er dann jedoch verschwand. Später setzte man hier die Form *batava* Oberth. vom europäischen Festland aus. In Mitteleuropa ist die ssp. *rutilus* Wernb. (Abb.2, 2a) bekannt. Der Große Feuerfalter bildet eine Generation, die im Juni und Juli ausfliegt. An manchen Stellen tauchen von Mai bis August zwei Generationen auf. Die Raupe lebt auf Ampfer.

3 Heodes virgaureae L. — Feuerfalter, Dukatenfalter. 27—32 mm. Fast in der gesamten paläarkt. Unterregion verbreitet, fehlt lediglich in den nördlichen Gebieten. Der Feuerfalter lebt auf blumenreichen Wiesen und Waldlichtungen, oft auch auf der wuchernden, blühenden Vegetation an Bächen. In den Bergen können wir ihn bis zu Höhen von 1500 m antreffen. Wie bei den meisten Feuerfaltern besteht auch bei ihm Geschlechtsdimorphismus. Hierzu kommt beim Dukatenfalter noch eine erhebliche geographische Variabilität. Seine einzige Generation fliegt von Juni bis August. Die Raupe überwintert und nährt sich vom Ampfer oder Goldrute.

4 Heodes tityrus Poda — Bienenfalter, Brauner Feuerfalter. 23—30 mm. Ähnlich verbreitet wie die vorangegangene Art. Sein Areal ist lediglich nach Süden verschoben und endet östlich im Altaigebiet. Er bildet von April bis August 2—3 Generationen. Die Raupe lebt auf Ampfer und überwintert. Der Falter fliegt an steppenartigen Lokalitäten, in den Bergen oft auf trockenen Wiesen bis zu 1500 m Höhe, aus.

5 Heodes alciphron Rott. — Violetter Feuerfalter. 30—38 mm. Von Westeuropa über Kleinasien bis zum Iran verbreitet, fehlt in Nordeuropa. Wir treffen ihn im Juni und Juli auf blütenreichen Wiesen in den Niederungen und Vorgebirgen bis zu 1000 m Höhe. Die Raupe lebt auf Ampfer und überwintert. Diese Art weist sehr veränderliche Flügelfärbungen und Größen auf und wurde in mehreren Unterarten beschrieben, zum Beispiel die ssp. *melibaeus* Stgr. aus Griechenland, die ssp. *heracleanus* Blach. aus Marokko u.a. In der letzten Zeit verschwindet der Schmetterling.

6 Palaeochrysophanus hippothoe L. — Kleiner Ampferfalter, Lilafalter. 28—32 mm. In ganz Europa bis zum Amur verbreitet und fehlt nur in den wärmsten europäischen Gegenden und in England. In den Bergen steigt er bis über 1000 m auf, lebt aber vor allem in den Vorgebirgen. Hier fliegt er auf feuchten, torfigen Wiesen und in der Umgebung von Quellgebieten. Die Raupe lebt auf Ampfer und Wiesenknöterich. Der Falter bildet von Mai bis Juli eine Generation und entwickelt in seinem Verbreitungsgebiet eine Reihe geographischer Rassen. Die Nominatrasse wurde in Schweden beschrieben, in Lappland lebt die ssp. *stiberi* Gerh., in den Hochalpen die ssp. *eurydame* Hoffmsg., im bulgarischen Rilagebirge die ssp. *leonhardi* Frhst.

2♂ 2a 2♀ 4♀ 4a 6♂ 6♀ 6a 5 4♂ 3a 3♀ 1a 1 3♂

Familie Lycaenidae — Bläulinge

1 Everes argiades PALL. — Kleebläuling. 20—27 mm. Von Spanien bis nach Japan verbreitet, fehlt jedoch in den kalten Gebieten Spaniens und Asiens. Auch in Nordamerika. Dieser Falter fliegt verstreut auf verschiedenen feuchten Wiesen in Niederungen und tiefen Bergtälern und hat innerhalb eines Jahres 2 und mehr Generationen. Die Raupe lebt auf Klee, Luzerne, Hornklee u.ä. Die letzte Generation der Raupen überwintert.

2 Cupido minimus FUESSL. — Zwergbläuling. 18—22 mm. Außer den südlichsten und nördlichsten Gebieten bewohnt der Zwergbläuling ganz Europa und das gemäßigte Asien bis zum Amur. Er sucht die verschiedensten Biotope auf. Wir finden ihn in trockenem Steppenland und auch in feuchten Gebirgsgegenden bis in 3000 m Höhe. Entsprechend den klimatischen Bedingungen bildet er jährlich 2—3 Generationen aus. Die Raupe lebt auf den Blüten und Früchten von Schmetterlingsblütlern. Der Zwergbläuling ist in den letzten Jahren an vielen Stellen, vor allem in den Niederungen, verschwunden.

3 Celastrina argiolus L. — Faulbaumbläuling. 23—30 mm. Bewohnt Nordafrika, ganz Europa und das paläarktische Asien. In Nordamerika ist er südlich bis nach Neumexiko verbreitet. Er lebt in Buschwerk und feuchten Wäldern der Niederungen und konzentriert sich in Enklaven mit großem Blütenreichtum. Gern setzt er sich auf die Blätter der Büsche und Bäume nieder. Der Falter bildet jährlich 2—3 Generationen. Die Raupe lebt auf verschiedenen Sträuchern (z. B. *Rhamnus, Evonymus, Rubus*). Die Puppe überwintert.

4 Glaucopsyche alexis PODA — Tragantbläuling. 23—30 mm. Ähnlich verbreitet wie die vorangegangene Art, tritt aber viel seltener auf. Er bewohnt trockenere Wiesen, Waldränder, und Lichtungen in den Niederungen und in den Bergen bis in 2000 m Höhe. Er fliegt in einer Generation im zeitigen Frühjahr von April bis Juni aus. In wärmeren Gebieten bildet er zwei Generationen. Die Raupe lebt auf verschiedenen Schmetterlingsblütlern, zum Beispiel auf Tragant und Geißklee, vor allem dort, wo sich Ameisenkolonien befinden. Sie überwintert erwachsen und verpuppt sich dann im Frühjahr. Das Puppenstadium ist sehr kurz.

5 Maculinea arion L. — Schwarzfleckiger Bläuling. 28—38 mm. Bewohnt die ganze gemäßigte Zone Europas und Asiens und fehlt nur in den südlichsten und nördlichsten Gebieten. Die jüngeren Raupen nähren sich von Feldthymian, die älteren Raupen leben in den Nestern von Ameisen, wo sie die Larven und Puppen ihrer Wirte fressen. Die Ameisen nutzen dafür aber die Ausscheidungen, die in den Hinterleibsdrüsen der Raupen produziert werden. Wir finden die Schmetterlinge deshalb meistens auf Kahlschlägen und Weiden mit den Hügelchen von Ameisenkolonien. In den letzten Jahren werden die Lebensbedingungen für den Falter immer schlechter, deshalb ist er an vielen Stellen fast völlig verschwunden. Er gehört zu den größten und auffallendsten Bläulingen. Seine einzige Generation fliegt von Mai bis August.

6 Maculinea teleius BRGSTR. — Augenbläuling. 27—35 mm. In einem schmalen Streifen von Mitteleuropa bis Japan verbreitet. Wir finden ihn auf feuchten Wiesen von den Niederungen bis zu den Vorgebirgen. Er bildet jährlich eine Generation, die bis Ende Juni bis August ausfliegt. Die Raupe lebt anfangs auf Wiesenknopf und später in Ameisennestern.

7 Maculinea nausithous BRGSTR. — Sumpfbläuling. 28—33 mm. Ähnlich verbreitet wie die vorangegangene Art, reicht im Osten aber nur bis zum Ural und Kaukasus und bewohnt noch feuchtere Biotope, sumpfige Wiesen von den Niederungen bis in Höhen von 2000 m. Der Falter fliegt im Juli und August aus. Die Raupe lebt vom Herbst bis zum Frühling anfangs auf Wiesenknopf, später in Ameisennestern.

Familie Lycaenidae — Bläulinge

1 Philotes baton Brgstr. — Graublauer Bläuling. 20—25 mm. In West-, Süd-und Mitteleuropa verbreitet. Gehört zu den zeitigsten Frühjahrsbläulingen und fliegt von April bis Juni, in der zweiten Generation von Juli bis September aus. Meistens ist er Gast an trockeneren Stellen, die mit Thymian bewachsen sind, auf dessen Blüten er sich gern niederläßt. Auf dieser Pflanze lebt ebenfalls die Raupe. Wir finden den Falter auch recht hoch in den Bergen, wo er bis in 2000 m Höhe aufsteigt; er kommt aber nirgends besonders zahlreich vor, sondern tritt eher lokal auf. In letzter Zeit verschwindet er.

2 Scolitantides orion Pall. — Fetthennenbläuling. 22—28 mm. Wurde im Stromgebiet der Wolga beschrieben und weist ein interessantes Verbreitungsareal auf. Eine Zone erstreckt sich von Spanien über Mittel- und Südeuropa östlich bis nach Japan, die andere Zone liegt im Norden, in Südskandinavien. Der Falter hat zwei Generationen, von denen die erste im zeitigen Frühjahr erscheint, die zweite im Juli und August. In kälteren Klimagebieten entwickelt sich nur eine Generation. Der Schmetterling fliegt auf trockenen, sonnenbeschienenen Hängen. Die Raupe lebt auf Großer und Weißer Fetthenne. Die Puppe der zweiten Generation überwintert.

3 Plebejus argus L. — Geißkleebläuling. 20—23 mm. Das Areal dieses Bläulings erstreckt sich über ganz Europa und Asien bis nach Japan (mit Ausnahme der nördlichsten Gebiete). Innerhalb dieser großen Fläche bildet der Falter eine ganze Reihe geographischer Formen aus. Er gehört zu den zahlreichsten Arten, und manchmal konzentrieren sich Hunderte von Exemplaren auf dem feuchten Boden an Bächen, auf austrocknenden Pfützen u.ä. Der Falter fliegt auf feuchten Wiesen, auf Heideland und anderswo in der offenen Landschaft. Die Raupen leben auf Schmetterlingsblütlern und sind gewöhnlich von Ameisen umgeben. Jährlich bilden sich im Mai, Juni, Juli und August zwei Generationen aus.

4 Vacciniina optilete Knoch — Heidelbeerbläuling. 22—25 mm. In Mittel- und Nordeuropa und der kälteren Zone Asiens bis nach Japan verbreitet. Er ist ein typischer Bewohner der Torfmoore, im Norden lebt er in der Tundra. In Mitteleuropa treffen wir ihn nur inselartig an. Er bildet jährlich eine Generation, die von Juni bis August ausfliegt. Die Raupe (4b) lebt auf verschiedenen Arten der Gattung *Vaccinium*, vor allem auf der Rauschbeere, und überwintert (Abb. 4c-Puppe).

5 Aricia agestis Schiff. — Dunkelbrauner Bläuling. 22—27 mm. Zeigt keinerlei Spur einer Blaufärbung und ist darüber hinaus der Art *A. artaxerxes* F. sehr ähnlich, mit der er lange Zeit verwechselt wurde. Deshalb ist auch sein Verbreitungsgebiet nicht genau bekannt. Es erstreckt sich offensichtlich von Frankreich über Europa und das gemäßigte Asien bis zum Amur. Der Schmetterling bildet jährlich zwei Generationen. Die erste fliegt von April bis Juni, die zweite von Juli bis September. Die Raupen leben auf Reiherschnabel, Storchschnabel und Sonnenröschen.

6 Cyaniris semiargus Rott. — Waldbläuling. 25—30 mm. Typischer Bewohner der Vorgebirge, in den Bergen steigt er bis auf 2500 m. Wir finden ihn meistens in gegliederter, mit kleineren Wäldern durchsetzter Landschaft, wo er auf feuchten, blütenreichen Wiesen umherfliegt. Sein Verbreitungsgebiet erstreckt sich von Marokko über ganz Europa und Asien bis zur Mongolei. Meistens bildet er nur eine Generation, die von Mai bis Juli ausfliegt. In wärmeren Gebieten kann im August und September noch eine zweite Generation auftreten. Die Raupe überwintert. Sie ernährt sich von Klee, Wundklee, Steinklee, Kronwicke u.ä.

Familie Lycaenidae — Bläulinge

1 Agrodiaetus damon SCHIFF. — Grünblauer Bläuling. 34—38 mm. Diese Art kommt nur an wenigen Stellen in Europa und Asien bis hin zur Mongolei vor. Sie ist überall selten. Wir treffen den Falter in bergiger Landschaft von unterschiedlicher Höhe bis zu 2500 m an. Er bevorzugt Biotope mit kalkiger Unterlage und bildet im Juli und August eine Generation. Die Raupe lebt im Frühjahr auf Esparsette. Schon die Gegenwart dieser Pflanze, die auf trockenen Hängen und steinigen Feldern wächst, verdeutlicht den Charakter des Biotops, den der Schmetterling bewohnt. Ameisengast.

2 Plebicula amanda SCHN. — Prächtiger Bläuling. 30—35 mm. Ist in der ganzen gemäßigten Zone Europas und Asiens bis zur Mongolei und vielleicht noch weiter östlich verbreitet. Seltene Art, die nur stellenweise auf trockenen, blütenreichen Wiesen und Hängen in den Niederungen und Vorgebirgen vorkommt. Die Raupe lebt auf Vogelwicke und überwintert. Ameisengast. Die einzige Generation fliegt von Ende Juni bis August aus.

3 Meleageria daphnis SCHIFF. — Braungefleckter Bläuling. 30—35 mm. Gehört zu den schön gefärbten, wärmeliebenden Bläulingen und weist auffallenden Geschlechtsdimorphismus auf. Das Männchen ist strahlend hellblau, das Weibchen ist brauner und trägt auf den lappigen Flügeln dunkelblaue Schuppen oder blaue Zonen. Der Falter bildet eine Generation und fliegt von Juni bis August aus. Wir treffen ihn meistens auf kalkigen, mit Blumen bestandenen, trockenen Böden im Hügelland. Die Raupe lebt auf Tragant, Esparsette, Hornklee u.ä. Sie überwintert. Der Schmetterling ist im wärmeren Europa und im Osten bis zum Iran verbreitet.

4 Lysandra coridon PODA — Silbergrüner Bläuling. 30—35 mm. Offensichtlich auf Europa beschränkt, bewohnt aber auch hier die südlichsten und kältesten Gebiete nicht. Er tritt an trockenen, sonnigen Stellen in Steppen und Baumsteppen auf und bevorzugt kalkige Unterlagen. Seine einzige Generation fliegt von Juli bis September. Die gefärbten Männchen tauchen etwas eher auf als die braunen Weibchen. Die Raupen leben auf Schmetterlingsblütlern, zum Beispiel auf Kronwicke und Hufeisenklee. Sie überwintern. Der Silbergrüne Bläuling wird in letzter Zeit selten.

5 Lysandra bellargus ROTT. — Himmelblauer Bläuling. 27—32 mm. In den wärmeren Teilen Europas und in Vorderasien bis zum Irak und Iran verbreitet. Lebt auf trockenen, sonnigen Biotopen mit kalkiger Unterlage und bildet jährlich zwei Generationen aus. Die erste Generation erscheint im Mai und Juni, die zweite von Juli bis September. Deutlicher Geschlechtsdimorphismus: Das Männchen trägt himmelblaue Flügel mit weißen, schwarzgetupften Fransen, das Weibchen ist braun. Der Schmetterling kommt überwiegend in den Niederungen vor, fliegt aber auch in den Bergen bis zu Höhen von 2000 m auf. Die Raupe lebt auf Schmetterlingsblütlern, vor allem auf Hufeisenklee. Sie überwintert.

6 Polyommatus icarus ROTT. — Hauhechelbläuling. 25—30 mm. Gehört zu den am häufigsten vorkommenden Bläulingen und hält sich auch gut in der Zivilisationslandschaft. Das hängt vielleicht damit zusammen, daß die Raupe (6b) unter anderem auch auf Luzernenklee lebt, der als Futtermittel angebaut wird. Das Verbreitungsgebiet dieser Art erstreckt sich über die ganze paläarktische Region bis zum Stillen Ozean und erfaßt sowohl die Niederungen als auch die Gebirge bis in 2000 m Höhe. Entsprechend der klimatischen Verhältnisse am Standort bilden sich eine bis drei Generationen aus, die sich überdecken. Die Raupen überwintern.

Familie Hesperiidae — Dickkopffalter

1 Pyrgus malvae L. — Malvenwürfelfalter. 18—22 mm. Mit Ausnahme der nördlichsten Gebiete Europas in der gesamten gemäßigten Zone der paläarktischen Region verbreitet. Er lebt an grasbewachsenen, blütenreichen Stellen und bildet jährlich von April bis August zwei Generationen. Die Raupe lebt noch im Herbst. Die Puppe überwintert.

2 Pyrgus serratulae Rʙʀ. — Schwarzbrauner Würfelfalter. 22—25 mm. In den wärmeren Gebieten Europas und in Asien bis hinter den Baikalsee verbreitet. Tritt lokal an trockenen und felsigen Stellen im Hügelland auf und bildet jährlich eine Generation, die von Mai bis Juli ausfliegt. Die Raupe lebt im Herbst und überwintert. Sie ernährt sich von Fingerkraut und Beifuß.

3 Pyrgus fritillarius Pᴏᴅᴀ — Dunkelbrauner Dickkopffalter. 27—33 mm. Im ganzen wärmeren und mittleren Europa und bis nach Mittelasien verbreitet. Fliegt von Mai bis August in zwei Generationen in steppenartigen Landschaften und waldlosen, sonnenbeschienenen Stellen aus. Er kommt nur lokal begrenzt vo.', tritt doch an recht zahlreichen Standorten auf. In den Bergen steigt er bis zu 2200 m auf. Die Raupen leben am Ende des Sommers auf Fingerkraut, Eibisch und Malve.

4 Spialia sertorius Hꜰꜰᴍꜱɢ. — Roter Würfelfalter. 22—24 mm. In Nordafrika, Süd- und Mitteleuropa, weiter über Mittelasien bis zum Amur verbreitet. Er lebt von den Niederungen bis in Höhen gegen 2000 m an trockenen, warmen Stellen. Er bildet jährlich zwei Generationen, von denen die erste von Mai bis Juni und die zweite von Juli bis August erscheint. Die Raupe lebt auf Wiesenknopf, Brombeere und Fingerkraut. Sie überwintert.

5 Carcharodus alceae Eꜱᴘ — Malvenfalter. 23—30 mm. Lebt in Nordafrika, Süd- und Mitteleuropa und ist in Osten bis nach Mittelasien verbreitet. Bewohnt sonnige, trockene Biotope und grasbewachsene Enklaven inmitten der Felder. Seine 2—3 Generationen gehen ineinander über, so daß der Falter von April an praktisch ununterbrochen bis zum September fliegt. Die Raupe (5b) lebt auf Malve und Eibisch. Sie überwintert.

6 Carcharodus lavatherae Eꜱᴘ. — Strauchpappeldickkopf. 25—32 mm. In Europa und Afrika ähnlich verbreitet wie der Malvenfalter, reicht im Osten aber nur bis Kleinasien. Lokal auftretende und seltene Art, die wir meistens im Hügelland auf sonnigen, blütenreichen Hängen mit kalkiger Unterlage antreffen können. Der Falter bildet von Juni bis August eine Generation. Die Raupe lebt auf Bergziest und überwintert.

7 Erynnis tages L. — Dunkler Dickkopffalter. 23—26 mm. Fehlt zwar in Nordeuropa, ist sonst aber von Westeuropa über ganz Europa und Asien bis nach China verbreitet. Er ist einer der am häufigsten vorkommenden Dickkopffalter, und wir treffen ihn überall an trockenen, mit Gras bewachsenen Stellen und steppenartigen Landschaften. Er bildet jährlich zwei Generationen. Die erste fliegt zeitig im Frühling, die zweite im Juli und August aus. Die Raupe lebt auf Mannstreu, aber auch auf Hornklee und Kronwicke.

8 Heteropterus morpheus Pᴀʟʟ. — Finsterling, Buchenwalddickkopffalter. 30—35 mm. Fehlt in Süd- und Nordeuropa, tritt sonst inselartig von Spanien über Europa und Asien bis nach Korea auf. Wir finden ihn an Stellen mit recht verschiedenem Charakter, manchmal auf feuchten Wiesen, manchmal in trockeneren Grasbiotopen und auf Lichtungen. Von Mai bis Anfang Juli jährlich eine Generation. Die Raupe lebt auf verschiedenen Gräsern und überwintert.

Familie Hesperiidae — Dickkopffalter

1 Carterocephalus palaemon PALL. — Gelbwürfeliger Dickkopffalter. 22—28 mm. Es handelt sich hier um eine Art der Wälder der gemäßigten Klimazone, die deshalb auch in Südeuropa fehlt. Im Osten erstreckt sich das Areal des Falters über ganz Asien und erfaßt auch Nordamerika. Wir treffen den Falter auf Wiesen und grasigen Lichtungen, oft auch in Bergtälern, wo er bis zu Höhen gegen 1500 m aufsteigt. Seine einzige Generation fliegt von Anfang Mai bis Juli. Die Raupe lebt vom Herbst bis zum Frühjahr auf verschiedenen Gräsern, vor allem auf Trespe. In den letzten Jahren ist der Falter an seinen ursprünglichen Standorten stark zurückgegangen und in der Kulturlandschaft zur Seltenheit geworden.

2 Thymelicus acteon ROTT. — Mattscheckiger Braundickkopffalter. 22—25 mm. In Nordafrika, in Süd- und Mitteleuropa und weiter nach Osten bis nach Kleinasien verbreitet. Der Falter ist wärmeliebend und hält sich auf Dürrböden und Steppenland auf. Wir können ihn schon im Mai entdecken, ansonsten ist er eine spätere Art, deren Flugzeit im Juli und August liegt. Der Falter bildet jährlich eine Generation. Die Raupe lebt auf verschiedenen Grasarten.

3 Thymelicus lineola O. — Gestrichelter Braundickkopffalter. 22—26 mm. Mit Ausnahme des äußersten Nordens ist dieser Dickkopffalter von Nordafrika über ganz Europa und Asien bis in den Fernen Osten verbreitet. Er gelangte auch, wohl vom Menschen verschleppt, nach Nordamerika. Seine einzige Generation lebt von Juni bis August auf trockenen Wiesen, Lichtungen und Kahlschlägen. An Korbblütlern, zum Beispiel an Kratzdisteln, Disteln und Flockenblumen Nektar. Er läßt sich auch auf feuchtem Boden nieder, um dort Wasser aufzunehmen. Die Raupe lebt von April bis Mai auf verschiedenen Gräsern. Das Ei überwintert.

4 Thymelicus sylvestris PODA — Ockergelber Braundickkopffalter. 24—27 mm. Der westliche Teil des Verbreitungsgebiets dieses Falters entspricht dem Areal der vorangegangenen Art, der östliche Teil reicht jedoch nicht weiter als bis zum Iran. Dieser Schmetterling ist einer der häufigsten Dickkopffalter. Er lebt von Juni bis August in einer Generation. Wir treffen ihn überall in grasigen, verhältnismäßig trockenen Biotopen mit reichem Blütenwuchs und auch auf Kahlschlägen und Waldwegen an. In den Bergen steigt er bis zu 2000 m auf. Die Raupe lebt auf verschiedenen Gräsern und überwintert.

5 Hesperia comma L. — Kommafalter. 25—30 mm. Reicht im Norden weiter als die vorangehende Art, und sein gesamtes Areal ist viel größer; es erstreckt sich über ganz Asien bis nach Nordamerika. Auch in den Bergen steigt der Falter bis zu 2500 m auf. Er bildet von Juni bis September eine Generation und fliegt in ähnlichen Biotopen wie der Ockergelbe Braundickkopffalter. Die Raupe ernährt sich von verschiedenen Gräsern und überwintert.

6 Ochlodes venatum BREMER et GREY — Rostfarbiger Dickkopffalter. 25—32 mm. Sieht dem Kommafalter sehr ähnlich. Sein Verbreitungsgebiet ist nach Norden verschoben. Er fehlt in Nordafrika und taucht dafür in Skandinavien auf. Im Osten endet das Areal in Japan. Die mitteleuropäische Population wird zur ssp. *septentrionale* VRTY gezählt. Der Falter fliegt von Juni bis August auf grasigen Biotopen und steigt in den Bergen bis zu 2000 m Höhe auf. Die Raupe lebt auf verschiedenen Gräsern und überwintert.

Familie Arctiidae — Bärenspinner

1 Nola cucullatella L. — Kapuzenbärchen. 16—18 mm. Europäische Art, die in anderen Gebieten fehlt. Gehört ebenso wie die folgenden Arten zu den kleinen Bärenspinnern, die oft in einer selbständigen, kleineren Familie, den *Nolidae*, zusammengefaßt werden. Der Falter bildet eine Generation, die im Juni und Juli ausfliegt. Die kleinen borstigen Raupen (1b) können wir im Frühjahr oft auf Apfelbäumen finden.

2 Celama confusalis H. S. 16—18 mm. Von Europa bis nach Japan verbreitet. In den Bergen steigt er bis zur Buchenwaldgrenze auf. Seine einzige Generation fliegt zeitig im Frühjahr im April und Mai aus. Stellenweise kann im August auch noch zum Teil eine zweite Generation auftreten. Die Raupe lebt den Sommer über auf Eichen und Hainbuchen. Die Puppe überwintert.

3 Cybosia mesomella L. 25—33 mm. In der wärmeren Zone Europas, vor allem in Südosteuropa weiter in Richtung zum Südural hin verbreitet. Bewohnt entweder Biotope mit sandiger Unterlage oder feuchte, torfige Wiesen und lockere Wälder. Eine Generation im Jahr. Die Raupe lebt auf Leberblümchen und überwintert.

4 Miltochrista miniata Forst. 23—27 mm. Von Frankreich bis nach Japan verbreitet. Bewohnt Laub- oder Mischwälder und fliegt von Juni bis August aus. Die Raupe benagt die Flechten auf Baumstämmen und überwintert.

5 Eilema lurideola Zinck. 28—35 mm. In der Waldzone der gesamten Paläarktis verbreitet. In den Bergen ist er zahlreicher. Seine einzige Generation fliegt entsprechend den klimatischen Verhältnissen von Juni bis September aus. Die Raupe ernährt sich von Baumflechten und überwintert.

6 Eilema complana L. — Flechtenspinner. 28—35 mm. In der gemäßigten Zone Europas und weiter nach Osten über die nördlichen Teile Kleinasiens bis nach Transkaukasien zu Hause. Er ist häufig und hält sich an warmen, trockenen Orten und in lichten Wäldern auf. Die überwinternde Raupe lebt auf Flechten. Der Falter fliegt von Juni bis August in einer Generation aus.

7 Atolmis rubricollis L. 25—35 mm. In Mittel- und Nordeuropa und in Asien bis zum Amur verbreitet. Stellenweise kommt die Art häufig vor, weist dabei eine minimale Variabilität auf und bildet jährlich nur eine Generation. Der Falter fliegt von Mai bis Juli in Laub- und Nadelwäldern aus. Die Raupe lebt im Herbst auf Baumflechten. Die Puppe überwintert.

8 Spiris striata L. — Habichtskrautbär. 30—35 mm. Bewohnt ganz Europa, Kleinasien und das wärmere Asien. Im Süden und Osten tauchen oft dunkle Exemplare auf (f. *melanoptera*). Die einzige Generation fliegt von Mai bis August aus. Die Raupe ist polyphag und überwintert.

9 Coscinia cribraria L. — Veilchenbär. 30—35 mm. In der gemäßigten Zone Europas und im Osten bis zum Ural verbreitet. Meistens bewohnt der Veilchenbär Heideland oder Hochwald, in dem Heidekraut wächst und wo oft sandige Unterlagen vorhanden sind. Diese Art tritt ziemlich lokal auf und ist nicht zahlreich, sie tendiert zur Ausbildung lokaler Formen. Der Falter fliegt von Juni bis Anfang August. Die Raupe lebt auf Heidekraut und Schwingel. Sie überwintert.

Familie Arctiidae — Bärenspinner

1 Phragmatobia fuliginosa L. — Rostbär, Zimtbär. 30—35 mm. Gehört zu den häufigsten Bärenspinnern. Oft fliegt er zum Licht, und seine Raupe können wir überall in der Natur finden. Er ist in der ganzen paläarktischen Unterregion verbreitet und reicht im Fernen Osten bis nach Japan. Er fliegt auch hoch in den Bergen. Seine zwei Generationen tauchen von April bis Juni und von Juli bis September auf. Die ausgewachsene Raupe überwintert. Sie ist polyphag und verpuppt sich gleich nach dem Überwintern in einem weichen Kokon auf dem Boden, in Spalten, unter Steinen u. ä.

2 Eucharia casta Esp. — Waldmeisterbär. 27—32 mm. Diese wärmeliebende Art ist in Süd- und Mitteleuropa verbreitet und reicht im Osten bis zum Ural. Wir treffen sie auf sonnigen Hängen oder in lichten Laubwäldern an. Ihre einzige Generation fliegt im Mai aus. Die Raupen leben den Sommer über auf Waldmeister und Labkraut. Die Puppen überwintern. Der Falter ist sehr variabel.

3 Parasemia plantaginis L. — Wegerichbär. 32—38 mm. In ganz Europa und Asien bis nach Japan verbreitet. Er weist einen auffallenden Geschlechtsdimorphismus auf: Die Männchen sind gelblich, die Weibchen rötlich gefärbt. In den höheren Berglagen sind die Männchen weißlich (f. *hospita* — 3c). Die Raupe überwintert halberwachsen, sie ernährt sich von verschiedenen Kräutern. Der Falter fliegt von Mai bis Juli in einer Generation in grasreichen, feuchten Biotopen auch über der Waldgrenze aus.

4 Spilosoma lubricipeda L. — Weiße Tigermotte, Minzenbär (= *S. menthastri* Esp.) 30—42 mm. Diese Art fliegt von Mai bis Juli in den Niederungen und auch in den Bergen. Ihr Verbreitungsgebiet erstreckt sich über das ganze nichtpolare Europa und Asien. Sie lebt vor allem außerhalb des Waldes und in Biotopen mit wuchernder Vegetation. Im äußersten Süden fehlt dieser Falter. Seine Raupe (4b) ist polyphag. Die Puppe überwintert.

5 Spilosoma luteum Hfn. — Gelbe Tigermotte, Holunderbär. 28—40 mm. Tritt in Europa und in Asien bis nach Korea auf. Eine Generation, die im Juni und Juli, also später als die vorangehende Art, auf Steppen, Feldern und Ruderalgelände ausfliegt. Die Raupe (5b) ist polyphag, die Puppe (5c) überwintert.

6 Hyphantria cunea Drury — Amerikanischer Webebär. 25—40 mm. Dieser Schmetterling stammt aus Amerika und wurde während des Zweiten Weltkrieges nach Europa verschleppt. Seit jener Zeit hat er sich im ganzen wärmeren Mittel- und Südosteuropa angesiedelt. Seine zwei Generationen fliegen im Mai und Juni und im August aus. Die Raupen (6b) sind polyphag und schädigen oft Obstbäume. Sie leben anfangs in Nestern zwischen versponnenen Blättern, später kriechen sie vor dem Verpuppen auseinander. Die Puppe (6c) der zweiten Generation überwintert versponnen zwischen Zweigen, in verschiedenen Spalten, unter der Rinde u. ä.

7 Cycnia mendica Cl. — Graubär. 28—38 mm. In der gemäßigten Zone Europas und Asiens bis zum Altai verbreitet. Er bildet jährlich eine Generation, die im Frühjahr von April bis Juni vor allem in grasreichen Biotopen der Niederungen ausfliegt. Die Raupe ist polyphag. Die Puppe überwintert.

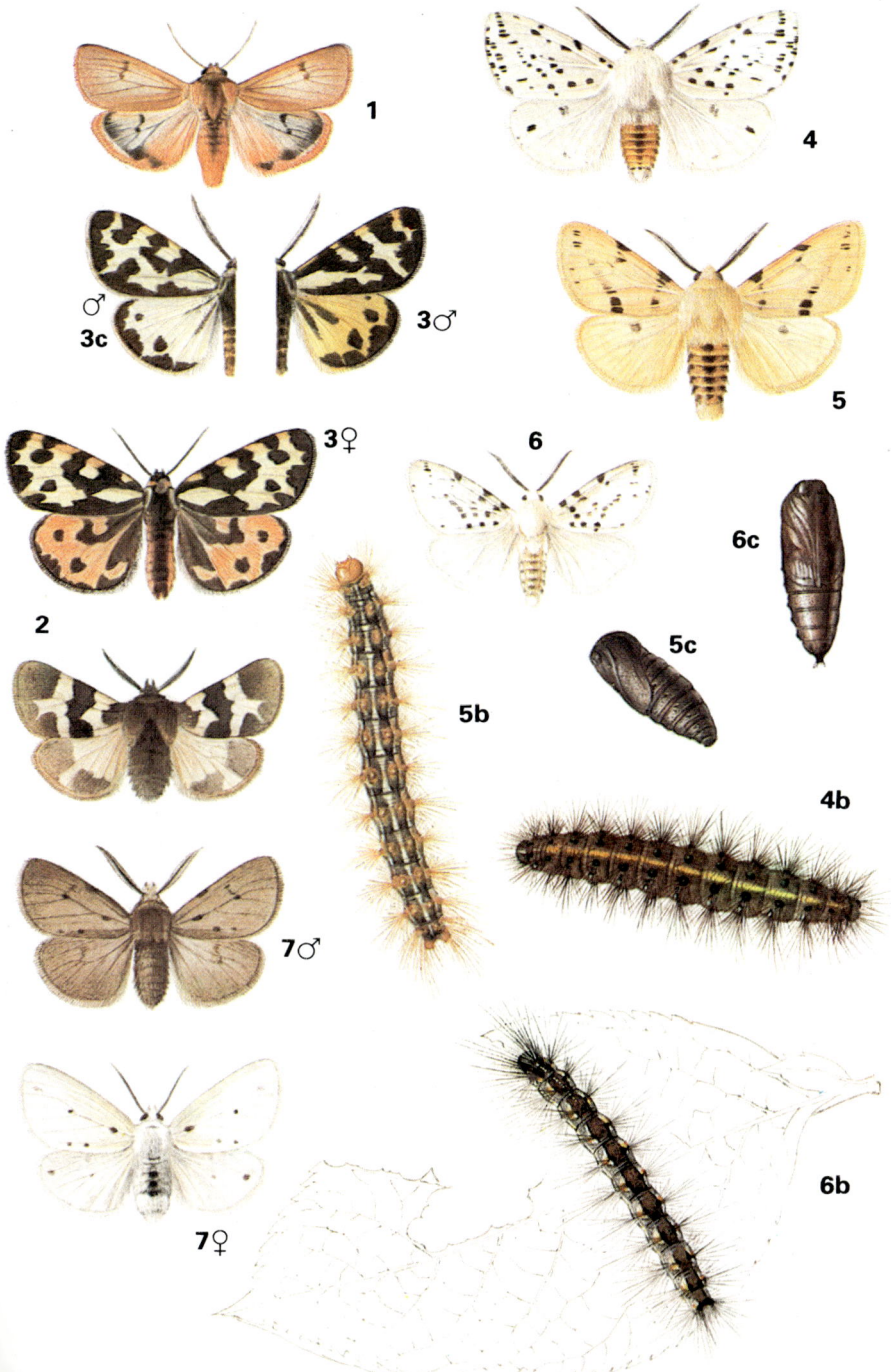

1

4

3c ♂

3♂

3♀

5

2

6

6c

5b

5c

4b

7♂

7♀

6b

Familie Arctiidae — Bärenspinner

1 Rhyparia purpurata L. — Stachelbeerbär. 38—48 mm. In der ganzen gemäßigten und warmen Zone Europas und Asiens verbreitet, im Osten bis nach Japan. Sehr variable Art, die an trockenen Orten und in den warmen Lagen niedriger Gebirge lebt. Der Falter erscheint im Juni und Juli, im Süden manchmal noch mit einer Generation im September. Die Raupe (1b) ist polyphag, bevorzugt aber Labkraut, Brombeeren und Wegerich. Sie überwintert fast erwachsen.

2 Diacrisia sannio L. — Rotrandbär. 33—45 mm. In ganz Europa zahlreich, in Asien bis zum Altai. Am häufigsten in den Niederungen, wir können ihn aber auch hoch in den Bergen bis zu 2400 m antreffen. Die Männchen fliegen nachts zum Licht, sind aber bei sonnigem Wetter tagaktiv. Wir begegnen ihnen auf trockenen Hängen, Kahlschlägen, Wiesen und Lichtungen. Die Weibchen sind nur wenig beweglich, flugunfähig und tragen oft leicht reduzierte Flügel. Diese Art bildet in Europa praktisch ohne Unterbrechung von April bis August eine bis zwei Generationen. Die Raupe ist polyphag und überwintert.

3 Arctinia caesarea Goeze — Trauerbär. 35—40 mm. Wärmeliebend und inselartig über Mittel- und Südeuropa und weiter nach Osten bis nach Japan verbreitet. In zwei Generationen in trockenen, grasigen und steppenartigen Landschaften. Die erste Generation fliegt im Mai und Juni, die zweite im August. Die Raupe ist polyphag. Die Puppe überwintert. Der Schmetterling zeigt eine interessante Aktivität: Er fliegt bald am Abend zum Licht und dann erst wieder in der Morgendämmerung. Er gehört zu den Arten, die in den letzten Jahren selten werden.

4 Hyphoraia aulica L. — Olivbrauner Bär, Hofdame. 30—38 mm. Über ganz Europa und Mittel- und Ostasien verbreitet, aber überall verhältnismäßig selten. Darüber hinaus ist er in den letzten Jahren an vielen Stellen verschwunden. Er bewohnt warme, blütenreiche Biotope und bevorzugt dabei sandige Unterlagen. Die Entwicklung der Raupen eines Geleges verläuft recht unterschiedlich, und es kann geschehen, daß einige Exemplare, die sich rascher entwickeln, noch teilweise eine zweite Generation bilden. In der Regel hat der Falter aber nur eine Generation, die von Mai bis Juli ausfliegt. Die Raupen (4b) sind polyphag und überwintern halberwachsen. Die Zeichnung des Falters ist sehr variabel, und es wurden viele individuelle Abweichungen beschrieben.

5 Thyria jacobaeae L. — Blutbär, Jakobskrautbär. 32—42 mm. In ganz Europa und Kleinasien verbreitet, dringt bis Mittelasien vor. Wir treffen ihn in wärmeren und auch kühleren Wiesen- und Steppenbiotopen an, und in den Bergen steigt er bis ungefähr 1600 m auf. Lokale und nirgends recht häufige Art, deren einzige Generation von Mai bis Juli ausfliegt. Die gelbschwarz geringten Raupen (5b) sind unter den Bärenspinnern ungewöhnlich, denn sie leben, was für sie charakteristisch ist, in Gruppen. Sie ernähren sich von Feld- und Waldkreuzkräutern. Bis zum Sommerende wachsen sie heran und verpuppen sich dann. Die Puppe überwintert.

1

4b

4

4c

3

5b

2♂

2♀

2♀

5

1b

Familie Arctiidae — Bärenspinner

1 Pericallia matronula L. — Augsburger Bär. 65—80 mm. In der gemäßigten Zone Europas und Asiens bis zum Amur verbreitet, aber überall sehr lokal und selten. Darüber hinaus konnte er an vielen Stellen, wo er im vergangenen Jahrhundert gefangen wurde, nicht mehr gefunden werden, so daß der Schmetterling offensichtlich allmählich ausstirbt. Zahlreicher kommt er noch in Osteuropa und den Tälern des Karpatengebiets vor, wo er Laubwälder mit reichem Unterholzwuchs bewohnt. Er ist sehr veränderlich. Diese individuelle Variabilität wurde aber wegen der Seltenheit des Falters noch nicht ausreichend erforscht. Die einzige Generation fliegt im Juni und Juli aus. Die Männchen entwickeln nicht nur Nachtaktivität, sondern fliegen bei sonnigem Wetter auch vormittags aus. Die Weibchen sind schwerfällig. Die Raupe ist polyphag. Wir finden sie sowohl auf Sträuchern wie auch auf Kräutern. Sie wächst sehr langsam, so daß sie anscheinend zweimal überwintert und sich erst dann im Frühling verpuppt.

2 Arctia caja L. — Brauner Bär. 45—65 mm. In ganz Europa, Asien und Nordamerika verbreitet und bewohnt sowohl die Niederungen und Kulturlandschaften als auch die Gebirge bis in Höhen von 2000 m. Am häufigsten taucht er in den Vorgebirgslagen um 600 m auf. Die Variabilität des Falters ist so groß, daß wir kaum zwei Exemplare finden, bei denen sich die Zeichnung bis ins Detail gleicht. Die Veränderlichkeit richtet sich einerseits auf eine Unterdrückung der schokoladenfarbenen Töne, und die Falter sind dann sehr hell (2c), andererseits auf eine Unterdrückung der hellen Flügelteile, und die dunkle Zeichnung verschwimmt bis auf einige unbedeutende helle Flecken (2d) ineinander. Auch die Zeichnung der Hinterflügel ist variabel. Interessant ist f. *lutescens,* die anstatt der roten eine gelbe Färbung zeigt. In einigen Gebieten sind die farbigen Abweichungen beständiger, und so konnten einige geographische Rassen beschrieben werden. Der Braune Bär bildet jährlich eine Generation, die im Juni und August ausfliegt. Interessant ist der nächtliche Flugrhythmus der Falter. Sie fliegen das Licht erst gegen Mitternacht an, erscheinen dann aber plötzlich in großer Zahl. Tagsüber sitzen sie zwischen Gräsern und Kräutern, und wir können sie trotz der bunten Färbung nicht sehr oft finden. Die Raupe (2b) ist polyphag und überwintert halberwachsen, weshalb sie dann im Frühjahr besonders gefräßig ist. Sie hat manchmal auch Schäden an Gemüse in den Gärten und an Feldkulturen verursacht und wurde deshalb in das Verzeichnis der schädlichen Raupen aufgenommen. Tatsächlich ist sie aber wirtschaftlich ohne Bedeutung.

3 Epicallia villica L. — Schwarzer Bär. 45—60 mm. In den wärmeren Teilen Europas und Asiens annähernd bis zur geographischen Länge von Armenien verbreitet. An den Standorten ist der Falter sehr zahlreich und fliegt oft zum Licht. Seine Variabilität steht der des Braunen Bären nicht nach. Es wurden eine große Anzahl individueller Formen und einige geographische Rassen beschrieben. Auffallend ist zum Beispiel f. *radiata,* bei der sich die einzelnen Tupfen zu zusammenhängenden Bändern verbinden. Anders verhält es sich wieder bei f. *paucimacula,* wo die Flecken der Vorderflügel fast ganz verschwinden. Der Schwarze Bär bildet jährlich eine Generation. Die Falter fliegen im Mai und Juni in warmen steppen- und waldsteppenartigen Biotopen. Die Raupen (3b) überwintern ähnlich wie bei den anderen Bärenspinnern und sind polyphag. Sie ernähren sich von verschiedenen niedrigen Pflanzen. Das Puppenstadium im Frühling ist nur kurz.

1

2

2b

3b

2c   2d

3

Familie Arctiidae — Bärenspinner

1 Ammobiota festiva Hfn. — Englischer Bär, Wolfsmilchbär (= *A. hebe* L.) 45−60 mm. Wärmeliebend und bewohnt sandige und kalkige Orte, sonnige Hänge und Ödland in Mittel- und Südeuropa. Im Osten über die wärmeren Gebiete Asiens bis in die Mandschurei verbreitet. Färbung und Zeichnung des Falters sind sehr variabel, und es gibt eine Unzahl von Formen und Übergängen, von denen einige offensichtlich als geographische Rassen gewertet werden können. In Südeuropa sind diese Schmetterlinge zum Beispiel intensiv schwarzrot gefärbt (1c), während sie in Mitteleuropa meistens nur graue und rosa Töne (1) zeigen. Die Falter der einzigen Generation fliegen im Mai. Die Raupe (1b) ist polyphag. Sie wächst im Sommer heran, überwintert und verpuppt sich dann sofort im Frühjahr. Man kann die Raupen an sonnigen Tagen im Frühling sammeln, wenn sie sich auf dem Boden wärmen. Dieser schmucke Falter ist in den letzten Jahren an vielen Standorten in Mitteleuropa verschwunden. Er übersteht anscheinend die Zivilisationsprozesse und Eingriffe in sein natürliches Biotop nur sehr schlecht. Viele Raupen kommen auch im Frühjahr beim Abbrennen der Grasflächen um.

2 Callimorpha dominula L. — Spanische Fahne. 45−55 mm. In Europa in der gemäßigten Zone verbreitet; sein Gebiet endet östlich im Kaukasus. Er gehört (gemeinsam mit der folgenden Art) zu den wenigen Bärenspinnern, bei denen die Mundwerkzeuge ausgebildet sind, und die auf blühenden Pflanzen Nektar suchen. Er bevorzugt feuchtere Wälder und Wälder mit Lichtungen, auf denen Brennesseln und Himbeeren wachsen. Ihm sagen auch Weiden und die Umgebung von Siedlungen zu, wo der Boden mit Stickstoff angereichert zu sein pflegt, oder mit üppiger Vegetation versehene Bachtäler. In den Tälern kann der Falter bis über die obere Waldgrenze gelangen. Oft scheucht man ihn aus dem wuchernden Pflanzenwuchs um die Gebirgsbäche auf. Er ist tag- und nachtaktiv und sehr scheu. Seine einzige Generation fliegt von Mai bis Juli aus. Die Raupe überwintert im Jugendstadium und wird erst im Frühjahr erwachsen (2b). Sie lebt auf verschiedenen Pflanzen, oft auf Brennesseln. Der Grüne Bär ist sehr variabel und bildet viele Formen. Besonders interessant ist f. *flavia*, bei der die rote Färbung überall durch Gelb ersetzt wird. Einige Formen haben den Charakter von Unterarten, wie zum Beispiel ssp. *pompalis* Nitsche aus den Tälern der Südalpen, bei der die hellen Tupfen der Vorderflügel reduziert und die schwarzen Zeichnungen der Hinterflügel erweitert sind.

3 Euplagia quadripunctaria Poda — Russischer Bär. 42−52 mm. Das Verbreitungsgebiet dieses Falters ist gegenüber dem der vorangehenden Art nach Süden verschoben. Trotzdem treffen wir ihn noch ziemlich hoch in den Bergen an, wohin er durch tiefe Täler vordringt. Am häufigsten taucht er in Baumsteppengebieten mit vor allem kalkiger Unterlage auf. Die Falter konzentrieren sich an feuchten Stellen, wo sie auf Wasserdost, Disteln und anderen im Spätsommer blühenden Pflanzen Nektar saugen. Dieser Schmetterling ist eine typische Erscheinung des Spätsommers, denn seine einzige Generation fliegt von Juli bis September. In Südeuropa kommt es zeitweise in den Tälern zu einer massenhaften Konzentration von Imagines, die dann mit ihren Körpern die Vegetation bedecken. Die Raupen schlüpfen im Herbst aus den Eiern. Sie überwintern und wachsen im Frühling heran (3b). Sie sind polyphag.

1c

1

2b

3b

2

3

1b

2c

Familie Ctenuchidae (= Syntomidae) — Widderbären

1 Syntomis phegea L. (= *Amata p.*) — Weißfleckenwidderchen, Ringelwidderchen. 35—40 mm. Dieser Falter ist im ganzen wärmeren Europa, vor allem im Süden verbreitet und bewohnt auch Kleinasien und weiter über Armenien das Areal bis zum Altai. Er bildet eine Generation, die verhältnismäßig lange, von Juni bis August fliegt. Die Imagines tauchen an sonnigen Tagen an warmen, blütenreichen Hängen und an Waldrändern auf. Sie lassen sich gern auf blühendem Dost nieder. Die Raupe (1b) lebt auf verschiedenen Kräutern und überwintert. Im Frühling verpuppt sie sich dann nach einer kurzen Fraßzeit.

2 Dysauxes ancilla L. — Braunwidderchen. 22—25 mm. Diese Art ist auf Europa beschränkt, wo wir sie stellenweise in warmen, lockeren Wäldern und Baumsteppen vor allem in den unteren Lagen antreffen. Sie bildet im Jahr eine Generation, die im Juli und August ausfliegt. Die Falter sind tagaktiv, fliegen aber manchmal auch nachts. Die Raupen überwintern im Jugendstadium. Sie ernähren sich von Moos, weichem Laub und Kräutern.

3 Dysauxes punctata L. 18—23 mm. Dieser wärmeliebende Falter bewohnt Eichenwälder und Baumsteppen in Südeuropa, auf dem Balkan und in Kleinasien. Sein Verbreitungsgebiet reicht im Osten bis nach Armenien. Er ist sehr variabel und wurde in mehreren individuellen Formen und geographischen Rassen beschrieben. Der Falter fliegt im Mai und Juni. Die Raupe überwintert. Sie lebt auf Baumflechten, aber angeblich auch auf den Blüten von Pflanzen.

Familie Endrosidae — Flechtenbären

4 Comacla senex Hb. 15—20 mm. In Mittel- und Nordeuropa verbreitet; das Verbreitungsgebiet reicht im Osten bis zum Ural. Im Norden bewohnt er ein zusammenhängendes Areal, weiter südlich kommt er inselartig vor. Er lebt von Juni bis August in kalten oder wenigstens feuchten torfigen Biotopen und ist stellenweise zahlreich. Die Puppe überwintert. Sie ernährt sich von Flechten und Moosen, die im Gras wachsen, vor allem aber von Leberblümchen.

5 Endrosa roscida Schiff. 23—27 mm. Wärmeliebende Art, verstreut über die wärmeren Gebiete Europas und Asiens bis zum Altai. Sie fliegt in trockenen, grasbewachsenen Biotopen und bildet zwei Generationen, die erste von Mai bis Juni, die zweite im August. Die Raupe überwintert. Sie frißt àn verschiedenen Flechten, die auf Stämmen, Steinen und auf dem Boden wachsen.

6 Philea irrorella Cl. — Steinflechtenbärchen. 27—33 mm. Tritt in Mittel- und Nordeuropa auf und steigt in den Bergen bis auf 1500 m. Im Osten bis nach Ostasien verbreitet. Jährlich entwickelt sich nur eine Generation, die von Juni bis August auf Lichtungen, Vorgebirgswiesen und Waldrändern ausfliegt. Die Raupe ernährt sich von Flechten und überwintert.

7 Pelosia muscerda Hfn. 24—28 mm. Stellenweise in Europa und Asien verbreitet, kommt jedoch überall nur selten vor. Das hängt mit seinem Lebensraum zusammen, der immer mehr verschwindet. Der Falter bewohnt feuchte und sumpfige Wiesen und feuchte Lichtungen. Seine einzige Generation fliegt von Ende Juni bis Anfang August. Die Raupen ernähren sich von Flechten und überwintern.

8 Pelosia obtusa H. S. 24—28 mm. Die seltene Art taucht stellenweise in Mittel- und Osteuropa und in Asien bis in das südliche Ussurigebiet auf. Wir treffen den Falter meistens auf Röhrichtbeständen und feuchten Wiesen an, über seinen Biotop ist jedoch nicht viel bekannt. Die Flugzeit ist so ausgedehnt, daß es sich um zwei Generationen handeln könnte. Die Nährpflanze der Raupe ist ebenfalls nicht bekannt. Vielleicht ist es Schilfrohr.

Familie Lymantriidae — Trägspinner, Schadspinner

1 Dasychira fascelina L. — Kleespinner. 35—45 mm. Dieser Trägspinner ist in Nord- und Mitteleuropa verbreitet und reicht östlich bis nach Mittelasien. In den Bergen steigt er bis zu 1000 m auf. Er ist veränderlich und bildet geographische Formen. In Norddeutschland lebt zum Beispiel ssp. *callunae* PEETS. Sie ist heller und zeigt eine scharfe Zeichnung. Die alpine ssp. *alpina* KITT ist dunkler. Die einzige Generation des Falters fliegt von Juni bis Mitte August. Die Puppe überwintert. Sie ist polyphag.

2 Dasychira abietis SCHIFF. — Fichtenträgspinner. 43—45 mm. Wir finden diesen Spinner in den Vorgebirgen Mittel- und Nordeuropas, in den Gebirgen über der Fichtenwaldgrenze und im Osten in den höheren Lagen der Karpaten. Es handelt sich um eine lokale Art, die überall recht selten ist. Der Schmetterling fliegt im Juni und Juli aus. Die Raupe lebt am Ende des Sommers. Sie überwintert halberwachsen, vollendet ihre Entwicklung im Frühling und frißt Kiefern- und Tannennadeln.

3 Dasychira pudibunda L. — Rotschwanz, Streckschwanz. 40—45 mm. Gehört zu den häufigen Arten und ist überall in der gemäßigten Zone Europas und Asiens bis nach Japan verbreitet. Bewohnt Laubwälder, Parks und Gärten und fliegt dort im Mai und Juni, seltener mit einer zweiten Generation im September aus. Diese Art ist sehr variabel. Oft kommt die einfarbige, graue, zeichnungslose Form f. *concolor* STGR. vor. Die Raupe (3b) lebt vom Sommer bis zum Herbst auf verschiedenen Laubbäumen und Sträuchern. Die Puppe überwintert.

4 Orgyia recens HB. — Schlehenspinner. 25—30 mm. Bewohnt Laub- und Mischwälder und Waldsteppen der gesamten nördlichen und gemäßigten Zone der Paläarktis. Er fehlt nur in den wärmsten Gebieten. In den Gebirgen steigt er bis über die Waldgrenze in Höhen gegen 2000 m auf. Entsprechend den klimatischen Verhältnissen bildet der Schmetterling jährlich im Norden und in den Bergen eine, an anderen Standorten 2—3 Generationen, die von Juni bis Ende Oktober ausfliegen. Die Eier überwintern. Die Raupen (4b) sind polyphag. In Baumschulen werden sie als schädlich angesehen. Der Falter zeigt einen auffallenden Geschlechtsdimorphismus. Das Männchen fliegt zickzackartig und rasch und ist nacht- und tagaktiv. Beim Weibchen sind die Flügel verkümmert, es kann also nicht fliegen und gleicht einem mit Eiern gefüllten Faß. Das Weibchen wird sofort nach dem Schlüpfen neben dem lockeren Kokon der Puppe befruchtet, auf dem es dann sein ganzes reiches Gelege von gelbgrauen Eiern anbringt.

5 Hypogymna morio L. 20—25 mm. In Mittel- und Osteuropa verbreitet. Tritt lokal in trockenen, grasreichen Biotopen auf, ist aber an den Standorten sehr zahlreich. Die Männchen fliegen bei sonnigem Wetter niedrig über dem Pflanzenwuchs und suchen die Weibchen. Diese sind mit ihren verkümmerten Flügeln flugunfähig. Die einzige Generation des Schmetterlings lebt von Mai bis Juli. Die Raupen (5b) überwintern in den Grasbüscheln und ernähren sich dann vor allem von Gräsern. Bei der Häufigkeit ihres Auftretens verursachen sie auf den Wiesen manchmal Schäden.

6 Arctornis L-nigrum MUELL. — Schwarzes L. 35—45 mm. Dieser Falter ist in der Laubwaldzone der ganzen paläarkt. Unterregion verbreitet. Er fliegt in einer Generation im Juni und Juli aus. Die Raupe überwintert in der vierten Entwicklungsphase und wächst im Frühling heran (6b). Sie lebt auf verschiedenen Bäumen, vor allem auf Buchen, Birken, Pappeln u. ä. Das Männchen sowie das Weibchen haben dieselbe Flügelfärbung. Das Weibchen hat im Unterschied zu dem Männchen kurze kammartige Fühler und einen viel mächtigeren Hinterleib.

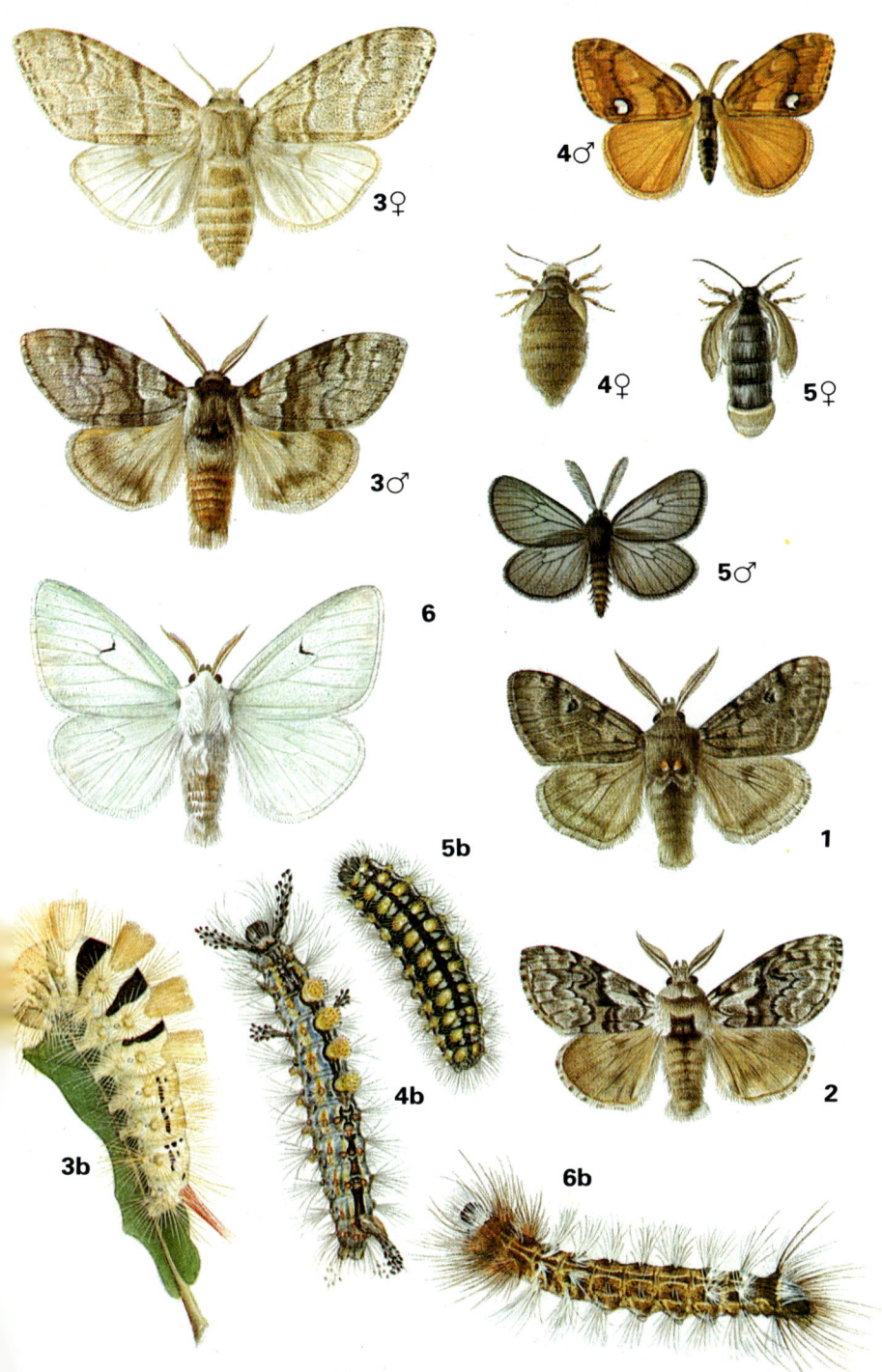

3♀

4♂

4♀   5♀

3♂

5♂

6

1

5b

2

3b   4b   6b

Familie Lymantriidae — Trägspinner, Schadspinner

1 Leucoma salicis L. — Pappelspinner, Weidenspinner. 37—50 mm. Über ganz Europa bis nach Ostasien verbreitet. Der Pappelspinner bewohnt vor allem die wärmeren Niederungen und bildet im Jahre eine Generation, die im Juni und Juli ausfliegt. Die Raupen (1b) überwintern im Jugendstadium. Im Frühling sind sie am gefräßigsten. Sie leben auf Weiden, Pappeln und anderen Bäumen, die sie oft völlig kahl fressen. Die Raupen spielen also auch als Waldschädlinge eine Rolle. Obwohl diese Art nicht besonders variabel ist, wurden einige interessante Formen beschrieben. Während die Nominatform durchscheinende Flügel mit lockerem Schuppenbesatz hat, zeigt f. *candida* Flügel, die dicht mit weißen Schuppen besetzt sind, und f. *nigrociliata* einen schwarzen Flügelsaum.

2 Lymantria dispar L. — Schwammspinner. 32—55 mm. Ernsthafter Schädling der Laubbäume auf der ganzen nördlichen Halbkugel. 1869 wurde er zu Versuchszwecken nach Nordamerika eingeführt. Er entkam aus der Zucht und vermehrte sich rasch. In den Jahren, in denen es zu Massenvermehrungen kommt, sind die Baumstämme mit den Gelegen des Falters übersät. Die Eier sind dabei mit hellen Borsten vom Hinterleib des Weibchens bedeckt, und die Gelege sind dadurch weithin als helle Tupfen sichtbar. Beim Schwammspinner besteht ein auffallender Geschlechtsdimorphismus und darüber hinaus noch eine große Variabilität in Zeichnung und Färbung. Der Falter ist tagsüber aktiv. Die Männchen fliegen heftig und zickzackförmig, die Weibchen sind sehr schwerfällig. Jährlich entwickelt sich nur eine Generation, die von Juni bis August ausfliegt. Die Eier überwintern, und die Raupen (2b) nähren sich im Frühjahr von den Blättern der Eichen, Pappeln und anderer Bäume.

3 Lymantria monacha L. — Nonne. 30—50 mm. In der gemäßigteren Zone Europas und Asiens bis weit nach Osten verbreitet. Ihr Verbreitungsgebiet ist gegenüber dem vorangehenden Art weiter nach Norden und höher in die Berge verschoben. Die Nonne wurde Anfang des Jahrhunderts zur Geißel der Fichtenmonokulturen in Mitteleuropa. Die Raupe ist jedoch polyphag und nährt sich auch ganz gut auf Laubgehölzen. Das Weibchen unterscheidet sich vom Männchen in der Größe und Färbung. Die Zeichnung ist sehr variabel, und manchmal kommen dunkelfarbige Exemplare (f. *atra* — 3c) vor. Die Nonne bildet jährlich nur eine Generation, die nachts vom Juli bis September fliegt. Die Eier überwintern, die Raupen leben im Frühling.

4 Euproctis chrysorrhoea L. — Goldafter. 28—38 mm. In wärmeren Gebieten Europas und über Kleinasien bis nach Transkaukasien verbreitet. Eine Art der Laubwälder, die sich auch an die Kulturlandschaft angepaßt hat. Sie bildet eine Generation, die von Juni bis August fliegt. Das Weibchen hat einen mächtigen Hinterleib mit gelbbraunen Borsten, mit denen es dann das Gelege überdeckt. Die kleinen Raupen spinnen sich im Herbst im Geäst der Bäume einen birnenförmigen Kokon, in dem sie überwintern, um dann im Frühling ihre Entwicklung zu vollenden (4b). Sie leben in großer Zahl zusammen. Als Nahrung dient ihnen von den Waldbäumen vor allem Eiche, von den Obstbäumen Kirsche, Birne, Pflaume u. a. Sie fressen die Bäume kahl und gehören zu den gefährlichen Schädlingen der Forstwirtschaft, in Obstgärten und Alleen.

5 Porthesia similis Fssl. — Schwan. 28—35 mm. Seltener als der Goldafter und nur in kälteren Gebieten häufiger. Von Juni bis September eine, manchmal zwei Generationen. Die junge Raupe überwintert. Wir finden sie im Verlaufe des Frühjahrs meistens einzeln auf verschiedenen Laubbäumen und Sträuchern.

2♂

1

2♀

2b

3c

3♀

4♂

4♀

4b

1b

5♂

Familie Noctuidae — Eulenfalter

1 Euxoa obelisca Schiff. 30—40 mm. Dieser Falter gehört in die Gruppe der untereinander sehr ähnlichen Eulen, von denen viele lange nicht als selbständige Arten angesehen wurden, und die auch heute noch schwer zu unterscheiden sind. Er ist im gemäßigten und wärmeren Europa verbreitet und reicht im Osten bis nach Mittelasien. Die Falter der einen Generation fliegen im August und September in trockeneren, vor allem sandigen und kalkigen Biotopen. Die Eier überwintern. Die Raupen leben im Frühjahr, sie sind polyphag.

2 Euxoa nigricans L. — Schwarzeule. 28—35 mm. In der gemäßigten Zone Europas und Asiens bis zum Amur verbreitet und steigt bis auf 1000 m Höhe. Bildet im Jahr eine Generation und fliegt von Juli bis Anfang September aus. Die Eier überwintern, die polyphagen Raupen leben im Frühling. .

3 Euxoa aquilina Schiff. — Getreideeule. 30—35 mm. Kommt in Europa und Asien, von den Niederungen bis zu den Vorgebirgen überall zahlreich auf Feldern und Steppen vor. Ihre einzige Generation fliegt im Juli und August. Die Eier überwintern. Die Raupen leben im Frühjahr. Sie sind polyphag und schädigen manchmal Getreide.

4 Agrotis vestigialis Hfn. (*Scotia v.*) — Kiefernsaateule. 30—35 mm. Tritt stellenweise im ganzen nichtpolaren Europa auf und ist bis nach Südrußland verbreitet. Sie ist an Biotope mit sandiger Unterlage gebunden. Hier fliegt sie im Juli und August aus. Die Falter sind in der Zeichnung und Färbung sehr veränderlich. Die Raupen ernähren sich von Graswurzeln und Wurzeln der Baumsämlinge. \

5 Agrotis segetum Schiff. (*Scotia s.*) — Saateule. 27—40 mm. In den Landwirtschafts- und Steppengebieten Europas und Asiens verbreitet. Auch in Südafrika bekannt. Dem Klima entsprechend bildet sie 1—2 Generationen aus. Die Raupen überwintern ausgewachsen. Die Falter fliegen von Mai bis Juli und von August bis Oktober. Ihre Färbung ist sehr veränderlich. Die Raupen (5b) sind polyphag und gehören zu den schlimmsten Schädlingen in der Landwirtschaft.

6 Agrotis exclamationis L. (*Scotia e.*) — Gemeine Graseule. 30—40 mm. Dieser Falter ist eine der häufigsten Eulen in der gemäßigten und warmen Zone der Paläarktis. Er bildet jährlich von Juni bis September eine Generation. In den wärmsten Gebieten kann ausnahmsweise im Herbst noch eine zweite Generation auftreten. Die Raupen sind polyphag und überwintern ausgewachsen. Trotz ihrer Vielzahl spielen sie in der Landwirtschaft eine geringere Rolle, denn sie leben eher auf wilder Vegetation.

7 Agrotis ipsilon Hfn. (*Scotia i.*) — Ypsiloneule. 35—50 mm. Dank ihrer Wanderungsfähigkeiten ist diese Eule in der ganzen Welt verbreitet. Sie überwintert in Mitteleuropa nicht, sondern fliegt von April bis Juli hier an. Während des Sommers entwickeln sich schnell die Raupen (7b), auch das Puppenstadium dauert nur kurz, und die Falter schlüpfen und fliegen von August bis in den späten Herbst aus. Dann verschwinden sie allmählich wieder und fliegen vielleicht nach Süden. Bei feuchtem Wetter sind die Raupen auf den Feldern und in Gemüsegärten schädlich.

8 Ochropleura praecox L. 35—40 mm. Diese lokal vorkommende und recht seltene Eule ist in den sandigen Gebieten Europas und Asiens verbreitet. Ihre einzige Generation fliegt von Juli bis September. Die Raupen überwintern. Sie sind polyphag.

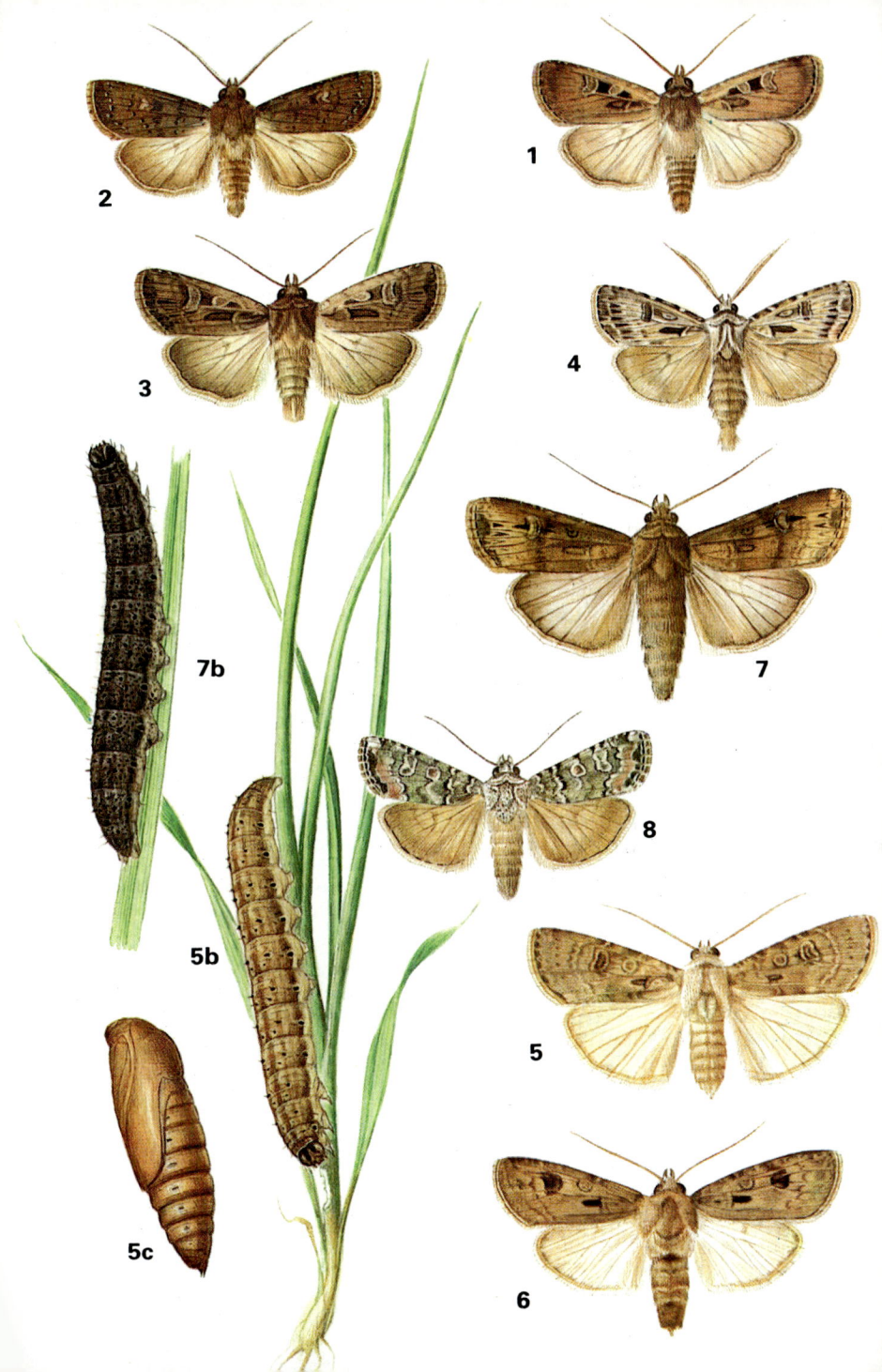

Familie Noctuidae — Eulenfalter

1 Ochropleura plecta L. — Violettbraune Erdeule. 25—30 mm. Wurde durch Gemüsetransporte über die ganze Welt verschleppt. Sie bildet zwei Generationen, die von Mai bis Juli und von Juli bis September in den Landwirtschaftsgebieten und Wiesenländern der Niederungen und Vorgebirge ausfliegen. Sie sucht feuchtere Biotope mit saftiger Vegetation auf. Die Puppe überwintert. Die Raupe ist polyphag.

2 Eugnorisma depuncta L. 30—35 mm. Dieser Falter ist in Nord- und Mitteleuropa verbreitet und reicht im Osten bis nach Mittelasien. Er taucht in den Niederungen auf, ist aber in den Vorgebirgen häufiger; dort steigt er bis 1000 m auf. Er bewohnt grasreiche Biotope in den Wäldern und Vorgebirgswiesen. Der Schmetterling fliegt im Juli und August aus. Die Raupe überwintert. Sie ist polyphag.

3 Chersotis cuprea Schiff. 28—35 mm. In den Vorgebirgen und Gebirgen Mittel- und Nordeuropas und der ganzen gemäßigten Zone Asiens bis nach Kamtschatka verbreitet. Die Imagines tauchen im Juli und August auf und fliegen manchmal auch tagsüber um die Blüten. Die junge Raupe überwintert, sie ernährt sich von den verschiedensten Wiesenpflanzen.

4 Noctua pronuba L. — Hausmutter. 45—55 mm. Gehört mit den folgenden Arten zu den Eulen mit ausdrucksvollen gelben Hinterflügeln. Die Vorderflügel sind in verschiedenen Tönen gefärbt, bei den Männchen sind sie dunkler, bei den Weibchen heller. Diese Art ist mit Ausnahme der nördlichsten Gebiete in der ganzen Paläarktis verbreitet. Sie tritt zahlreich auf. In Europa bildet diese Eule nur eine einzige Generation, die sehr lange, vom Juni bis in den Herbst ausfliegt. Die Angaben über das Auftreten zweier Generationen in Mitteleuropa sind falsch. Die Weibchen verbringen den Sommer mit gedämpfter Aktivität (sie aestivieren), und die Eier entwickeln sich in den Eierstöcken erst im August, wenn die kritische Tageslänge ungefähr 15 Stunden unterschritten hat. Die Raupen (4b) überwintern. Sie sind polyphag und gelegentlich im Gemüseanbau schädlich.

5 Noctua comes Hb. — Primeleule. 37—45 mm. Unter drei sehr ähnlichen Arten am häufigsten (*N. orbona* Hfn., *N. interposita* Hb.). Die Weibchen aestivieren und legen ihre Eier am Sommerende ab. Die Raupen überwintern. Sie sind polyphag. Wir treffen diesen Falter meistens in Ackerbaugebieten und auf Wiesenland in den Niederungen und Vorgebirgen an. Er ist ziemlich veränderlich.

6 Noctua fimbriata Schreb. — Gelbe Bandeule. 45—55 mm. Kommt in Mittel- und Südeuropa zahlreich vor, im Norden ist sie verhältnismäßig selten. Im Osten erstreckt sich ihr Verbreitungsgebiet über die nördlichen Teile Kleinasiens und endet in der Kaukasusgegend. Der Falter bildet eine Generation, die von Juni bis September ausfliegt. Die jungen Raupen überwintern. Man kann sie bei künstlicher Beleuchtung, die täglich länger als 15 Stunden dauert, bis zum Verpuppen weiterzüchten. Die Falter zeigen bei Männchen und Weibchen eine unterschiedliche Färbung der Vorderflügel, was bei den Eulen selten vorkommt. Die Vorderflügel der Männchen sind darüber hinaus noch verschieden getönt — rötlich, gründlich, bräunlich (6 ♂), bei den Weibchen sind sie gelbgrau.

7 Noctua janthina Schiff. 30—40 mm. Diese wärmeliebende Art ist in den Niederungen der wärmeren Gebiete Europas verbreitet und dringt im Südosten nach Asien vor. In den Bergen fehlt sie. Die einzige Generation fliegt von Juli bis September aus. Die Raupen sind polyphag und überwintern halberwachsen.

4c

4♀

2

3

6♀

6♂

5

7

1

4b

Familie Noctuidae — Eulenfalter

1 Opigena polygona Schiff. 35—40 mm. Der Falter ist mit Ausnahme der Polargegenden in ganz Europa verbreitet. Im Osten reicht er bis nach Sibirien. Er ist ein Wanderfalter, der offensichtlich südliche, warme Gebiete dauerhaft bewohnt und sich im Norden nur während des Sommers entwickelt. Davon zeugen Funde zweier Generationen dieses Falters. Die erste Generation taucht von April bis Juni auf, die zweite von August bis weit in den Herbst hinein. Die Raupe ist polyphag.

2 Graphiphora augur F. — Parklandeule. 35—42 mm. Dieser Eulenfalter ist von Europa bis nach Japan verbreitet und siedelt auch in Nordamerika. In den wärmsten Gebieten der paläarktischen Region fehlt er. Die einzige Generation fliegt von Ende Juni bis Anfang August. In den niederen Lagen taucht der Schmetterling stellenweise recht häufig auf, fliegt aber auch hoch in die Berge hinauf. Die Raupe (2b) überwintert. Sie ist wie bei den meisten Eulen polyphag.

3 Lycophotia porphyrea Schiff. 25—30 mm. Bewohnt verstreut die ganze paläarkt. Unterregion von Europa bis Japan und reicht von den Niederungen bis in Höhen von 2000 m. Die Raupe (3b) ernährt sich von Heidekraut, womit das Verbreitungsgebiet dieser Art festliegt. Der Falter fliegt im Juni und Juli. Die Raupe überwintert.

4 Diarsia mendica Schiff. 28—35 mm. Der Falter ist in den Waldgebieten Europas und Asiens bis zur Mongolei und nach Kamtschatka verbreitet. Er ist überaus variabel, und es wurden viele individuelle Formen und geographische Rassen beschrieben. Die enzige Generation fliegt von Juni bis August aus. Sie taucht in den Niederungen früher, in den Bergen später auf. Die Raupe überwintert. Wir finden sie in lockeren Wäldern und auf Wiesen auf Schlüsselblumen und anderen breitblättrigen Kräutern.

5 Diarsia brunnea Schiff. 35—38 mm. In Nord- und Mitteleuropa verbreitet und reicht östlich über den Ural und das Altaigebirge bis nach Ostasien. Die Falter der einzigen Generation fliegen von Mitte Juni bis August in den Niederungen und Bergen bis ungefähr 1500 m Höhe. Die Raupe überwintert und ernährt sich von verschiedenen Kräutern und Sträuchern. Wir können sie an Frühlingsabenden auf dem ausschlagenden Grün finden.

6 Diarsia rubi View. 28—33 mm. Diese unauffällige Eule bewohnt Wiesen und lockere Wälder. Vereinzelt finden wir sie auch an trockeneren, warmen Orten, wirklich häufig tritt sie aber in feuchten Vorgebirgsbiotopen und in den Bergen bis in ungefähr 2000 m Höhe auf. Sie ist im nichtpolaren Europa und in Asien bis weit nach Osten verbreitet. Die ähnliche ssp. *florida* Schmidt ist Gegenstand von Auseinandersetzungen. Sie wird manchmal als selbständige Art angesehen. *D. rubi* bildet entsprechend des Klimas eine bis zwei Generationen. Die erste taucht von Mai bis Juni auf, die zweite von August bis September. Die polyphage Raupe überwintert.

7 Anomogyna speciosa Hb. — Grünlichgraue Erdeule. 37—45 mm. Zirkumpolar in der nördlichen Tundra verbreitet und kommt außerdem noch inselartig in den Gebirgen Mitteleuropas und Asiens in der natürlichen Fichtenwaldzone von 1000 bis 2000 m Höhe vor. An günstigen Standorten ist sie verhältnismäßig zahlreich. Wie die meisten der arktisch-alpinen Arten tendiert auch sie zur Bildung geographischer Rassen, wie es zum Beispiel im Norden ssp. *arctica* Zett oder den Hochalpen ssp. *obscura* sind. Darüber hinaus zeigt dieser Falter eine maßlose Variabilität. Hier ist zum Beispiel die dunkle f. *millieri* besonders beachtenswert. Sie stellt eine Art Negativ der normalen Färbung dar. Die Raupen überwintern sehr jung. Sie leben vor allem im Frühjahr und am Anfang des Sommers auf Heidelbeeren. Die Falter fliegen im Juli und August aus.

Familie Noctuidae — Eulenfalter

1 Amathes c-nigrum L. — C-Eule, Schwarzes C. 38—42 mm. Vielleicht die häufigste Eule überhaupt, wenigstens in den waldlosen niederen Lagen der gesamten nördlichen Halbkugel. Der Grund dafür besteht vielleicht darin, daß sich dieser Falter ausgezeichnet den Kulturlandbedingungen angepaß hat. In den Lichtfallen macht er bis 80% aller gefangenen Schmetterlinge aus. Er fliegt, mit Ausnahme einer kurzen Pause zwischen den zwei Generationen im Sommer, ununterbrochen von Mai bis Oktober. Die Raupe (1b) ist polyphag und überwintert halberwachsen im 3.—4. Entwicklungsstadium.

2 Amathes ditrapezium SCHIFF. 35—42 mm. Dieser Falter ist in der gemäßigten Zone Europas und Asiens bis zum Amur verbreitet. Er ist in den Niederungen zahlreich und steigt auch in die Berge bis zur Waldgrenze auf. Er bewohnt Steppen und Baumsteppen, die Wiesen der Vorgebirge und in Landwirtschaftsgebieten Waldränder und buschige Biotope. Die Falter der einzigen Generation fliegen von Juni bis Anfang August. Die polyphagen Raupen überwintern.

3 Amathes baja SCHIFF. 35—40 mm. Bewohner der Baumsteppen- und Waldzone; lebt in einem riesigen Verbreitungsgebiet, das sich von Europa über ganz Asien bis nach Nordamerika erstreckt. Eine äußerst variable Art. Die Grundfärbung wechselt von Grau zu Rotbraun und die Zeichnung von deutlich zu unerkennbar. Die einzige Generation fliegt im Juli und August. Die Raupen leben vom Herbst bis zum Frühjahr auf Heidelbeeren, Himbeeren und vielen anderen Pflanzen.

4 Amathes xanthographa SCHIFF. 32— 35 mm. Der Falter ist in den wärmeren Gebieten Mitteleuropas, in Südeuropa, Kleinasien und Persien zu Hause. Er kommt zahlreich auf dürrem Steppen- und Baumsteppenland vor, wo er im August und September ausfliegt. Die polyphage Raupe schlüpft erst im Frühjahr aus den Eiern und wächst Anfang des Sommers heran.

5 Naenia typica L. — Buchdruckereule. 33—40 mm. Diese Art ist verhältnismäßig selten und kommt nur einzeln vor, darüber hinaus geht sie in letzter Zeit merklich zurück. Wir treffen den Falter meistens in Vorgebirgslagen, aber auch an feuchten Stellen in den Niederungen an. Seine einzige Generation fliegt von Juni bis August. Die Raupe lebt polyphag vom Herbst bis zum Frühling auf verschiedenen Kräutern.

6 Eurois occulta L. — Große Heidelbeereule. 50—60 mm. Überall im Norden Europas und ganz Asiens verbreitet und vereinzelt auch in den Gebirgen und Vorgebirgen südlicher gelegener Gebiete. Die typische Art der Taiga, deren Verbreitungsgebiet bis an die Grenze der Tundra reicht. Sie bewohnt auch Alaska und Nordkanada. In Mitteleuropa begleitet sie die Fichtenwälder mit Heidelbeerwuchs. Die polyphagen Raupen überwintern klein und leben im Frühling gewöhnlich auf Heidelbeeren.

7 Anaplectoides prasina SCHIFF. — Grüne Heidelbeereule. 40—50 mm. In den Waldgebieten und Vorgebirgslagen Europas, Asiens und Nordamerikas zu Hause. Sie bewohnt die Taiga und dringt einerseits in die Tundra, andererseits auch in die Baumsteppen und in die Berge bis zu 2000 m Höhe vor. Der Falter ist sehr variabel, und seine typische grüne Färbung wechselt manchmal zu Rot, manchmal verschwindet sie ganz und der Schmetterling ist, wie zum Beispiel bei der nördlichen f. lugibris, graubraun. Die einzige Generation fliegt von Juni bis August. Die polyphagen Raupen leben vom Herbst bis zum Frühjahr.

8 Mesogona acetosellae SCHIFF. 35—40 mm. Der Falter bewohnt die wärmeren Teile Europas und Asiens bis zum Altai. Wir treffen ihn in Laubwäldern und Baumsteppen an. Es handelt sich um eine Spätsommerart, die im August und September ausfliegt. Das Ei überwintert, und die Raupe lebt im Frühjahr auf Schlehen, Eichen und anderen Sträuchern und Laubbäumen.

Familie Noctuidae — Eulenfalter

1 Anarta myrtilli L. — Heidekrauteule. 20—22 mm. Das Vorkommen dieser Eule ist in Europa an die Standorte des Heidekrauts gebunden. Sie fehlt in den Polargebieten, ist sonst aber sowohl in warmen als auch kälteren Lagen verbreitet. Entsprechend den klimatischen Verhältnissen bildet sie eine bis zwei Generationen. Wir treffen sie regelmäßig in Torfmooren an. Hier entwickelt sich aber immer nur eine Generation. Diese Art ist durch ihre Tagesaktivität besonders interessant. Sie fliegt nur bei sonnigem Wetter aus und bewegt sich dann sehr schnell. Die Raupen (1b) können wir trotz ihrer ausgezeichneten Schutzfärbung am Ende des Sommers auf Heidekraut finden. Sie sind oft von Parasiten befallen. Die Puppe überwintert.

2 Anarta cordigera Thbg. — Moorbunteule. 20—25 mm. Dieser Falter ist arktisch-alpin verbreitet. Er kommt im Norden der Tundra zusammenhängend, weiter südlich inselartig vor. Er bewohnt Europa, Asien und Nordamerika. In Mitteleuropa können wir ihn in den Hochgebirgen oder auf Torfmooren finden, wo das Mikroklima der Tundra entspricht. Der Falter hat eine Generation, die an sonnigen Tagen von Mai bis Juli heftig umherfliegt. Die Raupe lebt im Sommer auf Rauschbeere und vielleicht noch auf einigen anderen Moorpflanzen.

3 Discestra trifolii Hfn. — Kleefeldeule. 30—35 mm. In der gemäßigten Zone ganz Europas und Asiens verbreitet und auch aus Nordamerika bekannt. Fehlt im extremen Süden und Norden und auch in den höheren Bergen. Sie ist eine Art der Wiesen und Steppen und hat sich den landwirtschaftlichen Kulturen ausgezeichnet angepaßt. Dort richtet sie manchmal Schäden an. Sie bildet jährlich 2—3 Generationen, die von Mai bis Oktober ausfliegen. Die Raupe (3b) ist polyphag. Die Puppe überwintert.

4 Hada nana Hfn. — (= *H. dentina* Esp.). 30—35 mm. In Europa und in Asien bis in den Fernen Osten zu Hause. Sie bewohnt in ein bis zwei Generationen von Mai bis September wärmere und kältere Lagen. In den Bergen steigt sie manchmal bis über die Waldgrenze. Der Falter ist sehr variabel. Die Raupe lebt im Sommer und im Herbst und ist polyphag. Die Puppe überwintert.

5 Polia bombycina Hfn. 40—50 mm. Dieser Falter bewohnt ein riesiges Areal von Europa bis Nordamerika, lebt hier aber nur in der gemäßigten Klimazone und hält sich in Laubwäldern und Baumsteppen auf. Er ist auch in der Kulturlandschaft zahlreich. Seine einzige Generation fliegt im Juni und Juli aus. Die polyphagen Raupen überwintern und verpuppen sich im Frühling nach Abschluß der Fraßzeit.

6 Polia nebulosa Hfn. — Nebeleule. 45—55 mm. Ähnlich verbreitet wie die vorangehende Art. Wir finden sie auch recht hoch in den Bergen. Sie bewohnt die verschiedensten Biotope, Steppen, lichte Wälder und buschige Hänge oder am Täler mit reicher Vegetation. Jährlich entwickelt sich eine Generation, die von Ende Mai bis Juli ausfliegt. Die Raupen (6b) fressen an den verschiedensten Pflanzen. Erst nach dem Überwintern wachsen sie aus und verpuppen sich.

7 Pachetra sagittigera Hfn. 35—45 mm. Bewohnt die warmen Gegenden Europas und reicht im Osten bis nach Südsibirien. Wir treffen ihn in Steppen und Waldsteppen an, wo er jährlich eine, ausnahmsweise zwei Generationen bildet. Er fliegt im Mai und Juni und dann noch im August aus. Die Raupe ist polyphag. Sie lebt oft auf Schafgarbe. Die Puppe überwintert.

8 Heliophobus reticulata Gz. — Netzeule. 32—37 mm. In den wärmeren Gebieten Europas verbreitet, im Osten endet ihr Verbreitungsgebiet in Mittelasien. Eine Generation, die im Juni und Juli auf Wiesen, in Auwäldern und auf Ruderalgelände in der Umgebung menschlicher Behausungen umherfliegt. Die Raupen fressen an unreifen Samen, aber auch an Blättern verschiedener Nelkengewächse, vor allem an Seifenkraut, Leimkraut u.ä. Die Puppe überwintert.

Familie Noctuidae — Eulenfalter

1 Mamestra brassicae L. — Kohleule, Herzeule. 37—45 mm. In der gesamten Paläarktis von Westeuropa bis Japan verbreitet, bewohnt auch Nordamerika. Am häufigsten in den Niederungen, aber auch in den Bergen bis in 2000 m Höhe. Sie gehört zu den geläufigen Schädlingen in der Landwirtschaft, vor allem im Gemüseanbau. Die Kohleule bildet von Mai bis Oktober in kaltem Klima eine, unter wärmeren Verhältnissen zwei bis drei Generationen. Die Raupe (1b) ist polyphag. Die Puppe überwintert.

2 Mamestra persicariae L. — Schwarze Garteneule. 37—40 mm. In der gemäßigten Zone der gesamten Paläarktis verbreitet. Ihre einzige Generation fliegt von Mai bis August, die Raupen (2b) leben im Juli und August. Die Puppe überwintert. Die Variabilität der Art zeigt sich in der verschiedenartigen Färbung des nierenförmigen Flecks auf den schwarzen Flügeln. Bei f. *accipitrina* ist dieser Fleck rotbraun, bei f. *unicolor* ist er schwarz ausgefüllt. Die Raupen sind polyphag und gehören zu den Arten, die manchmal Gemüse anfressen.

3 Mamestra thalassina HFN. 35—38 mm. In Färbung und Zeichnung sehr veränderlich. In der Waldzone ganz Europas und Asiens verbreitet, steigt auch recht hoch in die Berge hinauf. Sie bildet jährlich eine, im Süden zwei Generationen. Die Flugzeit beginnt im Mai und dauert bis zum Juli. Die Raupen sind polyphag, sie leben auf Kräutern und auch auf einigen Bäumen. Die Puppe überwintert.

4 Mamestra suasa SCHIFF. 32—37 mm. Von Europa bis nach Nordamerika verbreitet. Sie lebt vor allem in den Niederungen in Aubiotopen, Waldsteppen und lichten Wäldern, hat sich gut der Zivilisationslandschaft, den Feldern, Gärten und Ruderalgeländen angepaßt und gehört zu den landwirtschaftlich bedeutenden Arten. Sie ist sehr variabel und bildet jährlich zwei Generationen, die erste im Mai und Juni, die zweite im August und September. Die Raupe wächst noch im Herbst heran, die Puppe überwintert.

5 Mamestra oleracea L. — Gemüseeule. 32—37 mm. In der Paläarktis verbreitet. Sie bildet von Mai bis September dem Klima entsprechend eine bis drei Generationen. Die Raupen sind polyphag. Die Puppe überwintert. Die Gemüseeule gehört zu den landwirtschaftlich wichtigen Arten.

6 Mamestra pisi L. — Erbseneule. 32—37 mm. Diese Vorgebirgsart ist in Mittel- und Nordeuropa und in Asien bis in den Fernen Osten verbreitet. In den Niederungen gehen ihre Bestände zurück. Die Flugzeit der einzigen Generation ist kurz, sie ist entsprechend der Höhenlage von Mai bis Juli verschoben. Die Raupen nähren sich polyphag und treten in zwei Formen auf. Sie sind braun (6b) oder grün und tragen gelbe Streifen. Wir finden sie im Sommer oft auf überwachsenen Stoppelfeldern, auf Klee, Erbse und Lein. Die Puppen überwintern.

7 Hadena rivularis F. — Bacheule. 27—30 mm. In den Niederungen und in den Vorgebirgen der gemäßigten Klimazone von Europa bis nach Ostasien verbreitet. Meistens treffen wir sie auf Wiesen und Hängen, wo die Raupen in den Samen von Leimkräutern leben. Von Mai bis August bilden sich eine bis zwei Generationen heraus. Die Puppe überwintert.

8 Hadena compta SCHIFF. — Nelkeneule. 25—30 mm. Dieser Falter ist in der ganzen Paläarktis bis nach Japan verbreitet, kommt jedoch nirgends häufig vor. Er ist in bezug auf das Ausmaß der weißen Flügelzeichnung sehr variabel. Die einzige Generation fliegt von Mai bis Juli. Die Raupen leben in den Samen von Leimkraut und Nelke. Die Puppe überwintert.

Familie Noctuidae — Eulenfalter

1 Eriopygodes imbecilla F. 22—28 mm. Diese Art der Gebirge und Vorgebirge tritt stellenweise zahlreich auf. Sie bewohnt feuchte Au- und Torfmoorbiotope in der Umgebung von Quellen. Der Falter kommt inselartig in Mittel- und Nordeuropa und östlich über den Ural und Sibirien bis zur Mongolei vor. Eine Generation, die im Juni und Juli ausfliegt. Die Raupe überwintert.

2 Tholera decimalis PODA. 32—45 mm. Dieser Falter bewohnt die Wiesen und Steppen der gesamten gemäßigten Zone Europas und Asiens. Wir finden ihn in trockeneren und feuchteren Biotopen, wo er im August und September ausfliegt. Die Raupen schlüpfen noch im Herbst und überwintern sehr jung. Sie leben auf verschiedenen Gräsern. Diese Eule gehört zu den wenigen Arten der Familie *Noctuidae*, bei denen das Männchen gekämmte Fühler trägt.

3 Panolis flammea SCHIFF. — Kieferneule. 30—33 mm. Im nichtpolaren Europa und Asien bis nach Japan verbreitet. Sie bewohnt im Süden und Norden die Nadelwälder der Niederungen und Gebirge immer nur mit einer Generation. Die Falter fliegen im April und Mai aus, die Raupen (3b) leben im Sommer gesellig auf Kiefern und anderen Nadelbäumen und verursachen im Wald oft schwere Schäden. Die Puppen liegen im Moos und in der Waldstreu an den Baumstämmen und überwintern.

4 Xylomiges conspicillaris L. 33—37 mm. In der ganzen gemäßigten und warmen Zone Europas und Asiens östlich bis zum Altai verbreitet. Eine Art der Wälder und Baumsteppen, die sich gegenwärtig in Stadtparks, Gärten und Obstplantagen ansiedelt. Die Falter sind sehr variabel. Die Kontrastform f. *melaleuca* (4c) und auch die bunte f. *intermedia* kommen sehr häufig vor. Die einzige Generation fliegt im April und Mai aus. Die Raupe entwickelt sich bis zum Sommer. Die Puppe überwintert.

5 Orthosia cruda SCHIFF. — Kleine Kätzcheneule. 25—30 mm. Gehört zu den am zahlreichsten auftretenden Frühlingseulen, die wir schon im März und April von den blühenden Weiden klopfen können. Ihre Grundfärbung schwankt von grau über gelblich bis rötlich. Die Männchen tragen gekämmte Fühler. Diese Art ist in ganz Europa bis ins Wolgagebiet und nach Armenien verbreitet. Sie bewohnt Au- und Laubwälder in den Niederungen und Bergen. Die Raupe entwickelt sich am Frühjahrsende auf Laubbäumen. Die Puppe überwintert.

6 Orthosia incerta HFN. 35—40 mm. Eine häufig vorkommende Frühlingsart. Sie erscheint schon an den ersten warmen Märztagen und stellt ihre Flüge Anfang Mai ein. Mit Ausnahme der Polargebiete in Europa, Asien und Amerika verbreitet. Ihre Färbung ist überaus variabel (z. B. f. *obscura* — 6c), und wir können kaum zwei gleiche Exemplare finden. Die Raupen leben im Frühling auf Laubbäumen, die Puppen liegen bis zum nächsten Frühjahr.

7 Orthosia gothica L. — Bräunlichgraue Frühlingseule. 30—35 mm. In der gesamten gemäßigten Zone der paläarkt. Unterregion verbreitet. Am zahlreichsten tritt sie in den Niederungen auf, kommt aber oft auch hoch in den Bergen vor. Sie fliegt zeitig im Frühjahr, von März bis Mai aus. Die Männchen tragen gekämmte Fühler, die Weibchen zeigen eine ausdrucksvollere Zeichnung. Die Raupen (7b) entwickeln sich im Frühling und fressen an verschiedenen Kräutern. Die Puppe überwintert. Jährlich entwickelt sich eine Generation.

8 Orthosia gracilis SCHIFF. 35—40 mm. Dieser Falter gehört ebenfalls zu den Frühlingsarten, fliegt aber von ganzen Gruppe der Gattung *Orthosia* am spätesten, von April bis Anfan Juni, aus. Er ist recht veränderlich, oft tauchen rosa gefärbte Exemplare auf. Auch zwischen Männchen und Weibchen können kleine Farbunterschiede festgestellt werden. Die Raupen (8b) entwickeln sich im Frühling zwischen den versponnenen Blättern verschiedener Kräuter, zum Beispiel Klee, Beifuß u.ä. Die Puppe überwintert im Boden.

Familie Noctuidae — Eulenfalter

1 Mythimna turca L. — Marbeleule. 37—45 mm. In der gemäßigten Zone der paläarkt. Unterregion verbreitet. Im Norden und in Gebieten mit feuchtem und kühlem Klima häufiger. Ihre einzige Generation (im Süden des Areals sind es zwei) fliegt von Juni bis Anfang August aus. Wir finden den Falter an den Rändern von Torfmooren, auf feuchten Wiesen und Heideland. Die Raupe überwintert. Sie frißt an verschiedenen Sumpfgräsern.

2 Mythimna conigera Schiff. 30—35 mm. In der ganzen gemäßigten Zone der paläarkt. Unterregion von Westeuropa bis Japan verbreitet. Fliegt von Juni bis August auf Lichtungen und Kahlschlägen, an Waldrändern und auf Wiesen aus, dort wo üppige Vegetation wuchert. Die Raupe ist polyphag und lebt vom Herbst bis zum Frühjahr. Erst dann verpuppt sie sich.

3 Mythimna ferrago F. 35—40 mm. Mit Ausnahme des extremen Nordens und Südens in ganz Europa bis nach Mittelasien verbreitet. Besonders häufig tritt sie in den wärmeren Gebieten Mitteleuropas auf. Der Falter fliegt von Ende Juni bis Mitte August mit Ausnahme zusammenhängender Wälder in den verschiedensten Biotopen. Die Raupe überwintert. Sie ernährt sich von verschiedenen weichen Gräsern.

4 Mythimna albipuncta Schiff. — Weißfleckeule. 30—35 mm. Gehört in den trockeneren, grasreichen Biotopen Mitteleuropas zu den zahlreichsten Eulenarten. Im Osten ist sie bis nach Mittelasien verbreitet. In den Berglagen geht sie stark zurück. Wir können sie trotzdem bis zu 1000 m Höhe antreffen. Zwei Generationen fliegen von Mai bis Juli und im August und September. Diese Art ist sehr veränderlich. Die Raupe der zweiten Generation überwintert. Als Nährpflanze dienen verschiedene Grasarten.

5 Mythimna pudorina Schiff. 35—38 mm. Bewohnt Mittel- und Nordeuropa, fehlt im extremen Süden, reicht im Osten bis nach Asien in das Amur-Ussuri-Gebiet. Bildet eine Generation, die von Ende Mai bis Juli fliegt. Nirgends kommt der Falter sehr zahlreich vor. Wir finden ihn in feuchten Biotopen, an Fluß- und Teichufern, auf sumpfigen Wiesen und Moorland. Die Raupe lebt vom Herbst bis zum Frühjahr auf Schilfrohr und anderen Sumpfgräsern.

6 Mythimna pallens L. — Weißadereule. 30—35 mm. Diese anspruchslose, zahlreich vorkommende Eule bewohnt sowohl trockene, steppenartige wie auch feuchte Wiesenbiotope. Sie steigt ziemlich hoch in die Berge auf, obwohl sie dort durch eine andere, ähnliche Art (*M. impura Hb.*) vertreten ist. Das Verbreitungsgebiet dieses Falters erstreckt sich über die ganze Paläarktis und Nordamerika. In kälteren Gebieten bildet er im Juli und August eine Generation, in wärmeren Gegenden hat er in der Zeit von Mai bis Oktober zwei. Die Raupen der zweiten Generation überwintern. Sie sind polyphag, bevorzugen aber verschiedene Gräser (6b).

7 Mythimna l-album L. — L-Eule, Weißes L. 30—35 mm. Wandert alljährlich aus den Subtropen Afrikas und West- und Mittelasiens. In Mitteleuropa und nördlicher überwintert sie nich. Der Anflug dauert von Mai bis Juli. Während des Sommers entwickelt sich eine Generation, deren Falter im Herbst bis zum Frostanbruch fliegen und dann allmählich verschwinden. Manchmal siedeln sie sich in Gewächshäusern an, wo sie in Kulturen Schäden verursachen können. Wo es das Klima erlaubt, überwintert die Raupe.

8 Leucania comma L. — Kommaeule. 32—37 mm. Diese Art ist im nichtpolaren, gemäßigten Europa und in Asien bis zum Amur verbreitet. Wir treffen sie an feuchteren Orten, vor allem auf Wiesen und Hängen und auch in lockeren, mit Gras bewachsenen Wäldern. Die Falter fliegen von Mai bis Juli, manchmal noch mit einer zweiten Generation von August bis Oktober aus. Die Raupen überwintern. Sie ernähren sich von verschiedenen Gräsern.

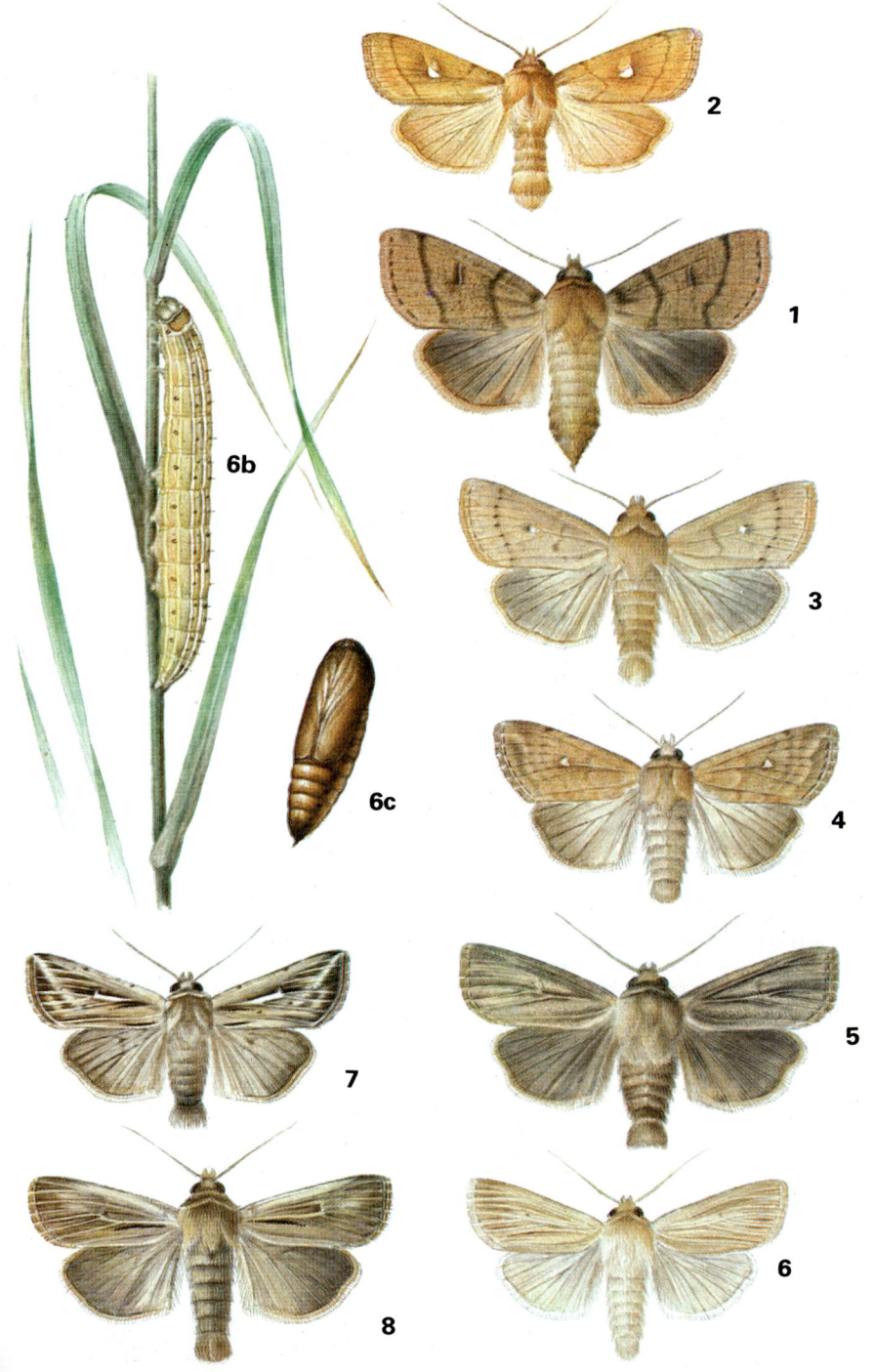

Familie Noctuidae — Eulenfalter

1 Cucullia fraudatrix Ev. 30—35 mm. Diese wärmeliebende Art ist in Mittel- und Südeuropa, im Osten in Asien bis zum Amur beheimatet. Die einzige Generation fliegt von Ende Juni bis Mitte August. Die Raupen entwickeln sich am Ende des Sommers auf Beifuß. Die Puppe überwintert. In den letzten Jahrzehnten hat sich diese Art erheblich nach Norden ausgebreitet. Wahrscheinlich sagen ihr die durch die Zivilisation bedingten Landschaftsveränderungen, bei denen Ruderalgebiete entstehen, zu.

2 Cucullia artemisiae HFN. — Beifußmönch. 37—42 mm. Ebenfalls auf den sandigen Böden im ganzen gemäßigten Europa und Asien bis zum Amur verbreitet. Die einzige Generation fliegt im Juni und Juli. Die Raupen können wir Ende August und im September auf blühendem Beifuß finden. Sie tragen eine sehr wirksame Schutzfärbung (2b). Die Puppen überwintern in festen Kokons aus Lehm und Pflanzenresten im Boden.

3 Cucullia absinthii L. 32—40 mm. Ähnlich verbreitet wie die vorangehende Art und hat auch die entsprechende Lebensweise. Die Falter fliegen im Juni und Juli aus. Die Raupen entwickeln sich Ende des Sommers auf Beifuß. Die Puppen überwintern. Die Raupen tragen ebenfalls eine Schutzfärbung (3b). Beide Arten treten stellenweise zahlreich auf und sind anderswo wieder sehr selten.

4 Cucullia chamomillae SCHIFF. 40—42 mm. Gehört zu den sehr frühen Arten. Ihre Flugzeit beginnt schon im April und endet Anfang Juni. Wir finden die Raupen (4b) Anfang Juli auf Geruchloser und Echter Kamille usw. Die Puppe überwintert. Das Verbreitungsgebiet dieses Falters erstreckt sich über das wärmere Europa und weiter über Kleinasien nach Osten.

5 Cucullia umbratica L. — Schattenmönch. 42—52 mm. Über Europa bis nach Mittelasien verbreitet. Es ist die zahlreichste Art dieser umfangreichen Gattung; sie fliegt von Ende Mai bis August. Die Raupen entwickeln sich gegen Ende des Sommers und ernähren sich von verschiedenen Pflanzen. Die Puppe überwintert.

6 Cucullia verbasci L. — Brauner Mönch, Wollkrauteule. 45—50 mm. Lebt in Europa an verschiedenen Stellen und kommt im Osten bis zur Wolga, bis nach Armenien und Syrien vor. Er fliegt sehr zeitig, schon im April und Mai, aus. Die Raupen (6b) leben im Mai und Juni auf Königskerze. Die Puppe überwintert.

7 Brachionycha nubeculosa ESP. 45—48 mm. Eine der ersten Frühlingseulen, die im März und April ausfliegt. Wir finden sie in gemischten Auwäldern, vor allem an feuchten Stellen, an Ufern u.ä. Die Raupen ernähren sich im Mai und Juni von den Blättern verschiedener Laubbäume. Die Puppen überwintern. Der Falter ist in Mittel- und Nordeuropa und östlich bis zum Amur verbreitet.

8 Dasypolia templi THBG. 35—40 mm. In den Berglagen Nord- und Mitteleuropas und auch in einigen Gebirgen Asiens verbreitet. In den Alpen und Sudeten tritt der Falter stellenweise recht häufig auf. Er fliegt im Herbst von September an aus, überwintert und fliegt dann noch bis Mai. Die Raupen entwickeln sich im Sommer auf den Wurzeln und Stengeln von Doldengewächsen, vor allem auf Bärenklau. Unter Berücksichtigung des inselartigen Auftretens wurden einige, deutlich abgegrenzte geographische Rassen beschrieben.

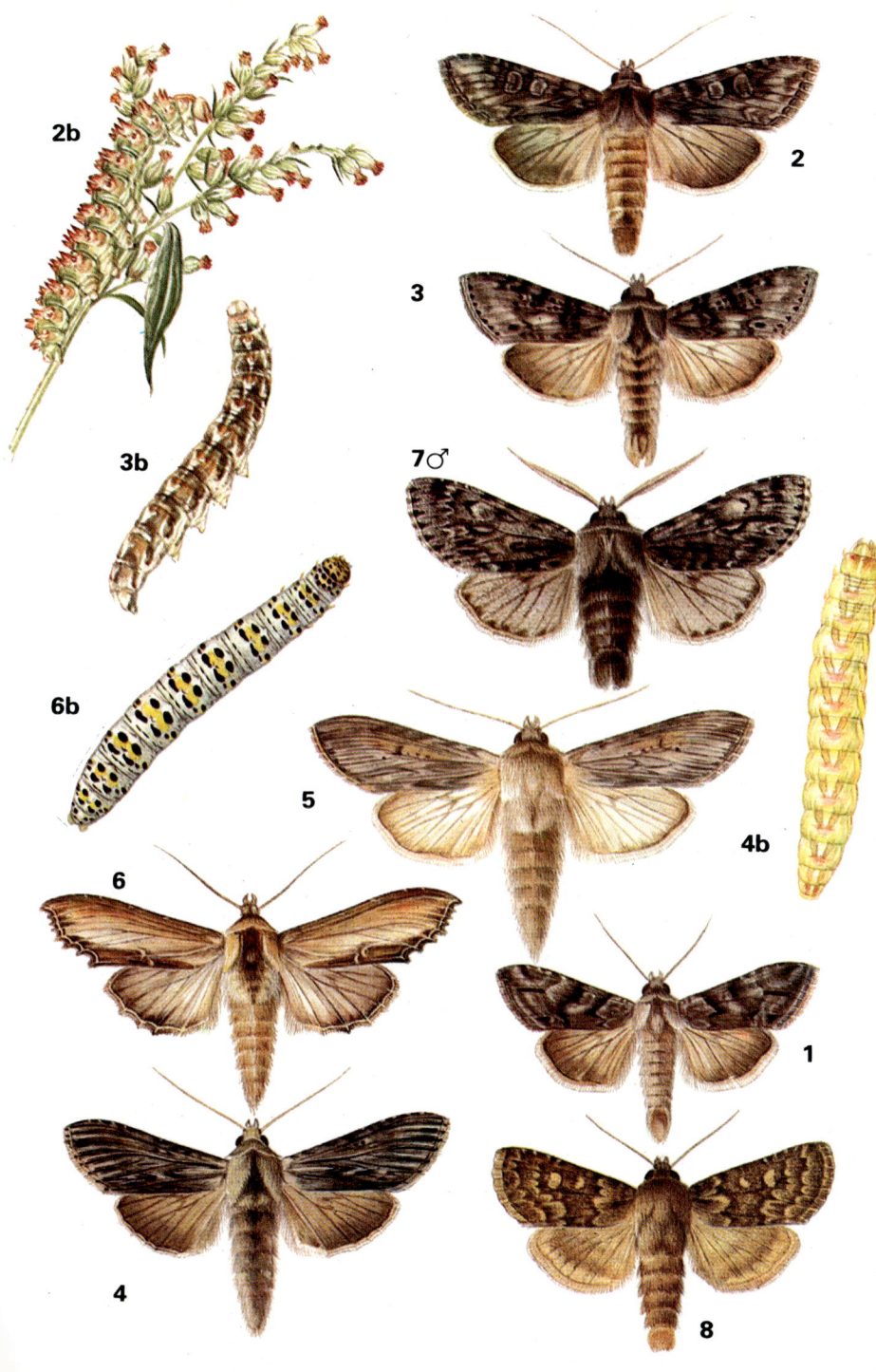

Familie Noctuidae — Eulenfalter

1 Calliergis ramosa Esp. 28—32 mm. Eine Eule der Vorgebirgslagen Europas. Hier lebt sie in Tälern, lockeren Misch- und Nadelwäldern bis in ungefähr 1000 m Höhe. Der Falter bildet jährlich eine Generation und fliegt im Mai und Juni aus. Die Raupe lebt im Juli und August auf einigen Geißblattarten.

2 Lithomoia solidaginis Hb. 40—45 mm. Weit in der nördlichen und gemäßigten Zone der Paläarktis und auch in Nordamerika verbreitet. Der Falter tritt in markanten Biotopen auf, vor allem in lichten Kiefernwäldern mit Heidekrautwuchs, an Waldrändern, auf Kahlschlägen und Torfmooren. Er lebt von August bis zum Herbst. Das Ei überwintert. Die Raupe lebt von Mai bis Juli auf verschiedenen Heidelbeerarten. Lokal vorkommende Art.

3 Lithophane socia Hfn. 38—42 mm. Im Norden und auch weit bis in den Süden der Paläarktis verbreitet. Wir treffen diesen Falter in den verschiedensten Biotopen mit Laubbäumen und Sträuchern, auch in Gärten, Plantagen und Stadtparks, denen er sich angepaßt hat. Er ist jedoch nirgends häufig und fliegt von August und dann wieder nach dem Überwintern bis zum Mai. Die Raupe entwickelt sich am Anfang des Sommers auf verschiedenen Laubbäumen (auch Obstbäumen).

4 Lithophane ornitopus Hfn. — Holzeule. 32—38 mm. In der gemäßigten und warmen Zone ganz Europas und Asiens bis nach Japan verbreitet. In Laubwäldern und Waldsteppen recht häufig. Der Falter lebt von August bis Mai (er überwintert). Die Raupe wächst am Beginn des Sommers auf Eiche, Weide und anderen Baumarten heran.

5 Xylena vetusta Hb. — Braunes Moderholz. 50—57 mm. Über ganz Europa, Asien und Nordamerika verbreitet. Tritt in den verschiedensten Biotopen, in lichten Wäldern, auf Auen und Feldern, an Waldrändern und in Torfmooren auf. Der Falter schlüpft am Ende des Sommers, entwickelt seine Hauptaktivität aber erst nach dem Überwintern von April bis Juni. Die Raupen (5b) entwickeln sich rasch. Sie formen im Boden Kammern, in denen sie lange liegen, um sich schließlich zu verpuppen. Nach dem Verpuppen schlüpft bald der Falter. Die Raupen sind polyphag. Wir können sie oft in Feldkulturen finden.

6 Xylena exsoleta L. — Gemeines Moderholz. 55—65 mm. In der gemäßigten Zone Europas bis zum Kaukasus verbreitet. Sonst Lebensweise und Jahreszyklus ähnlich wie bei der vorangehenden Art. Die Raupen (6b) wurden oft auf Lein, Rüben und Gemüse gefunden. Sie sind polyphag. Die erwachsenen Tiere überwintern und können während der winterlichen Erwärmungsperiode auf dem Schnee auftauchen.

7 Allophyes oxyacanthae L., — Weißdorneule. 35—45 mm. Bewohnt die Laubwälder und Waldsteppen Europas und Asiens. Die Falter fliegen im Herbst, im September und Oktober aus und lassen sich in großen Mengen mit Ködern anlocken. Das Ei überwintert. Die Raupen leben im Frühjahr auf Schlehen, Apfelbäumen, Weißdorn u.ä. In einigen Gegenden neigt die Art zum Melanismus.

8 Dichonia aprilina L. — Grüne Eicheneule. 35—40 mm. In den gemäßigten und warmen Teilen Europas und Kleinasiens verbreitet. Art der Laubwälder und Baumsteppen, die spät im Herbst, von August bis September ausfliegt. Das Ei überwintert. Die Raupen entwickeln sich im Frühjahr, im Mai und Juni, und nähren sich von den Blättern von Eichen, Hainbuchen, Linden, Apfelbäumen u.ä. Diese Art tritt lokal auf und ist recht selten.

Familie Noctuidae — Eulenfalter

1 Blepharita satura Schiff. 40—45 mm. In der gemäßigten Zone der gesamten Paläarktis verbreitet. Lebt hier in Misch- und Nadelwäldern, auf buschigen Hängen und in Auwäldern. Wir finden den Falter in den Niederungen und hoch in den Bergen, er kündigt den Herbst an. Seine einzige Generation beginnt Mitte August auszufliegen und bleibt bis zum Oktober aktiv. Das Ei überwintert. Die Raupe lebt im Mai und Juni auf verschiedenen Pflanzen.

2 Antitype chi L. — Graueule. 32—37 mm. In der gemäßigten Zone Europas und im Osten bis zum Altai verbreitet. Eine Art der trockeneren und lichten Mischwälder und deren Ränder, der Baumsteppen und auch Täler, wo sie bis ungefähr 1000 m in die Berge aufsteigt. Die Graueule bildet eine Generation, die von August bis Oktober fliegt. Das Ei überwintert. Die Raupe entwickelt sich im Frühjahr. Sie ist polyphag. Diese Art ist recht veränderlich.

3 Ammoconia caecimacula Schiff. 40—45 mm. Im nichtpolaren Europa bis zum Ural, in Kleinasien und weiter östlich bis nach Asien verbreitet. Die Falter tauchen im Herbst von Ende August bis Oktober auf und fliegen recht oft Köder oder Lichtquellen an. Sie kommen in den niederen Lagen und auch in den Bergen vor. Die Eier überwintern, die Raupe lebt im Frühjahr und ist polyphag.

4 Eupsilia transversa Hfn. — Satellit-Eule. 35—42 mm. Das Verbreitungsgebiet erstreckt sich praktisch über die ganze paläarkt. Unterregion und reicht von den Niederungen bis hoch in die Berge. Der Falter bewohnt vor allem Laubwälder und Baumsteppen. Er hat sich auch gut an Stadtparks und Obstgärten angepaßt. Der Schmetterling ist variabel. Die graubraune Nominatform ist ziemlich selten. Sehr oft kommen gelbbraune Schmetterlinge (f. *rufescens* —4) oder Schmetterlinge mit orangefarbenen Flecken (f. *rufosatellitia* — 4d), vor. Die Imago überwintert. Sie fliegt von September bis Mai und taucht auch oft bei plötzlicher Erwärmung im Winter auf. Die Raupen (4b) leben im Frühling auf verschiedenen Laubbäumen. Es sind Raublarven, die neben Blättern auch Raupen von Wicklern, Spinnern, anderen Eulen u.ä. fressen.

5 Conistra vaccinii L. — Braune Heidelbeereule. 28—35 mm. In der Laubwald- und Waldsteppenzone der gesamten paläarkt. Unterregion von Westeuropa bis nach Japan verbreitet. Die Imago überwintert, sie beginnt im September zu fliegen und ist bis zum Frosteinbruch aktiv. Im Frühling legt sie bis Mai, in höheren Lagen auch länger, ihre Eier ab. Die Raupe (5b) nährt sich im Frühjahr von verschiedenen Kräutern und Blättern von Sträuchern. Diese Art ist überaus variabel. Beachtenswert ist auch, daß die Exemplare einer Saison und Lokalität oft zur Ausbildung einer bestimmten, individuellen Form neigen.

6 Conistra rubiginosa Scop. 30—35 mm. In den wärmeren Gebieten Europas, vor allem in Baumsteppen verbreitet. Die Imago beginnt sehr spät im Herbst, erst im Oktober, zu fliegen, und überwintert ähnlich wie bei den anderen Arten der Gattung *Conistra*. Die Weibchen legen erst im Frühling Eier. Die Raupen leben von April bis Juni, anfangs auf Schlehen, später auf verschiedenen Pflanzen.

7 Conistra rubiginea Schiff. 30—35 mm. In der ganzen gemäßigten Zone der Paläarktis bis nach Japan verbreitet. Wir finden den Falter in verschiedenen Biotopen der Misch- und Laubwälder, an warmen Hängen, aber auch auf Heideland. Er taucht schon im Herbst von September an auf, ist in dieser Zeit aber nur wenig aktiv. Nach dem Überwintern sucht der Falter im Frühling blühende Salweiden auf, von denen man ihn abends abklopfen kann. Die Raupe (7b) lebt von Mai bis Juli auf Eichen, Weiden und anderen Bäumen, oft auch auf niedrigen Pflanzen.

Familie Noctuidae — Eulenfalter

1 Agrochola circellaris Hᶠⁿ. — Ulmen-Herbstfalter. 33—38 mm. Stark verbreitet in der gemäßigten Zone Europas und Asiens und auch in Nordamerika. Tritt in den Niederungen und in den Bergen in Baumsteppen und Laub- oder Auwäldern und auch auf Torfmooren auf. Er bildet jährlich eine Generation und fliegt von Mitte August bis Oktober. Die Eier überwintern. Die Raupe frißt im Frühling an den Blättern verschiedener Sträucher und Bäume, später auch an Kräutern.

2 Agrochola helvola L. — Weiden-Herbsteule. 30—35 mm. In ganz Europa, im Osten bis nach Mittelasien verbreitet. Sie lebt in Laub- oder Mischwäldern mit reichem Unterholzwuchs, an Ufern, in sandigen Kiefernwäldern und oft auch auf Torfmooren und reicht von den Niederungen bis hoch in die Berge. Sie fliegt von Ende August bis Oktober, die Eier überwintern, die Raupen leben im Frühling auf Laubbäumen, später auf niedrigen Pflanzen.

3 Agrochola litura L. 28—35 mm. Über das ganze nichtpolare Europa verbreitet, im Osten bis nach Armenien und Kleinasien. Der Falter bildet eine Generation, die von August bis Oktober ausfliegt. Die Eier überwintern, die Raupen leben im Frühjahr bis zum Juni auf verschiedenen niedrigen Pflanzen. Sie sind polyphag.

4 Agrochola lychnidis Sᴄʜɪꜰꜰ. 30—35 mm. Am häufigsten auftretende Art der Gattung *Agrochola,* jedoch an wärmere Biotope gebunden. Ihr Verbreitungsgebiet reicht von Europa bis nach Kleinasien und Syrien. Am meisten treffen wir diese Art in lockeren Laubwäldern mit reichem Unterholzwuchs, in Baumsteppen und auf grasreichen Biotopen verschiedenster Art. Es handelt sich um eine überaus variable Art mit mehreren zehn individuellen Formen. Der Falter fliegt von August bis zum Herbstende. Die Eier überwintern, und die Raupen (4b) entwickeln sich vom Frühling bis zum Juni auf verschiedenen Bäumen, später auf verschiedenen Kräutern.

5 Xanthia aurago Sᴄʜɪꜰꜰ. 27—32 mm. In den warmen Laubwäldern Europas verbreitet, fehlt in den höheren Lagen. Dieser Falter ist in der Zeichnung sehr variabel, darüber hinaus bestehen Unterschiede auch zwischen Männchen und Weibchen. Die Flugzeit dauert von Ende August bis Oktober. Die Eier überwintern. Die Raupen leben im Frühling auf Eichen, Linden, Pappeln u.ä.

6 Xanthia togata Eᴤᴘ. — Weidengelbeule. 27—30 mm. Lebt in der gemäßigten und nördlichen Zone der ganzen Paläarktis und in Nordamerika und tritt in den Niederungen und hoch in den Bergen, bis zur Laubwaldgrenze, auf. Die einzige Generation fliegt von Ende August bis Oktober. Die Eier überwintern. Die Raupe lebt im Frühling auf Salweide, später lebt sie am Boden von verschiedenen Pflanzen.

7 Xanthia icteritia Hᶠⁿ. — Gemeine Gelbeule. 27—35 mm. Diese zahlreiche Art ist in der gesamten paläarktischen Unterregion in der Laubwaldzone an feuchten Stellen, an denen Salweiden wachsen, verbreitet. Sie bildet jährlich eine Generation und fliegt von August bis Oktober aus. Die Eier überwintern. Die Raupen (7b) bevölkern im Frühling sehr zahlreich die Kätzchen der Salweiden. Wenn sie heranwachsen, ernähren sie sich am Boden von verschiedenen Kräutern. Sie verpuppen (7c) sich im Boden in festen Kammern aus Lehm und Fasern.

8 Xanthia citrago L. 28—33 mm. Mit Ausnahme des extremen Südens überall in Europa verbreitet und tritt in feuchten Laubwäldern und in der bewegten Landschaft an Waldrändern, auf Lichtungen, Kahlschlägen und Hängen mit verwachsener Vegetation auf. Die Falter fliegen von August bis Oktober aus. Die Eier überwintern. Die Raupen finden wir im Frühling auf den Trieben von Linden am Fuße größerer Bäume.

1

5♂   5♀

2

8

3

7

4

7b

4b

6

7c

Familie Noctuidae — Eulenfalter

1 Moma alpium Osb. — Orion, Seladon. 30—35 mm. Im nichtpolaren Europa und im Osten bis nach Mittelasien. Eine Art der Laubwälder, die auch oft auf heidebewachsenen Torfmooren auftaucht. Der Falter fliegt von Mai bis August, die Raupe lebt von Juli bis September. Die Puppe überwintert. Nährpflanzen der Raupe sind verschiedene Laubbäume.

2 Apatele aceris L. — Ahorneule. 35—45 mm. In der gemäßigten Zone Europas und im Osten bis nach Mittelasien verbreitet. Sie lebt in den Laubwäldern der wärmeren Lagen und hat sich auch gut an die Stadtparks angepaßt. Der Falter fliegt von Mai bis August, die Raupe wächst zu Beginn des Herbstes heran und lebt auf verschiedenen Laubbäumen, vor allem auf Roßkastanie, Ahorn, Haselnuß u.ä. Die Puppe überwintert in einem Kokon.

3 Apatele leporina L. — Pudel. 35—42 mm. In der kälteren und gemäßigten Zone Europas und weit in den Osten bis nach Asien verbreitet. Der Falter taucht oft auch in den Bergen auf. Er ist nirgends besonders zahlreich und zeigt sich, entsprechend der Standortlage und des Klimas, vereinzelt von Mai bis August. In wärmeren Gegenden kann er teilweise auch eine zweite Generation bilden. Die Raupe (3b) lebt von Juli bis September vor allem auf Birken, aber auch auf Weiden, Pappeln u.ä. Die Puppe überwintert.

4 Apatele alni L. — Erleneule. 33—38 mm. Taucht im Mai und Juni in feuchten Laubwäldern, in Tälern und an Wasserläufen auf. Die Raupe lebt von Juni bis September auf verschiedenen Laubbäumen, vor allem auf Weide, Eiche und Erle. Sie ist durch ihre Färbung und die keulenförmig verdickten Borsten (4b) besonders interessant. Die Puppe überwintert. Diese Art ist mit Ausnahme des extremen Südens in ganz Europa verbreitet und reicht im Osten bis nach Armenien und in das Amurgebiet.

5 Apatele psi L. — Pfeileule, Schleheneule. 30—40 mm. Von den drei sehr ähnlichen Arten (*A. tridens* Schiff. und *A. cuspis* Hb.) am häufigsten. Diese Arten lassen sich aber an den Raupen sehr leicht unterscheiden. Der Falter fehlt in den kälteren Lagen. Er bildet meistens nur eine, im Süden teilweise eine zweite Generation. Der Falter fliegt von Mai bis August aus. Die Raupe lebt von Juni bis August auf Schlehen, Birnbaum und vielen anderen Bäumen und Büschen. Die Puppe überwintert.

6 Apatele rumicis L. — Ampfereule. 30—35 mm. Außer den Polargebieten in der ganzen paläarkt. Unterregion verbreitet. Bildet entsprechend den klimatischen Verhältnissen eine bis drei Generationen. In Mitteleuropa treten gewöhnlich von April bis September zwei Generationen auf. Die Raupe (6b) ist polyphag und ernährt sich von verschiedenen Kräutern, manchmal richtet sie an Feldkulturen Schäden an; wir können sie auch auf Sträuchern finden. Die Puppe (6c) überwintert in einem weichen Kokon.

7 Craniophora ligustri Schiff. — Ligustereule. 30—35 mm. In der gemäßigten Zone der ganzen paläarkt. Unterregion verbreitet und bewohnt Laub- und Mischwälder und Baumsteppen. Sie bildet jährlich zwei Generationen. Die erste fliegt von Mai bis Juli, die zweite von August bis September aus. Die Raupe lebt auf Esche, Liguster und Flieder. Die Puppe überwintert. In Gebieten, wo die Atmosphäre durch Industrieabgase verunreinigt wird, neigen die Falter zu Melanismus, d. h. zur Bildung dunkler Formen, (f. *nigra* — 7c).

8 Cryphia domestica Hfn. — Kleine Flechteneule. 20—25 mm. Diese veränderliche Art ist in den wärmeren Gebieten ganz Europas bis zum Kaukasus verbreitet. Sie bildet eine Generation, die im Juli und August ausfliegt. Die Raupe überwintert. Sie lebt auf verschiedenen Flechten und Moosen, die auf Mauern und Baumstämmen wachsen.

Familie Noctuidae — Eulenfalter

1 Amphipyra pyramidea L. — Pyramideneule. 40—52 mm. Sehr zahlreich in der Laubwaldzone ganz Europas und Asiens bis nach Japan verbreitet. Die einzige Generation fliegt von Mitte Juli bis Ende September. Die Eier überwintern, und die Raupen (1b) entwickeln sich im Frühjahr. Sie sind polyphag. Diese Art ist nicht sehr variabel, trotzdem konnten aber einige interessante Formen beschrieben werden. Hierzu gehört die unlängst entdeckte, sehr ähnliche Art *A. berbera* Rungs, über deren Verbreitung bis jetzt wenig bekannt ist, die aber auch in Europa lebt.

2 Amphipyra tragopogonis Cl. — Dreipunkteule. 33—38 mm. Im ganzen gemäßigten Europa und Asien verbreitet und überall sehr zahlreich. Sie steigt auch in die Berge auf und lebt auf Wiesen, an Waldrändern, im Buschwerk entlang der Wasserläufe u.ä. Sie bildet eine Generation. Der Falter fliegt von Juli bis Oktober. Die Eier überwintern, die Raupen entwickeln sich im Frühjahr. Sie sind polyphag. Die Imagines haben die interessante Eigenschaft, in verschiedene Öffnungen, Ritzen, unter die Baumrinde u.ä. zu kriechen.

3 Mormo maura L. — Schwarzes Ordensband. 55—65 mm. In Europa und Asien nach Südosten hin verbreitet. Der Falter konzentriert sich in feuchten Biotopen, vor allem an Bach- und Flußläufen. Hier fliegt er im Juli und August aus. Die Raupe lebt vom Herbst bis zum nächsten Frühjahr auf Erlen und Weiden, aber auch auf verschiedenen Kräutern.

4 Dypterygia scabriuscula L. — Trauereule. 32—37 mm. In ganz Europa zu Hause, reicht hier sogar bis weit nach Norden und kommt auch in Asien bis nach Japan und in Nordamerika vor. Sie tritt jedoch nirgends sehr zahlreich auf. Jährlich tauchen eine bis zwei Generationen auf. Wir finden den Falter vereinzelt, aber praktisch ohne Unterbrechung, von Mai bis September. Die Raupen der Herbstgeneration überwintern. Sie sind polyphag.

5 Trachea atriplicis L. — Grüne Meldeneule. 38—42 mm. In der ganzen paläarkt. Unterregion verbreitet, reicht im Osten bis nach Japan. Wir treffen den Falter in verschiedenen Biotopen außerhalb des Waldes an, vor allem auf Wiesen, Heiden und Torfmooren in den Niederungen, aber auch auf Feldern und Ruderalböden.Er bildet jährlich zwei Generationen, die von Mai bis Oktober ausfliegen. Die Raupen leben im Sommer auf verschiedenen niedrigen Kräutern, vor allem auf Melde und Vogelknöterich. In den letzten Jahren ist diese Art in Mitteleuropa stark zurückgegangen.

6 Euplexia lucipara L. — Purpurglanzeule. 27—32 mm. Von Europa über Asien bis nach Nordamerika verbreitet. Lebt in feuchteren Biotopen mit üppiger Vegetation, auf Wiesen, an Flußufern, in Bachtälern u.ä. Entsprechend dem Klima bildet sie von Mai bis August eine bis zwei Generationen. Die Raupen sind polyphag, leben aber meistens auf der Großen Brennessel. Die Puppe überwintert.

7 Phlogophora meticulosa L. — Achateule. 45—50 mm. Diese wandernde Art ist im europäischen und afrikanischen Mittelmeergebiet zu Hause und bis zum Kaukasus verbreitet. Die Eulen fliegen im Norden von April bis Juli an, die neue Generation von August bis lange in den Herbst hinein; dann kehren sie wahrscheinlich in die Heimat zurück. Die Raupen sind polyphag. Sie leben nur im Sommer, Frost überstehen sie nicht. Wenn sich also im Herbst eine zweite Generation bildet, stirbt diese bei Abkühlung aus.

8 Ipimorpha subtusa Schiff. 27—30 mm. In der gemäßigten Zone der paläarkt. Unterregion verbreitet. Bildet jährlich eine Generation, die von Juli bis September ausfliegt. Das Ei überwintert. Die Raupen leben im Frühling auf Pappeln.

Familie Noctuidae — Eulenfalter

1 Enargia paleacea Esp. 35—42 mm. In Nord- und Mitteleuropa und auch in Mittel- und Ostasien und Nordamerika verbreitet. Der Falter ist auf feuchten Wiesen, Heideland, Auen und Torfmooren verbreitet und kommt auch hoch in den Bergen vor. Er ist nicht sehr häufig und fliegt von Juli bis September. Die Eier überwintern, die Raupen entwickeln sich im Frühling. Sie ernähren sich von den Blättern der Birken, Zitterpappeln, Erlen u.ä.

2 Cosmia trapezina L. — Trapez-Eule. 25—33 mm. Mit Ausnahme der Polargebiete in der ganzen Paläarktis verbreitet. Kommt überall zahlreich in Laub- und Mischwäldern und auch in Stadtparks und Gärten vor. Der Falter ist überaus variabel. Es treten auch fast schwarze Formen auf. Der Schmetterling fliegt von Ende Juni bis September in einer Generation aus. Die Eier überwintern. Die Raupen (2b) entwickeln sich im Frühling. Sie leben auf Eichen, Hainbuchen, Birken u.ä. und überfallen als Raublarven auch andere Raupen, einschließlich die der gleichen Art. Als Vernichter der Wicklerraupen sind sie in gewisser Hinsicht nützlich.

3 Actinotia polyodon Cl. 27—30 mm. In der ganzen Paläarktis verbreitet, bewohnt aber vor allem die wärmeren Gebiete. Der Falter bildet von Mai bis August eine bis zwei Generationen. Die Raupe lebt im Herbst auf Hartheu und Tragant. Die Puppe überwintert.

4 Apamea monoglypha Hfn. — Wurzelfresser. 45—55 mm. Diese sehr zahlreich auftretende Art bewohnt bis hoch in die Berge alle Arten von Wiesen. Sie ist mit Ausnahme des äußersten Südens, wo sie von einer Reihe anderer, ähnlicher Arten vertreten wird, in ganz Europa und Asien verbreitet. Sie bildet jährlich eine Generation, die von Juli bis August ausfliegt. Die Raupen überwintern. Sie ernähren sich von den unterirdischen Teilen verschiedener Gräser. Der Falter ist überaus variabel. Besonders interessant ist die schwarze f. *aethiops*.

5 Apamea lithoxylaea Schiff. 43—50 mm. Wärmeliebender als die vorige Art und in der gemäßigten und warmen Zone Europas und in Asien bis zum Altai verbreitet. Der Falter fliegt von Juni bis August auf grasreichen, trockeneren Biotopen, vor allem in den Niederungen, und auch in lockeren, grasbewachsenen Wäldern aus. Die Raupe überwintert. Sie lebt in den Wurzelstöcken verschiedener Gräser.

6 Apamea anceps Schiff. 35—40 mm. In der gemäßigten Zone Europas und weiter im Südosten bis nach Asien und Ostsibirien verbreitet. Fliegt von Mai bis Juli. Die Raupen überwintern. Sie fressen an Gräsern und werden auch als Getreideschädlinge angesehen.

7 Oligia strigilis L. — Halmeulchen. 22—25 mm. In Nord- und Mitteleuropa, Asien und Nordamerika verbreitet und steigt hoch in die Berge auf. Der Falter ist sehr variabel, er neigt in der Kulturlandschaft zur Ausbildung dunkler, melanistischer Formen (z. B. f. *aethiops* — 7c). Wir treffen ihn von Mai bis Juli in den verschiedensten, vor allem grasreichen Biotopen an. Die Raupe überwintert.Sie ernährt sich von Gräsern.

8 Oligia latruncula Schiff. 20—24 mm. Mit Ausnahme Nordamerikas ähnlich verbreitet wie die vorige Art. Wir finden den Falter auch im Wald, auf Torfmooren und in Steppen. In von Industrieabgasen verschmutzten Gebieten bildet er ebenfalls melanistische Formen. (z. B. f. *aethiops* — 8c). Die Raupe lebt so wie die der vorangehenden Art.

9 Mesapamea secalis L. — Getreidewurzeleule. 27—30 mm. Zahlreich von Europa bis nach Nordamerika verbreitet. In den Bergen nimmt ihre Häufigkeit mit wachsender Höhe ab. Sie fliegt von Juli bis September in einer Generation aus. Die Raupe überwintert. Sie lebt auf Gräsern und schädigt oft auch Getreide. Der Falter ist sehr variabel (9,9c) und bildet, von ganz hellen bis zu völlig schwarzen, zahllose Formen.

Familie Noctuidae — Eulenfalter

1 Photedes minima Hw. — Schmieleneule. 20—23 mm. In Nord- und Mitteleuropa zusammenhängend, im Süden nur in den Bergen verbreitet. Diese Eule bewohnt feuchte Wiesen und Torfmoore, oft auch die Quellgebiete von Bächen und Flüssen und steigt hoch in die Berge auf. Sie fliegt von Juni bis August. Die Weibchen sind schwerfällig. Die Raupen überwintern und ernähren sich von Gräsern, zum Beispiel von Schmiele.

2 Photedes fluxa Hb. 22—25 mm. Im gemäßigten und nördlichen Europa verbreitet; reicht östlich über den Ural bis nach Mittelasien. Diese Art lebt auf Wiesen und anderen grasreichen Biotopen. Der Falter fliegt von Juli bis September, die Raupe überwintert. Sie lebt in den Stengeln des Sandreitgrases. Das Weibchen unterscheidet sich vom Männchen durch seine gelbere Färbung. Die Männchen sind rötlicher.

3 Luperina testacea Schiff. 30—35 mm. In der gemäßigten Zone Europas verbreitet; reicht im Osten über Kleinasien bis nach Armenien. Der Falter ist in der Zeichnung äußerst variabel. Er fliegt von Juli bis September in grasigen, trockeneren Biotopen, in Steppen, Baumsteppen u.ä. aus. Die Raupe lebt vom Herbst bis zum Frühjahr und hält sich anfangs in den Stengeln verschiedener Gräser, später im Rasen auf.

4 Amphipoea fucosa Frr. 30—35 mm. Diese Eule ist in der Gemeinschaft einiger sehr ähnlicher Arten am zahlreichsten und weitesten verbreitet. Sie bewohnt praktisch die feuchteren und trockeneren Aubiotope der gesamten paläarktischen Region. Der Falter fliegt im Juli und August aus und ist in der Färbung überaus variabel. Es wurden viele Formen beschrieben und damit die Unterscheidung von anderen Arten erheblich erschwert. Die Raupe lebt im Frühling auf verschiedenen Gräsern und zweikeimblättrigen Pflanzen, vielleicht überwintert sie.

5 Hydraecia micacea Esp. — Markeule. 28—45 mm. Lebt in ganz Europa und Asien, vor allem in feuchten Biotopen außerhalb des Waldes, in üppiger Vegetation, wie sie Täler, Bachufer, aber auch Felder und Ruderalböden aufweisen. Der Falter fliegt von Ende Juli bis Oktober. Das Ei überwintert. Die Raupe entwickelt sich vom Frühling bis zum Sommer in den fleischigen Stengeln und Wurzeln verschiedener Gräser. Gelegentlich schädigt sie Hopfen, Spargel, Rüben u.ä. In Europa leben noch einige sehr ähnliche Arten dieser Gattung, zum Beispiel *H. ultima* Holst. die erst 1965 entdeckt wurde.

6 Gortyna flavago Schiff. — Kletteneule. 35—40 mm. Mit Ausnahme des äußersten Südens in der ganzen gemäßigten Zone Europas und weiter über Kleinasien bis nach Armenien verbreitet. Sie bildet jährlich eine Generation, die von August bis Oktober ausfliegt. Die Eier überwintern, und die Raupen (6b) entwickeln sich im Frühling und Sommer in den fleischigen Stengeln von Klette, Kreuzkraut, Disteln und anderen Pflanzen.

7 Calamia tridens Hfn. Grüneule. 32—42 mm. Bewohnt Steppen- und Wiesenbiotope und taucht oft in Ruderalgebieten, wie Bahndämmen u.ä. auf. Die Eule ist über das ganze gemäßigte Europa verbreitet. In der letzten Zeit sind ihre Bestände jedoch stark zurückgegangen. Der Falter fliegt von Juli bis August aus und ist auch tagaktiv. Die Eier überwintern. Die Raupe entwickelt sich im Frühling auf verschiedenen Gräsern.

8 Staurophora celsia L. 37—42 mm. In Mittel- und Nordeuropa verbreitet; reicht über die Steppen Osteuropas und Mittelasiens bis nach Ostsibirien. Diese Eule tritt auf sandigen, manchmal auch auf kalkigen Böden auf. Sie kommt lokal begrenzt und selten und nur an einigen Standorten zahlreicher vor. Der Falter fliegt im September und Oktober aus. Die Raupe entwickelt sich nach dem Überwintern der Eier von Juni bis August auf Sand-Reitgras und in den Wurzelstöcken einiger anderer Gräser.

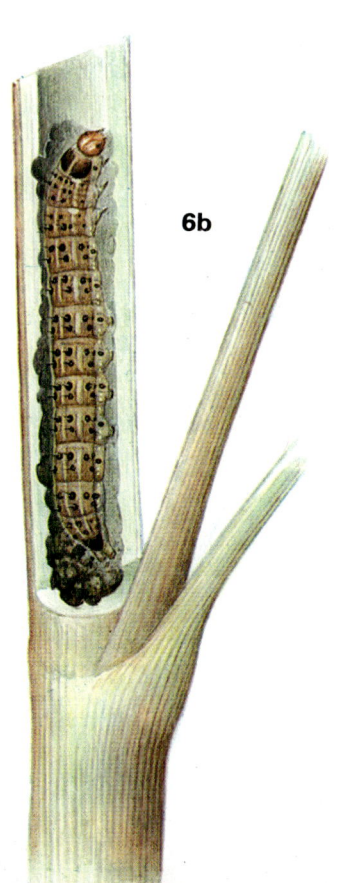

Familie Noctuidae — Eulenfalter

1 Nonagria typhae Thbg. — Gemeine Schilfeule. 45—50 mm. In Nord- und Mitteleuropa verbreitet, reicht im Osten bis nach Mittelasien. Sie ist an feuchte, sumpfige Biotope wie Flußgebiete, Teiche, Seen, Moore u.ä. gebunden. Der Falter fliegt von Juli bis Oktober. Er ist nirgends zahlreich. Die Raupe überwintert. Sie lebt in den Stengeln einiger weniger Sumpfpflanzen, wie Rohrkolben und Simse.

2 Archanara geminipuncta Hw — Zweipunktschilfeule: 27—32 mm. In der gemäßigten Zone Europas bis nach Mittel- und Südrußland verbreitet. Der Falter fliegt im Juli und August im Schilf an den Rändern der Gewässer aus. Er kommt stellenweise recht zahlreich vor. Die Raupen entwickeln sich vom Herbst bis zum Frühling in den Stengeln des Schilfrohrs (2b). Die Zeichnung des Falters ist veränderlich, und es wurde eine Reihe von Formen beschrieben. So ist zum Beispiel f. *nigricans* mit den rötlichen Flügeln oder f. *obsoleta*, die keinen weißen Fleck auf den Flügeln trägt, bekannt.

3 Archanara sparganii Esp. — Rohrkolbeneule. 32—40 mm. In der gemäßigten Zone der Paläarktis verbreitet und ähnlich wie die anderen Arten dieser Gattung an feuchte Biotope in der Umgebung vor allem stehender Gewässer gebunden. Der Falter bildet von August bis Oktober eine Generation, die Raupe lebt über den Winter bis zum nächsten Juli in den fleischigen Stengeln verschiedener Wasserpflanzen. Diese Art ist sehr variabel.

4 Rhizedra lutosa Hb. 42—50 mm. Fast in der ganzen paläarkt. Unterregion bis zum Ussurigebiet verbreitet. Der Falter fliegt von August bis November aus. Die Eier überwintern. Die Raupen leben im Frühling und Sommer in den Stengeln des Schilfrohres. Mit der Wirtspflanze ist also auch der Biotop dieser Art bestimmt. Die Falter sind sehr variabel, und es wurde eine ganze Reihe von Formen beschrieben, wie zum Beispiel f. *rufescens* mit rötlichen Flügeln oder f. *strigata* mit stärker ausgeprägter dunkler Querteilung.

5 Charanyca trigrammica Hfn. — Dreilinieneule. 35—40 mm. Diese Art folgt den wärmeren Gebieten Europas und Kleinasiens. Sie reicht im Osten bis nach Armenien und steigt auch recht oft hoch in die Berge hinauf. Sie lebt in verschiedenen Biotopen, vor allem in üppigerer Vegetation, auf Wiesen, Lichtungen, an Waldrändern u.ä. Jährlich entwickelt sich eine Generation, die von Mai bis Juli ausfliegt. Manchmal tritt im September noch eine zweite Generation auf. Die Raupe überwintert und ernährt sich von verschiedenen niedrigen Pflanzen. Die Falter sind variabel. Interessant sind die dunkle f. *brunnea* oder f. *bilinea* mit dem dunklen Mittelfeld der Flügel.

6 Hoplodrina alsines Brahm. 28—34 mm. Ist in Mittel- und im nördlicheren Europa und östlich bis nach Sibirien verbreitet und fast überall häufig. Ursprünglich bewohnte diese Art Waldsteppenbiotope, hat sich aber den waldlosen Ruderalen gut angepaßt. Diese Art hat eine Generation, die von Juni bis Oktober fliegt. Die Raupe überwintert. Sie ist polyphag.

7 Hoplodrina ambigua Schiff. 28—30 mm. Bewohnt in Europa und Mittelasien die Biotope außerhalb des Waldes, hat sich aber auch gut an die Kulturlandschaft angepaßt, wo auf Ruderalböden geeignete Lebensbedingungen bestehen. Der Falter bildet von Mai bis Juli und von August bis September jährlich zwei Generationen. Die Raupe der Herbstgeneration überwintert. Sie ist polyphag.

8 Athetis pallustris Hb. 27—32 mm. Diese Art ist auf die kälteren Gebiete Nord- und Mitteleuropas beschränkt. Wir finden sie auf feuchteren Wiesen, im Süden des Areals oft auch in den Bergen, in Sümpfen, Torfmooren und deren Umgebung, an den Ufern von Gewässern u.ä. Die einzige Generation fliegt von Mai bis Juli. Die Raupe überwintert. Sie befrißt verschiedene Gräser und niedrige, saftige Kräuter.

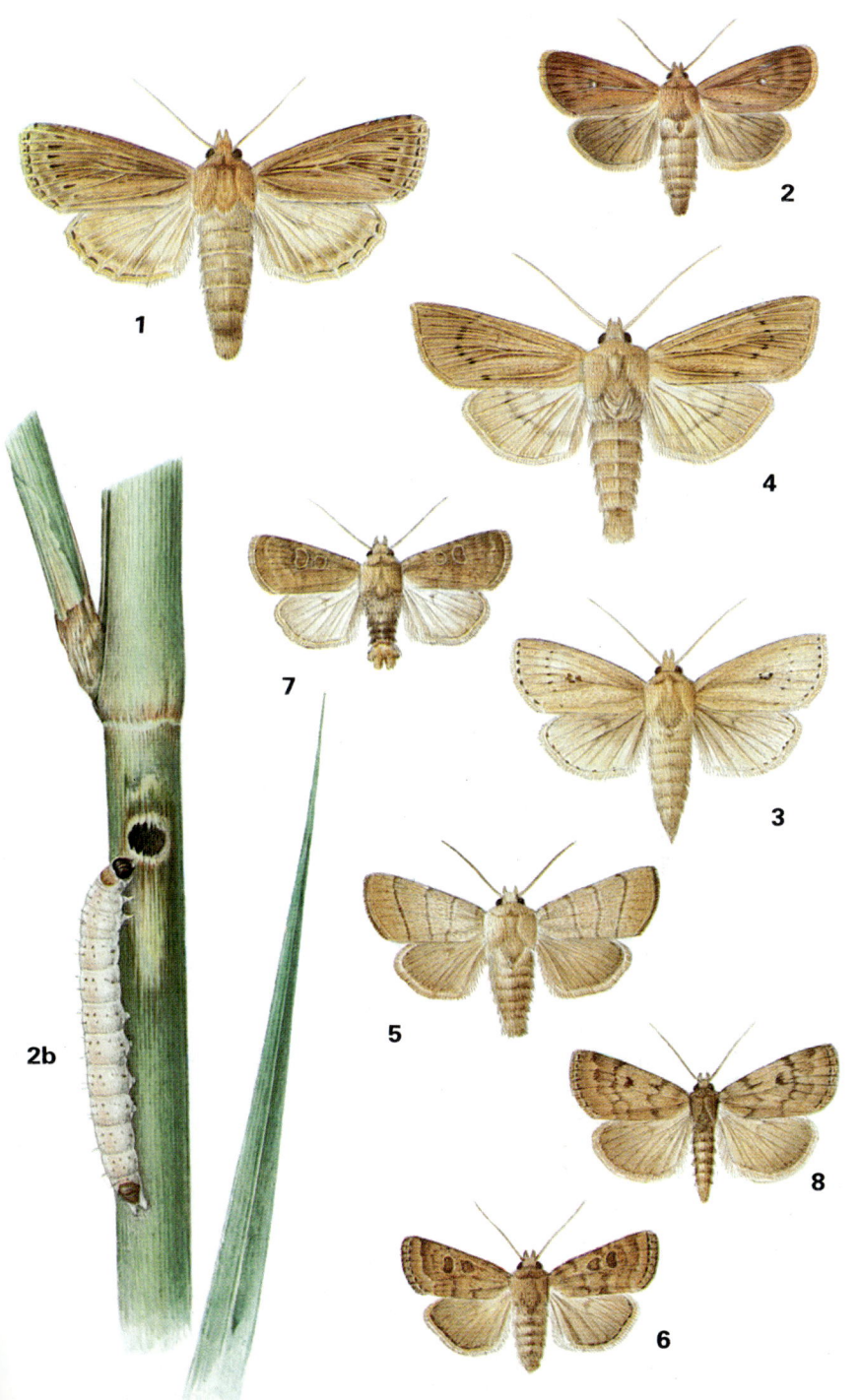

1

2

2b

4

7

3

5

8

6

Familie Noctuidae — Eulenfalter

1 Chloridea maritima G RASL. 28—35 mm. Diese atlanto-mediterrane Art ist an den Küsten West- und Südeuropas, in Südosteuropa und in den Steppengebieten bis nach Mittelasien verbreitet. An den Rändern des Verbreitungsareals lebt sie als Wanderfalter und besiedelt noch andere, geeignete Gebiete. Sie bildet eine bis zwei Generationen, die im Juni und August bis September ausfliegen. Ein Teil der Puppen (1c) bleibt bis zum nächsten Frühling liegen. Die Raupen (1b) leben im Sommer auf den Blüten verschiedener Pflanzen und schädigen oft Luzernenklee, der als Saatgut gezüchtet wird.

2 Chloridea viriplaca H FN. (= *dipsacea* L.) — Kardeneule. 25—30 mm. Bewohnt die Steppengebiete Europas und Asiens und reicht im Osten bis nach Japan. Sie ist ebenfalls ein Wanderfalter und bildet in Europa zwei Generationen, von denen die erste im Mai und Juni, die zweite von Juli bis August ausfliegt. Die Raupen sind ähnlich wie bei der vorangehenden Art polyphag. Die Puppe überwintert.

3 Chloridea scutosa S CHIFF. 30—33 mm. In den wärmeren Teilen Europas und Asiens bis nach Korea verbreitet. Wanderfalter, der zeitweilig auch in Gebieten auftaucht, in denen er sonst nicht lebt. Der Falter bildet zwei Generationen. Die Puppe überwintert. Die Raupen leben polyphag, vor allem auf den Blüten verschiedener Pflanzen wie zum Beispiel auf Beifuß und Gänsefuß.

4 Pyrrhia umbra H FN. 27—35 mm. In der ganzen Paläarktis verbreitet. Nah verwandte Arten leben in Nordamerika. Diese Art bewohnt Laubwälder vor allem in den wärmeren Lagen und Niederungen. Sie bildet jährlich eine Generation, die von Mai bis Juli ausfliegt. Die Raupe entwickelt sich in den Sommermonaten auf verschiedenen Laubbäumen, aber auch auf niedrigen Pflanzen. Die Puppe überwintert.

5 Axylia putris L. 27—32 mm. Wurde früher zu den Saateulen gezählt, gehört aber offensichtlich nicht dazu. Sie ist in der ganzen gemäßigten Paläarktis verbreitet und bildet jährlich von Mai bis August eine zeitlich weit auseinandergezogene Generation. Nur selten taucht im August noch eine zweite Teilgeneration auf. Die Raupen leben polyphag auf niedrigen Pflanzen. Die Puppe überwintert.

6 Jaspidea deceptoria S C. 20—22 mm. Von Europa über den Ural bis nach Nordchina verbreitet, fehlt aber in den extremen Lagen des Nordens und Südens. Sie bewohnt grasreiche Biotope, vor allem feuchte Wiesen. Die einzige Generation fliegt von Mai bis Juli. Die Raupen entwickeln sich am Ende des Sommers auf verschiedenen Gräsern. Die Puppe überwintert.

7 Jaspidea pygarga H FN. 20—22 mm. Ähnlich wie die vorangehende Art verbreitet, bewohnt jedoch eher lichte Wälder mit grasreichen Lichtungen und üppiger Vegetation, verwachsene Hänge u. ä. Manchmal steigt der Falter auch recht hoch in die Berge auf. Die einzige Generation fliegt von Mai bis August aus. Die Raupe nährt sich von verschiedenen Gräsern. Die Puppe überwintert.

8 Eustrotia uncula C L. 20—22 mm. In den kälteren Gegenden der Paläarktis auf feuchten Wiesen, Sumpfland, Mooren u. ä. zu Hause. Wir treffen den Falter auch recht hoch in den Bergen an. Er bildet eine, manchmal auch zwei Generationen, die von Mai bis August ausfliegen. Die Raupen leben von Juni bis September auf verschiedenen Binsen und Seggen. Die Puppe überwintert.

9 Emmelia trabealis S C. 18—20 mm. Ist mit Ausnahme der Polargebiete in der waldlosen Landschaft, auf Steppen und Wiesen der gesamten Paläarktis verbreitet. Der Falter bildet jährlich zwei Generationen, die von Mai bis Juni und im Juli und August ausfliegen. Wir treffen ihn in sonnigen, ausgetrockneten Biotopen, aber auch auf Feldern an. Die Raupe ist polyphag und ernährt sich von niedrigen Pflanzen. Die Puppe überwintert.

1b

1c

1

2

3

4

5

6

7

8

9

Familie Noctuidae — Eulenfalter

1 Acontia luctuosa Schiff. — Windeneule. 22—25 mm. Über die ganze paläarkt. Unterregion bis nach Ostsibirien verbreitet. Wir treffen den Falter überall an sonnigen, grasbewachsenen Hängen und auf Steppenland an. Er fliegt nachts zum Licht, ist aber bei sonnigem Wetter auch tagsüber aktiv. Er bildet jährlich von Mai bis August zwei Generationen. Die Raupe lebt auf Winden. Die Puppe überwintert.

2 Aegle koekeritziana Hb. 23—25 mm. Bewohnt die wärme.en Gebiete Europas und ist über Kleinasien bis zum Kaukasus verbreitet. Der Falter ist recht selten und bildet jährlich eine Generation, die im Juni ausfliegt. Die Raupen leben im Juli und August auf Feldrittersporn. Die Puppe überwintert. In den letzten Jahren ist dieser Falter sehr selten geworden, was vielleicht mit der Beseitigung der Unkräuter auf den Getreidefeldern zusammenhängt.

3 Nycteola revayana Sc. 20—25 mm. Ist in ganz Europa und weiter nach Osten über Kleinasien bis nach Syrien und über das Altaigebirge bis nach Japan verbreitet. Es handelt sich um eine überaus variable Art, die zahllose Formen bildet, bei denen man von einigen nicht glauben möchte, daß sie zu eben dieser Art gehören (z. B. 3, 3c). So sind zum Beispiel f. *ramosana* mit dem schwarzen Längsschatten auf den Flügeln, oder f. *ilicana* mit dem schwarzen Flecken auf hellerem Grund besonders interessant. Der Falter bildet zwei Generationen im Jahr. Die Imago der zweiten Generation überwintert. Die Raupe wächst im Mai und Juni und im August und September auf Eiche heran.

4 Earias chlorana L. — Weidenkahneule. 16—20 mm. Gehört zu der interessanten Gruppe grün gefärbter Eulen. Sie ist in der nichtpolaren paläarktischen Unterregion verbreitet und lebt in Laubwäldern, vor allem an Wasserläufen. Sie bildet jährlich von Mai bis August zwei Generationen. Die Puppe überwintert. Die Raupe frißt an den Blättern verschiedener Weiden.

5 Bena fagana F. 30—35 mm. In den Laubwäldern der gesamten Paläarktis verbreitet und reicht in den Bergen hoch bis zur Buchenwaldgrenze hinauf. Die Falter der einzigen Generation fliegen von Mai bis Juli. Zwischen Männchen und Weibchen bestehen Farbunterschiede. Die Männchen tragen gelborange, die Weibchen weiße Hinterflügel. Die Raupen leben bis September auf Buchen, Eichen, Hainbuchen u. ä. Die Puppe überwintert.

6 Pseudoips bicolorana Fssl. — Großer Kahnspinner. 40—45 mm. Diese wärmeliebende Art ist in den Laub- und Mischwäldern und Baumsteppen Europas und Kleinasiens bis zum Kaukasus verbreitet. Der Falter bildet von Mai bis Juli eine Generation. Die Raupe lebt von August an bis zum nächsten Frühjahr auf Eiche und verpuppt sich in einem gelben, festen Kokon.

7 Panthea coenobita Esp. — Mönch, Klosterfrau. 40—50 mm. In Nord- und Nordosteuropa und weiter im Osten bis nach Sibirien verbreitet. Der Falter bewohnt die Zone der Kiefern- und Fichtenwälder. Seine einzige Generation fliegt im Mai bis August. Die Raupen (7b) leben vom Sommer bis zum Herbst auf Fichten, Kiefern und anderen Nadelbäumen. Die Puppe überwintert (7c).

8 Moma ludifica L. 35—45 mm. Diese überwiegend Gebirgs- und Vorgebirgsart ist in der gemäßigten Zone Europas beheimatet. Die Falter fliegen im Mai und Juni aus. Die Raupen leben am Ende des Sommers vor allem auf Mehlbeere, aber auch anderen Bäumen. Die Puppe überwintert.

9 Colocasia coryli L. — Haseleule. 27—35 mm. In der Laubwaldzone von Europa bis nach Ostasien, im Süden auch in Kleinasien und Armenien verbreitet. Sie bildet meistens von April bis Juni eine Generation, manchmal taucht im August noch eine zweite auf. Die Raupen (9b) leben vom Sommer bis zum Herbst auf Eiche, Buche, Haselnuß, Birke und anderen Laubbäumen. Die Puppen überwintern.

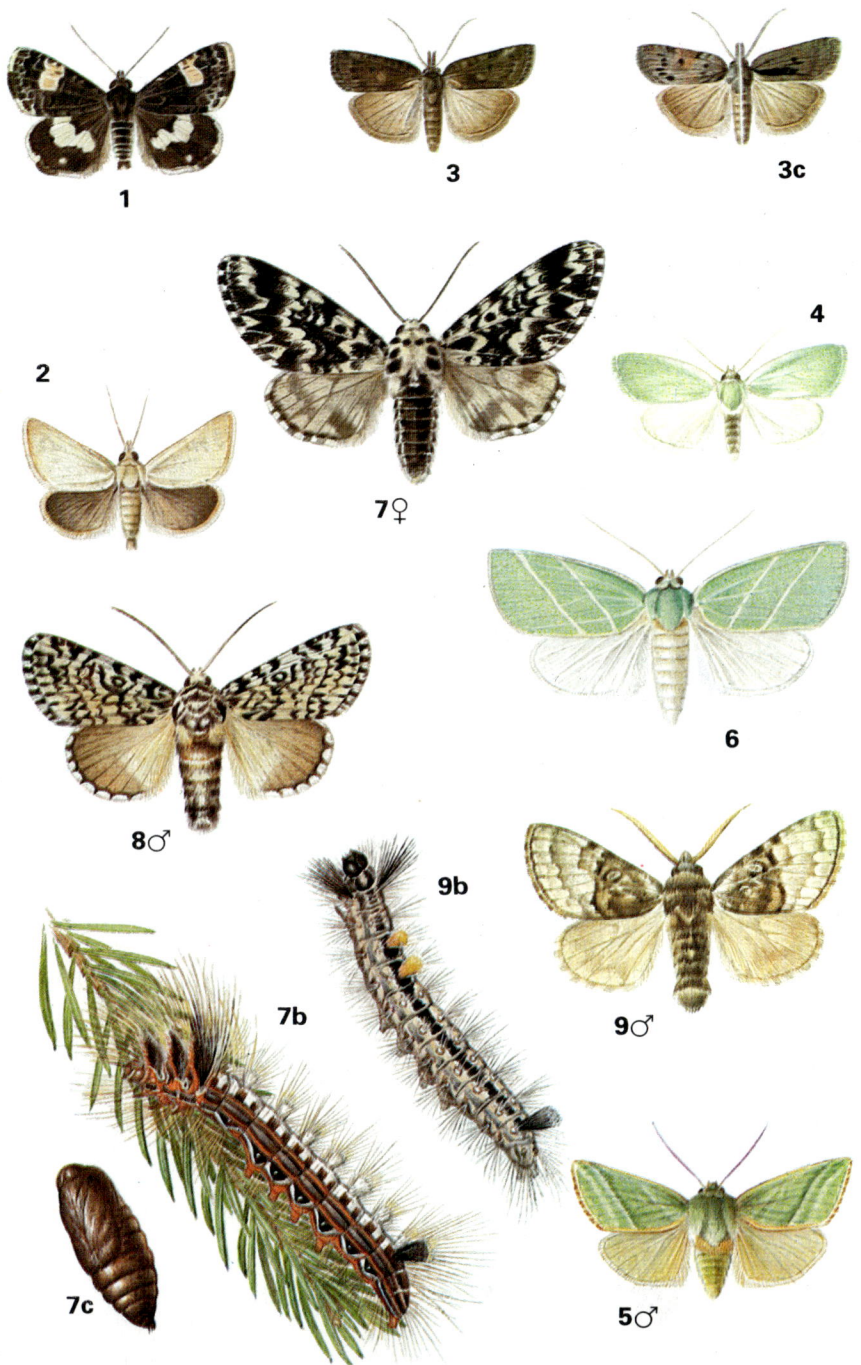

1

3

3c

2

7♀

4

6

8♂

9b

7b

9♂

7c

5♂

Familie Noctuidae — Eulenfalter

1 Syngrapha interrogationis L. 30—35 mm. Diese arktisch-alpine Art ist im Norden im Polargebiet der Paläarktis zusammenhängend verbreitet, im Süden tritt sie nur in Gebirgen und Mooren auf. Der Falter fliegt von Ende Mai bis August, die Raupe überwintert in der 3.—4. Entwicklungsphase und verpuppt sich im Frühjahr in einem lockeren, weißen Kokon. Nährpflanzen sind Rauschbeere, seltener Heidelbeere und Brennessel.

2 Syngrapha ain Hochw. 30—35 mm. Hat in Mitteleuropa die westliche Grenze des Verbreitungsgebiets und reicht im Osten bis zum Altai und Amur. Der Falter bildet jährlich eine Generation, die im Juli und August ausfliegt. Die noch nicht erwachsenen Raupen überwintern. Die Ausbreitung dieser Art ist an das Vorhandensein von Lärchen gebunden, da dieser Baum den Raupen als Nährpflanze dient.

3 Euchalcia variabilis Pill. 33—38 mm. Lebt in Nord- und Mitteleuropa, kommt südlicher nur in den Bergen vor, selten in niederen Lagen, wenn dort die Nährpflanze wächst. Im Osten treffen wir diese oder nah verwandte Arten noch in der Mongolei und im Amurgebiet. Die Falter fliegen von Mai bis Juli. Die Raupen überwintern sehr klein und wachsen am Frühlingsende heran. Sie ernähren sich von Eisenhut und Rittersporn.

4 Euchalcia consona F. 27—32 mm. In den wärmeren Gebieten Mittel- und Südosteuropas, auf dem Balkan, in Kleinasien und Armenien verbreitet und bewohnt warme Hänge, Baumsteppen und Waldränder. Der Falter fliegt von Juni bis September in zwei Generationen. Die Eier überwintern, und die Raupen (4b) leben dann im Frühling auf Braunem Mönchskraut (*Nonea pulla*).

5 Autographa gamma L. — Gammaeule. 35—40 mm. In der gesamten Paläarktis verbreitet. Gehört zu den ausgesprochenen Wanderfaltern, die aus den Subtropen alljährlich weit nach Norden vordringen. Während des Sommers bildet sie eine bis zwei Generationen und kehrt im Herbst nach Süden zurück. In den Niederungen Mitteleuropas lebt außerdem eine Population, bei der die Raupe (5b) überwintert. In die Berglagen wandert der Falter aber von Süden oder aus den Niederungen ein.

6 Autographa pulchrina Hw. 35—40 mm. Vor allem in den Gebirgen und in Asien über den Ural bis zum Amur verbreitet. Die Falter fliegen von Juni bis August in einer Generation aus. Die Raupen überwintern in der 3.—4. Entwicklungsphase. Sie leben auf niedrigen Pflanzen. Der Schmetterling ist sehr variabel und unterscheidet sich manchmal nur schwer von der ähnlichen *A. jota* L., die in Osteuropa verbreitet ist.

7 Autographa bractea Schiff. 27—42 mm. Überall im Norden der Paläarktis verbreitet; taucht südlicher nur in den Bergen auf. Die Falter fliegen von Juni bis August in einer Generation aus. Die Raupen überwintern. Nährpflanzen sind Brennessel, Habichtskraut, Wegerich und andere Pflanzen. Der Falter wandert gelegentlich aus den Bergen in die Niederungen.

8 Plusia festucae L. — Goldeule. 30—35 mm. Im ganzen nichtpolaren Gebiet der Paläarktis bis nach Japan verbreitet und an feuchte Wiesen, Sümpfe und Uferbiotope von fließenden und stehenden Gewässern gebunden. Von Mai bis September fliegen eine bis zwei Generationen aus. Die Raupe lebt über den Winter auf verschiedenen Sumpfgräsern.

Familie Noctuidae — Eulenfalter

1 Polychrysia moneta F. 32—37 mm. In Nord- und Mitteleuropa und südöstlich weiter über Kleinasien bis nach Armenien verbreitet. Kommt überwiegend in den Bergen vor und bewohnt in den Niederungen lediglich speziell ausgeprägte Biotope in Wäldern, in denen die Nährpflanze wächst. Diese Art bildet im Juni und Juli eine Generation, die Raupen überwintern. Nährpflanzen: Eisenhut, Rittersporn und Trollblume.

2 Diachrysia chrysitis L. — Messingeule. 28—35 mm. Mit Ausnahme der Polargebiete in der gesamten paläarkt. Unterregion verbreitet und steigt auch hoch in die Berge auf. Sie bewohnt aber vor allem die Niederungen und Standorte mit frischer Vegetation. Diese Art hat sich auch gut an die Ruderalgebiete angepaßt. Jährlich zwei Generationen: im Mai und Juni und im August und September. Die halberwachsene Raupe überwintert. Sie ernährt sich von verschiedenen Pflanzen, z. B. von Taubnessel, Brennessel u. ä.

3 Diachrysia zosimi Hb. 28—32 mm. Diese Eule stammt aus Südosteuropa und drang von dort im Laufe dieses Jahrhunderts vielerorts nach Mitteleuropa vor. Im Osten reicht sie bis zum Altai und Amurgebiet. Art der feuchten Wiesen und Niederungen. Sie bildet jährlich zwei Generationen. Die erste fliegt im Mai, die zweite im Juli und August aus. Die Raupen überwintern jung. Sie nähren sich von Wiesenknopf.

4 Macdunnoughia confusa Steph. 27—35 mm. Ist eine wärmeliebende Art, die im südlicheren Gebiet der Paläarktis verbreitet ist. Sie gehört zu den Wanderern. Die Flugzeit von 2—3 Generationen, die sich manchmal einander überdecken, erstreckt sich praktisch von Mai bis Ende Herbst. Die Raupen der Sommergeneration entwickeln sich etwa 3 Wochen, die der späteren Generation überwintern. Sie ernähren sich von verschiedenen niederen Pflanzen.

5 Abrostola triplasia L. (= *tripartita* Hfn.). 27—30 mm. Gehört in die Gruppe einiger sehr ähnlicher Arten und ist in der gemäßigten Zone Europas und Asiens bis nach Ostsibirien verbreitet. Wir können den Falter auch recht hoch im Gebirge antreffen, wo er bis zur oberen Laubwaldgrenze aufsteigt. Er bewohnt feuchte Biotope an Waldrändern und in Tälern und auch die Ruderalböden in der Umgebung von Städten. Jährlich erscheinen von Mai bis September zwei Generationen. Die Raupen leben auf Brennesseln. Die Puppe überwintert.

6 Abrostola trigemina Wernb. 28—32 mm. Der vorangehenden Art in der Färbung der Imagines, der Verbreitung und den Anforderungen an den Biotop sehr ähnlich. Am einfachsten kann man die Raupen, die ebenfalls auf Brennesseln leben, unterscheiden. Jährlich entwickeln sich zwei Generationen. Die Puppe überwintert. Dieser Falter ist etwas wärmeliebender als die vorangehende Art und steigt deshalb nicht hoch in die Berge auf.

7 Astiotes sponsa L. — Großer Eichenkarmin. 60—70 mm. Diese wärmeliebende Art ist in Nordafrika, in der gemäßigten Zone Europas bis zum Ural und in Kleinasien beheimatet. Sie bewohnt Eichen und Mischwälder und bildet jährlich von Juli bis September eine Generation. Die Eier überwintern, die Raupen leben im Frühling auf Eiche.

8 Catocala fraxini L. — Blaues Ordensband. 75—95 mm. Gehört wegen seiner Färbung und Größe zu den beachtenswertesten und bekanntesten Eulenfaltern und ist mit Ausnahme des äußersten Südens in den Laubwäldern der gesamten paläarkt. Unterregion und auch in Nordamerika verbreitet. Der Falter bildet eine Generation, die entsprechend den klimatischen Verhältnissen von Juli bis Oktober ausfliegt. Das Ei überwintert. Die Raupen entwickeln sich im Frühjahr vor allem auf Pappeln, aber auch auf Birken, Eschen, Eichen u. ä. Die dunkelbraune Puppe befindet sich in einem lockeren Kokon im Laub und ist bläulich bestäubt. Die Falter sind recht variabel, wobei sich hier die Abhängigkeit von den klimatischen Verhältnissen zeigt. In den nördlicheren Gebieten tritt oft f. *moerens* auf, sie trägt dunkle Vorderflügel. In den wärmeren Niederungen ist wieder die helle f. *gaudens* häufiger.

Familie Noctuidae — Eulenfalter

1 Catocala nupta L. — Rotes Ordensband. 65—75 mm. Von den rotgefärbten Ordensbändern am häufigsten. Kommt mit Ausnahme des extremen Südens im ganzen nichtpolaren Gebiet Europas und bis nach Ostasien vor. Der Falter bewohnt vor allem an den Ufern fließender und stehender Gewässer feuchte Laubwälder. Er tritt auch in Stadtparks und Alleen zahlreich auf und bildet jährlich eine Generation, die sehr lange, von Juli bis Oktober, fliegt. Die Tiere lassen sich gern auf Gesimsen an Häusern oder auf Baumstämmen nieder. Dort kann man sie jedoch nur schwer finden, da ihre Vorderflügel überaus unauffällig gefärbt sind und die bunten Hinterflügel überdecken. Wird der Falter gestört, fliegt er zickzackförmig davon. Abends kann man ihn, wie alle Ordensbänder, leicht mit Ködern anlocken, denn er saugt gerne auf gefallenem, gärendem Obst, vor allem auf Birnen und Pflaumen. Die Eier überwintern, die Raupen (1b) entwickeln sich im Frühling auf Weiden und Pappeln. Die Puppe (1c) ist zwischen versponnenen Blättern verborgen. Obwohl diese Art mit keiner besonderen Variabilität auffällt, wurden doch einige Formen beschrieben. Die beachtenswerteste davon ist f. *flava*, die an Stelle der roten eine gelbe Färbung zeigt. Auch die sehr dunkle f. *atra* ist interessant.

2 Catocala elocata Esp. — Pappelkarmin. 65—80 mm. Diese bekannte Art ist wärmeliebender als die vorher beschriebene Art. Sie bewohnt Mittel- und Südeuropa, Kleinasien und dringt im Osten bis nach Nordindien vor. Der Falter hält sich ebenfalls in feuchteren Biotopen, in feuchten Uferwäldern oder Buschwerk im Bereich von Flüssen und Bächen auf. Auch in Stadtparks ist er häufig. Seine einzige Generation fliegt von Juli bis September aus. Die Raupen (2b) entwickeln sich nach dem Überwintern der Eier auf Pappeln und Weiden. Die Puppe besteht im Sommer nur sehr kurz. Sie ist zwischen versponnenen Blättern verborgen und, wie bei den meisten Ordensbändern, blau bestäubt. Von den individuellen Formen ist die gelbe f. *flava* am auffallendsten.

3 Catocala electa Bkh. — Weidenkarmin. 60—70 mm. Gehört zu den selteneren Arten, und es scheint, daß er in der letzten Zeit in der Natur stark zurückgeht. Wärmeliebende Art, die in den Laubwäldern des mittleren und südlicheren Europa über die wärmeren Gebiete Asiens östlich bis nach Korea und Japan verbreitet ist. Die Falter fliegen von Juli bis September aus. Das Ei überwintert, die Raupe lebt im Frühling und wächst im Sommer heran. Sie ernährt sich von Weidenblättern. Die gelbe Form dieses Falters heißt *lugdunensis*.

4 Catocala promissa Schiff. — Kleiner Eichenkarmin. 60—65 mm. In den Laubwäldern der gemäßigten Zone Europas und Kleinasiens bis nach Armenien verbreitet. Eines der frühesten Ordensbänder, das manchmal schon Ende Juni auftaucht und bis zum August ausfliegt. Ähnlich wie bei den anderen Arten überwintert das Ei. Die Raupe entwickelt sich im Frühjahr und nährt sich von Eichenblättern. Der Falter trägt ebenso wie *Astiotes sponsa* L. satt karminrote Bänder auf den Hinterflügeln. Manchmal tauchen anstatt der roten gelbe Exemplare auf (f. *ochracea*).

2

1c

2b

1

4

1b

3

Familie Noctuidae — Eulenfalter

1 Catocala nymphagoga Schiff. 35—43 mm. Diese wärmeliebende Art ist in Mittel- und Südeuropa, Kleinasien, Armenien und Syrien beheimatet. Sie fliegt von Ende Juni bis August in Eichenwäldern und Waldsteppen aus. Die Raupe (1b) lebt von März bis Ende Mai, Anfang Juni auf Eichen. Das Ei überwintert. An geeigneten Standorten tritt der Falter recht zahlreich auf. Er ist in Europa der häufigste Vertreter der gelb gefärbten Arten der Gattung *Catocala*.

2 Ephesia fulminea Sc. — Gelbes Ordensband. 45—52 mm. Im ganzen wärmeren Europa und Asien, im Osten bis nach Japan verbreitet, bewohnt Steppen und Baumsteppen und gehört zu den am zeitigsten auftretenden Ordensbändern. Der Falter fliegt von Juni bis August aus und läßt sich gut ködern. Das Ei überwintert. Die Raupe (2b) entwickelt sich im Frühling und lebt auf Schlehe, Pflaume, ausnahmsweise auch auf Weißdorn, Birne und Eiche. Der Falter ist im Zusammenhang mit den Veränderungen des Ackerlandes in der letzten Zeit an vielen Stellen stark zurückgegangen.

3 Minucia lunaris Schiff. — Braunes Ordensband. 50—60 mm. Diese wärmeliebende Art ist in Mitteleuropa nur verstreut verbreitet, kommt sonst in Südeuropa und östlich über Kleinasien bis zum Kaukasus vor. Der Falter fliegt zeitig im Frühjahr, von April bis Juni, in Eichenwäldern und Baumsteppen aus, und wir können ihn bei Sonnenschein aus den Pflanzen aufscheuchen. Die Raupe entwickelt sich vom Juni bis August. Sie lebt auf den weichen Trieben von Eichen. Die Puppe überwintert.

4 Callistege mi Cl. — Scheck-Tageule. 25—30 mm. Mit Ausnahme der Polargebiete in ganz Europa und in südöstlicher Richtung über Kleinasien und Armenien bis nach Mittelasien und östlich bis in das Amurgebiet verbreitet. In Europa bildet der Falter zwei Generationen, die von April bis Mai und von Juli bis August ausfliegen. Die Raupe lebt auf Klee, Luzerne, Wicke u. ä. Die Puppe überwintert.

5 Ectypa glyphica L. — Braune Tageule. 25—30 mm. Bewohnt ein ähnliches Areal wie die vorangehende Art, reicht aber noch weiter nach Osten, bis nach Japan. Diese Eule bildet ebenfalls zwei Generationen, die von April bis August ausfliegen. In den höheren Lagen entwickelt sich nur eine Generation. Die Raupe lebt auf Luzerne, Klee, Wicke und vielen anderen Pflanzen. Die Puppe überwintert. Diese und die vorangehende Art sind tagsüber flugaktiv.

6 Scoliopteryx libatrix L. — Zimteule. 40—45 mm. Praktisch in der ganzen paläarkt. Unterregion von Nordafrika bis nach Asien und auch in Nordamerika verbreitet. Der Falter steigt auch hoch in die Berge, bis zu 2000 m auf. Er lebt in feuchten Biotopen an Gewässern, dort wo die Nährpflanzen der Raupen (6b), Weiden und Pappeln, wachsen. Jährlich entwickeln sich eine bis zwei Generationen. Die Imago überwintert. Wir können diese Eule oft in Kellern und Höhlen finden, wo oft mehrere zusammen überwintern.

7 Lygephila pastinum Tr. — Wickeneule. 37—42 mm. Über ganz Europa bis zur Wolga und in Asien bis zum Amur verbreitet. Bildet jährlich, im Mai und Juni und im August und September, zwei Generationen. Der Falter fliegt in Steppen und Baumsteppen, in lichten Wäldern, auf Hängen u. ä. Die Raupe überwintert. Sie ernährt sich von Wicke, Kronwicke und verschiedenen Tragantarten.

1 1b 1c 2 2b 3 4 5 6 6b 7

Familie Noctuidae — Eulenfalter

1 Catephia alchymista Sᴄʜɪꜰꜰ. — Weißes Ordensband. 35—40 mm. Lebt in den wärmeren Gebieten Europas und ist über Kleinasien bis in den Kaukasus verbreitet. In anderen Gebieten nur sporadisch. Der Falter bildet eine Generation, die von Mai bis Juli in Eichen- und Mischwäldern und in warmen baumsteppenartigen Gegenden ausfliegt. Die Raupe entwickelt sich im Juli und August auf Eichen und lebt vor allem auf den jungen Trieben und Büschen. Die Puppe überwintert.

2 Aedia funesta Esᴘ. — Trauereule. 28—33 mm. Ist in Europa und Asien ähnlich verbreitet wie die vorangehende Art, stellt jedoch andere Anforderungen an den Biotop und tritt auch zahlreicher auf. Die einzige Generation fliegt im Juni und Juli in feuchteren Wäldern, in der Ufervegetation, in Auwäldern und oft auch auf Feldern, vor allem in der Umgebung von Dörfern. Die Raupe lebt vom Juli über den Winter bis zum nächsten Frühjahr. Sie ernährt sich von Zaunwinde.

3 Laspeyria flexula Sᴄʜɪꜰꜰ. — Flechteneule. 23—27 mm. In der gemäßigten Zone Europas und Asiens bis zum Ussuri verbreitet und reicht auch recht weit nach Norden. Sie bildet jährlich eine Generation, die von Juli bis August ausfliegt. Die Raupe überwintert. Sie lebt auf verschiedenen Flechten, die auf der Rinde von Laub- und Nadelbäumen wachsen.

4 Parascotia fuliginaria L. — Pilzeule. 18—28 mm. Eine weitere Art, deren Raupe auf einem nichtgrünen Substrat lebt und sich von Flechten, Pilzen, vor allem Porlingen, und auch moderndem Holz nährt. Der Falter bildet eine über den großen Zeitraum von Juni bis September ausgedehnte Generation. Das Männchen trägt gekämmte Fühler und erinnert eher an einen Spanner als an einen Eulenfalter. Die Raupe überwintert. Wir treffen diese Art oft in der Umgebung von Gebäuden, wo sie auf Böden, vermoosten Dächern und altem, abgelagerten Holz lebt. Sie ist über die ganze gemäßigte Zone Europas verbreitet.

5 Epizeuxis calvaria Sᴄʜɪꜰꜰ. 25—32 mm. Über das wärmere Mittel- und Südeuropa und im Osten über Kleinasien bis Armenien und den Iran verbreitet. Der Falter bildet von Juni bis September eine, ausnahmsweise zwei Generationen. Die Raupen überwintern. Sie nähren sich von welken und modernden Blättern von Bäumen und verschiedenen anderen Pflanzen.

6 Rivula sericealis Sᴄ. — Seideneulchen. 18—22 mm. In der ganzen paläarkt. Unterregion auf feuchten Wiesen in den Niederungen und auch hoch in den Bergen beheimatet. Sie bildet von Mai bis September eine oder zwei Generationen. Die Raupen überwintern. Sie leben auf verschiedenen Gräsern.

7 Macrochilo tentacularia L. — Kleine Palpeneule. 22—28 mm. Im gemäßigten und nördlichen Europa, östlich über den Ural bis zum Altai und nach Ostsibirien verbreitet und bewohnt feuchte, grasreiche Orte, vor allem Lichtungen. Die einzige Generation fliegt von Juni bis August aus. Die polyphagen Raupen überwintern.

8 Bomolocha crassalis F. — Samteule. 25—30 mm. In Nord- und Mitteleuropa bis zum Kaukasus verbreitet. Ihre Heimat sind Sümpfe, Moore und Nadelwälder, wo sie von Mai bis Juli ausfliegt. Die Raupe lebt auf Heidelbeeren und Heidekraut. Die Puppe überwintert.

9 Hypena proboscidalis L. — Nesselschnabeleule. 25—38 mm. Diese sehr zahlreich auftretende Art ist in den Wäldern der Niederungen und Berge beheimatet. Sie bildet von Mai bis September zwei Generationen. D Raupe überwintert. Als Nährpflanze dienen Brennesseln u. a.

Familie Dilobidae

1 Diloba caeruleocephala L. — Blaukopf. 30—40 mm. In den wärmeren Gebieten Europas, vor allem im Mittelmeergebiet beheimatet und reicht über die Steppen und Waldsteppen Südosteuropas bis zum Kaukasus. In den Bergen finden wir diese Art bis in 1000 m Höhe. Der Falter gehört zu den spätesten Schmetterlingen des Jahres und fliegt im Oktober und November aus. Die Eier überwintern. Die Raupen leben im Frühling auf Weißdorn, Schlehe, Apfelbaum u. ä. Sie schädigen zeitweise auch Obstbäume. Der Blaukopf gehörte einst zur Familie Noctuidae und wurde dort von einer Unterfamilie zur anderen geschoben. Nirgends gliederte er sich vollkommen ein. Deshalb wurde unlängst eine besondere Familie gegründet, die allein von dieser Art vertreten wird.

Familie Notodontidae — Zahnspinner

2 Harpyia bicuspis Bkh. — Birkengabelschwanz. 30—35 mm. In Europa und Asien bis in das Ussurigebiet verbreitet. Er lebt in Misch- und Laubwäldern, wo Birken wachsen, und bewohnt auch Moore. Seine einzige Generation fliegt von Mai bis Juli aus. Die Raupe lebt gegen Sommerende auf Birke und Erle. Die Puppe überwintert. Sie ist, wie bei allen Arten dieser Gattung, in einen festen Kokon eingeschlossen.

3 Harpyia furcula Cl. — Salweidengabelschwanz. 27—35 mm. Im ganzen nichtpolaren Europa und Asien und in Nordamerika verbreitet. Er lebt auf Torfmooren, Heideland, in Laub- und Mischwäldern, auf verwachsenen Lichtungen u. ä. Der Falter fliegt von Mai bis Juli. Die Raupe lebt von Juli bis September auf Birke, Buche, Eiche u. a. Die Puppe überwintert.

4 Harpyia hermelina Gz. — Kleiner Gabelschwanz. 35—45 mm. In Europa und in Asien bis zum Altai verbreitet. Wir treffen ihn von April bis Juli in feuchten Laub- und Mischwäldern, auf Moorland, an Wasserläufen und manchmal auch in Stadtparks. Die Raupe lebt im Juli und August auf Pappeln und Weiden. Die Puppe überwintert.

5 Cerura vinula L. — Großer Gabelschwanz. 45—70 mm. Sein Verbreitungsgebiet erstreckt sich über die ganze gemäßigte Zone der Paläarktis und reicht auch in den Bergen bis 2500 m hinauf. Diese Art bewohnt feuchte Biotope und Büsche an Wasserläufen, Täler und Waldränder. Die einzige Generation fliegt entsprechend den klimatischen Bedingungen von April bis Juli aus. Die Raupen (5b) leben am Ende des Sommers auf Pappeln und Weiden. Die Puppe (5c) überwintert in einem festen Kokon auf dem Baumstamm oder in einer Astgabel.

6 Stauropus fagi L. — Buchenspinner. 45—60 mm. In der Laubwaldzone Europas und Asiens beheimatet und bewohnt vor allem wärmere Gegenden. In Südasien kommt es oft zur Übervermehrung und dadurch zur Schädigung der Bäume. In Europa tritt der Falter eher vereinzelt, wenn auch nicht selten auf. Er fliegt von April bis Juli aus. Die Raupen fallen durch die langen Beine und ihre Haltung, mit der sie eine große Spinne nachahmen, auf. Sie leben von Juni bis September und fressen auf Buchen, Eichen, Linden und anderen Bäumen.

7 Hybocampa milhauseri F. — Pergamentspinner. 45—50 mm. Eine wärmeliebende, seltene Art, die in Mittel- und Südeuropa und über Kleinasien bis nach Ostasien verbreitet ist. Der Falter fliegt im Mai und Juni in Laubwäldern aus. Die Raupe lebt von Juni bis August auf Eiche, Hainbuche und Birke. Die Puppe überwintert in einem harten Kokon.

Familie Notodontidae — Zahnspinner

1 Drymonia querna F. 35—40 mm. Tritt verschieden in Mittel-, Süd- und Westeuropa auf und bewohnt warme Laubwälder, vor allem Eichengehölze oder Mischwälder, Baumsteppen und sonnige Hänge. In Mitteleuropa kommt diese Art nur lokal begrenzt selten vor, nach Südosten ist sie häufiger. Die einzige Generation fliegt von Mai bis Juni aus. In wärmeren Gebieten taucht im Juli und August noch eine zweite Generation auf. Die Raupen leben von Juli bis September auf Eichen. Die Puppe überwintert. Sie liegt in der Waldspreu.

2 Drymonia dodonaea Schiff. Esp. 33—38 mm. In Europa die am häufigsten vorkommende Art dieser Gattung. Bewohnt die Laub- und Mischwälder ganz Europas bis zum Kaukasus. Fehlt im südlichsten Europa. Der Falter fliegt von Mai bis Juli in einer Generation aus. Die Raupe lebt von Juni bis August auf Eiche, Buche und Birke. Die Puppe überwintert. Die ssp. *trimacula* Esp. stammt aus Westeuropa, die Populationen Mittel- und Südeuropas gehören zur dunkleren nominaten ssp. *dodonaea* Schiff.

3 Drymonia ruficornis Hfn. (= *chaonia* Hb.). 35—46 mm. Eine ebenfalls zahlreich, aber weitestgehend lokal auftretende Art. Sie reicht jedoch weiter nach Osten, bis nach Japan. Der Falter fliegt sehr zeitig im Frühling im April und Mai aus. Die Raupe (3b) lebt im Juni und Juli auf Eiche. Die Puppe überwintert.

4 Peridea anceps Gz. — Eichenzahnspinner. 50—65 mm. In der gemäßigten Zone Europas östlich bis in den Kaukasus und nach Armenien verbreitet. Er bewohnt Laub- und Mischwälder auf warmen Hängen und in den Niederungen. Der Falter fliegt von April bis Juni aus, die Raupe lebt am Sommeranfang auf Eichen und verpuppt sich in der Waldspreu auf dem Boden.

5 Pheosia tremula Cl. — Pappelzahnspinner, Porzellanspinner. 45—55 mm. Lebt in der gemäßigten und wärmeren Zone Europas und ist im Osten bis nach Südsibirien verbreitet. Wir treffen ihn in feuchten Wäldern an Bächen und Flüssen, in Auwäldern und lichten Laubwäldern. Er bildet zwei Generationen, die erste fliegt von April bis Juni, die zweite von Juli bis August. Die Raupen (5b) wachsen noch bis zum Herbst heran, so daß die Puppe überwintert. Nährpflanzen sind Pappeln, Weiden und Birken.

6 Pheosia gnoma F. — Weißfleckiger Zahnspinner. 40—50 mm. In Europa ähnlich wie die vorangehende Art verbreitet, reicht in Asien bis in den Fernen Osten. Dieser Falter bildet jährlich zwei Generationen, die zur gleichen Zeit wie die der vorangehenden Art ausfliegen. Die Raupen entwickeln sich entsprechend. Sie leben auf Birke. Die Puppen überwintern.

1

4

2

3

5♂

3b

6♀

5b

Familie Notodontidae — Zahnspinner

1 Notodonta phoebe Sieb. 45—55 mm. In der gemäßigten Zone Europas verbreitet, reicht im Osten bis zum Kaukasus. Bildet jährlich zwei Generationen, die von April bis Juni und im Juli und August ausfliegen. Er bewohnt die verschiedensten Biotope mit üppiger Vegetation. Diese Art steigt auch recht weit in die Berge hinauf, ist aber nirgends sehr zahlreich. Die Raupen leben entsprechend der Generation von Juni bis September auf Pappeln, Weiden und Birken. Die Puppe überwintert auf dem Boden.

2 Notodonta torva Hb. 40—50 mm. In Europa eher im Norden als im Süden, wo er nur bis Mittelitalien reicht, beheimatet. Stellenweise fehlt er ganz. Im Osten erstreckt sich sein Verbreitungsgebiet bis nach Ostasien. Der Falter taucht in verschiedenen feuchten Waldbiotopen mit Laubgehölzen und zahlreichen Lichtungen und in Torfmooren u. ä. auf. Die Art ist aber überall sehr selten, so daß die Angaben über ihre Ökologie und Verbreitung oft recht unterschiedlich sind. In den Bergen wurden die Falter noch bis zur Laubwaldgrenze gefangen. Jährlich entwickeln sich von Mai bis August zwei Generationen, und die Raupen leben etwas später, von Juni bis Oktober. Die Puppe überwintert. Nährpflanze sind Pappeln.

3 Notodonta dromedarius L. — Erlenzahnspinner. 35—40 mm. In den nördlicheren und südlicheren Teilen Mitteleuropas und östlich bis zum Amur verbreitet. Er fliegt zahlreich in Laub- und Mischwäldern, die Birkenbestände aufweisen, aus und bewohnt auch Moore und deren Randgebiete. Er ist auch eine geläufige Art der Stadtparks und aller Orte, an denen mehrere Laubbäume wachsen. Von Mai bis August entwickeln sich zwei Generationen. Die Raupen (3b) leben von Juni bis September auf Birken, Weiden, Pappeln, Haselnuß u. ä. Die Puppen überwintern. Der Falter ist in der Färbung variabel und neigt stellenweise zu Melanismus.

4 Notodonta ziczac L. — Zickzackspinner. 40—45 mm. Ist über ganz Europa und Asien und hoch in die Berge, bis zu 2500 m, verbreitet. Typische Biotope sind feuchte Laubwälder, Bach- und Flußtäler, Ufergebüsche, verwachsene Hänge u. ä. Der Falter lebt auch in Parkanlagen. Jährlich fliegen von April bis August zwei Generationen aus. In den Bergen entwickelt sich nur eine Generation. Die Raupen (4b) leben von Juni bis September und sind farblich sehr variabel. Sie ernähren sich vom Laub der Weiden, Pappeln und Zitterpappeln.

5 Spatalia argentina Schiff. — Silberfleckenspinner. 30—35 mm. Eine wärmeliebende Art orientalischen Ursprungs, die wir in Mittel-, Süd- und Südosteuropa und im östlichen Mittelmeerraum antreffen. Bildet zwei Generationen, die erste im Mai und Juni, die zweite im August. Die Raupen leben auf Eiche, Pappel und Weide, vor allem auf Büschen. Die typischen Standorte dieser Art sind lichte, warme Laubwälder, Baumsteppen und sonnige Hänge.

6 Leucodonta bicoloria Schiff. — Weißer Zahnspinner. 30—37 mm. Lokal in Birken- und Mischwäldern der gemäßigten Zone in der gesamten Region verbreitet. Wir treffen den Falter auch auf Moorböden in den Niederungen und Mittellagen bis in Höhen von 1000 m. Nirgends tritt er häufig auf. Er bildet jährlich eine Generation, die von Mai bis Juni ausfliegt. Die Raupe lebt von Juni bis August vor allem auf Birken, seltener auf Eichen.

Familie Notodontidae — Zahnspinner

1 Ochrostigma velitaris Hfn. — Südlicher Zahnspinner. 35—40 mm. Im wärmeren Mitteleuropa verbreitet. Kommt vereinzelt mit Ausnahme Englands auch an anderen Stellen in Europa vor. Im Osten tritt er in Galizien, im Süden bis nach Mittelitalien und über Kleinasien bis zum Kaukasus auf. Der Falter fliegt von Mai bis Juli in warmen Laubwäldern und auf baumsteppenartigen, buschigen Hängen aus. Die Raupe lebt am Sommerende vor allem auf Eichen, aber auch auf Pappeln. Sie bevorzugt niedrige, verwachsene Büsche.

2 Ochrostigma melagona Bkh. 32—36 mm. Sehr selten und tritt nur von West- bis zum südlicheren Mitteleuropa auf. Der Falter bewohnt lichte Misch- und Laubwälder mit reichem Unterholzwuchs, vor allem, wenn der Anteil an Eiche besonders groß ist. Er fliegt von Ende Mai bis August in einer bis zwei Generationen aus. Die Raupe lebt von Juli bis September und nährt sich von Eichen- und Buchenblättern, mit Vorliebe auf kleinen Büschen.

3 Odontosia carmelita Esp. — Mönchszahnspinner. 38—45 mm. Tritt an verschiedenen Stellen Europas, vor allem in den nördlichen und östlichen Teilen auf, zum Beispiel in Südskandinavien und Nordostrußland, aber auch in Südwestdeutschland, Norditalien und den Ostkarpaten. Der Falter bewohnt Birkenwälder und Moore in den Niederungen und Vorgebirgen bis zu Höhen von 900 m. Er fliegt von Ende April bis Mai aus. Die Raupe lebt von Juni bis August. Sie nährt sich von Birken- und Erlenblättern. Die Puppe überwintert. In Mitteleuropa, annähernd dort, wo die Karpaten beginnen, verläuft die Westgrenze des Verbreitungsgebiets der ähnlichen Art *O. sieversi* Mén., die bis nach Ostasien reicht. Sie ist etwas heller und fliegt früher, schon Anfang April aus.

4 Lophopteryx capucina L. — Kamelspinner. 35—40 mm. In der gemäßigten Zone fast der ganzen Paläarktis bis nach Korea verbreitet. Bewohnt Misch- und Laubwälder, verschiedenes Buschwerk und hat sich auch an Stadtparkbedingungen angepaßt. Der Falter bildet jährlich zwei Generationen, von denen die erste im Juni und Juli, die zweite im August und September ausfliegt. Die Puppe überwintert. Die Färbung des Schmetterlings ist variabel. Männchen und Weibchen können schon auf den ersten Blick unterschieden werden. Eine der am häufigsten auftauchenden Arten dieser Familie. Die Raupen (4b) leben polyphag und ernähren sich von den Blättern verschiedener Bäume.

5 Lophopteryx cuculina Schiff. — Ahornspinner. 35—40 mm. Taucht nur sehr begrenzt auf und ist inselartig lediglich in Mittel- und Osteuropa verbreitet und nirgends zahlreich. Der Falter lebt im Mai und Juni, die Raupe (5b) von Juni bis August. Die Puppe überwintert. Nährpflanze der Raupe ist Ahorn.

6 Pterostoma palpina Cl. — Schnauzenspinner. 35—55 mm. Trägt am Hinterrand der Vorderflügel zwei auffallende Fortsätze. Auch die langen Lippentaster, die weit vorstehen, fallen auf. Das Männchen trägt ausgeprägt gekämmte Fühler. Der sitzende Falter hat eine interessante, langgezogene Form, die an ein eingerolltes, trockenes Blatt erinnert. Diese Art ist in Europa und in den wärmeren Gebieten der ganzen übrigen paläarkt. Unterregion bis nach Südsibirien verbreitet. Wir finden sie auch hoch in den Bergen bis in Höhen von 1500 m. Jährlich entwickeln sich von Ende April bis August eine bis zwei Generationen. Die Raupe (6b) lebt vom Sommer bis zum Herbst und nährt sich von Weiden-, Pappel-, Erlen- und Eichenblättern. Die Puppe (6c) überwintert.

Familie Notodontidae — Zahnspinner

1 Ptilophora plumigera Schiff. 32—40 mm. In der Laub- und Mischwaldzone Europas und Asiens bis nach Japan verbreitet, in Europa an vielen Stellen zahlreich, meistens im Vorgebirge. Aus Asien liegen mit Ausnahme Japans nur sehr wenige Informationen vor. Diese Art gehört zu den spätesten Schmetterlingen des Jahres und fliegt erst nach den ersten Frösten im Oktober und November aus. Herrscht im Herbst ungünstige Witterung, können die Falter während der winterlichen Wärmeperioden bis zum März auftauchen. Die Raupe (1b) lebt im Frühling auf Ahorn. Der Falter ist sehr variabel gefärbt. Besonders auffällig ist die bunte f. *variegata* oder die fast schwarze f. *obscura*.

2 Phalera bucephala L. — Mondvogel. 42—55 mm. In Europa überall in Laubwäldern zahlreich. Hat sich auch gut an das Leben in der Kulturlandschaft angepaßt, so daß wir ihn auch in Alleen und Stadtparks finden. Sein Areal erstreckt sich in Asien bis in den Fernen Osten. Der Falter bildet jährlich eine Generation und fliegt von Mai bis Juli aus. Die Raupen finden wir im Juli und August. Im Jugendstadium leben sie gesellig und fressen ganze Äste von Linden, Eichen, Haselsträuchern, Weiden und anderen Bäumen kahl. Bei Erschütterungen durch den Wind fallen sie vor allem in der Zeit vor dem Verpuppen zu Boden. Die schwarzen unbeweglichen Puppen überwintern im Boden (2c).

3 Clostera curtula L. — Erpelschwanz. 27—35 mm. In der Laubwaldzone der gesamten Paläarktis sehr verbreitet und zahlreich, vor allem in der Umgebung von Wasserläufen, an waldigen Hängen mit üppiger Vegetation u. ä. Der Falter bildet jährlich von April bis August zwei Generationen. Die Raupe lebt bis zum September auf Pappeln und Weiden. Die Puppe überwintert. Der Farbton der Vorderflügel des Falters wechselt von Grau bis zu Rot.

4 Clostera anachoreta Schiff. — Einsiedler. 30—35 mm. Von Westen bis Osten ähnlich verbreitet wie der Erpelschwanz, fehlt aber im äußersten Norden und Süden. In den Bergen steigt er ungefähr bis 1600 m auf und bildet ähnlich wie die vorangehende Art zwei Generationen, wobei auch hier die Puppe überwintert. Die Nährpflanzen der Raupen (4b) sind Weiden und Pappeln.

5 Clostera anastomosis L. — Weidenspinner. 25—40 mm. In Mittel- und Nordeuropa und im Osten über ganz Sibirien bis nach Japan verbreitet. Wir finden ihn am meisten in feuchten Tälern, an sonnigen Hängen mit üppiger Vegetation, in der Nähe von Wasserläufen u.ä. Er bildet jährlich 2—3 Generationen. Die Raupen (5b) leben gesellig auf Pappeln und Weiden. Sie sind zwar in Wäldern schädlich, sind aber über mehrere Jahre selten. Die Puppe überwintert.

6 Clostera pigra Hfn. — Espenspinner. 22—27 mm. Im ganzen nichtpolaren Europa verbreitet. Bewohnt vor allem Gebirge, wo er bis 2500 m aufsteigt. Der Falter bildet jährlich 2 Generationen, die von Mai bis August ausfliegen. Die Raupe entwickelt sich bis zum Oktober, die Puppe überwintert. Der Schmetterling sitzt sehr charakteristisch, wobei er die Flügel dicht zusammenschlägt und das Haarbüschel am Ende des Hinterleibs dazwischen aufrecht hervorschiebt. Wir können ihn nicht sehr oft sehen, finden aber häufig seine Raupen in versponnenen Blättern von Salweiden, anderen Weiden oder Zitterpappeln. Sie halten sich vor allem auf niedrigeren Sträuchern in den Quellgebieten der Gebirge und auf feuchten Hängen, wo die Nährpflanzen in großer Zahl wachsen, auf.

1♂

2♀

2c

2b

6♂

5♀

1b

5b

4b

3♂

4♀

Familie Sphingidae — Schwärmer

1 Mimas tiliae L. — Lindenschwärmer. 55—70 mm. In Europa und Asien verbreitet und folgt der Laubwaldzone, fehlt in den Polargebieten und den südlichsten Teilen der Paläarktis. Er fliegt von Mai bis Juli; ausnahmsweise kann in wärmeren Gebiten im Herbst noch eine zweite Generation auftreten. Die Raupen treffen wir von Juli bis September auf verschiedenen Laubbäumen an, wie zum Beispiel auf Birke, Ulme, Eiche oder Erle, meistens jedoch auf Linden. Bei starkem Wind können wir sie in Lindenalleen auf dem Boden finden. Der Lindenschwärmer gehört auch zu den geläufigen Faltern der Stadtparks. Die Puppe überwintert. Diese Art ist überaus variabel. Am bekanntesten ist die rotbraune f. *brunnea* oder f. *transversa*, bei der die mittlere Querteilung der Vorderflügel verbunden ist.

2 Laothoe populi L. — Pappelschwärmer. 65—90 mm. In den Niederungen zahlreich, dringt aber auch hoch in die Gebirge, bis auf 1500 m Seehöhe, vor. Ist überall in Europa, im Osten über den Ural und Kaukasus bis zum Altai verbreitet, bildet jährlich entsprechend den klimatischen Bedingungen eine bis zwei Generationen und fliegt über einen langen Zeitraum von Mai bis August aus, wobei die Generationen ineinander übergehen. Die Raupe (2b) lebt von Juli bis September auf Pappeln und Weiden, sehr oft auf niedrigen Sträuchern. Die Puppen (2c) überwintern, wir können sie vom Herbst bis zum Frühling am Fuße der Bäume ausgraben, soweit sie nicht Maulwürfen und anderen Insektenfressern zum Opfer gefallen sind. Der Pappelschwärmer tritt meistens in feuchten Laubwäldern, im Buschwerk an Wasserläufen und auf verwachsenen Wiesen, am Rande von Sumpfgebieten u.ä. auf.

3 Marumba quercus Schiff. — Eichenschwärmer. 90—100 mm. Das Verbreitungsgebiet dieser wärmeliebenden Art hat seine nördliche Grenze in den wärmeren Gebieten der Steppen- und Waldsteppenzone Mitteleuropas. In Südeuropa ist der Falter zahlreicher, im Osten reicht er über Kleinasien bis nach Armenien. Er bildet jährlich eine Generation, die schon im Mai oder erst im August auftauchen kann. Die Raupe (3b) lebt am Ende des Sommers und nährt sich von Eichenblättern, vor allem auf kleinen Bäumen und Sträuchern. Die Puppe überwintert.

4 Smerinthus ocellata L. — Abendpfauenauge. 70—80 mm. In ganz Europa und den Westteilen Asiens verbreitet. Auf der nördlichen Halbkugel leben vor allem in Ostasien mehrere Arten dieser Gattung, in Europa tritt nur diese eine auf. Der Falter ist überall häufig verbreitet und steigt bis in Höhen von 2000 m auf. Er fliegt genauso wie die vorangehenden drei Arten nachts aus und trägt gleichfalls Flügel mit einem wellig ausgeschnittenen Rand, die diese Falter in der Ruhelage waagerecht ausbreitet und nicht wie die übrigen Schwärmer dachartig zusammenschlägt. Der Rüssel ist verkümmert. Das Abendpfauenauge bildet jährlich eine Generation. Die Imagines finden wir von Mai bis Juli, die Raupen am Ende des Sommers bis zum September. Sie leben auf verschiedenen Laubbäumen, auch Obstgehölzen, vor allem aber auf Weiden und Pappeln. Oft treffen wir sie auf Trauerweiden in Stadtparks an.

4

2c

2b

2

1♂

1♀

3b

3

Familie Sphingidae — Schwärmer

1 Acherontia atropos L. — Totenkopf. 80—120 mm. Lebt in Afrika und Südwestasien und fliegt von dort alljährlich weit nach Norden. Er fliegt von Mai bis Juni an und bildet an geeigneten Stellen eine Sommergeneration. Die Raupen wachsen während des Sommers heran und verpuppen sich am Anfang des Herbstes im Boden in einer großen Erdkammer. Die Puppe ist groß, schwarzbraun oder harzig rotbraun und glänzend. Wenn im Herbst warme Witterung herrscht, schlüpft der Falter manchmal noch aus, und wir können ihn in der Natur noch Anfang Dezember antreffen. Er ist jedoch zum Untergang verurteilt. Wenn der Falter im Herbst nicht mehr schlüpft, gehen die Puppen während des Winters meistens zugrunde, denn sie vertragen keine kalte oder sogar frostige Witterung. Lediglich in den wärmeren Teilen Mitteleuropas kann es ausnahmsweise geschehen, daß die Puppe einen milden Winter überlebt und der Falter im Frühling schlüpft. In Südeuropa herrschen bessere Bedingungen für das Überwintern. Die Raupen leben auf Kartoffeln, Bilsenkraut, Bocksdorn u.ä. Früher konnte man sie mit dem Fernglas an den Fraßstellen auf dem Kartoffelkraut finden. Jetzt, wo der Kartoffelkäfer überall häufig auftritt, erzielt man mit dieser Methode keinen Erfolg mehr. Meistens finden wir die Raupe auf Bocksdorn. Die Falter werden oft vom Honigduft angelockt und dringen durch das Flugloch in die Bienenstöcke ein. Die Bienen töten jedoch den Eindringling und der Imker findet gewöhnlich den mumifizierten Körper des Schwärmers. Seinen Namen hat der Schmetterling nach der Zeichnung auf dem Brustteil erhalten, die an einen Totenkopf erinnert.

2 Agrius convolvuli L. (= *Herse c.*) — Windenschwärmer. 80—120 mm. Gehört zu den Gästen, die aus dem warmen Süden heranfliegen, lebt in den Tropen Afrikas, Asiens und Australiens, nicht sehr zahlreich auch in Nordamerika. Der Falter unternimmt alljährlich Flüge über Tausende von Kilometern, um die gemäßigte Zone zu besiedeln und dort eine Sommergeneration zu bilden. Er fliegt von Mai bis Juli an. Die Raupe (2b) lebt während des Sommers auf Winden. Die Falter schlüpfen im Herbst, und wir können sie in manchen Jahren häufig in der Abenddämmerung in der Umgebung von Röhrenblütlern, vor allem *Phlox* finden. Es scheint so, daß die geschlüpfte Generation am Ende des Sommers noch durch Falter, die aus dem Süden anfliegen, verstärkt wird. Diese Art weist interessante Einzelheiten auf. Der Rüssel ist überaus lang (gegen 10 cm) und der Falter saugt damit Nektar auch aus den tiefsten Blütenkelchen (z. B. aus Tabakblüten). Die Puppe ist ungefähr 6 cm groß und mit einer mächtigen, spiralig eingerollten Rüsselscheide (2c) versehen. Sie ist im Boden in einer Erdkammer untergebracht. Man findet sie manchmal im Garten beim Umgraben oder auf dem Feld beim Ackern oder Kartoffelroden, denn die Winde, auf der die Raupe lebt, ist ein gewöhnliches Ackerunkraut.

3 Daphnis nerii L. — Oleanderschwärmer. 90—130 mm. In Südeuropa, Afrika, Kleinasien und Indien, kurz überall dort, wo in der Natur die Nährpflanze der Raupe, *Nerium oleander*, wächst, verbreitet. In Mitteleuropa taucht er als wirklich seltener Gast aus dem Süden auf, denn er überlebt die hiesigen Winter nicht. Manchmal legt der Falter seine Eier auf gezüchtetem Oleander ab. Die gefräßigen Raupen werden hier aber meistens vernichtet. Diese Art eignet sich, wie auch andere Großschwärmer, zur Zucht. Die interessanten großen Raupen tragen am Ende ein Horn (3b), und die geschlüpften, noch nicht abgeflogenen Falter sind farbige Kleinodien und dankbare Fotoobjekte.

Familie Sphingidae — Schwärmer

1 Sphinx ligustri L. — Ligusterschwärmer. 90—120 mm. In der ganzen Paläarktis bis nach Japan verbreitet, fehlt nur im Norden. Er fliegt zwar dorthin, überwintert aber nicht. Wir können die Falter an warmen Maiabenden oft noch bei Tageslicht beobachten, wenn sie um verschiedene Blüten, vor allem um die Ziersträucher in den Parks fliegen und mit dem langen Rüssel Nektar aus den Blütenkelchen saugen. Hier legen sie meistens auch ihre Eier ab, obwohl sie in der Natur buschige Hänge und lichte, an Unterholz reiche Laubwälder bewohnen. Die Falter fliegen von Mai bis Juli aus. Die Raupen (1b) leben im August und September auf Flieder, Liguster, Spierstrauch und anderen Büschen. In der Ruhelage sitzen die Raupen in einer typischen Haltung mit aufgerichtetem Vorderkörper auf den Ästen. Die Puppe überwintert im Boden. Sie ist dunkel, rötlichbraun und hat eine kurze, anliegende Rüsselscheide.

2 Hyloicus pinastri L. — Tannenpfeil. 65—80 mm. Eine geläufige Art der Nadelwälder und vor allem trockener Biotope. Am häufigsten tritt der Falter in warmen Niederungen und Kiefernwäldern mit sandiger Unterlage auf. Wir können ihn aber auch in den Bergen bis zur oberen Fichtenwaldgrenze antreffen. Er ist mit Ausnahme des Südens in ganz Europa verbreitet und reicht östlich über den Ural bis zum Baikal. Er wird auch aus Japan gemeldet und bildet jährlich eine, selten zwei Generationen, die von Mai bis Juli, gegebenenfalls im August ausfliegen. Wir finden den Falter abends in der Umgebung von Blüten. Er fliegt aber bis weit in die Nacht hinein und läßt sich vom Licht anlocken. Die Raupen leben am Ende des Sommers auf Kiefern, Fichten und manchmal auch auf Lärchen, vor allem auf jungen Bäumen auf sonnigen Lichtungen. Die Puppen überwintern in Moos und Nadelspreu am Fuß der Bäume. Diese Art wandert offensichtlich innerhalb der Landschaft, denn die Falter tauchen am Licht auch an Stellen auf, wo sie nur schwerlich leben könnten. In Industriegebieten tauchen manchmal melanistische Exemplare auf (f. *unicolor*).

3 Deilephila elpenor L. — Mittlerer Weinschwärmer. 45—60 mm. Fehlt in den nördlichsten Gebieten, gehört aber sonst in Europa zu den geläufigen Arten und ist über Asien bis nach Japan verbreitet. Am zahlreichsten kommt er in den Mittellagen und Vorgebirgen vor. Wir finden ihn auch recht hoch in den Bergen. Er steigt hier bis 1500 m auf. Der Falter folgt im wesentlichen zwei Pflanzen, dem Zottigen und dem Waldweidenröschen, auf denen am Ende des Sommers die Raupen leben. Diese haben zwei Grundfarben, grün oder dunkelbraun (3b), und verpuppen sich zwischen Pflanzenresten auf dem Boden. Die Puppe (3c) überwintert. Der Falter bildet von Mai bis Juli eine Generation. Manchmal taucht aber im August und September noch eine zweite Generation auf.

4 Deilephila porcellus L. — Kleiner Weinschwärmer. 40—45 mm. Gehört zu den kleineren Schwärmern, die in ganz Europa und Asien bis zum Altai verbreitet sind. Der Falter fliegt von Mai bis Juni und manchmal noch mit einer zweiten Generation im August aus und ist überall an grasbewachsenen Stellen, die einen reichen Kräuteranteil aufweisen, häufig. Abends saugt er an blühendem Leimkraut, auf Lichtnelken, Pechnelken und anderen Blüten Nektar und fliegt nachts zum Licht. Am zahlreichsten ist er in den Niederungen. In den Gebirgen steigt er bis 1600 m auf. Die Raupen leben im Juli und August auf Labkraut und Weidenröschen. Sie ähneln den Raupen des Mittleren Weinschwärmers, sind aber kleiner und tragen am Hinterleib kein Horn (4b). Die Puppe (4c) überwintert.

1   **1b**

2

3   **3b**

4   **4b**

4c   **3c**

Familie Sphingidae — Schwärmer

1 Hyles euphorbiae L. (= *Celerio e.*) — Wolfmilchschwärmer. 55—75 mm. In Mittel- und Südeuropa und in Westasien bis nach Nordindien verbreitet. Vor Jahren gehörte er zu den am häufigsten vorkommenden Schwärmern. Man konnte seine Raupen während der Erntezeit überall an grasbewachsenen Stellen finden, wo Zypressenwolfsmilch wuchs. In der letzten Zeit ist er an vielen Standorten fast ausgestorben und es scheint, daß er in den nördlichen Teilen Mitteleuropas nur als Wanderfalter aus dem Süden auftaucht. Er hielt sich nur in wärmeren Gegenden in größerer Zahl. Dort überwintert er oft, und seine Population wird durch Zuwanderer aus den Subtropen verstärkt. Jährlich bilden sich eine bis zwei Generationen, die von Mai bis August ausfliegen. Die Raupen (1b) entwickeln sich im Sommer und dann noch im September und Oktober. In dieser Zeit können sie, soweit sie sich noch nicht verpuppt haben, bei den ersten Frösten zugrunde gehen. Als Nährpflanze dienen verschiedene Arten der Wolfsmilch. Die grau-ockerfarbene Puppe überwintert. Der Falter ist in Zeichnung und Färbung variabel. Sehr oft tauchen Abweichungen mit rötlichen Schattierungen auf (f. *rubescens*).

2 Hyles vespertilio Esp. (= *Celerio v.*) — Fledermausschwärmer. 55—75 mm. Diese Mittelmeerart ist über Kleinasien bis nach Armenien verbreitet. Manchmal wandert sie nach Norden und taucht dann auch in Mitteleuropa, im Donaugebiet auf. Sie ist jedoch im Norden ein ausgesprochen seltener Gast. Die beiden Generationen des Falters fliegen im Mai und Juni und im August und September aus. Die Raupe lebt von Juni bis Oktober auf Weidenröschen, Weiderich und Labkräutern. Die Puppe überwintert in einer freien Hülle auf dem Erdboden.

3 Hyles galii Rott. (= *Celerio g.*) — Labkrautschwärmer. 60—80 mm. Kommt mit Ausnahme der Polargebiete in ganz Europa und Asien und auch in Nordamerika vor. Wir treffen ihn sowohl in den Niederungen als auch in den Bergen bis zu Höhen um 2000 m an. Am zahlreichsten ist er in den Vorgebirgen. Hier fliegt er abends, manchmal, vor allem in den Bergen auch schon tagsüber um die Blumen auf Kahlschlägen, blühenden Hängen, an Waldrändern u.ä. Der Falter bildet eine oder zwei Generationen im Jahre, die von Mai bis September ausfliegen. Die Raupen finden wir meistens am Ende des Sommers auf Waldweidenröschen und Labkraut. Sie verpuppen sich in einem lockeren Gespinst auf dem Boden zwischen Pflanzenresten. Die Puppe überwintert.

4 Hyles lineata F. (= *Celerio l.*) — Linienschwärmer. 60—80 mm. In den Tropen und Subtropen der ganzen Welt beheimatet. Die nominate ssp. *lineata* F. wurde aus Nordamerika beschrieben. Die europäische Population gehört zur ssp. *livornica* Esp. (4). Diese ist auch in Afrika, Südasien und Australien verbreitet. Der Linienschwärmer ist ein ausgezeichneter Flieger, der über große Entfernungen wandert. In den Jahren, in denen er sich in seiner Heimat stärker vermehrt, fliegt er weit nach Norden. Eine solche Invasion konnte 1952 festgestellt werden, als an verschiedenen Stellen in Mitteleuropa unwahrscheinlich viele Exemplare gefangen wurden. Sie fliegen abends um den blühenden *Phlox* und auch zum Licht. Der Falter bildet gewöhnlich zwei Generationen, die von Mai bis Juni und im August und September ausfliegen. Die Raupen leben in der Zeit zwischen den Generationen auf Labkraut und Weidenröschen oder anderen Pflanzen. Die Puppe überwintert.

5 Hippotion celerio L. — Großer Weinschwärmer. 70—80 mm. Subtropische tropische Art, die außer in Europa auch in Afrika, Asien, Indonesien und Australien verbreitet ist und überall sehr zahlreich auftritt. Mehrere Generationen gehen ineinander über und fliegen von Mai bis September aus. Im europäischen Mittelmeergebiet entwickeln sich zwei Generationen. Von hier aus fliegt der Falter oft weit nach Norden. Er wurde sogar in Schottland gefangen. Wanderungen finden meistens im August und September statt. Die Raupe lebt von Juni bis Oktober auf Labkraut, Wein und anderen Pflanzen.

Familie Sphingidae — Schwärmer

1 Proserpinus proserpina PALL. — Nachtkerzenschwärmer, Kleiner Oleanderschwärmer. 37—42 mm. Taucht vor allem in den Niederungen, in den Stromgebieten und an Teichufern, auch auf sandigen Böden und Ruderalgelände, wie Fluß- und Bahndämmen, auf. Der Falter findet hier überall seine Nährpflanze. Es handelt sich um eine seltene Art orientalischen Ursprungs, die über Westasien in die wärmeren Gebiete Europas vorgedrungen ist. Es scheint, daß sie in den letzten Jahren in Mitteleuropa stark zurückgeht. Die einzige Generation des Falters fliegt im Mai und Juni aus. Die Raupen (1b) leben im Juli und August auf Nachtkerze und Weidenröschen. Die Puppe überwintert.

2 Macroglossum stellatarum L. — Karpfenschwanz, Taubenschwänzchen. 40—50 mm. Bewohnt die wärmeren Teile der Paläarktis und gelangte unlängst auch nach Nordamerika. Er ist ein hervorragender Wanderfalter, der weit nach Norden, bis in das Polargebiet, und hoch in die Berge, bis zur oberen Vegetationsgrenze fliegt. Die Falter fliegen am Sommeranfang in Mitteleuropa an und können sehr zahlreich auftreten. Wir sehen sie Ende Juni und vor allem von August bis zum Herbst, wenn die Nachkommen der im Frühjahr zugewanderten Falter ausfliegen, um die Blüten auf Wiesen und Feldrainen, auf Zierbeeten und in Gärten flattern. Sie sind tagaktiv und saugen den Nektar im Flug. Dabei stehen sie mit schwirrenden Flügeln fast an einer Stelle und schieben ihren Rüssel in die Blüten, um dann blitzschnell vor anderen Blumen zu halten. Die Raupen (2b) leben von Juni bis Oktober auf Labkraut. In milden Klimagebieten überwintert die Puppe (2c). Dort wo Fröste auftreten, übersteht sie nur zufällig die kalte Jahreszeit.

3 Hemaris tityus L. — Skabiosenschwärmer. 37—42 mm. Bewohnt die gemäßigte Zone Europas und Asiens bis zum Altai. Lebt auf blütenreichen Wiesen und grasigen Hängen und fliegt hier im vollen Sonnenschein im Mai und Juni aus. Der Falter ist nicht selten, aber sehr scheu und erlaubt keinerlei Annäherung. Er entgeht übrigens der Aufmerksamkeit auch durch seine unauffällige Färbung und seine glasigen Flügel. Die Raupen (3b) können wir im Juli und August auf Witwenblume, Skabiose, Teufelsabbiß u.ä. finden. Die Puppe überwintert.

4 Hemaris fuciformis L. — Hummelschwärmer. 40—47 mm. Ähnlich verbreitet wie die vorige Art. Fliegt ebenfalls an sonnigen Tagen im Mai und Juni auf blütenreichen Wiesen und verwachsenden Lichtungen aus. Der Falter verirrt sich auch hoch in die Berge. Er lebt in lockeren Misch- und Nadelwäldern, wo im Unterholz die Nährpflanze der Raupe, das Geißblatt, wächst. Wir können die Raupe auch auf Schneebeere finden. Die Raupen leben im Juli und August. Die Puppe überwintert.

5 Haemorrhagia croatica ESP. 37—42 mm. Südeuropäische Art, die über Kleinasien bis nach Kurdistan verbreitet und überall selten ist. Der Falter fliegt mit zwei Generationen im Juni und August aus. Die Raupen leben anschließend von Juni an bis Oktober. Die Puppe überwintert. Nährpflanze der Raupe ist die Skabiose.

Familie Saturniidae — Nachtpfauenaugen, Augenspinner

1 Saturnia pyri Sᴄʜɪꜰꜰ. — Großes Wiener Nachtpfauenauge. 100—130 mm. Der größte europäische Schmetterling. Im europäischen und afrikanischen Mittelmeergebiet verbreitet, reicht von da aus östlich über Kleinasien, den Kaukasus und Transkaukasien bis nach Vorderasien. Die nördliche Grenze des europäischen Verbreitungsgebietes liegt in Mitteleuropa. Die Heimat dieses wärmeliebenden Falters sind Baumsteppenlandschaften mit buschiger Vegetation. In Landwirtschaftsgebieten ersetzen Gärten und Obstplantagen den natürlichen Biotop dieses Falters. Er bildet jährlich eine Generation und fliegt zeitig im Frühling, von Ende April bis höchstens Anfang Juni, aus. Dieser ausgesprochene Nachtfalter läßt sich sehr leicht mit Licht, vor allem mit ultraviolettem Licht, anlocken. Er fliegt oft um Straßenlaternen und erinnert mit seiner Größe eher an einen Vogel oder eine Fledermaus als an einen Schmetterling. Tagsüber können wir ihn auf Mauern oder Baumstämmen finden, wo er mit leicht geöffneten Flügeln sitzt. Er nimmt keine Nahrung auf und lebt nur so lange, bis seine Fettreserven verbraucht sind. In dieser Zeit pflanzt er sich fort. Die Weibchen legen große, rötlich gefärbte, ovale Eier, die an beiden Polen leicht abgeflacht sind. Aus diesen schlüpfen dann die Raupen. Die jungen Raupen sind schwarz und tragen rote Warzen, im Alter sind sie gelbgrün und tragen farbige Warzen und sternförmige Borsten. Sie sind 10—12 cm groß (1b) und leben polyphag, meistens auf Obstbäumen. Eine so große Raupe hat einen erheblichen Nahrungsbedarf und kann in Obstbaumkulturen Schaden anrichten. Sonst handelt es sich jedoch um eine indifferente Art, die mit ihrer Schönheit und Größe zu den beachtenswertesten Schmetterlingen gehört und geschützt werden muß. Die ausgewachsene Raupe sucht sich annähernd Anfang August eine geeignete Stelle zum Verpuppen. Das ist gewöhnlich ein Baumstamm, ungefähr 1 m über dem Boden, oder eine Astgabel. Hier spinnt sie sich aus grober brauner oder grauweißer Seide einen großen, birnenförmigen Kokon (1c), in dem sie sich dann verpuppt. Die Puppe überwintert. Sie ist von gedrungener Gestalt, braun und mit schwarzen Flügelscheiden (1d). Das Wiener Nachtpfauenauge ist nur eine der ungefähr 1200 Arten der Familie *Saturniidae*, die auf der ganzen Welt, vor allem in den Tropen, beschrieben wurden. In der Paläarktis leben nur einige Arten, die zu den größten Schmetterlingen der Erde gehören und Ausmaße bis zu 20 cm erreichen. Die europäischen Arten sind auf der folgenden Tafel abgebildet. Für die Augenspinner sind breite Flügel typisch, die an Augen erinnernde Flecken tragen. Diese Augen haben wahrscheinlich die Aufgabe, Vögel vom Angriff zurückzuhalten. Die Mundwerkzeuge sind meistens verkümmert. Die Männchen tragen breit gekämmte Fühler. Zu den Augenspinnern gehören einige Arten, die in Ostasien zur Seidenherstellung gezüchtet werden. Sie erreichen aber nicht die Bedeutung des Seidenspinners, und ihre Seidenproduktion ist viel geringer.

1

1b

1c

1d

Familie Saturniidae — Nachtpfauenaugen, Augenspinner

1 Saturnia pavonia L. — Kleines Nachtpfauenauge. 40−60 mm. In ganz Europa und Asien bis in den Fernen Osten verbreitet. Es bewohnt die verschiedensten Biotope. Wir finden es sowohl in den Waldsteppen der Niederungen und Mittellagen als auch in den Bergen an der Nadelwaldgrenze in Höhen 1500−2000 m. Der Falter weist auffallenden Geschlechtsdimorphismus auf. Die Männchen unterscheiden sich von den Weibchen nicht nur durch die Form der Fühler, sondern auch durch die Färbung der Flügel. Die Flügel der Weibchen sind in der Grundfarbe ganz grau, während die Männchen Hinterflügel mit braunoranger Grundtönung zeigen. Die Weibchen sind auch größer als die Männchen und haben einen dicken Hinterleib. Sie verhalten sich auch unterschiedlich. Während das Weibchen tagsüber ruhig sitzt und nur in der Nacht ausfliegt, sind die Männchen tagaktiv. Sie bewegen sich heftig und zickzackförmig und fliegen an sonnigen Nachmittagen im April und Mai aus. Der Grundcharakter der Zeichnung des Falters ist konstant, Veränderungen treten nur bei Details auf. Bei der Farbe der Raupen können wir größere Unterschiede beobachten. Die jungen Raupen sind schwarz, später tragen sie an den Seiten orangefarbene Warzen und sind ausgewachsen grün und mit Flecken oder Querstreifen (1b) schwarz gezeichnet. Interessant ist, daß die Raupen der Niederungen begrenzte Zonen der schwarzen Zeichnung aufweisen. Sie können auch ganz grün sein. In den Bergen neigen die Raupen wieder zu melanistischer Färbung, und das Grün weicht ausgedehnten Zonen schwarzer Flecken. In den Niederungen leben die Raupen meistens auf Schlehen, in den höheren Lagen finden wir sie auf Heidelbeeren, Salweiden und anderen Weiden, auf Birken, Heidekraut u.ä. Der birnenförmige Kokon (1c) ist aus brauner Seide gesponnen und enthält eine violettbraune, gedrungene Puppe (1d). Diese überdauert einen oder auch mehrere Winter.

2 Aglia tau L. — Nagelfleck. 50−65 mm. Weicht in einigen morphologischen Merkmalen von den Echten Augenspinnern ab und wird deshalb manchmal in die selbständige Familie *Syssphingidae* gestellt. In den Laubwäldern der ganzen Paläarktis bis nach Japan verbreitet und fehlt lediglich auf den Britischen Inseln. Der Falter folgt vor allem der Verbreitung von Buchen bis in die höchsten Lagen über 1000 m Seehöhe. Der Nagelfleck bildet jährlich eine Generation. Seine Flugzeit deckt sich mit der Zeit, in der die Buchen ausschlagen, sie beginnt also im April und kann sich in den Bergen bis in den Juli erstrecken. Die Männchen fliegen an sonnigen Vormittagen aus. Wir können sie oft beobachten, aber nur sehr schwer fangen, denn sie bewegen sich heftig und zickzackförmig. Das Weibchen ist etwas größer und heller als das Männchen. Es fliegt manchmal nachts zum Licht, sonst finden wir es sitzend. Stellenweise, vor allem in den höheren Lagen, tauchen manchmal abweichende, überwiegend dunkel gefärbte Exemplare (2c) auf. Die Form *ferenigra* zeigt fast schwarze Flügelunterseiten, bei f. *melaina* sind es auch die Oberseiten. Meistens finden wir jedoch nicht ganz gefärbte Übergangsformen. Die Raupen (2b) leben von Mai bis August und ändern im Laufe ihrer Entwicklung Gestalt und Farbe erheblich. Die gabelartigen Auswüchse der jungen Raupen verschwinden allmählich. Nährpflanzen sind Buche, Eiche, Birke, Hainbuche und andere Laubgehölze. Die ausgewachsene Raupe verwandelt sich im Laub zwischen lockeren Fasern in eine fast schwarze Puppe, die dann überwintert.

1 ♀   1 ♂

1c

2 ♂

1d

2c

2b

1b

Familie Lasiocampidae — Glucken, Wollraupenspinner

1 Malacosoma neustria L. — Ringelspinner. 25—35 mm. Gehört zu den geläufigen Arten, ist überall in Europa und Asien verbreitet und steigt auch in die Berge in Höhen von 1600 m auf, obwohl er dort stark zurückgeht. Der Falter bewohnt lockere Laubwälder und Baumsteppen und hat sich auch der Zivilisationslandschaft angepaßt. Ihm genügen kleine Wälder inmitten von Feldern und die Obstbaumalleen entlang der Landstraßen. Hier vermehrt er sich oft übermäßig und richtet dann auch in Obstgärten Schaden an. Seine einzige Generation fliegt von Juni bis August aus. Die Weibchen legen ihre Eier in typischen Ringen um die Äste. Die Eier überwintern, und im Frühling schlüpfen aus ihnen bunte Raupen (1b), die gesellig in Nestern leben. Sie sind polyphag und fressen nicht nur die Blätter verschiedener Obstbäume, sondern auch von Eichen, Weiden u.ä. Sie verpuppen sich zwischen den Blättern in der Baumkrone (1c, d) in einem gelb bestäubten Kokon. Der Ringelspinner ist ein sehr variabler Schmetterling. Wir können ganz helle, sandgelbe, wenig gezeichnete und auch dunkle Exemplare mit ausdrucksvoller Zeichnung finden.

2 Malacosoma castrense L. — Wolfsmilchspinner. 25—35 mm. Mit Ausnahme der Polargegenden in ganz Europa verbreitet, kommt aber nirgends häufig vor. Im Osten erstreckt sich sein Verbreitungsgebiet bis nach Mittelasien. Es ist eine lokal auftretende Art, die sonnige und vor allem sandige Biotope aufsucht. Der Falter bildet jährlich eine Generation und fliegt im Juli und August aus. Die Eier überwintern, und die Raupen (2b) entwickeln sich im Frühling, im Mai und Juni. Wir finden sie an grasbewachsenen Stellen oder auf sonnigen Hängen und trockeneren Wiesen. Sie fressen Zypressenwolfsmilch, Beifuß und Flockenblume und verpuppen sich im Gras in einem weißlichen Kokon. Der Falter ist in Zeichnung und Farbe veränderlich, und das Männchen unterscheidet sich ein wenig vom Weibchen.

3 Trichiura crataegi L. — Weißdornspinner. 25—30 mm. In Nord- und Mitteleuropa, im nördlichen Kleinasien und in Armenien verbreitet. In Mitteleuropa bewohnt der Weißdornspinner eher die Vorgebirslagen und ist anderswo recht selten. Wir finden diesen Falter an Waldrändern, in einer mit kleinen Wäldchen durchsetzten Landschaft und auch auf Moorwiesen, Heideland und ähnlichen Biotopen. Er bildet jährlich eine Generation und fliegt von August bis Oktober aus. Das Ei überwintert, und die Raupe entwickelt sich im Frühling. Sie ernährt sich von Schlehe, Birke, Salweide und anderen Bäumen und Sträuchern.

4 Poecilocampa populi L. — Kleine Pappelglucke. 30—45 mm. Außer der südlichsten Gebiete in Europa und auch in ganz Asien bis zum Amur verbreitet. Diese Art liebt kühleres Klima und hält sich vor allem in Vorgebirgslagen auf. In den Niederungen treffen wir sie nur vereinzelt an. Dieser Schmetterling gehört zu den letzten Faltern des Jahres, denn er fliegt erst an den wärmeren Tagen nach den ersten Herbstfrösten, im Oktober und November, aus. Stellenweise ist er sehr zahlreich und fliegt auch zum Licht. In der Färbung treten keine großen Veränderungen auf. Das Weibchen unterscheidet sich vom Männchen durch die Fühler. Das Gelege überwintert. Die Raupen entwickeln sich im Frühling, von Mai bis Juli, fressen an den Blättern von Pappeln, Weiden, Eschen, Erlen und tauchen manchmal auch auf Obstbäumen auf.

3

4

2♂

2♀

1c

1d

1♂

1♂

1♀

2b

1b

Familie Lasiocampidae — Glucken, Wollraupenspinner

1 Eriogaster catax L. — Heckenwollafter. 30—40 mm. Nur in Mittel-, Süd- und Südosteuropa, östlich der Schweiz und Frankreichs verbreitet. Er bewohnt Laubwälder und Baumsteppen, Waldränder, buschige Hänge und verwachsende Wiesen, bildet jährlich eine Generation, die im September und Oktober ausfliegt. Die Raupe (1b) lebt im Frühling, von Mai bis Juli, auf Schlehen, Salweide, Birke, Weißdorn u. ä. Die in einem pergamentartigen, eiförmigen Kokon eingeschlossene Puppe bleibt oft bis in das nächste, aber auch übernächste Jahr liegen. Dieser Falter ist überall recht selten.

2 Eriogaster lanestris L. — Wollafter. 30—40 mm. Kommt fast in ganz Europa, sowohl im Norden wie im Süden, vor und reicht östlich in Asien bis zum Amur. Der Falter bildet jährlich eine Generation und fliegt zeitig im Frühling aus, manchmal schon im März. Er wird nur selten in der Natur gefangen, und die Exemplare der Sammlungen stammen meistens aus einer Zucht, bei der die Falter manchmal schon im Herbst schlüpfen. In der Natur leben die Raupen (2b) von Mai bis Juli und verpuppen sich in einem braunen, pergamentartigen Kokon. Sie nähren sich von verschiedenen Laubbäumen, wie zum Beispiel von Schlehen, Pflaumen, Birken und Weiden.

3 Eriogaster rimicola SCHIFF. — Eichenwollafter. 30—35 mm. Er gehört zu den selteneren Arten und ist in Europa verschieden verbreitet. Er bewohnt vor allem wärmere Gebiete und bevorzugt trockene Eichenwälder. Hier fliegt der Falter im Herbst, im September und Oktober aus. Die Raupe überwintert und entwickelt sich dann im Mai und Juni. Sie befrißt die Blätter von Eichen, vor allem von Zerr-Eichen.

4 Lasiocampa quercus L. — Quittenvogel, Eichenspinner. 45—75 mm. Der Quittenvogel ist zwar in ganz Europa und Asien beheimatet, aber nirgends sehr zahlreich. In den Bergen steigt er bis in die Knieholzzone auf und wird hier eher angetroffen. Der Falter gehört durch seine ausdrucksvolle, vor allem bei den Männchen ausgeprägte Färbung zu den schönsten Glucken. Das Weibchen ist größer und zeigt eine wenig ausgeprägte Zeichnung. Das Männchen fliegt an sonnigen Tagen aus, es bewegt sich heftig und zickzackförmig. Die Weibchen werden am Spätnachmittag aktiv und stellen sich nachts manchmal am Licht ein. Die Flugzeit des Falters erstreckt sich von Juni bis August. Die Raupen entwickeln sich sehr langsam im Herbst und im Frühling und überwintern in den höheren Lagen oft zweimal. Sie sind polyphag. Wir können sie meistens auf Eiche, Heidelbeere, Weide, und auch auf Heidekraut finden. Sie verpuppen sich im Gras in einem festen Kokon aus groben, braunen Fasern. Die Zucht dieses Falters ist wie bei den meisten Glucken nicht besonders schwierig, aber sehr langwierig.

5 Pachygastria trifolii SCHIFF. — Kleespinner. 40—55 mm. Überall im gemäßigten Europa, vor allem in den wärmeren Gebieten verbreitet; reicht im Osten über Kleinasien bis nach Armenien. Er bewohnt grasige Biotope, Steppen und Baumsteppen, sonnige Hänge, aber auch Luzerne- und Kleefelder und Ruderalgelände, zum Beispiel Eisenbahndämme. Er bildet jährlich eine Generation und fliegt von Juli bis September aus. Das Männchen fliegt in der Dämmerung heftig umher, das Weibchen ist nachts aktiv. Die Raupe (5b) entwickelt sich im Mai und Juni. Das Ei überwintert. Die Raupe ist polyphag und lebt auf verschiedenen niedrigen Pflanzen.

4♂

2♂

2b

4♀

5b

1♂

1♀

1b

5♂

2c

3♂

Familie Lasiocampidae — Glucken, Wollraupenspinner

1 Macrothylacia rubi L. — Brombeerspinner. 40—65 mm. Mit Ausnahme des extremen Südens und Nordens in ganz Europa und Asien bis in den Fernen Osten verbreitet, bewohnt vor allem in den niederen Lagen grasreiche Biotope und taucht auch in den Bergen bis 1500 m Höhe auf. Am meisten kommt er in Steppen, auf trockenen Wiesen und grasbewachsenen Waldlichtungen vor. Der Falter entwickelt jährlich eine Generation. Er fliegt von Mai bis Juli aus. Die Männchen fallen mit ihrer vorabendlichen Aktivität auf, wobei sie hastig und zickzackförmig fliegen. Die Weibchen fliegen im Gegensatz hierzu das Licht nachts an. Wir können im Gras oft die Gelegeklumpen dieser Glucke finden. Aus ihnen schlüpfen schwarze haarige Raupen, die später zwischen jedem Ring einen goldgelben Streifen (1b) zeigen. Die erwachsenen Raupen sind wieder fast schwarz und tragen bräunliche Haare auf dem Rücken. Die fast erwachsenen Raupen überwintern und fressen dann im Frühling weiter. In geeigneten Biotopen treten sie manchmal sehr zahlreich auf. Sie leben auf verschiedenen niedrigen Pflanzen, vor allem auf Erdbeere, Brombeere, Schnekkenklee, Klee u. ä.

2 Philudoria potatoria L. — Grasglucke, Graselefant, Trinkerin. 45—65 mm. Ist in der gemäßigten Klimazone der ganzen paläarkt. Unterregion von Westeuropa bis nach Japan verbreitet und lebt an warmen, grasreichen Orten, oft in sandigen Biotopen. Dieser Falter gehört zu den Arten, die in letzter Zeit seltener geworden sind. Er bildet jährlich eine Generation, die von Juni bis August ausfliegt. Die Raupe (2b) überwintert und entwickelt sich dann im Frühjahr bis zum Juni. Sie nährt sich von verschiedenen Gräsern. Das Männchen unterscheidet sich vom Weibchen in der Färbung. Der Falter ist auch sonst individuell recht variabel.

3 Cosmotriche lunigera Esp. — Mondfleckglucke. 35—40 mm. In Europa und Asien verbreitet, tritt aber nirgends zahlreich auf. Hält sich an die Nadelwaldzone Nord- und Mitteleuropas und reicht von da weiter nach Osten. Es ist interessant, daß die helle Nominatform gegenwärtig fast überall sehr selten ist, während die dunkel gefärbte f. *lobulina* überwiegt. Der Falter bildet eine Generation, die im Mai und Juni ausfliegt. Die Raupe überwintert. Sie lebt auf Fichten und seltener auf anderen Nadelbäumen.

4 Epicnaptera ilicifolia L. — Weidenglucke, Blaubeerglucke. 35—40 mm. Seltene Art, die lokal in Mittel- und Nordeuropa und in den kälteren Teilen Asiens bis zum Amur und Japan auftaucht. Sie lebt auf Heideland, Mooren und in lichten Wäldern, wo Heidelbeeren wachsen. Der Falter fliegt jährlich mit einer Generation von April bis Mai aus. Die Raupe lebt im Sommer auf Heidelbeere, Weide, Zitterpappel, Eiche u. ä. Die Puppe überwintert. In der letzten Zeit geht diese Art stark zurück.

5 Epicnaptera tremulifolia Hb. — Eichenglucke, Birkenblatt. 35—45 mm. Wärmeliebende Art, die in Mittel- und Südeuropa verbreitet ist und von da aus weiter nach Osten über Südrußland und Armenien bis nach Mittelasien vordringt. Der Falter bildet ebenfalls nur eine Generation jährlich und fliegt von April bis Juni. Die Raupe lebt im Juli und August. Die Puppe überwintert. Die Raupe frißt Blätter von Eiche, Pappel, Birke, Rose, Heidelbeere und anderen Sträuchern und Bäumen. Diese Art ist ebenfalls selten, aber scheinbar nicht so gefährdet wie die Weidenglucke.

1♂

3

1b

1♀

5

4

2♀

2♂

2b

Familie Lasiocampidae — Glucken, Wollraupenspinner

1 Gastropacha quercifolia L. — Kupferglucke. 50—90 mm. Gehört zu den größten europäischen Schmetterlingen und ist außer in Europa auch überall in Asien bis in den Fernen Osten und nach Japan verbreitet. Diese Art bewohnt Baumsteppen und lichte, warme Laubwälder und hat sich auch ausgezeichnet an Gärten und Obstbaumalleen angepaßt. Wir finden den Falter auch überall in landwirtschaftlichen Gebieten. In der letzten Zeit ist er jedoch wegen der Pestizide und vielleicht noch aus anderen Gründen aus den Obstplantagen verschwunden und beginnt an verschiedenen Stellen recht selten zu sein. Die Farbe der Kupferglucke ist sehr variabel. In Nordeuropa lebt die dunklere Form *alnifolia*, in Südeuropa, wo der Falter zwei Generationen bildet, fliegt die hellere Sommergeneration f. *meridionalis*. Im größten Teil des Verbreitungsgebiets entwickelt sich jährlich nur eine Generation, die im Juli und August ausfliegt. Die Raupen überwintern noch ziemlich klein und wachsen dann im Mai und Juni schnell heran. Sie leben vor allem auf verschiedenen Obstbäumen der Gattung *Prunus*, aber auch auf Apfelbäumen, Haselnuß und Salweide. In der Vergangenheit wurde an Obstbäumen oft Kahlfraß beobachtet. Dann fallen zwischen den nackten Ästen die dunkelgrauen Kokons mit den Puppen auf. Die Raupen schlüpfen schon ungefähr 10 Tage nach dem Verpuppen.

2 Odonestis pruni L. — Feuerglucke, Pflaumenglucke. 40—65 mm. In Mittelitalien, auf dem Balkan und über Kleinasien weiter nach Osten verbreitet. Der Falter bildet jährlich eine Generation und fliegt von Juni bis August aus. Er ist meistens recht selten. Die Raupen (2b) entwickeln sich am Sommersende und überwintern ungefähr in der 3. Entwicklungsphase. Im Frühjahr wachsen sie dann heran und leben auf verschiedenen Arten der Gattung *Prunus*, aber auch auf Eiche, Birke, Erle, Ulme u. a.

3 Dendrolimus pini L. — Kiefernspinner. 45—70 mm. In der gemäßigten Zone der ganzen paläarktischen Unterregion beheimatet und an das Vorkommen von Waldkiefern gebunden. Er fehlt in England, Südeuropa und Nordafrika. Es handelt sich um eine farblich außerordentlich variable Art. Einerseits treten bestimmte Unterschiede in Größe und Färbung zwischen Männchen und Weibchen auf, andererseits unterscheidet sich jedes Exemplar ein wenig vom andern. Deshalb konnte auch eine Reihe von Formen beschrieben werden. Am interessantesten von ihnen sind die bunte f. *montana*, die in den Bergen lebt, und die ähnliche, dunkle f. *obscura*, die auf Moorland zu Hause ist. Die helleren, recht großen Exemplare der f. *grisescens* finden wir meistens in den unteren, warmen Lagen. Der Kiefernspinner bildet jährlich eine Generation, die von Juni bis August ausfliegt. Die Raupe überwintert fast erwachsen. Manche Raupen (3b) entwickeln sich ungleichmäßig und überwintern auch zweimal. Sie leben auf Kiefern, selten auch auf Fichten und Tannen. Sie verpuppen sich (3c) zwischen den Nadeln in einem grauen Kokon. Der Kiefernspinner gehört zu den Waldschädlingen. Er vermehrt sich in langen, unregelmäßigen Intervallen sehr stark und verursacht dann in Kiefernwäldern vor allem in den Niederungen Kahlfraß.

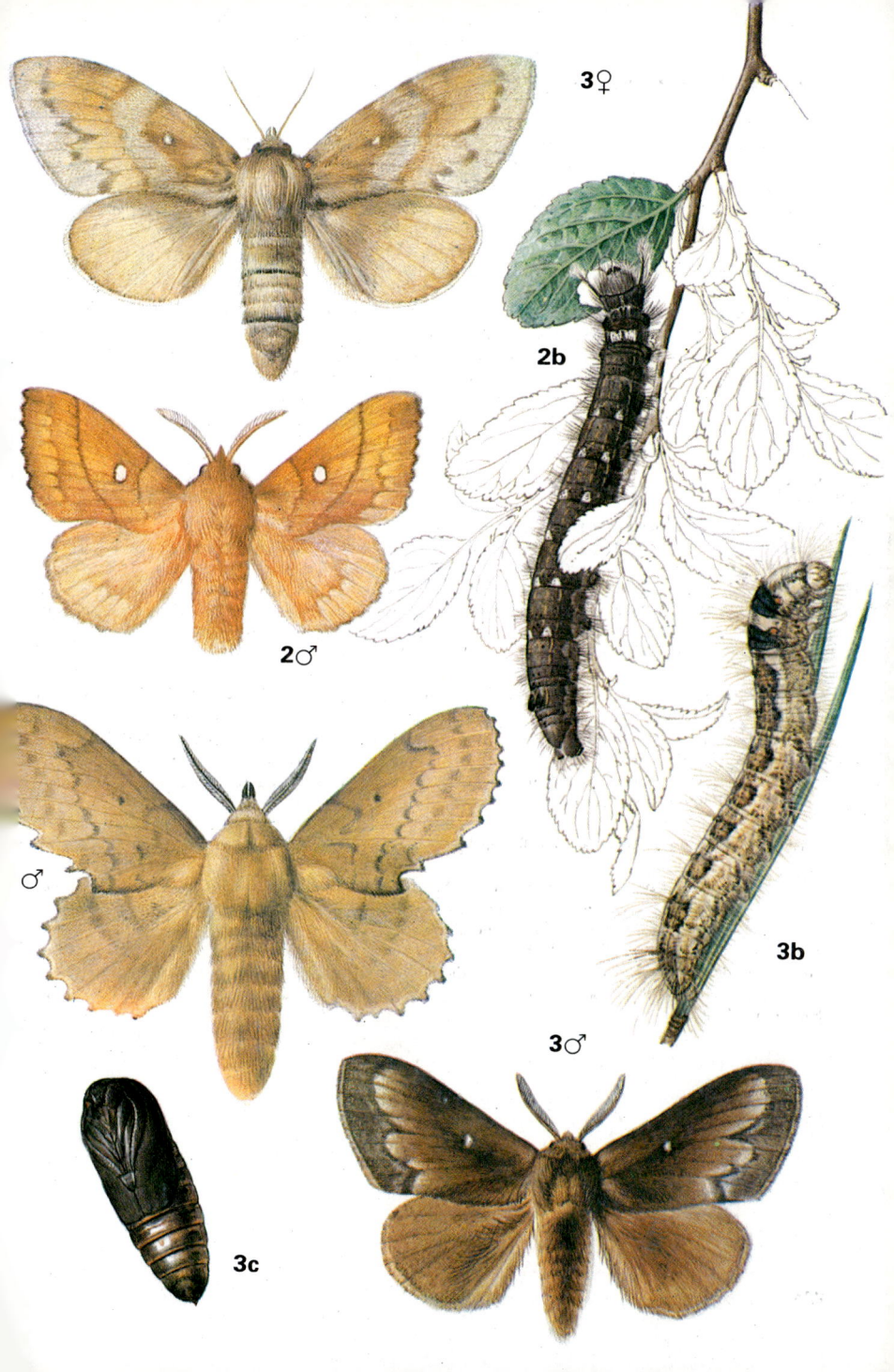

3♀

2b

2♂

3b

♂

3♂

3c

Familie Lemoniidae — Herbstspinner

1 Lemonia taraxaci Esp. — Löwenzahnspinner. 45—55 mm. Gehört zu einer Familie, die mit einigen Arten nur in der paläarktischen Unterregion vorkommt. In Mitteleuropa leben lokal begrenzt und meistens recht selten nur die zwei angeführten Arten. Der Löwenzahnspinner lebt auf warmen grasreichen Hängen im Hügelland und im Gebirge bis in Höhen von 2000 m. Er bewohnt die wärmeren Gebiete von Frankreich bis nach Südrußland und bildet jährlich eine Generation, die von August bis Oktober nachts ausfliegt. Die Raupe lebt, nachdem die Eier überwintert haben, im Frühling von Mai bis Juli polyphag auf verschiedenen niedrigen Pflanzen, vor allem auf Habichtskraut und Löwenzahn.

2 Lemonia dumi L. — Habichtskrautspinner. 50—65 mm. In der gemäßigten Zone Europas, von den milderen Gegenden Skandinaviens bis zum Balkan und östlich weiter bis zum Ural verbreitet. Er ist an feuchte Niederungen und Mittellagen gebunden und benötigt ungestörte Wiesen mit reicher Kräutervegetation. Er lebt auch auf Moorland. Seine einzige Generation fliegt an sonnigen Tagen von September bis November aus. Die Eier überwintern. Die Raupen (2b) entwickeln sich im Frühjahr, im Mai und Juni, auf niedrigen Pflanzen. Sie sind nicht besonders wählerisch, bevorzugen aber ebenfalls Habichtskraut und Löwenzahn.

Familie: Thaumetopoeidae — Prozessionsspinner

3 Thaumetopoea processionea L. — Eichenprozessionsspinner. 25—35 mm. In Mittel- und Südeuropa, in Westeuropa in Portugal verbreitet. An warme Eichenwälder und Baumsteppen gebunden und stellenweise sehr zahlreich. Seine einzige Generation fliegt im Juli und August aus. Die Eier überwintern. Die Raupen entwickeln sich im Frühjahr, im Mai und Juni, und leben gesellig in Nestern auf alten Eichen. Sie tragen lange, leicht brüchige Borsten, die auf der menschlichen Haut unangenehme Ekzeme hervorrufen. Die Raupen wachsen manchmal in so großen Mengen heran, daß sie in den Wäldern erhebliche Kahlfraßschäden verursachen. Nachts ziehen die Raupen in dichten Reihen zum Fressen aus.

4 Thaumetopoea pinivora Tr. — Kiefernprozessionsspinner. 35—45 mm. Ebenfalls geographisch nicht sehr weit verbreitet und auf Ost- und Mitteleuropa beschränkt. Er bewohnt trockene Kiefernwälder auf sandiger Unterlage. Seine einzige Generation fliegt im Juli und August aus. Die Eier überwintern, die Raupen leben im Frühjahr von April bis Juli und nähren sich von Kiefern. Der Falter ähnelt sehr der vorangehenden Art und wird mit ihr oft verwechselt. Er unterscheidet sich durch eine schärfere Zeichnung auf hellen, weißlichgrauen Flügeln.

Familie Endromididae — Frühlingsspinner

5 Endromis versicolora L. — Birkenspinner, Scheckflügel. 50—60 mm. Großer Frühlingsschmetterling, der von März bis Mai ausfliegt. Die Männchen fliegen nachts und an sonnigen Vormittagen in den Birkenwäldern zu einer Zeit umher, in der die Bäume noch nicht ausgeschlagen haben. Die Raupe (5b) entwickelt sich von Mai bis Juli, und die Puppe (5c) überwintert im Boden bis zum nächsten Frühling. Dieser Falter ist in den Birkenwäldern Europas bis in die Berge verbreitet und stellenweise zahlreich. Im Osten erstreckt sich sein Verbreitungsgebiet in der Wald- und Waldsteppenzone Asiens bis nach Südsibirien und dem Fernen Osten.

5♂

3♂

5b

5♀

5c

2♂

2b

1♂

4♂

Familie Drepanidae — Sichelflügler

1 Drepana falcataria L. — Weiden-Sichelspinner. 27—35 mm. In Mittel- und Nordeuropa verbreitet und überall in den Laubwäldern, in buschigen Biotopen und Stadtparks häufig. Steigt auch recht hoch in die Berge auf. Bildet jährlich zwei Generationen, von denen die erste von April bis Juni, die zweite von Juli bis August ausfliegt. Die Raupen (1b) leben im Juni und dann wieder von August bis Oktober auf Birke und Erle, vor allem auf jungen Sträuchern. Die Puppe (1c) überwintert.

2 Drepana harpagula Esp. — Linden-Sichelspinner. 25—35 mm. In Mittel- und Nordeuropa und weiter nach Osten über ganz Asien bis in den Fernen Osten verbreitet. Seine Heimat sind die Laubwälder oder Baumsteppen. Jährlich entwickeln sich zwei Generationen, sie fliegen von Mai bis Juni und im August aus. Die Raupen leben im Juli und im Herbst. Die Puppe überwintert. Nährpflanzen der Raupen sind Erle, Birke, Eiche oder Linde. Die Raupen und Puppen dieser verhältnismäßig seltenen Art finden wir in versponnenen Blättern.

3 Drepana lacertinaria L. — Birken-Sichelspinner. 27—35 mm. In Nord- und Mitteleuropa und im Osten über den Ural bis nach Sibirien und dem Fernen Osten verbreitet. Im südlicheren Europa finden wir den Falter nur in den Bergen. Er bildet von April bis August zwei Generationen, deren Raupen sich im Juni und September entwickeln. Wir finden sie zwischen den versponnenen Blättern von Birken oder Erlen. Dort verpuppen sie sich auch. Die Puppen überwintern. Die zweite Generation ist größer und heller als die erste.

4 Drepana binaria Hfn. — Eichen-Sichelspinner. 18—30 mm. Eine Art der warmen Laub-, vor allem Eichenwälder und Mischgehölze, die in den wärmeren Teilen Europas und weiter südöstlich über Kleinasien bis nach Armenien zu Hause ist. Sie bildet jährlich 2 Generationen, die manchmal nicht vollständig sind. Der Falter fliegt von Mai bis August aus. Die Raupen entwickeln sich am Sommeranfang und im September. Nährpflanzen sind Eiche, Buche und Erle. Die Puppe überwintert in versponnenen Blättern. Das Männchen ist viel kleiner als das Weibchen und unterscheidet sich auch ein wenig in der Zeichnung.

5 Drepana cultraria F. — Buchen-Sichelspinner. 20—28 mm. Bewohnt ein nicht besonders großes Gebiet, das sich über Mittel- und Südosteuropa erstreckt und im Norden Kleinasiens endet. Es reicht teilweise auch nach Südeuropa. Der Falter begleitet Buchenwälder und steigt sogar bis zu deren oberen Grenze in den Bergen, d. h. bis ungefähr 1000 m Höhe, auf. Er bildet jährlich zwei Generationen, wobei die zweite unvollständig sein kann, oder es tritt in den höheren Lagen nur eine auf. Der Falter taucht in der Natur von April bis August auf, Ende Juni tritt eine kurze Pause ein. Die Raupen leben am Sommeranfang und im September. Sie ernähren sich von Buchenblättern, vielleicht (selten) auch von Eichenlaub. Die Puppen überwintern.

6 Cilix glaucata Sc. — Silberspinner. 18—22 mm. Unterscheidet sich sowohl in der Farbe als auch der Gestalt von den übrigen Arten dieser Familie. Er ist im wesentlichen weiß und seine Flügel sind nicht ausgeschnitten wie bei den anderen Arten. Er bewohnt im Unterschied zu den anderen Faltern auch ein großes Areal. Wir finden ihn in Mittel- und Südeuropa und im Osten in den Wald- und Baumsteppengebieten Asiens bis zum Amur. Er ist auch in Nordamerika bekannt. An warmen, sonnigen Stellen taucht der Falter meistens zahlreich auf. Er bildet jährlich zwei Generationen, die von April bis August ausfliegen. Die Raupen leben von Mai bis September auf Schlehe, Pflaume und Weißdorn. Die Puppe überwintert.

Familie Thyatiridae — Eulenspinner, Wollrückenspinner

1 Habrosyne pyritoides H<small>FN.</small> — Achatspinner. 35—40 mm. In der gemäßigten Zone Europas verbreitet, reicht im Osten über Armenien, Nordindien bis nach Ostasien. Die Art ist häufig überall in Wäldern mit reichem Kräuter- und Buschwuchs, auf verwachsenen Hängen, in Himbeerdickichten und auch in Stadtparks und Gärten. Die einzige Generation fliegt von Mai bis August. Die Raupe lebt am Sommerende. Nährpflanzen sind Himbeeren und Brombeeren. Die Puppe überwintert.

2 Thyatira batis L. — Roseneule, Brombeereule. 32—38 mm. Besiedelt ein ausgedehntes Gebiet, das sich über das ganze gemäßigte Europa und Asien bis in den Fernen Osten und nach Japan erstreckt. Diese Art ist in Laub- und Nadelwäldern mit reichem Unterholzwuchs heimisch und steigt auch in den Bergen bis zu ungefähr 1500 m Höhe auf. Dem Klima entsprechend entwickeln sich jährlich von Mai bis August eine bis zwei Generationen. Die Raupen (2b) leben zur gleichen Zeit und auf den gleichen Pflanzen wie die des Achatspinners. Die Puppe überwintert.

3 Tethea fluctuosa H<small>B.</small> 35—40 mm. Nur in der gemäßigten Zone Europas, im Süden eher in den Bergen verbreitet. Der Falter folgt Birkenwäldern und lebt auch auf Moorland und in Mischwäldern. Seine einzige Generation fliegt von Juni bis August aus. Die Raupen leben am Ende des Sommers auf Birke. Die Puppe überwintert. Im südlichen Abschnitt des Verbreitungsgebietes kann manchmal noch eine zweite Generation auftreten.

4 Tethea duplaris L. 27—32 mm. Lebt in Mittel- und Nordeuropa und in der Waldzone Asiens bis nach Südsibirien. Wir treffen den Falter in feuchteren Biotopen, in Laubwäldern, auf buschigen Lichtungen und auch in Stadtparks. In den höheren Lagen bildet er von Mai bis September eine, in den Niederungen zwei Generationen. Die Raupe lebt von Juni bis Oktober auf Pappel, Erle und Birke.

5 Tethea or S<small>CHIFF.</small> 35—42 mm. In der Waldzone ganz Europas und Asiens bis in den Fernen Osten und nach Nordjapan und Korea verbreitet. Die Art ist überall in den Misch- und Laubwäldern häufig und hat sich auch den Pflanzungen und Parks der Städte angepaßt. Sie bildet jährlich von April bis August zwei Generationen. Die Raupe lebt von Juli bis September auf Pappel und Weide. Die Puppe überwintert. Der Falter neigt zu Melanismus. In der Kulturlandschaft ist die fast schwarze f. *albingensis* recht häufig.

6 Tethea ocularis L. 32—38 mm. Zwar auch über ganz Europa und Asien verbreitet, aber viel seltener und wärmeliebender. Wir finden den Falter an feuchten Stellen, auf Auen und an Bächen und Flüssen. Er bildet jährlich von Mai bis August zwei Generationen. Die Raupe lebt bis September auf verschiedenen Pappelarten. Die Puppe überwintert.

7 Polyploca flavicornis L. 35—40 mm. Ist im nördlichen und gemäßigten Europa und über ganz Asien bis nach Ostsibirien verbreitet und gehört zu den ersten Frühlingsfaltern, die schon im März und April ausfliegen, also zur Zeit der Salweidenblüte. Wir treffen den Schmetterling in Birken- und Mischwäldern. Jährlich bildet er eine Generation. Die Raupe lebt im Mai und Juni auf Birke. Die Puppe bleibt dann bis zum nächsten Frühling liegen.

8 Polyploca ridens F. 30—35 mm. In den wärmeren Gegenden Mitteleuropas und in Süd- bis Südosteuropa verbreitet. Die einzige Generation des Falters fliegt genauso wie die vorige Art sehr zeitig im Frühjahr aus. Die Raupen (8b) leben im Mai und Juni auf Eiche. Sie verpuppen sich entweder zwischen versponnenen Blättern oder auf dem Boden in der Waldstreu, und die Puppe bleibt dann bis zum nächsten Frühling liegen. In wärmeren Lagen tritt diese Art sehr zahlreich auf.

Familie Geometridae — Spanner

1 Archiearis parthenias L. — Großes Jungfernkind. 30—40 mm. In der gemäßigten und kühleren Zone Europas und Asiens bis nach Japan verbreitet. Steigt in den Bergen bis zur oberen Waldgrenze empor. Der Falter fliegt an sonnigen Tagen schon im März und April aus und sitzt gern auf der Erde, um aus dem feuchten Boden Wasser zu saugen. Bei kalter Witterung kann man ihn von den Bäumen klopfen. Die Raupen leben im Frühling auf Birken.

2 Archiearis notha Hb. — Mittleres Jungfernkind. 28—35 mm. Sieht der vorigen Art sehr ähnlich und wird mit dieser auch leicht verwechselt. Die Männchen tragen jedoch gekämmte Fühler. Der Falter ist in den feuchteren Wäldern Europas und Asiens verbreitet und fliegt im März und April bei sonnigem Wetter tagsüber aus. Die Raupe lebt im Frühjahr auf Zitterpappel, Birke und Salweide.

3 Alsophila aescularia Schiff. — Kreuzflügel, Roßkastanien-Frostspanner. 25—35 mm. Diese zahlreich und zeitig im Frühling auftretende Art ist fast überall in den Laub- und Mischwäldern, Baumsteppen und Obstgärten ganz Europas und Asiens verbreitet. Die Falter tauchen von Februar bis Mai auf. Nur die Männchen fliegen, die Weibchen sind flügellos. Die Raupen leben im Frühling auf verschiedenen Laubbäumen. Die Puppe überwintert.

4 Asthena albulata Hfn. 14—18 mm. Lebt in Europa und östlich bis zum Kaukasus und nach Kasachstan. Bildet jährlich eine Generation, die von Mai bis Juli ausfliegt. Die Raupe lebt den Sommer über auf Eiche, Birke, Haselnuß u. a. Die Puppe überwintert.

5 Hydrelia flammeolaria Hfn. 14—20 mm. In Europa und Asien bis nach Japan verbreitet. Hält sich in feuchteren Biotopen, an den Rändern von Laubwäldern, in Tälern, auf Auen und an den Ufern von Gewässern auf. Stellenweise nicht selten. Der Falter fliegt von Mai bis August mit einer Generation aus. Die Raupen leben am Ende des Sommers auf Erle, Ahorn, Linde, Birke u. ä. Die Puppe überwintert.

6 Spargania luctuata Schiff. 22—28 mm. In Nord- und Mitteleuropa verbreitet, taucht südlicher eher in den Bergen auf. Lebt in ganz Asien und Nordamerika, bewohnt also ein zirkumpolares Areal. Jährlich fliegen von Mai bis August eine bis zwei Generationen aus. Die Raupen leben vom Sommer bis zum Herbst auf verschiedenen Weidenröschenarten und Heidelbeere. Die Puppe überwintert. Diese Art ist in der Färbung sehr veränderlich.

7 Minoa murinata Sc. — Mausspanner. 14—18 mm. Dieser unauffällige Spanner ist vor allem im hügligen Gelände Mittel- und Südeuropas und West- und Mittelasiens verbreitet. Er bildet jährlich von April bis September zwei Generationen und fliegt an grasreichen Stellen an Waldrändern und in Baumsteppen. Die Raupe lebt von Oktober auf Zypressenwolfsmilch. Der Falter besitzt keinerlei Zeichnung, die Grundfärbung ist jedoch variabel: gelblich, rosa oder graubraun. Die Puppe überwintert.

8 Oporinia autumnata Bkh. 25—35 mm. In Mittel- und Nordeuropa und in der kälteren Zone Asiens bis in den Fernen Osten beheimatet; lebt in den Bergen bis zur oberen Waldgrenze, sonst auf Moorland, moorigen Birken- oder Mischwäldern und kalten Tälern. Der Falter fliegt spät im Herbst, von September bis November aus. Das Ei überwintert, die Raupe lebt auf Weide, Birke, Ahorn u. a.

9 Operophtera brumata L. — Frostspanner. 22—28 mm. Vor allem in Mittel- und Nordeuropa und in Asien bis zum Amur verbreitet. Er lebt spät im Herbst, von September bis Dezember und bildet nur eine Generation. Die Eier überwintern. Die Raupen (9b) sind polyphag und schädigen im Frühjahr Laubbäume in Wäldern und Obstgärten. Sie verursachen oft Kahlfraß. Beim Weibchen des Falters sind die Flügel verkümmert.

Familie Geometridae — Spanner

1 Entephria caesiata Schiff. 30—35 mm. Gebirgsart, die aus Mittel- und Nordeuropa und in Nordasien bis nach Kamtschatka bekannt ist. Sie bildet jährlich eine Generation, die von Juni bis August ausfliegt und in den Bergen sehr zahlreich ist. Die Falter sind überaus variabel, und teilweise treten auch dunkle, melanistische Exemplare auf. Es konnten auch verschiedene geographische Formen beschrieben werden, denn an vielen Stellen leben die Populationen schon längere Zeit isoliert (z. B. auf Island). Die Raupe lebt auf Heidelbeere und überwintert.

2 Anticlea badiata Schiff. 25—30 mm. Im gemäßigten Europa und über das nördliche Kleinasien nach Mittelasien und weiter bis nach Japan verbreitet. Die einzige Generation des Falters fliegt zeitig im Frühjahr, von März bis Mai aus. Die Raupe lebt von Mai bis Juli auf Heckenrosen. Die Puppe überwintert. Wir treffen diesen Spanner überall in den Niederungen und im Hügelland auf warmen Hängen, in Baumsteppen und Steppen an.

3 Pelurga comitata L. 25—30 mm. In der gemäßigten Zone Europas und im Osten bis nach Ostasien verbreitet, lebt in offener Landschaft, in Steppen, Waldsteppen, auf Feldern und Ruderalgelände. Der Falter fliegt über einen sehr langen Zeitraum, von Juni bis September aus, bildet wahrscheinlich aber nur eine Generation. Die Raupe lebt am Ende des Sommers auf Melde, Gänsefuß und Beifuß. Die Puppe überwintert.

4 Mesoleuca albicillata L. 27—32 mm. In ganz Europa und in Asien bis nach Sibirien verbreitet. Diese nicht sehr zahlreiche Art lebt in hellen, feuchten, aber warmen Wäldern und auf verwachsenen sonnigen Hängen. Die Falter fliegen von Mai bis August aus, die Raupen leben am Ende des Sommers auf Himbeere und Brombeere. Die Puppe überwintert.

5 Colostygia olivata Schiff. 22—27 mm. In der gemäßigten Zone Europas über den Ural und Kaukasus ostwärts bis zum Altai verbreitet; kommt häufiger in den Bergen vor und bewohnt lockere Laub- und Nadelwälder. Hier fliegt der Falter im Juli und August mit einer Generation aus. Die Raupe überwintert. Sie lebt vom Herbst bis zum Frühling und nährt sich von Labkraut, Ampfer und anderen Kräutern.

6 Colostygia pectinataria Kn. 22—27 mm. In Nord- und Mitteleuropa und in Asien bis zum Altai verbreitet. Im Süden treffen wir den Falter eher in den Bergen an. Er lebt in Laub- und Mischwäldern bis zur oberen Laubwaldgrenze. Seine einzige Generation fliegt von Mai bis Juli aus. Die Raupen leben vom Herbst an, überwintern und schließen ihre Entwicklung im Frühjahr ab. Sie fressen verschiedene Arten von Labkraut und Brennessel. Diese Art tritt stellenweise sehr zahlreich auf. Die Falter verlieren nach kurzer Flugzeit ihre grüne Färbung.

7 Lampropteryx suffumata Schiff. 25—32 mm. Gehört zu den Frühlingsspannern und fliegt von April bis Juni aus. Der Falter bewohnt Buchen-, Fichten- und Mischwälder von den Niederungen bis hoch in die Berge hinauf. Er ist in der gemäßigten Zone Europas und östlich bis nach Mittelasien verbreitet. Die Raupe lebt am Sommeranfang auf verschiedenen Labkrautarten.

8 Cosmorhoe ocellata L. 20—25 mm. Dieser zahlreich vorkommende Spanner ist mit Ausnahme der Polargebiete in Europa und in Asien bis in das Altaigebiet verbreitet. Er bildet jährlich zwei Generationen, von denen die erste von Mai bis Juli und die zweite gleich anschließend bis September ausfliegt. Die Raupen finden wir von Juni an bis zum Herbst auf verschiedenen Labkrautarten. Die ausgewachsene Raupe überwintert in einem leichten Gespinst, in dem sie sich dann im Frühling gleich verpuppt.

8

3

1

4

2

7

5

6

Familie Geometridae — Spanner

1 Eulithis prunata L. 30—35 mm. Verbreitet in Europa, Asien und Nordamerika; ist an die Ränder von Laubwäldern und an Baumsteppen gebunden und steigt auch recht hoch in die Berge auf. Der Falter bildet jährlich eine Generation, die von Juni bis September ausfliegt. Die Eier überwintern, die Raupen schlüpfen im Frühling und leben von Mai bis Juni von verschiedenen Arten der Gattung *Prunus,* vor allem von Schlehen, aber auch von Weißdorn, Stachel- und Johannisbeere. Die Zeichnung des Falters ist sehr variabel.

2 Eulithis testata L. 25—35 mm. Inselartig in Mitteleuropa verbreitet und kommt zusammenhängend in Nordeuropa und in Asien im Ural und in Sibirien und auch in Nordamerika vor. Bewohnt feuchte Wiesen, Moorland und moorige Laub- und Nadelwälder. Bildet jährlich eine Generation, die von Juli bis September ausfliegt. Das Ei überwintert, die Raupe entwickelt sich im Frühling auf Heidekraut, Heidelbeere, Zitterpappel, Weide u. ä.

3 Eulithis populata L. 25—32 mm. Ebenfalls in der ganzen paläarktischen Unterregion und Nordamerika verbreitet, kommt besonders häufig in den Bergen vor und steigt dort, interessante Formen bildend, bis in die Knieholzzone auf. Die einzige Generation fliegt sehr lange, von Juni bis September, aus. Die Dauer der Flugzeit ist vor allem vom Klima des Standorts abhängig. Das Ei überwintert. Die Raupe (3b) lebt vor allem auf Heidelbeere und einigen Bäumen, wie zum Beispiel auf Weide und Zitterpappel. Diese Art ist äußerst variabel, und einige Formen haben auch geographische Bedeutung.

4 Eulithis mellinata L. 27—30 mm. Über die gesamte paläarktische Unterregion bis in den Fernen Osten verbreitet, kommt aber im ganzen nur lokal begrenzt vor. Der Falter ist an lockere Wälder, in denen das Unterholz Stachel- und Johannisbeeren, die Nährpflanzen der Raupe, enthält, gebunden. Mit diesen Pflanzen gelangte der Spanner auch in die Umgebung der Städte. Er bildet eine Generation und fliegt im Juni und Juli aus. Das Ei überwintert. Die Raupe entwickelt sich dann im Frühling.

5 Eulithis pyraliata Schiff. 28—33 mm. In Europa und Asien bis zum Amur verbreitet und weist eine breite ökologische Valenz auf. Wir finden den Falter in den grasreichen Biotopen der Niederungen, auf Steppen und auch recht hoch in den Bergen. Er fliegt von Juni bis August aus. Die Raupe lebt ähnlich wie die der anderen Arten im Frühling. Sie ernährt sich von verschiedenen Labkrautarten und einigen anderen Pflanzen.

6 Ecliptoptera silaceata Schiff. 23—27 mm. In ganz Europa und Asien und auch in Nordamerika in lichten Wäldern und vor allem an den Ufern von Gewässern verbreitet. Bildet eine Reihe deutlich ausgeprägter Formen. Von April bis August entwickeln sich zwei Generationen. Die Raupen leben von Juni bis September auf Weidenröschen, Springkraut u. ä. Die Puppe überwintert.

7 Chloroclysta citrata L. 25—30 mm. Eine sehr häufig vorkommende und veränderliche Art, die in Mittel- und Nordeuropa und Asien vor allem in den Bergen lebt. Sie bildet von Juli bis September eine bis zwei Generationen. Die Eier überwintern. Die Raupen leben im Frühling und sind polyphag.

8 Chloroclysta truncata Hfn. 25—32 mm. Verbreitung ähnlich der vorangegangenen Art, geht jedoch viel weiter nach Süden und in die Niederungen. Bildet jährlich von Mai bis September eine bis zwei Generationen. Die Raupen (8b) überwintern. Sie sind polyphag. Diese Art ist sehr variabel und darüber hinaus der vorangehenden noch sehr ähnlich, so daß sie manchmal nur an der Form der Geschlechtsorgane bestimmt werden kann.

1

2

3

6

8b

4

7

5

3b

8

8c

Familie Geometridae — Spanner

1 Cidaria fulvata Forst. — Rosenspanner. 20—25 mm. Im gemäßigten Europa und in Asien bis zum Altai verbreitet. Eine Art der Steppen und Baumsteppen, dürrer grasiger und buschiger Biotope, die jährlich nur eine Generation entwickelt. Der Falter fliegt von Juni bis August aus und ist auch in Feldern und Gärten, vor allem in den Niederungen häufig. Das Ei überwintert, die Raupe lebt im Frühling auf Heckenrosen und selbstverständlich in den Gärten auch auf veredelten Rosen.

2 Thera variata Schiff. 18—25 mm. Ist in Europa und ganz Asien überall dort beheimatet, wo Fichtenwälder wachsen. Mit diesen steigt der Falter auch hoch in die Berge bis zur Waldgrenze auf und dringt in Polargebiete vor. Er bildet jährlich eine bis zwei Generationen und fliegt von Mai bis September aus. Die Raupe entwickelt sich im Falle einer Generation sehr langsam auf Fichten, Tannen und ausnahmsweise auch auf anderen Nadelbäumen (2b). Sie überwintert.

3 Eustroma reticulatum Schiff. — Netzspanner. 20—25 mm. Lokal in Europa, vor allem aber in der Waldzone Asiens verbreitet. Bevorzugt schattige Stellen, feuchte Täler und Uferbiotope, soweit dort Springkraut wächst. Der Falter fliegt von Juni bis August meistens mit einer, manchmal mit zwei Generationen aus. Wir treffen ihn in den Niederungen und in den Bergen bis in Höhen von 1000 m. Die Raupe entwickelt sich am Sommerende. Die Puppe überwintert. Die Zeichnung dieser Art ist sehr veränderlich.

4 Electrophaes corylata Thbg. 22—30 mm. Bewohnt ein ausgedehntes Areal, das sich über das nichtpolare Europa und Asien, über den Ural und Sibirien bis zum Amur erstreckt. Wir treffen den Falter in Laubwäldern, vor allem in Auwäldern der Niederungen, aber auch in den Mischwäldern der Gebirge. Die einzige Generation fliegt von Mai bis Juli. Die Raupe entwickelt sich am Ende des Sommers und ernährt sich von den Blättern von Birke, Schlehe, Weißdorn, Haselnuß u. ä. Die Puppe überwintert.

5 Hydriomena furcata Thbg. 23—30 mm. Eine äußerst variable Art (5, 5c), die in Nord- und Mitteleuropa, in ganz Asien und Nordamerika verbreitet ist. Der Falter fliegt von Juni bis September und taucht stellenweise, vor allem in den Bergen, überaus zahlreich auf. Er steigt bis über die obere Waldgrenze hinaus. Das Ei überwintert, und die Raupe entwickelt sich im Frühjahr auf verschiedenen Weidenarten und auf Heidelbeere.

6 Melanthia procellata Schiff. 27—32 mm. Wärmeliebende Art, in Mittel- und Südeuropa und weiter über Kleinasien und Transkaukasien bis nach Südsibirien, Korea und Japan verbreitet. Von Mai bis September tauchen zwei Generationen auf. Die Raupe lebt ebenfalls während des Sommers. Die Puppe überwintert. Nährpflanze ist die Waldrebe. Mit ihr begleitet der Falter Au- und Laubwälder, warme Täler in den Niederungen und Stromgebiete.

7 Rheumaptera subhastata Nlck. 23—28 mm. Eine überaus variable Art, die im Norden und in den Gebirgen der gesamten holarktischen Region, also auch in Nordamerika, ausfliegt. In den niedrigeren Lagen ist sie recht selten. Sie bildet jährlich eine Generation, die von Mai bis Juli ausfliegt. Die Raupe lebt von Juli bis September auf Heidelbeere. Die Puppe überwintert.

8 Calocalpe undulata L. — Wellenspanner. 25—30 mm. Taucht unterschiedlich in der gemäßigten Klimazone Europas und in ganz Asien bis in den Fernen Osten auf. In die Berge dringt dieser Falter nur wenig vor. Meistens treffen wir ihn in lichten Misch- oder Kiefernwäldern, in denen Heidelbeeren und Laubgehölze wachsen. Seine einzige Generation fliegt von Mai bis August aus. Die Raupen entwickeln sich am Ende des Sommers und nähren sich auf Salweide, Zitterpappel, Erle und Heidelbeere. Die Puppe überwintert.

1

3

5c

5

4

2b

6

7

8

2

Familie Geometridae — Spanner

1 Eupithecia abietaria Gz. 20−25 mm. Gehört zu der sehr umfangreichen Gattung *Eupithecia,* die allein in Europa von mehr als 100 Arten vertreten wird. Die Imagines sind sich zum Verwechseln ähnlich, und zu ihrer Bestimmung benötigt man große Erfahrungen oder muß die Kopulationsorgane der Falter präparieren. Auffällig gefärbte Arten bilden eine Ausnahme. Bei den Raupen aber, ihren Futterpflanzen und ihrer Lebensweise treten erhebliche Unterschiede auf. *E. abietaria* ist in Mittel- und Nordeuropa und in Asien nach Südsibirien verbreitet. Sie bildet von Mai bis Juli eine Generation. Die Raupen leben im Sommer auf den jungen Zapfen der Fichten, Kiefern und Tannen.

2 Eupithecia linariata Schiff. 11−16 mm. In Europa und Westasien beheimatet und bildet von Mai bis Oktober jährlich zwei Generationen. Die Raupe lebt von Juli bis Oktober auf den Blüten des Gemeinen Leinkrauts. Die Puppe überwintert. In der Färbung ist *E. pyreneata* Mab. sehr ähnlich, lebt aber auf den Blüten des Gelben und des Großblütigen Fingerhuts.

3 Eupithecia venosata F. 17−22 mm. Ist in Europa und östlich bis nach Mittelasien verbreitet. Lebt sowohl in den Niederungen als auch in den Gebirgen und fliegt von Mai bis Juli aus. Die Raupe lebt im Juli und August auf Leimkraut. Die Puppe überwintert.

4 Eupithecia centaureata Schiff. 16−20 mm. Von Nordafrika über ganz Europa bis nach Zentralasien verbreitet und überall häufig. Der Falter bildet zwei Generationen, die praktisch ohne Unterbrechung von Mai bis September fliegen. Die Raupen tauchen von Juni bis zum Herbst auf und nähren sich von den Blüten verschiedener Pflanzen. Diese Art bewohnt verschiedene Biotope, lichte Wälder, Baumsteppen und Felder.

5 Eupithecia vulgata Hw. 15−18 mm. Diese sehr zahlreiche Art ist von Europa bis nach Ostasien verbreitet. Sie gehört zum Typ der bräunlichen, einförmig gefärbten Falter, die den größten Teil der Gattung *Eupithecia* ausmachen. Sie fliegt von Mai bis Juli mit einer Generation in Mischwäldern und auch außerhalb des Waldes in den Feldern aus. Die Raupe ist polyphag. Wir finden sie im Juli und August. Die Puppe überwintert.

6 Eupithecia icterata Vill. 20−23 mm. In Europa und östlich bis nach Mittelasien verbreitet. Bewohnt Wälder und waldlose Landschaft sowohl in den Niederungen als auch in den Bergen. Sehr variable Art. Auffallend und häufig ist die gelbe f. *subfulvata.* Der Falter fliegt von Juni bis September aus. Die Raupe lebt im Herbst auf Schafgarbe und Rainfarn.

7 Eupithecia succenturiata L. 20−23 mm. In Europa und Zentralasien verbreitet und bewohnt Wälder und auch waldlose Landschaften. Sehr veränderliche Art, die von Mai bis September ausfliegt. Die Raupen leben am Sommerende auf Beifuß, Schafgarbe und Rainfarn. Die Puppe überwintert.

8 Eupithecia nanata Hb. 13−17 mm. Über ganz Europa verbreitet und lebt überall dort, wo die Nährpflanze der Raupe, Heidekraut, wächst. Diese Art ist auf Moor- und Heideland nicht selten. Sie zeigt auffallend spitze Flügel und entwickelt von Mai bis August zwei Generationen. Die Raupen leben von Juni bis Oktober. Die Puppe überwintert.

9 Chloroclystis rectangulata L. 15−20 mm. In ganz Europa und Asien bis nach Japan verbreitet. Es ist eine Art der Wälder und Baumsteppen, die ihre Nährpflanzen, Birnbaum und Apfelbaum, begleitet. Die Raupen (9b) befressen im Frühling die Blüten dieser Bäume. Der Falter fliegt von Juni bis August und kommt in Gärten und Parks häufig vor.

9b

9

2

1

5

3

6

8

7

4

Familie Geometridae — Spanner

1 Perizoma alchemillata L. 14—18 mm. In der gemäßigten Zone Europas und Asiens bis zum Amur verbreitet. Lebt in den verschiedensten Biotopen im Wald und außerhalb, sowohl in den Niederungen als auch hoch in den Bergen. Der Falter bildet jährlich eine Generation, die jedoch sehr lange, von Mai bis September, ausfliegt. Die Raupe lebt von Juli bis September auf den Blüten und Samen der Lippenblütler wie Ziest, Taubnessel, Schwarznessel u. a.

2 Perizoma blandiata Schiff. 15—18 mm. In Nord- und Mitteleuropa, in Kleinasien und Armenien bis zur Mongolei beheimatet. Diese Art lebt auf feuchten, grasreichen Biotopen, vor allem in Vorgebirgen. Der Falter fliegt von Mai bis August. Die Raupe lebt von Juli bis September auf Augentrost. Häufige und veränderliche Art.

3 Perizoma didymata L. 18—23 mm. Mit Ausnahme der Polargebiete im mittleren und nördlicheren Europa und im Osten bis zum Ural verbreitet. Lebt im Süden in den Bergen und steigt dort bis zur oberen Waldgrenze auf. Bildet jährlich eine Generation, die von Juni bis September in feuchten Laub- und Nadelwäldern ausfliegt. Das Ei überwintert. Die Raupe lebt im Frühling. Sie ist polyphag und frißt Windröschen, Kreuzkraut, Ampfer u. a.

4 Perizoma verberata Sc. 22—25 mm. Mit Ausnahme des Südens in ganz Europa und überall in den Gebirgen zu Hause. Dort fliegt der Falter von Juni bis August bis zur Baumgrenze an feuchten grasigen Stellen und auf Lichtungen. Die Raupe lebt im Frühling und ist polyphag.

5 Euphyia picata Hb. 25—30 mm. Lebt in der gemäßigten Zone Europas und östlich bis zum Ural und Kaukasus. Der Falter begleitet die natürlichen Buchenbestände bis in die höchsten Lagen und wird im Zusammenhang mit der Rodung dieser Gehölze immer seltener. Er fliegt von Juni bis August in zwei Generationen aus. Die Raupen leben vom Sommer an bis zum Herbst auf Miere und verschiedenen Leimkräutern.

6 Euphyia frustata Tr. 25—30 mm. Wärmeliebende Art, die im südlicheren Europa beheimatet ist und über Kleinasien bis in den nördlichen Iran reicht. Sie bildet eine Generation, die von Juni bis August auf steinigen und felsigen, sonnigen Hängen ausfliegt. Die Raupe lebt vom Sommer bis zum nächsten Frühling auf Hornkraut, Steinbrech, Miere, Labkraut u.ä. Lokal auftretende Art.

7 Xanthorhoe biriviata Bkh. 18—22 mm. In der Laubwaldzone von Europa bis nach Ostasien verbreitet. Bildet von April bis August zwei Generationen. Die Raupe lebt bis zum September auf Springkraut. Die Puppe überwintert. Diese Art gehört zu den frühen Spannern, lebt vor allem in Auwäldern und auf feuchten Stellen und in die Berge ausfliegen.

8 Xanthorhoe ferrugata Cl. 18—22 mm. In Europa und Asien bis zum Amur verbreitet. Wir finden den Falter eher in den Niederungen. In den Bergen wird er vom ähnlichen *X. spadicearia* Schiff. vertreten. Er bildet jährlich von April bis September zwei Generationen. Die Raupe ist polyphag und lebt im Sommer. Die Puppe überwintert.

9 Xanthorhoe montanata Schiff. 24—28 mm. In Europa und Asien bis zum Altai verbreitet. Bewohnt vor allem Gebirge und ist dort in den Wäldern überaus zahlreich. Der Falter fliegt von Mai bis Juli. Die Raupe lebt vom Sommer an bis zum nächsten Frühling, überwintert also. Sie ist polyphag und ernährt sich von niedrigen Pflanzen.

10 Xanthorhoe fluctuata L. 18—25 mm. Gehört zu den am häufigsten auftretenden Spannern und lebt vor allem in den Niederungen sowohl im Wald als auch außerhalb. Von Europa über Asien bis nach Nordamerika verbreitet. Kommt in den Bergen seltener vor, bildet von April bis Oktober zwei Generationen. Die Raupe lebt auf Kreuzblütlern. Die Puppe überwintert.

1

3

4

5

7

6

8

2

9

10

Familie Geometridae — Spanner

1 Scotopteryx chenopodiata L. 25—30 mm. In Europa und Asien bis in den Fernen Osten überall häufig in den grasreichen Biotopen der Niederungen und Gebirge. Fliegt von Juli bis September aus. Die Raupe entwickelt sich von August bis Juni. Sie ist polyphag, bevorzugt aber Schmetterlingsblütler.

2 Catarhoe cuculata Hᴏ. 22—27 mm. In der gemäßigten Klimazone Europas und Asiens bis zum Amur verbreitet. Gehört überall zu den wenig zahlreichen Arten. Von Mai bis September fliegen zwei Generationen aus. Die Raupen leben während des Sommers bis zum Oktober auf verschiedenen Labkrautarten. Die Puppe überwintert.

3 Epirrhoe tristata L. 20—23 mm. Äußerst variable Art, die in den Niederungen und Gebirgen des gemäßigten Europas und in Asien bis in den Fernen Osten lebt. Wir finden sie in feuchten Grasbiotopen oder auf Lichtungen. Sie tritt zahlreich auf. Von April bis September fliegen zwei Generationen aus. Die Raupe lebt vom Juni bis zum Herbst und ernährt sich von Labkraut.

4 Epirrhoe alternata Mᴜʟʟ. 20—25 mm. Gehört zu den am häufigsten vorkommenden Spannern überhaupt, in den Bergen geht ihre Anzahl zurück. Der Falter ist in der Laubwaldzone ganz Europas und Asiens verbreitet und hat sich auch gut an die Kulturlandschaft angepaßt. Er fliegt von April bis September in zwei Generationen aus. Die Raupen finden wir von Juni bis zum Herbst auf Labkraut. Zeichnung und Farbe dieser Art sind äußerst veränderlich.

5 Camptogramma bilineata L. 20—25 mm. Gehört ebenfalls zu den zahlreichen Arten und ist von Nordafrika über Europa und Asien bis nach Sibirien verbreitet. Der Falter bildet von Mai bis August eine bis zwei Generationen und fliegt in den Niederungen und Gebirgen an feuchten, buschigen Standorten, an Bächen u.ä. aus. Die Raupen überwintern und ernähren sich von verschiedenen Pflanzen, zum Beispiel von Brennessel, Fingerkraut, Ampfer u. ä.

6 Chesias legatella Sᴄʜɪꜰꜰ. 30—35 mm. Lokale Art, die in den wärmeren Gebieten Europas verbreitet ist. Lebt in lichten Kiefernwäldern mit sandiger Unterlage, auf steinigen, sonnigen Hängen, wo die Nährpflanze der Raupen, der Besenginster, wächst. Der Falter fliegt im September und Oktober. Die Raupen entwickeln sich im Frühling und am Anfang des Sommers.

7 Chesias rufata F. 28—32 mm. Ähnlich wie die vorige Art verbreitet, lebt auch in den gleichen Biotopen, fliegt jedoch im Frühling von April bis Juni und manchmal noch mit einer zweiten Generation im Juli und August. Die Puppe überwintert. Die Raupe lebt im Sommer auf Besenginster.

8 Carsia sororiata Hʙ. 20—23 mm. Kommt verstreut auf den Torfmooren Mitteleuropas, sonst in Nordeuropa und Asien vor. In Nordamerika treten verwandte Arten auf. Die Flugzeit dauert von Juni bis August. Das Ei überwintert. Die Raupe lebt im Frühling auf Rauschbeere und Kleiner Moosbeere.

9 Aplocera praeformata Hʙ. 33—38 mm. Überwiegend eine Gebirgsart, zahlreich in der gemäßigten Zone Europas, im Osten bis zum Kaukasus verbreitet. Der Falter fliegt von Juni bis August, die Raupe überwintert und wächst im Frühjahr heran. Sie ernährt sich von Hartheu.

10 Aplocera plagiata L. 27—40 mm. Über die ganze paläarktische Unterregion verbreitet und wärmeliebender als die vorangehende Art. Bewohnt eher die Niederungen. Von Mai bis Oktober treten zwei Generationen auf. Die Raupen der Wintergeneration überwintern und leben auf Hartheu.

9

5

1

6

7

2

3

4

10

8

Familie Geometridae — Spanner

1 Odezia atrata L. — Schwarzspanner. 23—27 mm. In Mittel- und Nordeuropa und weiter bis nach Ostasien verbreitet. Bewohnt grasbewachsene Stellen in Vorgebirgen und Gebirgen bis zur Fichtenwaldgrenze. Tritt stellenweise recht zahlreich auf. Der Falter fliegt von Mai bis Juli. Das Ei überwintert, die Raupe wächst im Frühling heran. Sie lebt auf Kälberkopf und Kerbel.

2 Lithostege farinata Hfn. — Mehlspanner. 25—32 mm. In den wärmeren Gebieten Europas und West- und Zentralasiens verbreitet. Fliegt von Mai bis Juli auf Steppen und an grasigen Stellen. Die Raupe lebt im Sommer auf Doldengewächsen und Kreuzblütlern. Die Puppe überwintert.

3 Lobophora halterata Hfn. — Lappenspanner. 20—25 mm. In Mittel- und Nordeuropa und in Asien bis zum Amur verbreitet. Lebt in den Laubwäldern der Niederungen und Gebirge und auch an den Rändern von Torfmooren, an den Ufern von Gewässern u.ä. Der Falter fliegt von April bis Juni aus. Die Raupe lebt am Sommeranfang auf Pappel, Weide, Birke u.ä. Die Puppe überwintert.

4 Idaea serpentata Hfn. 15—20 mm. Recht häufig an trockenen, grasreichen Stellen in Europa und Asien verbreitet. Die einzige Generation fliegt von Juni bis August aus. Die Raupe ist polyphag und entwickelt sich vom Sommer an, über den Winter bis zum Mai. Die Färbung dieser Art ist veränderlich.

5 Idaea rusticata Schiff. 15—17 mm. In der gemäßigten Zone Europas verbreitet, östlich bis nach Zentralasien. Wir treffen den Falter auf grasbewachsenen, dürren Hängen und Steppen. Die einzige Generation fliegt von Juni bis August. Die Raupe lebt vom Sommer an, überwintert und schließt im nächsten Frühling ihre Entwicklung ab. Sie nährt sich von welken, modernden Blättern und Moos.

6 Idaea biselata Hfn. 15—20 mm. In Europa, vor allem in den wärmeren Gebieten, und in Kleinasien beheimatet. Bewohnt Laubwälder mit reichem Unterholzwuchs, buschige Hänge, Waldränder u.ä. Bildet jährlich eine Generation. Die Falter fliegen von Juni bis September aus. Die Raupen überwintern und wachsen im Frühling heran. Sie leben von abgefallenem und moderndem Laub, aber auch von Gras und niedrigen Pflanzen.

7 Idaea inquinata Sc. 12—17 mm. Lebt in der Natur auf trockenen Blättern, kommt jedoch häufiger in Gebäuden, Heuschobern, Scheunen und an anderen Stellen vor, an denen trockene Pflanzen gelagert werden. Der Falter ist also zu einem Lagerschädling geworden. Er ist über ganz Europa verbreitet, bildet jährlich wenigstens zwei Generationen und fliegt von Mai bis September aus. Die Raupe entwickelt sich im Sommer. Die letzte Generation überwintert.

8 Idaea dimidiata Hfn. 13—18 mm. Über das ganze gemäßigte Europa und Kleinasien bis nach Syrien verbreitet und lebt an feuchten Stellen im Wald und an den Ufern von Wasserläufen. Die einzige Generation fliegt von Juni bis August. Die Raupe entwickelt sich über den Winter und nährt sich von trockenen und welkenden Blättern.

9 Idaea aversata L. 23—30 mm. Im ganzen nichtpolaren Europa und über Kleinasien bis nach Syrien verbreitet. Überall in den Laubwäldern zahlreich. Der Falter fliegt während der ganzen Saison aus und bildet zwei ineinander übergehende Generationen. Die Raupe lebt im Sommer, die zweite Generation überwintert. Sie nährt sich von den welken Blättern verschiedener Pflanzen und frißt auch grüne Pflanzenteile. Diese Art ist sehr variabel, und oft treten Formen mit breiten, dunklen Streifen auf den Flügeln auf.

10 Idaea deversaria H. S. 23—27 mm. In den warmen Gebieten Europas, über Kleinasien und in Asien bis zum Altai verbreitet. Der Falter lebt am Sommeranfang in Laubwäldern. Die Raupe überwintert. Sie frißt annähernd das gleiche wie die oben beschriebenen Arten. Stellenweise häufig.

9

1

10

2

7

3

6

5

8

4

Familie Geometridae — Spanner

1 Cyclophora albipunctata H<small>FN.</small> 20—25 mm. In Europa und in Asien bis nach Süd- und Ostsibirien verbreitet. Bewohnt Laub- und Mischwälder, vor allem, wenn sie mit Birken durchsetzt sind. Bildet jährlich zwei Generationen. Die erste davon fliegt schon von April an, die zweite ab Juli aus. Die Raupen kann man von Juni bis September auf Birke, aber auch auf Eiche und Erle finden. Die Puppe überwintert.

2 Cyclophora annulata S<small>CHULZE.</small> 18—22 mm. Im gemäßigten Europa, in Kleinasien und Transkaukasien beheimatet, bewohnt Laub- und Mischwälder und ist nirgends sehr zahlreich. Der Falter bildet in der Zeit von April bis August zwei Generationen. Die Raupen leben im Laufe des Sommers und ernähren sich von den Blättern von Feldahorn und anderen Ahornarten, Birke und Hainbuche.

3 Cyclophora punctaria L. 18—25 mm. Eine sehr variable Art, die in der Laubwaldzone Europas und über Kleinasien bis zum Iran verbreitet ist. Sie tritt überall recht zahlreich auf und bildet von April bis August zwei Generationen. Die Raupen leben von Juni bis September auf Eiche, seltener auf Birke.

4 Calothysanis amata L. 23—28 mm. Ist über ganz Europa und Asien bis nach Japan verbreitet, wird auch in Ceylon (Sri Lanka) festgestellt. Der Falter tritt überall auf grasreichen Stellen und Ruderalgeländen zahlreich auf. Jährlich entwickeln sich von Mai bis Oktober zwei ineinander übergehende Generationen. Die Raupen leben im Sommer und überwintern auch. Sie befressen verschiedene Ampfer- und Knöterricharten. Diese Art ist sehr veränderlich. Sie zeigt mehr oder weniger intensive Zeichnung auf den Flügeln und entlang der Queräderung Beimischungen rotbrauner oder fast violettbrauner Färbung.

5 Scopula immorata L. 20—27 mm. Mit Ausnahme des extremen Südens in der gemäßigten Zone Europas und auch in Asien bis weit nach Osten verbreitet. Wir treffen den Falter in trockenen, grasreichen Biotopen in den Niederungen und auch recht hoch in den Bergen auf grasbewachsenen Lichtungen. Entsprechend den klimatischen Bedingungen entwickelt der Falter jährlich von Mai bis August eine bis zwei Generationen. Die polyphagen Raupen überwintern.

6 Scopula ornata S<small>C.</small> 18—25 mm. Im gemäßigten Europa und in Asien bis in das Amurgebiet verbreitet. Bewohnt trockenere, grasbewachsene Stellen, Waldränder und sonnige Hänge. Bildet jährlich zwei bis drei Generationen und fliegt von Mai bis September aus. Die Raupen leben im Sommer oder überwintern. Sie nähren sich von verschiedenen Pflanzen, vor allem vom Feldthymian, Ehrenpreis und Dost. In der letzten Zeit sind sie selten geworden.

7 Scopula rubiginata H<small>FN.</small> 15—20 mm. Lebt in Europa, Kleinasien und ganz Sibirien. Wir treffen den Falter auf trockenen grasreichen Biotopen, auf Hängen und Weiden und an anderen warmen Stellen. Er entwickelt jährlich zwei ineinander übergehende Generationen, die von Mai bis September ausfliegen. Die Raupe lebt im Sommer, eine nächste Generation überwintert. Sie ernährt sich polyphag von verschiedenen Pflanzen. Die Grundfärbung dieser Art ist variabel.

8 Rhodostrophia calabra P<small>ET.</small> 30—35 mm. Tritt von Mitteleuropa aus nach Süden und Südosten bis nach Westasien auf, fliegt im Juni und Juli aus. Die Raupe überwintert. Sie lebt auf Besenginster und anderen verwandten Pflanzen. Die Art ist sehr variabel.

9 Rhodostrophia vibicaria C<small>L.</small> — Rotbandspanner. 25—30 mm. Mit Ausnahme der Polargebiete über ganz Europa und Asien verbreitet und steigt auch recht hoch in die Berge auf. Der Falter fliegt mit einer Generation von Juni bis August aus, er bildet manchmal noch eine zweite Generation. Die Raupe überwintert. Sie lebt auf verschiedenen Schmetterlingsblütlern, aber auch auf anderen Kräutern. Die Art ist variabel.

1

2

3

7

4

6

9

8

5

Familie Geometridae — Spanner

1 Abraxas grossulariata L. — Stachelspanner. 35—40 mm. Gehörte einst zu den häufig auftretenden Arten, deren Raupen sogar an Stachel- und Johannisbeeren Schäden verursacht haben. In diesem Jahrhundert ist die Art aber stark zurückgegangen und heute an vielen Stellen ausgesprochen selten. Nur in den wärmeren Gebieten Mitteleuropas treffen wir den Falter noch häufiger an. Sonst ist er in der ganzen paläarktischen Unterregion bis nach Japan verbreitet. Er bildet jährlich eine Generation, die entsprechend der Höhenlage und des Klimas früher oder später von Juni bis August ausfliegt. Die Raupe überwintert und wächst im nächsten Frühling heran. Außer auf den erwähnten Pflanzen lebt sie auch auf Schlehe, Pfirsich, Haselnuß, Salweide u. ä.

2 Abraxas sylvata Sc. 30—38 mm. Über die gesamte Waldzone der paläarktischen Unterregion verbreitet und fliegt vor allem in schattigen, feuchten Wäldern, wie z. B. in alten Buchengehölzen mit Kräuterunterwuchs. Die einzige Generation fliegt von Mai bis August. Die Raupe lebt am Ende des Sommers auf verschiedenen Laubbäumen.

3 Lomaspilis marginata L. 20—25 mm. Lebt in der Laubwaldzone der gesamten paläarktischen Unterregion und ist überall zahlreich. Von April bis August fliegen zwei Generationen. Die Raupe lebt bis zum Herbst auf verschiedenen Laubbäumen. Die Puppe überwintert.

4 Ligdia adustata Schiff. 20—25 mm. Aus Europa, West- und Zentralasien und auch aus Japan bekannt. Ebenfalls ein Waldbewohner, aber wärmeliebender als die vorige Art. Der Falter bildet zwei Generationen, die, ähnlich wie die Raupen und Puppen, zur gleichen Zeit auftreten wie bei der vorigen Art. Die Raupen leben auf Pfaffenhütchen.

5 Semiothisa alternaria Hb. 22—27 mm. Fast in ganz Europa und in Asien bis nach Sibirien verbreitet. Bewohnt von den Niederungen bis in die Berge lichte Laubwälder und andere buschige Biotope. Der Falter bildet von Mai bis August zwei Generationen. Die Puppe überwintert. Die Raupe lebt auf verschiedenen Laubbäumen.

6 Semiothisa liturata Cl. — Weißgrauer Kiefernspanner. 22—27 mm. In den Nadelwäldern, vor allem den Kiefernbeständen der gesamten paläarktischen Unterregion verbreitet. Bildet eine bis zwei Generationen, die von April bis August ausfliegen. Die Raupe entwickelt sich vom Sommer bis zum Herbst auf Kiefer, Fichte u.ä. Die Puppe überwintert.

7 Semiothisa clathrata L. 20—25 mm. Diese sehr veränderliche Art ist in der gesamten paläarkt. Unterregion verbreitet und tritt an grasreichen Orten und auf Feldern sehr zahlreich auf. Der Falter bildet von April bis August zwei Generationen. Die Raupen entwickeln sich bis September auf Klee und Schneckenklee. Die Puppe überwintert.

8 Isturgia roraria F. 20—25 mm. In den wärmeren Teilen Europas, im Osten bis nach Armenien verbreitet. Taucht auch in den Bergen bis in 2000 m Höhe auf. Bildet zwei Generationen. Die Puppe überwintert. Die Raupe lebt auf Besenginster.

9 Itame wauaria L. 25—30 mm. In Europa, Asien und Nordamerika verbreitet. Lebt in feuchten, buschigen Wäldern und hat sich auch der Kulturlandschaft angepaßt. Der Falter fliegt im Juni und Juli aus. Die Eier überwintern. Die Raupen leben im Frühling auf Stachel- und Johannisbeeren.

10 Itame fulvaria Vill. 20—27 mm. In Mittel- und Nordeuropa, sonst nur in den Gebirgen und in Asien bis nach Japan verbreitet. Der Falter fliegt auch über die Waldgrenze. Er folgt den Heidelbeeren, auf denen vor allem die Raupen leben. Die Flugzeit dauert von Juni bis August. Das Ei überwintert. Die Raupe lebt im Frühling, von April bis Juni.

Familie Geometridae — Spanner

1 Cepphis advenaria H<small>B.</small> 23—26 mm. An geeigneten Stellen von Europa bis nach Japan verbreitet. Lebt in Wäldern mit Heidelbeerwuchs, auf Torfmooren, Heideland und in Auwäldern. Der Falter bildet jährlich eine Generation, die von Mai bis Juli ausfliegt. Die Raupe entwickelt sich Ende des Sommers auf Heidelbeeren, Wachtelweizen und Christophskraut. Die Puppe überwintert.

2 Plagodis pulveraria L. 28—33 mm. Mit Ausnahme der Polargebiete und des extremen Südens in Europa und im Osten in ganz Asien vom Ural über das Altaigebirge bis nach Japan und Korea verbreitet. Eine Art lichter Laub- und Mischwälder, die vor allem Niederungen und Vorgebirge bewohnt. Jährlich lebt von April bis Juli eine Generation. Die Raupen können wir von Juni bis September auf Weide, Birke, Eiche, Erle, Haselnuß u. ä. finden.

3 Plagodis dolabraria L. 28—32 mm. In der ganzen paläarktischen Unterregion von Europa bis nach Japan verbreitet. Lebt in warmen Laub- und Mischwäldern und auf buschigen Hängen, bevorzugt die niederen Lagen und ist nirgends zahlreich. Im größten Teil des Gebietes entwickelt sich eine Generation, in den wärmeren Gebieten treten von April bis August zwei auf. Die Raupe lebt am Ende des Sommers auf Eiche, Linde, Schlehe u. ä. Die Puppe überwintert.

4 Opisthograptis luteolata L. — Gelbspanner. 32—37 mm. Der Falter kann wegen seiner ausdrucksvollen Gelbfärbung mit keiner anderen Art verwechselt werden. Er ist in Europa und Asien bis nach Ostsibirien verbreitet. Am häufigsten tritt er in den Niederungen, in Baumsteppen und buschigen Biotopen auf. Er hat sich auch den Parks und Gärten in den Städten angepaßt und fliegt von Ende April bis Juli aus. Die Raupe (4b) lebt bis August, sie nährt sich von Weißdorn, Schlehe, Geißblatt, Weiden u. ä.

5 Epione repandaria H<small>FN.</small> 25—30 mm. In der gemäßigten Zone Europas und Asiens über den Ural bis in das Amurgebiet und Südsibirien verbreitet. Wir treffen den Falter in der feuchten Umgebung von Wasserläufen, in Auwäldern und auf buschigen, feuchten Wiesen an. Er bildet jährlich zwei Generationen, von denen die erste schon von Juni an, die zweite bis weit in den Herbst hinein fliegt. Die Eier überwintern. Die Raupen entwickeln sich im Frühling, die der zweiten Generation im August und leben auf Weide, Pappel, Erle und Schlehe.

6 Epione paralellaria S<small>CHIFF.</small> 25—30 mm. Ähnlich verbreitet wie *E. repandaria* und lebt auch an ähnlichen Stellen, ist jedoch viel seltener und bildet jährlich nur eine Generation, die von Juni bis August ausfliegt. Das Weibchen legt Eier, die überwintern und aus denen erst im Frühling die Raupen schlüpfen. Diese fressen an den Blättern von Zitterpappel, Birke, Haselnuß u. a.

7 Pseudopanthera macularia L. 23—28 mm. Lebt mit Ausnahme der Polargegenden in ganz Europa. Im Süden tritt der Falter häufiger auf, wir können ihn aber auch hoch in den Bergen antreffen. Er beginnt im zeitigen Frühjahr auszufliegen und erscheint manchmal schon im April. Seine Flugperiode dauert bis Juli. Die Raupe entwickelt sich während des Sommers. Die Puppe überwintert. Als Nahrung dienen verschiedene niedrige Pflanzen. Die Zeichnung dieser Art ist sehr variabel.

8 Epirrhanthis diversata S<small>CHIFF.</small> 30—40 mm. Seltene Art, die in Nord-, Mittel- und Osteuropa und in Sibirien lebt. Sie bildet eine Generation, die im zeitigen Frühjahr, schon von März bis höchstens Mai in den höheren Lagen ausfliegt. Wir treffen den Falter in feuchten Laubwäldern, auf verwachsenden Lichtungen und an Waldrändern, wo in grasreichen Biotopen die niedrigen Büsche der Zitterpappel wachsen. Die Raupe lebt im Mai und Juni auf jungen Zitterpappeln. Die Puppe überwintert.

2

1

8

3

5

4

4b

6

7

Familie Geometridae — Spanner

1 Ennomos autumnaria Wernb. — Zackenspanner, Herbstlaubspanner. 40—50 mm. Ist in der gesamten paläarktischen Unterregion und darüber hinaus auch in Nordamerika verbreitet. Ist überall in den Laubwäldern, vor allem in den wärmeren Niederungen häufig, steigt mit den Laubgehölzen aber auch bis zu oberen Grenze in den Bergen auf. Von August bis Oktober fliegt jährlich eine Generation aus. Die Eier überwintern. Die Raupen (1b) leben im Frühling und nähren sich von den Blättern verschiedenster Bäume und Sträucher. Diese Art ist sehr veränderlich. Besonders interessant ist die dunkelbraune f. *schultzi*, die selten zwischen den normalen Exemplaren auftaucht.

2 Ennomos fuscantaria St. 35—40 mm. Nicht sehr weit verbreitete Art und praktisch nur aus Mittel-, Süd- und teilweise aus Nordeuropa bekannt. Lebt von Juli bis September in Laubwäldern, an deren Rändern und in anderen buschigen Biotopen. Die Raupe lebt nach dem Überwintern des Eis von Mai bis Juli. Sie nährt sich von Esche und Liguster. Die Färbung des Falters ist veränderlich.

3 Ennomos erosaria Schiff. 30—35 mm. Im gemäßigten Europa und im Osten bis zum Kaukasus verbreitet. Wir treffen den Falter im Laubwald, vor allem in Eichenwäldern, aber auch in Mischwäldern recht hoch in den Bergen. Er fliegt von Juni bis September aus. Das Ei überwintert, und die Raupe lebt im Frühjahr auf Eiche, Birke, Linde und anderen Bäumen.

4 Selenia bilunaria Esp. 28—40 mm. In ganz Europa und Asien bis nach Kamtschatka verbreitet. Bewohnt lichte Laubwälder und auch Anpflanzungen in der Umgebung von Städten. Kommt sowohl in den Niederungen als auch recht hoch in den Bergen vor. Der Falter bildet jährlich zwei Generationen, die praktisch ununterbrochen von April bis August, nur mit einer kleinen Pause im Juni, ausfliegen. Die Raupe (4b) kann man von Mai bis September auf Linde, Weißdorn, Birke, Ulme, Geißblatt und vielen anderen Sträuchern und Bäumen finden. Diese Art ist sehr veränderlich, und die zweite Generation ist viel kleiner als die erste.

5 Selenia lunaria Schiff. 28—40 mm. Bewohnt in Europa ein ähnliches Areal wie die vorangehende Art, ist aber seltener, und lebt ebenfalls in fast gleichen Biotopen, auch das Auftreten der Imagines und Raupen deckt sich. Im Osten reicht der Falter nur bis nach Zentralasien. Die Puppe überwintert.

6 Selenia tetralunaria Hfn. — Mondfleckspanner. 30—38 mm. Weit verbreitet. Reicht von Europa über ganz Asien bis nach Japan, ist aber wärmeliebender. Der Falter bewohnt in den Niederungen Laubwälder, vor allem Eichenwälder und Baumsteppen. Er bildet im Zeitraum von April bis August zwei Generationen. Die Raupen beider Generationen entwickeln sich von Mai bis September, so daß die Puppe überwintert. Die Raupen leben polyphag auf Bäumen und Sträuchern. Die veränderliche zweite Generation ist kleiner als die erste.

7 Artiora evonymaria Schiff. 30—35 mm. Lebt in den wärmeren Teilen Mittel- und Südosteuropas und reicht nicht weiter als bis zur Krim. Die einzige Generation fliegt von Juli bis September. Das Ei überwintert. Die Raupe lebt im Frühling bis zum Juni und nährt sich von Pfaffenhütchen. Diese lokale Art treffen wir auf felsigen Hängen und in lichten Wäldern an, wo im Unterholz Pfaffenhütchen wächst.

8 Gonodontis bidentata Cl. — Doppelzahnspanner. 32—40 mm. Ist in ganz Europa und in Asien bis in den Fernen Osten verbreitet. Diese zahlreich auftretende Art bewohnt vor allem in Vorgebirgslagen Laubwälder, Torfmoore, Heideland und verschiedene buschige Biotope. Der Falter fliegt in Mai und Juni aus. Die Raupe entwickelt sich von Juni bis August auf den verschiedensten Bäumen und Sträuchern. Farbe und Zeichnung des Schmetterlings sind sehr veränderlich.

Familie Geometridae — Spanner

1 Crocallis elinguaria L. 32—40 mm. Mit Ausnahme der kältesten Polargebiete in der ganzen paläarktischen Unterregion verbreitet. Steigt in diesem Gebiet aber wenigstens bis zu 1500 m in die Berge auf. Wir finden den Falter in den verschiedensten feuchten Biotopen, vor allem mit Heidelbeerbestand. Er fliegt von Mai bis August aus. Die Raupe lebt vom Sommer an, überwintert und wächst dann im Frühjahr heran. Sie nährt sich von den Blättern von Heidelbeere, Weide, Weißdorn u. a.

2 Ourapteryx sambucaria L. — Holunderspanner, Nachtschwalbenschwanz. 40—50 mm. Gehört zu den größten europäischen Spannern. Er bewohnt die westlichen Gebiete der paläarktischen Unterregion und reicht im Osten nicht weiter als bis nach Mittelasien. In Europa lebt der Falter überall in den Niederungen und wärmeren Gebieten, in Asien kommt er verstreut vor. Er fliegt im Juli und August aus. Die Raupe überwintert. Sie nährt sich von Schwarzem Holunder, Waldrebe, Zitterpappel, Johannis- und Stachelbeere und anderen Sträuchern.

3 Colotois pennaria L. 35—45 mm. Ist in Europa und östlich bis nach Zentralasien verbreitet und lebt in Laubwäldern und Baumsteppen. Ist überall zahlreich. Der Falter fliegt von September bis November. Die Raupe entwickelt sich im Frühling. Das Ei überwintert. Als Nährpflanze dienen die verschiedensten Bäume. Der Falter ist äußerst variabel, auch Männchen und Weibchen unterscheiden sich ein wenig voneinander.

4 Angerona prunaria L. — Schlehenspanner, Pflaumenspanner. 35—45 mm. Überall in der gemäßigten Zone Europas und Asiens bis in den Fernen Osten verbreitet, bewohnt verschiedene buschbestandene Biotope und lichte, nicht zusammenhängende Wälder mit reichem Unterholzwuchs. Der Falter bildet jährlich eine Generation, die von Mai bis August ausfliegt. Die Raupe (4b) lebt über den Winter auf verschiedenen Sträuchern. Diese Art zeichnet sich durch eine besonders große Variabilität aus. Einige Formen sind so überraschend abweichend, daß sie scheinbar nicht zu dieser Art gehören, wie zum Beispiel die dunkle f. *pickettaria* oder f. *fuscaria*.

5 Agriopis leucophaeria Schiff. 23—28 mm. Das Verbreitungsgebiet dieser Art erstreckt sich von den wärmeren Teilen Europas über Kleinasien und Syrien nach Osten. Sie ist auch aus Japan bekannt und gehört zu den ersten Frühlingsschmetterlingen. Der Falter taucht bei der ersten Erwärmung im Frühjahr, oft schon im Februar, auf. Die Raupe lebt im Frühling vor allem auf Eiche. Die Puppe überwintert im Boden bis zum nächsten Frühjahr. Beim Weibchen sind die Flügel verkümmert.

6 Agriopis aurantiaria Hb. 27—35 mm. In den Laubwäldern Europas und über Kleinasien bis zum Kaukasus verbreitet und tritt in den einzelnen Jahren sehr unterschiedlich stark auf. Die einzige Generation fliegt spät im Herbst, im Oktober und November, die Eier überwintern. Die Raupen leben im Frühling auf verschiedenen Laubbäumen. Das Weibchen ist flügellos.

7 Agriopis marginaria F. 27—32 mm. Wärmeliebender Falter, der ungefähr über das gleiche Gebiet verbreitet ist, wie die vorangehende Art und vor allem in Eichenwäldern lebt. Er fliegt im zeitigen Frühjahr, schon von Februar an und höchstens bis Mai aus. Die Raupe entwickelt sich bis Juni, die Puppe überwintert. Nährpflanzen der Raupe sind Eiche, Schlehe, Obstbäume u. ä. Das Weibchen hat verkümmerte Flügel.

8 Erannis defoliaria Cl. — Großer Frostspanner. 30—40 mm. In den Laubwäldern und Baumsteppen Europas bis in den Kaukasus verbreitet; wird im Osten von der verwandten Art *E. sichotenaria* Kurenzov abgelöst. Der Große Frostspanner gehört zu den gefährlichsten Schädlingen des Waldes. Die Falter fliegen im Spätherbst sehr zahlreich aus. Die Weibchen kriechen nur auf den Bäumen umher, denn ihre Flügel sind verkümmert. Die Eier überwintern. Die Raupen sind polyphag und verursachen oft den Kahlfraß ganzer Wälder. Sie leben auf Eichen, Hainbuchen, Birken u. a. Der Falter ist sehr variabel.

2

5♂

4♂

1♂

5♀

8♀

3♂

6♀

8♂

6♂

4b

7♀

7♂

Familie Geometridae — Spanner

1 Apocheima pilosaria SCHIFF. 35—40 mm. In der gemäßigten Zone Europas und Asiens bis in den Fernen Osten verbreitet. Lebt in Laub- und Mischwäldern, in Baumsteppen und auch in Obstgärten. Dieser Schmetterling gehört zu den ersten Frühlingsfaltern und fliegt von Februar bis März aus, bei plötzlicher Erwärmung im Winter kann er auch im Januar auftauchen. Das Weibchen ist flügellos. Die Raupen leben im Frühling von April bis Juni auf verschiedenen Bäumen, zum Beispiel auf Eiche, Birke, Birne u. ä. Die Puppe überwintert.

2 Apocheima hispidaria SCHIFF. 28—35 mm. Ähnlich verbreitet wie die vorangehende Art. Wir treffen sie in Laubwäldern, an deren Rändern und auf buschbewachsenen Fluren an. Die einzige Generation des Jahres erscheint von März bis Mai auf Eiche, Ulme u. a. Die Puppe überwintert. Das Weibchen ist flügellos.

3 Lycia pomonaria HB. 25—30 mm. In den wärmeren Gebieten Europas, im Osten bis ungefähr zum Ural verbreitet und lebt in lichten und warmen Laubwäldern, in Baumsteppen und oft auch in Obstgärten. Der Falter bildet nur eine Generation und taucht, sobald im Frühling die Sonne scheint, im März und April auf. Nur das Männchen fliegt. Die Färbung seiner Flügel ist auch bei sparsamer Zeichnung recht veränderlich. Das Weibchen trägt nur verkümmerte Flügel und kriecht auf den Stämmen der Bäume umher. Die Raupe lebt von Mai bis Juli auf verschiedenen Laubbäumen, zum Beispiel auf Eiche, Birke u. ä.

4 Lycia isabellae HESL.-HARR. 27—32 mm. Der vorigen Art sehr ähnlich, das Männchen ist jedoch grauer. Über die Verbreitung ist nur wenig bekannt. Es werden die östlichen Gebiete Mitteleuropas angegeben. Die Falter tauchen im März und April auf, die Raupen leben im Frühjahr auf Lärche. Die Puppe überwintert.

5 Lycia zonaria SCHIFF. 27—30 mm. In den warmen Niederungen Europas, im Osten bis nach Zentralasien verbreitet. Der Falter fliegt im Frühling, im März und April in grasreichen Biotopen und auf Feldern aus. Das Weibchen ähnelt dem der beiden vorangehenden Arten. Die Raupe lebt auf Gräsern und Kräutern.

6 Lycia hirtaria CL. 35—45 mm. Überall im gemäßigteren Europa und Asien bis in den Fernen Osten verbreitet und lebt in ähnlichen Biotopen wie die beiden vorigen Arten. Der Falter fliegt von März bis Mai. Das Weibchen trägt Flügel. Die Raupe lebt von Mai bis August auf Laubbäumen.

7 Biston strataria HFN. — Pappelspanner. 40—50 mm. Äußerst veränderliche Art, die in der Kulturlandschaft zu Melanismus neigt. Sie ist in den westlichen Gebieten der paläarktischen Unterregion einschließlich Nordafrikas verbreitet und fliegt von März bis Mai in Laubwäldern und Parks aus. Die Raupe entwickelt sich am Frühlingsende und Sommeranfang auf Laubbäumen und ist polyphag. Die Puppe überwintert.

8 Biston betularia L. — Birkenspanner. 35—60 mm. In der Laubwaldzone ganz Europas und Asiens verbreitet. Die in Nordamerika lebende verwandte Art B. *cognataria* GUÉN. wird oft nur als geographische Rasse von B. *betularia* angesehen. Der Birkenspanner ist durch seine schwarze Form (f. *carbonaria*) (8c) berühmt. Diese tauchte ursprünglich in den Industriegebieten Englands als erhebliche Abweichung auf und unterdrückte an vielen Stellen Europas die ursprüngliche bunte Form (8). Es scheint, daß der Melanismus dieser Art mit der atmosphärischen Verunreinigung durch die Abgase der Industrie zusammenhängt. Der Falter bildet jährlich eine Generation, die von Mai bis Juli ausfliegt. Die Raupe (8b) entwickelt sich am Ende des Sommers auf verschiedenen Laubbäumen. Die Puppe (8d) überwintert.

1

6

2♂

8c

7♂

5♀

5♂

3♀

3♂

8♂

4♂

8d

8b

Familie Geometridae — Spanner

1 Peribatodes rhomboidaria S_{CHIFF} 30—38 mm. Vertreter der ursprünglich sehr umfangreichen Gattung *Boarmia*, die in der letzten Zeit in mehrere selbständige Gattungen unterteilt wird. Der Falter ist in Europa und Westasien verbreitet. Er fliegt von Juni bis September und bildet an manchen Stellen zwei Generationen. Die Raupe überwintert, sie ist polyphag.

2 Cleora cinctaria S_{CHIFF} 28—35 mm. In den gemäßigten und nördlicheren Gebieten der ganzen paläarktischen Unterregion verbreitet und fliegt mit einer Generation zeitig im Frühling in Wäldern und Feldern aus. Die Raupe (2b) lebt von Mai bis Juli auf den verschiedensten niedrigen Pflanzen. Die Puppe überwintert.

3 Deileptenia ribeata C_L 30—40 mm. In Europa und Asien verbreitet; bewohnt vor allem Fichten- und Mischwälder und steigt in den Bergen bis an deren obere Grenze auf. Der Falter bildet eine Generation, die im Juli und August sehr zahlreich ausfliegt. Die Raupe überwintert. Sie lebt vor allem auf Fichte und Tanne, aber auch auf einigen Laubbäumen.

4 Alcis repandata L. 30—45 mm. Mit Ausnahme der südlichsten Gebiete in ganz Europa und in Asien bis in die Fernen Osten verbreitet. Bildet jährlich eine Generation, die von Mai bis August ausfliegt. Die Raupe (4b) überwintert. Sie ernährt sich von Nadel- und Laubbäumen und auch von Sträuchern und niedrigen Pflanzen. Diese Art ist überall zahlreich. Sie ist veränderlich und neigt zu Melanismus. Oft tauchen die völlig schwarzen Exemplare der f. *nigricata* auf, die nur eine weiße Wellenlinie auf jedem Flügel zeigen.

5 Arichanna melanaria L. — Rauschbeerspanner. 35—40 mm. In den nördlichen Gebieten Europas und Asiens bis nach Japan verbreitet und lebt in südlicheren Bereichen nur auf Torfmooren oder in den Moorbiotopen von Gebirgen. Der Falter wandert offensichtlich. Er wurde oft an Stellen gefangen, an denen er nicht leben kann. Er fliegt während des ganzen Sommers, die Raupe überwintert und lebt bis Mai auf Rauschbeere und einigen anderen Moorpflanzen.

6 Boarmia roboraria S_{CHIFF} 40—50 mm. Mit Ausnahme des südlichsten Gebietes in den Laubwäldern der ganzen paläarktischen Unterregion verbreitet und tritt nur stellenweise zahlreicher auf. Der Falter fliegt von Mai bis August in zwei Generationen aus, er ist sehr variabel, und oft tauchen melanistische Exemplare auf. Die Raupe lebt auf Laubbäumen und überwintert.

7 Boarmia arenaria H_{FN} 25—30 mm. Lebt nur in Mitteleuropa, bewohnt alte Buchenwälder und taucht nur selten an anderer Stelle auf. Dieser Schmetterling verschwindet in der letzten Zeit im Zusammenhang mit der Rodung der alten Gehölze. Er fliegt von Mai bis Juli aus. Die Raupe lebt am Ende des Sommers auf Buche, Eiche, Birke und einigen anderen Bäumen. Die Puppe überwintert.

8 Ascotis selenaria S_{CHIFF} 35—45 mm. Wärmeliebende Art, die in der gemäßigten Zone der paläarktischen Unterregion bis nach Ostasien verbreitet ist. Sie lebt in Baumsteppen und Steppen, hat sich auch der Kulturlandschaft angepaßt und tritt auf Feldern und in Gärten zahlreich auf. Von April bis August entwickeln sich zwei Generationen, stellenweise bildet sich nur eine. Die Raupen sind polyphag, und wir können sie bis zum Herbst finden. Die Puppe überwintert.

9 Ectropis bistortata G_Z 30—40 mm. Eine zahlreich in Europa und östlich bis weit nach Asien auftretende Art. Ihre genaue Verbreitung ist, da sie leicht mit der ähnlichen Art *E. crepuscularia* S_{CHIFF} verwechselt wird, nicht geklärt. Der Falter bildet jährlich zwei Generationen, erscheint oft schon im März und fliegt bis zum Herbst aus. Neigt zu Melanismus. Die Puppe überwintert. Die Raupe nährt sich von niedrigen Pflanzen und vielen Laubbäumen und Sträuchern.

Familie Geometridae — Spanner

1 Ematurga atomaria L. 22—30 mm. Sehr veränderliche Art, die mit Ausnahme des Südens über ganz Europa und Asien verbreitet ist. Sie bewohnt Heideland, Torfmoore, Waldwiesen und Lichtungen und steigt auch hoch in die Berge bis über die Waldgrenze auf. Das Weibchen ist heller als das Männchen. Von April bis September fliegen zwei ineinander übergehende Generationen aus. Die Raupe entwickelt sich bis zum Herbst. Sie lebt auf Heidekraut, Beifuß u. ä. Pflanzen.

2 Bupalus piniaria L. — Kiefernspanner. 28—35 mm. In ganz Europa und Asien zahlreich, fehlt nur im hohen Norden. Mit ausgeprägtem Geschlechtsdimorphismus. Er fliegt im Frühling, von April bis Juli, aus. Die Raupe lebt am Sommerausgang auf Kiefern, seltener auch auf anderen Nadelbäumen. Die Puppe überwintert im Boden. Es sind Fälle bekannt, in denen der Falter sehr zahlreich auftrat und in den Kiefernwäldern schwere Schäden anrichtete, indem er die Bäume völlig kahl fraß.

3 Cabera pusaria L. 25—28 mm. In der gemäßigten Zone Europas und bis in den Osten Asiens verbreitet. Der Falter fliegt vom Frühling bis zum Herbst in den Niederungen und Bergen aus. Er bewohnt Wälder, buschige Wiesen und Uferbiotope. Entsprechend den klimatischen Bedingungen bildet er eine oder zwei Generationen. Die Raupe entwickelt sich bis zum Herbst. Sie lebt auf Weiden, Birken, Ulmen, Erlen u. ä. Die Puppe überwintert.

4 Bapta bimaculata F. 22—26 mm. In der gesamten gemäßigten Zone der paläarktischen Unterregion verbreitet. Bildet jährlich eine bis zwei Generationen, die von April bis August ausfliegen. Die Raupe lebt im Sommer oder dann bis zum Herbst auf verschiedenen Laubbäumen. Die Puppe überwintert.

5 Bapta temerata Schiff. 22—26 mm. Ähnlich verbreitet wie die vorige Art und bewohnt auch ähnliche Biotope. In den Bergen steigt dieser Falter wahrscheinlich ein wenig höher auf. Er fliegt von April bis Juli mit jährlich einer Generation aus. Die Raupe lebt im Sommer. Die Puppe überwintert. Nährpflanzen sind verschiedene Laubbäume und Sträucher.

6 Campaea margaritata L. 30—40 mm. In der Laubwaldzone in Europa und Kleinasien bis zum Kaukasus verbreitet. Lebt vor allem in Buchen- und Mischwäldern. Jährlich entwickelt sich meistens eine Generation, die im Juni und Juli ausfliegt. Im August kann eine unvollständige zweite Generation auftreten. Die Raupe lebt entweder im Sommer oder überwintert. Wir finden sie auf Buche, Hainbuche, Eiche und Birke, manchmal auch in Stadtparks.

7 Puengeleria capreolaria Schiff. 27—35 mm. Auf die Tannen- und Fichtenwälder Mitteleuropas beschränkt. Eine Art der Vorgebirgs- und Gebirgswälder, die bis in die höchsten Lagen aufsteigt. Der Falter bildet eine Generation, die recht lange, von Juni bis September ausfliegt. Er ist sehr variabel. Die Raupen (7b) überwintern. Sie sind in dieser Zeit nicht gleich groß und schließen ihre Entwicklung allmählich, im Verlaufe des späten Frühlings und zum Beginn des Sommers ab. Sie ernähren sich von Tanne und Fichte.

8 Hylaea fasciaria L. 27—40 mm. In der gemäßigten und nördlichen Zone der paläarktischen Unterregion in Europa und Asien verbreitet und begleitet Nadelwälder. Bei dieser Art zeigt sich ein interessanter, farbiger Polymorphismus. In den Kiefernwaldgebieten der Niederungen tritt die rosa f. *fasciaria* (8) auf. In den höheren Lagen, in der Zone der Fichten- und Tannenwälder treffen wir die grüne f. *prasinaria* (8c) an. Der Falter fliegt von Mai bis August mit einer Generation aus. Die Raupe lebt vom Sommer bis zum nächsten Frühling auf Fichte, Tanne, Kiefer u. ä.

6♂

1♂

1♀

3♂

2♂

2♀

8c ♀

4

8♀

5

7c

7b

7♂

Familie Geometridae — Spanner

1 Gnophos furvata Schiff. 40—50 mm. Wärmeliebende Art, die in Mittel-, Süd- und Südosteuropa beheimatet ist. Sie ist an trockene bis ausgedörrte Standorte gebunden und lebt deshalb in Steppen, auf felsigen Hängen, vor allem auf kalkigen Unterlagen. Der Falter bildet eine Generation, die mitten im Sommer ausfliegt. Die Raupe überwintert. Sie nährt sich von Wegerich, Wicke, Fingerkraut u. a. Größte Art dieser Gattung.

2 Gnophos obscurata Schiff. 27—32 mm. Ähnlich verbreitet wie die *G. furvata,* fehlt aber im äußersten Süden und reicht weiter nach Norden. Ebenfalls an trockenen Standorten, Waldrändern, auf Hängen und Heideland. Hier lebt der Falter von Juli bis September. Die Raupe überwintert. Sie lebt von verschiedenen Kräutern. Diese Art ist sehr variabel in der Zeichnung.

3 Catascia dilucidaria Schiff. 28—35 mm. Kommt in Mitteleuropa nur in den Bergen, in Nordeuropa und einem Teil Asiens jedoch zusammenhängend vor. Der Falter ist also borealpin verbreitet. Er gehört in Mitteleuropa zu den Eiszeitrelikten und ist äußerst variabel. Er lebt auch über der oberen Waldgrenze und tritt in niedrigeren Lagen nur an besonderen Standorten, wie zum Beispiel in Torfmooren, auf. Entsprechend der Höhenlage fliegt der Schmetterling von Juni bis September aus. Die Raupe überwintert. Sie lebt von verschiedenen Kräutern und Gräsern.

4 Psodos quadrifaria Sulz. 18—23 mm. Gehört in die Gruppe der Hochgebirgsspanner, die inselartig in europäischen und asiatischen Gebirgen auftreten. Dank dieser nicht zusammenhängenden Verbreitung bildet diese Art eine Reihe geographischer Formen. *P. quadrifaria* ist die farbigste unter ihnen. Die meisten sind grau oder schwarz. Dieser Falter lebt in der Knieholzzone und auf den alpinen Wiesen der Alpen, Sudeten und Karpaten. Er fliegt von Juni bis August. Die polyphagen Raupen überwintern.

5 Psodos alpinata Sc. 20—25 mm. In den europäischen Gebirgen von den Pyrenäen über die Alpen und Sudeten bis zu den Karpaten verbreitet. Auch aus Sibirien bekannt. Der Falter bewohnt alpine Wiesen und steigt bis in die Gebiete des ewigen Schnees auf. Er gehört in den Hochgebirgen zu den am zahlreichsten auftretenden Vertretern dieser Gattung. Seine einzige Generation fliegt von Juni bis August aus. Er ist, ähnlich wie die anderen Arten, tagsüber aktiv. Die Raupe überwintert. Sie nährt sich von verschiedenen niedrigen Pflanzen.

6 Psodos canaliculata Hochw. 20—25 mm. Eine verhältnismäßig häufig auftretende Art der höheren Alpen, die in den Karpaten die buntere ssp. *schwingenschussi* Wehrli bildet (siehe Abb.). Der Falter fliegt im Juli und August auf alpinen Wiesen und über dem Steingeröll aus. Die Raupe überwintert. Sie ernährt sich, ähnlich wie bei den anderen Arten dieser Gebirgsspanner, von niedrigen Pflanzen.

7 Siona lineata Sc. 35—40 mm. In der gemäßigten Zone Europas und in Westasien bis zum Amur verbreitet. Diese Art bewohnt zahlreich grasige Biotope, Vorgebirgswiesen und Bachgebiete. Der Falter fliegt von Mai bis Juli aus. Die Raupe entwickelt sich vom Sommer an und überwintert bis zum nächsten Frühjahr. Sie lebt von verschiedenen Pflanzen.

8 Aspilates gilvaria Schiff. 25—30 mm. Wärmeliebende Art, die stellenweise in trockeneren Biotopen in Mitteleuropa und weiter östlich über Südosteuropa und Kleinasien bis nach Sibirien verbreitet ist. Der Falter fliegt im Juli und August in Steppen und auf Feldern aus. Die Raupe überwintert. Man kann sie auf Schafgarbe, Hartheu, Beifuß usw. finden.

1

7a

7

2

8

3

4

5

6

Familie Geometridae — Spanner

1 Pseudoterpna pruinata Hᴇɴ. 30—35 mm. In Mittel- und Südeuropa und östlich über Kleinasien im Kaukasus und bis nach Zentralasien verbreitet. Bildet jährlich eine Generation, die von Juni bis August ausfliegt. Die Raupe lebt am Ende des Sommers und überwintert. Sie ernährt sich von Besenginster und Ginster. Diese Art taucht in verschiedenen Seehöhen an trockenen Orten und auf sandigen oder steinigen Hängen, wo auch die Nährpflanze wächst, auf.

2 Geometra papilionaria L. Grünes Blatt. 40—50 mm. In den Laubwäldern ganz Europas und Asiens beheimatet und bildet jährlich eine Generation. Diese fliegt von Juni bis August vor allem in feuchteren Wäldern, auf buschigen Wiesen, an Bächen und Flüssen und in den Bergen bis zur oberen Laubwaldgrenze aus. Die Raupe (2b) überwintert. Sie nährt sich von Blättern von Birke, Erle, Weide, Haselnuß, Linde usw.

3 Comibaena bajularia Sᴄʜɪꜰꜰ. — Pustelspanner. 23—27 mm. In den wärmeren Gebieten Mitteleuropas nur lokal verbreitet. Tritt im Süden bis nach Kleinasien zusammenhängend auf und bildet eine Generation, die im Juni und Juli ausfliegt. Die Raupe nährt sich von Eichenblättern und überwintert. In der Natur können wir meistens nur stark verblichene Exemplare, die ihre malachitgrüne Farbe schon verloren haben, fangen. Diese Art fliegt in warmen Eichenwäldern und auf exponierten, bewaldeten Hängen.

4 Thetidia smaragdaria F. — Smaragdspanner. 25—30 mm. Im wärmeren Mittel- und in Südeuropa und im Osten im paläarktischen Asien verbreitet. Lebt in Steppen, Waldsteppen und auf steinigen, buschigen Hängen. Bildet jährlich zwei Generationen, von denen die erste im Juni und Juli, die zweite im August und September ausfliegt. Die Raupe der zweiten Generation überwintert. Sie ernährt sich von Beifuß, Kreuzkraut, Schafgarbe und Rainfarn.

5 Hemithea aestivaria Hʙ. 24—27 mm. In der gemäßigten Zone Europas und im Osten über den Kaukasus bis nach Ostasien verbreitet. Bewohnt Laubwälder und buschige Biotope an Waldrändern und bildet jährlich eine Generation, die von Mai bis August ausfliegt. Die Raupe überwintert. Sie lebt auf verschiedenen Laubbäumen und Sträuchern, auch auf Brombeeren und Himbeeren. Lokal auftretende Art.

6 Thalera fimbrialis Sᴄ. 25—30 mm. Im ganzen gemäßigten Europa verbreitet und dringt östlich bis nach Zentralasien vor. Der Falter bildet in der Zeit von Mai bis September jährlich eine bis zwei Generationen. Er fliegt vor allem auf trockeneren grasreichen Stellen, aber auch auf Heideland, Torfmooren, Feldern und Ruderalgelände. Die Raupe überwintert. Sie befrißt die verschiedensten niedrigen Pflanzen.

7 Hemistola chrysoprasaria Esᴘ. 28—32 mm. Wärmeliebendere Art, die in Mittel- und Südeuropa und weiter östlich in den wärmeren Teilen der paläarktischen Unterregion bis nach Japan verbreitet ist. Sie bildet jährlich eine Generation. Die Falter fliegen von Juni bis August aus. Die Raupen leben am Ende des Sommers und nach dem Überwintern wieder im Frühling. Nährpflanze ist die Echte Waldrebe.

8 Jodis putata L. 20—22 mm. Praktisch in der ganzen paläarktischen Unterregion verbreitet. Lebt überall in Wäldern, in denen Heidelbeeren wachsen, darüber hinaus auch auf Torfmooren und in den Bergen bis zur Baumgrenze. Der Falter fliegt von Mai bis Juni. Die Raupe lebt im Juli und August auf Heidelbeeren. Die Puppe überwintert. Die Falter verlieren recht bald ihre grünliche Färbung und sind weiß, auch die Zeichnung tritt nur selten deutlich hervor.

Familie Pterophoridae — Federgeistchen

1 Agdistis adactyla Hʙ. 20—25 mm. Ist in den wärmeren Gebieten von Marokko über Süd- und Mitteleuropa bis nach Südosteuropa verbreitet. Der Falter fliegt von Juni bis August in trockenen und warmen Biotopen mit meistens sandiger Unterlage aus. Die Raupe lebt wahrscheinlich nach dem Überwintern bis Juni auf Beifuß und Gamander.

2 Platyptilia gonodactyla Schiff. 24—30 mm. In Europa und Kleinasien verbreitet und lebt an feuchten, waldlosen Stellen, auf Ruderalgelände und Feldern und vor allem an Wasserläufen. Der Falter bildet zwei Generationen und fliegt im Mai und Juni und von Juli bis September aus. Die Raupe lebt im Juni und Juli, die zweite Generation überwintert. Sie ernährt sich von Huflattich und Pestwurz.

3 Platyptilia nemoralis Z. — Kreuzkrautgeistchen. 30—32 mm. Unter den europäischen Arten am größten, und in Mittel- und Südeuropa, vor allem in Vorgebirgslagen oder feuchten Biotopen beheimatet. Eine Generation fliegt im Juli und August aus. Die Raupe lebt im Frühling in den Stengeln des Kreuzkrauts.

4 Stenoptilia pterodactyla L. 20—25 mm. Im ganzen gemäßigten Europa, in Kleinasien und Nordamerika verbreitet. Bildet zwei Generationen, von denen die erste im Juni und Juli ausfliegt, die zweite von August an auftaucht und bis April überwintert. Die Raupe lebt im Frühling und Sommer auf Ehrenpreis. Diese Art tritt häufig auf feuchten Wiesen und an schattigen Stellen an Waldrändern oder in lockeren Wäldern auf.

5 Stenoptilia pelĵdnodactyla Stein. 20—25 mm. Eine häufig in den niederen und mittleren Lagen Europas vorkommende Art. Die Imago fliegt von Mai bis Juli an grasbewachsenen Stellen, auf Feldrainen und an Waldrändern aus. Die Raupen entwickeln sich im April und Mai auf Steinbrech (5b), an dessen Stengeln sie sich auch verpuppen (5c).

6 Cnaemidophorus rhododactylus Schiff. 20—25 mm. In ganz Europa und Asien bis in den Fernen Osten und auch in Nordamerika verbreitet. Der Falter fliegt von Mai bis August aus. Die Raupe lebt vom Herbst bis zum Frühling auf Rosen. Diese Art kommt häufig auf buschigen Hängen vor.

7 Capperia trichodactyla Schiff. 18—20 mm. Lebt in Nord- und Mitteleuropa und bildet zwei Generationen, die im Juni und dann im Juli und August erscheinen. Die Raupen leben im Sommer, die zweite Generation überwintert auf Pfennigkraut (Hellerkraut). Diese Art ist lokal verbreitet und lebt recht verborgen an Waldrändern und auf Ruderalgelände, wo meistens die Nährpflanze wächst.

8 Pterophorus pentadactylus L. — Schlehengeistchen. 28—35 mm. Fast in der ganzen paläarkt. Unterregion und in Europa, mit Ausnahme Spaniens, überall verbreitet. Diese zahlreich auftretende Art bewohnt grasbewachsene und buschige Biotope und auch Felder und Gärten. Der Falter fliegt von Mai bis September mit einer Generation aus. Die Raupe lebt von Herbst bis zum Frühling auf Winde, Klee, Rose und Schlehe.

9 Pterophorus tridactylus L. 13—22 mm. In Nordafrika und Europa bis nach Kleinasien verbreitet und tritt häufig auf trockenen Waldwiesen, Hängen und Feldrainen auf, wo Feldthymian wächst. Der Falter fliegt von Mai den ganzen Sommer über bis zum September. Die Raupe überwintert wahrscheinlich und lebt im Mai und Juni. Nährpflanzen sind Feldthymian und Dost.

Familie Pyralidae — Zünsler

1 Crambus ericellus Hв. 22—24 mm. In Nord- und Mitteleuropa verbreitet, lebt in trockenen Wäldern und auf Heideland. Bildet jährlich eine Generation, die von Juni bis August auftaucht. Die Falter lassen sich gern auf Gräsern nieder. Die Raupe lebt, wie bei den meisten Angehörigen dieser Gruppe, ebenfalls auf Gräsern. Wahrscheinlich überwintert sie.

2 Crambus nemorellus Hв. 19—22 mm. Eine der geläufigsten Arten dieser Gattung, die überall sehr zahlreich auf den Wiesen und grasbewachsenen Stellen in den Niederungen und auch hoch in den Bergen auftritt. In der Literatur ist diese Art unter der Bezeichnung *C. pratellus* L. bekannt, was nach einer Überprüfung geändert werden mußte. Die Imago tritt den ganzen Sommer über auf. Die Raupe lebt von August bis zum Frühling auf verschiedenen Gräsern.

3 Crambus alienellus Zinck. 17—20 mm. Inselartig in Mitteleuropa und zusammenhängend im Norden auf Torfmooren, feuchten Wiesen, in der Tundra und in den Bergen verbreitet. Der Falter fliegt von Mai bis Juli aus. Über das Leben der Raupen ist bis jetzt noch nichts bekannt.

4 Crambus perlellus Sc. 21—24 mm. Eine ebenfalls sehr zahlreich auftretende Art, die in den Bergen und Niederungen Europas auf Wiesen und Weiden oder in anderen grasbewachsenen Biotopen vorkommt. Sie fliegt von Juni bis August aus. Die Raupe lebt vom Sommer über den Winter bis zum Frühling in Bodennähe auf Gräsern.

5 Agriphila tristella Schiff. 23—26 mm. In den Niederungen und Gebirgen Europas in trockeneren Biotopen verbreitet. Der Falter fliegt von Juni bis September, ist aber im Spätsommer am häufigsten. Die Raupe lebt auf verschiedenen Gräsern und überwintert. Sehr veränderliche Art.

6 Thisanotia chrysonuchella Sc. 22—25 mm. In Mittel- und Südeuropa verbreitet, fliegt in grasbewachsenen, trockenen bis dürren Biotopen. Die Imago erscheint im Mai und Juni. Die Raupe lebt vom Sommer über den Winter bis zum zeitigen Frühjahr in Bodennähe vor allem auf Schafschwingel.

7 Chrysocrambus craterellus Sc. 23—27 mm. Aus Mittel- und Südeuropa bekannt. Lebt hier auf trockenen Wiesen und steppenartigen Stellen. Der Falter fliegt von Mai bis Juli. Über die Raupe ist nichts bekannt.

8 Catoptria permutatella Hs. 20—25 mm. In Mitteleuropa beheimatet. Er tritt in Gebirgen und Vorgebirgen auf feuchten, zwischen kleinen Wäldern liegenden Wiesen recht häufig auf und fliegt von Juni bis August aus. Seine Raupe überwintert und ernährt sich angeblich von Moosen.

9 Catoptria margaritella Schiff. 20—23 mm. In Nordafrika und Europa an feuchten Orten, auf Torfmooren und Heideland und auch an feuchten Stellen in Kiefernwäldern verbreitet. Der Falter fliegt von Juni bis August aus. Über das Leben der Raupe ist nichts bekannt.

10 Platytes alpinellus Hв. 19—22 mm. In Mittel- und Südosteuropa verbreitet. Bewohnt trockene Standorte vor allem mit sandiger Unterlage. Der Falter fliegt von Juli bis September. Die Raupe wurde im Frühling gefunden und lebt wahrscheinlich auf einigen Moosen.

11 Chilo phragmitellus Hв. 28—35 mm. Wird aus Mitteleuropa beschrieben, bewohnt jedoch ein viel größeres Territorium. Dieser Falter lebt auf feuchten Wiesen in der Umgebung von Teichen und Bächen, wo Schilf wächst. Das Männchen unterscheidet sich gewöhnlich erheblich vom Weibchen, das größer ist und schmale, zugespitzte Flügel trägt. Die Flugzeit dauert von Juni bis August. Γ ϊe Raupe lebt vom Sommer bis zum Frühling in den Stengeln des Schilfrohrs.

Familie Pyralidae — Zünsler

1 Galleria mellonella L. — Große Wachsmotte. 20—30 mm. Auf der ganzen Welt verbreitet und eher als Versuchstier in Laboratorien und als Bewohner von Bienenstöcken als aus der Natur bekannt. In der Natur lebt dieser Falter natürlich auch in den Nestern wilder Bienen und Hummeln. Er fliegt nach der Erwärmung vom Frühling an bis zum Herbst und bildet einige Generationen. Die Raupe überwintert in einer Gespinsthülle. Sie ernährt sich vom Wachs der Bienenwaben.

2 Achroia grisella F. — Kleine Wachsmotte. 13—25 mm. Gehört ebenfalls zu den ungeladenen Gästen der Bienenstöcke und wurde mit der Bienenzucht über die ganze Welt verschleppt. Dieser Falter bildet jährlich einige Generationen. Die Raupen verspinnen die Waben, so daß sich die schlüpfenden Bienen oft nicht nach außen durcharbeiten können. Sie leben von Wachs und Blütenstaub und befallen oft Lager mit verschiedenen Süßwaren.

3 Acrobasis repandana F. — Eichentriebzünsler. (= *A. tumidella* Zinck.). 17—22 mm. Eine Art, die in den europäischen Eichenwäldern weit verbreitet ist. Sie fliegt nachts aus und läßt sich tagsüber aus den Baumkronen aufscheuchen. Wir treffen den Falter im Juni und Juli an. Die Raupen finden wir im Frühling auf Eiche.

4 Acrobasis obtusella Hb. — Pflaumentriebzünsler. 17—22 mm. Überall in Europa verbreitet. Bewohnt buschige Hänge, trockene Laubwälder, Gärten und Plantagen. Der Falter fliegt im Juni und Juli. Die Eier überwintern, die Raupen leben im Frühling auf Schlehen, Pflaumen und anderen Arten der Gattung *Prunus*. Sie verspinnen und befressen die ausschlagenden Triebe.

5 Salebria palumbella Schiff. 20—25 mm. In Mittel- und Südeuropa verbreitet und fliegt hier von Juni bis August auf den Lichtungen lockerer Laubwälder und auf Heideland aus. Die Falter können am Tage aus dem Heidekraut aufgescheucht werden. Die Raupen leben vom Herbst bis zum Frühling vor allem auf Heidekraut, aber auch auf Sonnenröschen und Feldthymian.

6 Salebria semirubella Sc. 25—30 mm. In der ganzen paläarktischen Unterregion verbreitet. Lebt hier in den Niederungen und auch recht hoch in den Bergen auf trockenen Wiesen und Weiden und ist stellenweise sehr zahlreich. Die Falter sind sehr verschieden gefärbt. Sie fliegen im Juli und August aus. Die Raupe überwintert. Sie nährt sich von Klee, Schneckenklee, Hauhechel, Hornklee u. ä.

7 Etiella zinckenella Tr. — Bohnenzünsler. 22—25 mm. Lebt in den Tropen und Subtropen Afrikas, Europas, Asiens und Nordamerikas und wurde wahrscheinlich mit landwirtschaftlichen Produkten verschleppt. Der Falter fliegt von Juni bis August aus. Die Raupe lebt in den Kapseln verschiedener Hülsenfrüchte, wie zum Beispiel in Erbsen, Bohnen, Wicken u. ä. In einem Jahr entwickeln sich in Abhängigkeit vom Klima zwei bis sieben Generationen.

8 Dioryctria abietella Schiff. — Fichtenzapfenzünsler. 25—32 mm. In den Nadelwaldgebieten Europas, Asiens und Nordamerikas verbreitet und bildet jährlich eine bis zwei Generationen, die im Juni und dann im August und September ausfliegen. Die Raupe lebt in den Zapfen von Tanne, Fichten, Kiefern und anderen Nadelbäumen. Sie wächst bis zum Herbst heran und überwintert in einer Gespinsthülle am Boden. Diese Art tritt häufig von den Niederungen bis hoch in die Berge auf.

9 Cateremna terebrella Zinck. 20—25 mm. In Europa und Asien in den Tannenwaldgebieten verbreitet. Bildet jährlich eine Generation. Der Falter fliegt von Juni bis August in der Dämmerung in Tannenwäldern aus, ist also eine Art der Gebirge und Vorgebirge. Die Raupe lebt während des Winters in Tannenzapfen.

1

2

3

8

4

6

5

7

9

Familie Pyralidae — Zünsler

1 Ephestia kuehniella Z. — Mehlmotte. 20—25 mm. Durch Erzeugung und Versorgung über die ganze Welt verschleppt. Wir finden diesen Falter in Mühlen und Lebensmittellagern, wo seine Raupen unermeßliche Schäden anrichten. In der Natur treffen wir ihn nur selten an. Er fliegt mit Ausnahme des Winters während der ganzen Saison, und die Raupen bilden jährlich entsprechend der klimatischen Bedingungen zwei bis fünf Generationen.

2 Plodia interpunctella Hb. — Kupferrote Dörrobstmotte. 15—20 mm. Kosmopolitische Art, deren Falter von Mai bis September, in Lagern das ganze Jahr über fliegen. Die Raupen finden wir in mehreren Generationen ebenfalls das ganze Jahr über. Sie ernähren sich von verschiedenen Samen, Nüssen, getrocknetem Obst, Getreide, süßem Gebäck u. ä. In Lebensmittellagern richten sie erhebliche Schäden an.

3 Pyralis farinalis L. — Mehlzünsler. 18—30 mm. Eine Art, die in Mühlen, Lagern mit Mehlprodukten und in Haushalten vorkommt. Sie ist über die ganze Welt verbreitet und bildet in Mitteleuropa eine bis mehrere Generationen. Der Falter fliegt von Juni bis August und stellt sich auch in der Natur oft am Licht ein. Er lebt auf verschiedenen Samen und Pflanzenresten. Die Raupen überwintern in röhrenförmigen Gespinsten.

4 Pyralis regalis Schiff. 18—23 mm. Von Mittel- und Südeuropa östlich bis nach Klein- und Ostasien verbreitet. Lebt in warmen Laubwäldern und Baumsteppen und bildet jährlich eine Generation, die von Juni bis August ausfliegt. Die Raupen entwickeln sich von September über den Winter bis zum Mai auf welkem und trockenen Laub.

5 Herculia glaucinalis L. 22—27 mm. Ist mit Ausnahme des äußersten Nordens fast über ganz Europa und Asien in den verschiedensten Biotopen, vor allem an grasbewachsenen Standorten, verbreitet. Der Falter fliegt von Juni bis August. Die Raupe überwintert höchstwahrscheinlich und ist im Frühling am aktivsten. Sie ernährt sich von verschiedenem, trockenen Pflanzenmaterial. Wir finden sie deshalb in Heulagern, Schuppen, Schobern, Vogelnestern u. ä.

6 Endotricha flammealis Schiff. 16—20 mm. In den wärmeren Gebieten Europas, in Nordafrika und Westasien verbreitet und lebt in Laubwäldern, vor allem in wärmeren Eichengehölzen. Der Falter fliegt im Juni und Juli aus. Die Raupe lebt im Herbst und nährt sich von Laub verschiedener Kräuter und Pflanzen. Sie überwintert in einem Kokon und verpuppt sich im Frühling.

7 Endonia truncicolella Stt. 20—22 mm. Gehört zu der umfangreichen Gattung sehr ähnlicher Arten und ist eine der häufigsten. Sie ist in Mitteleuropa verbreitet und fliegt hier am Sommeranfang aus. Die Raupe lebt vom Herbst bis zum Frühling auf Moos, wo sie sich auch verpuppt.

8 Endonia sudetica Z. 18—24 mm. Gehört zu den größeren Arten dieser Gruppe, ist in den Gebirgen Mittel- und Nordeuropas verbreitet und tritt nicht sehr zahlreich auf. In der Zeichnung weicht dieser Falter von den übrigen Arten ab. Er bildet eine Generation, die im Sommer ausfliegt. Die Raupe überwintert und lebt auf den Moosen der Baumstämme.

9 Scoparia pyralella Schiff. (= *arundinata* Thbg.) 16—20 mm. In Mittel- und Südeuropa verbreitet und bewohnt zahlreich alle grasbewachsenen Biotope. Der Falter fliegt am Sommeranfang aus. Die Raupe lebt auf Moosen im Gras auf saueren und aufgeweichten Wiesen. Die Gattung *Scoparia* unterscheidet sich von der Gattung *Endonia* vor allem im Bau der Geschlechtsorgane. Die Imagines sehen sehr ähnlich aus.

2

1

5

4

3

6

9

7

8

Familie Pyralidae — Zünsler

1 Nausinoe nymphaeata L. 22—30 mm. Mit Ausnahme des extremen Nordens in ganz Europa verbreitet und dort, wo er auftritt, sehr zahlreich. Dieser Falter ist wie die folgenden Arten mit seiner Lebensweise an Wasserpflanzen gebunden. Er fliegt im Juni und Juli in der Umgebung stehender oder langsam fließender Gewässer aus und verbirgt sich tagsüber in der Ufervegetation. Nachts fliegt er oft zum Licht. Die Raupen leben von August bis zum nächsten Frühling auf Teichrose, Seerose und Laichkraut. Sie können in Park- und Gartenanlagen Schäden an Seerosen verursachen. Sie halten sich im Wasser auf und atmen den Sauerstoff der im Gespinst enthaltenen Luftblasen.

2 Nymphula stagnata Don. 18—22 mm. In den wärmeren Gebieten Europas, in Kleinasien und weiter östlich bis nach Ostasien verbreitet und bewohnt ähnliche Biotope wie die vorige Art. Der Falter fliegt am Sommeranfang aus. Die Raupen überwintern und wachsen im folgenden Mai heran. Nährpflanze ist Igelkolben. Die Raupe lebt im Wasser.

3 Cataclysta lemnata L. 15—22 mm. In Europa verbreitet, mit interessantem Geschlechtsdimorphismus. Das Männchen ist viel kleiner als das Weibchen und fast weiß. Das Weibchen ist bräunlich. Der Falter fliegt den ganzen Sommer über in der Umgebung stehender Gewässer aus. Die Raupe entwickelt sich von August bis zum nächsten Mai im Wasser in einer Kammer aus versponnenen Wasserlinsen. Hier verpuppt sie sich auch.

4 Paraponyx stratiotata L. 20—23 mm. Mit Ausnahme der rauhen Klimagebiete in ganz Europa verbreitet und bewohnt die Umgebung stehender und ruhig fließender Gewässer. Die einzige Generation des Jahres fliegt von Juni bis August aus. Der Falter verbirgt sich tagsüber in der Ufervegetation und ist nachts aktiv. Seine Färbung ist sehr veränderlich. Die Raupe dieser Art hat sich vollkommen dem Leben im Wasser angepaßt. Ihre Tracheen haben sich aus dem Körper gestülpt und bilden tracheale Kiemen, mit denen sie den Sauerstoff wie die meisten Wasserlebewesen direkt aus dem Wasser übernehmen kann. Sie lebt vom Sommer bis zum Frühling auf verschiedenen Wasserpflanzen wie zum Beispiel auf Krebsschere, Laichkraut, Froschlöffel u. ä.

5 Schoenobius gigantellus Schiff. 25—40 mm. Sehr veränderliche Art, die von Europa bis nach Ostasien verbreitet ist. Sie fliegt von Juni bis August aus und tritt sehr zahlreich in Schilfröhrichten an den Ufern stehender Gewässer auf. Die Raupe entwickelt sich im Frühling in den Trieben des Schilfs. Bevor sie diese Entwicklung abschließt, wächst das Schilf heran, und die erwachsene Raupe lebt dann in den Stengeln, wo sie sich schließlich auch verpuppt, wobei sie jedoch zuvor eine von außen kaum sichtbare Flugöffnung ausgebissen hat.

6 Schoenobius forficellus Thbg. 25—30 mm. In Europa verbreitet und lebt ähnlich wie die vorige Art. Die Raupe miniert anfangs in den Blättern von Schwaden, schneidet später aus diesen einen Teil aus und läßt sich vom Wasser zu einer neuen Nahrungsquelle tragen. Die Überwinterungsart ist nicht geklärt. Wir finden die Raupe im Frühling.

7 Donacaula mucronella Schiff. 25—30 mm. Wird aus Mitteleuropa beschrieben und fliegt dort im Juni und Juli in feuchten Biotopen, auf Wiesen und in der Umgebung von Wassergräben aus. Das Weibchen ist größer als das Männchen, etwas heller und trägt lange, zugespitzte Flügel. Die Raupe überwintert. Es wird angegeben, daß sie dicht über dem Boden in den Stengeln von Schwaden, Segge und Schilf lebt und sich dort auch verpuppt.

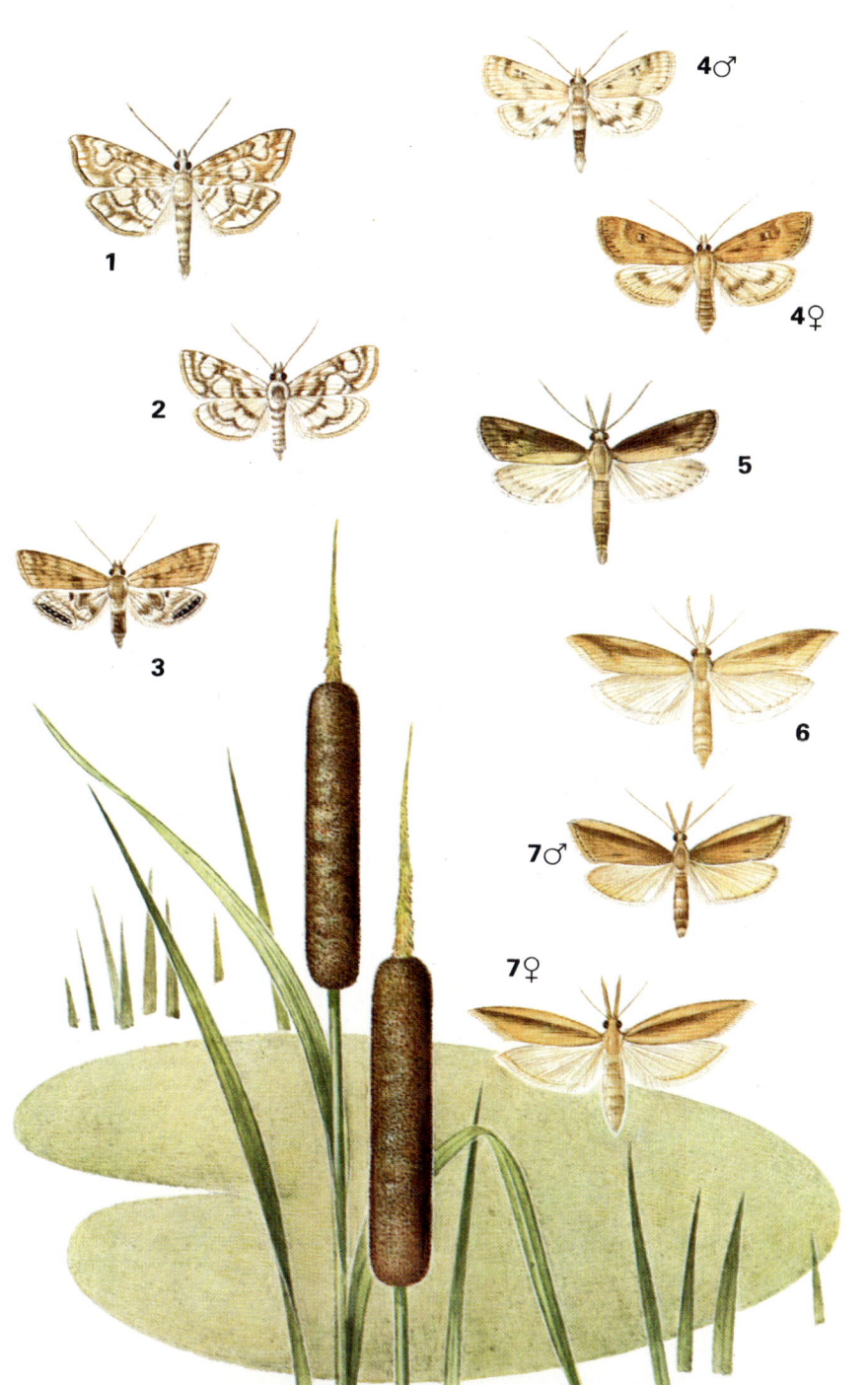

1

4♂

4♀

2

5

3

6

7♂

7♀

Familie Pyralidae — Zünsler

1 Evergestis limbata L. 18—23 mm. In Mittel-, Südost- und teilweise in Südeuropa verbreitet. Bewohnt recht zahlreich warme, trockene Orte, wo der Falter im Juli und August nach Einbruch der Dunkelheit ausfliegt. Die Raupen leben am Ende des Sommers auf Rauke und Waid.

2 Evergestis frumentalis L. 22—30 mm. In Mitteleuropa bis nach Finnland verbreitet, fehlt jedoch in England und Holland. Im Osten erstreckt sich das Verbreitungsgebiet bis nach Westasien. Der Falter bildet jährlich eine Generation, die im Mai und Juli ausfliegt. Er taucht recht häufig überall in Feldern und auf Ruderalgeländen auf. Die Raupe lebt am Ende des Sommers und nährt sich von verschiedenen Kreuzblütlern. Sie überwintert im Boden in einem Kokon, in dem sie sich dann im Frühling auch gleich verpuppt.

3 Evergestis forficalis L. — Kohlzünsler, Meerrettichzünsler. 25—28 mm. In der ganzen gemäßigten Zone Europas und Asiens und auch in Nordamerika verbreitet. Lebt in Biotopen mit üppiger Vegetation, vor allem jedoch auf Feldern und in Gärten. Der Falter bildet von Mai bis September zwei Generationen. Die Raupen leben am Anfang des Sommers und im Herbst in einer Gespinsthülle an der Unterseite der Blätter verschiedener Kreuzblütler, auch auf Gemüsepflanzen. Die erwachsene Raupe überwintert in der Gespinsthülle im Boden und verpuppt sich im Frühling.

4 Evergestis extimalis Sc. — Rübsaatpfeifer. 20—25 mm. Im gemäßigten Europa und in Asien verbreitet, wo er überall häufig an warmen Stellen vorkommt. Er bildet eine Generation, die von Juni bis August ausfliegt. Die Raupen leben im Herbst auf den Samen von Kreuzblütlern. Sie verpuppen sich im Frühling.

5 Titanio pollinalis Schiff. — Ginsterzünsler. 20—22 mm. In Mittel- und Südeuropa und in Kleinasien verbreitet. Lebt an trockenen Standorten in Wäldern und auch außerhalb und bildet von Mai bis August zwei Generationen. Die Raupe finden wir bis in den Herbst meistens auf Besenginster, Ginster und Hauhechel. Die Puppe überwintert.

6 Titanio phrygialis Hb. 20—22 mm. In den höheren Bergländern Europas bis zum Ural und auch im Norden Europas verbreitet. Diese sehr variable Art lebt in verschiedenen Höhenlagen bis zur Schneegrenze und fliegt, sobald dort der Frühling anbricht, von Juni bis August aus. Der Falter läßt sich mit Vorliebe auf Geröll nieder. Die Raupe ist polyphag. Über ihr Leben ist wenig bekannt.

7 Cynaeda dentalis Schiff. 22—28 mm. In Mittel- und Südeuropa und östlich bis nach Westasien verbreitet. Fliegt im Juli und August in nicht besonders großer Zahl aus. Zeitweilig taucht der Falter auch in den höheren Lagen auf. Die Raupe lebt vom Sommer bis zum Frühling auf Natternkopf.

8 Diasemia litterata Sc. 18—20 mm. In den warmen Gebieten Europas und Asiens bis weit nach Osten verbreitet. Lebt auf trockenen grasbewachsenen Standorten, Baumsteppen und Steppen und bildet von April bis September wahrscheinlich zwei Generationen. Die Raupe lebt zeitig im Frühling und im Sommer unter den bodennahen Blättern verschiedener Pflanzen.

9 Nomophila noctuella Schiff. 24—28 mm. Eine Art mit kosmopolitischer Verbreitung. Dank ihrer Wanderfähigkeit gelangt sie alljährlich auch an Stellen, wo sie normalerweise nicht lebt, und taucht auch in den höchsten Gebirgen auf. Meistens erscheint der Falter von Juni bis Oktober in grasreichen Biotopen und auf Feldern, ist in den einzelnen Jahren jedoch unterschiedlich zahlreich. Die Raupe lebt während des Sommers. In manchen Gegenden wird sie als Schädling von Klee, Luzerne und Weizen angesehen. Den Umständen entsprechend überwintert die Imago oder die Puppe.

1

3

2

4

5

7

9

8

6

Familie Pyralidae — Zünsler

1 Agrotera nemoralis Sc. 18−22 mm. In Europa und ganz Asien verbreitet. Die Falter der einzigen Generation fliegen im Juni und Juli in Laubwäldern aus, wo Hainbuchen, Zitterpappeln und Haselsträucher wachsen. Die Raupe lebt im Sommer in den versponnenen Blättern dieser Bäume.

2 Haritala ruralis Sc. 25−40 mm. Sehr zahlreich in der gesamten paläarktischen Unterregion verbreitet. Lebt überall in Auwäldern, auf feuchten, mit Buschwerk verwachsenen Ruderalgelände und auch auf Feldern. Die Falter fliegen im Juni und Juli aus. Die Raupe (2b) lebt von August bis zum Frühling in Röhren, die sie aus den Blättern von Brennesseln, Hopfen und einigen anderen Pflanzen dreht (2c). Hier verpuppt sie sich auch (2d).

3 Mecyna trinalis Schiff. 24−27 mm. Lebt in den wärmeren Gebieten Mitteleuropas, in Südeuropa, Nordafrika und im Osten bis nach Zentralasien. Bewohnt trockenere Wiesen, steinige Hänge und Biotope mit Steppencharakter. Der Falter fliegt im Juli und August aus. Die Raupe lebt im Mai auf Sonnenröschen.

4 Udea ferrugalis Hb. 18−22 mm. In den wärmeren Gebieten der paläarktischen Unterregion verbreitet, gehört zu den wandernden Arten und fliegt auch nach Nordeuropa. Die Imagines fliegen von Mai bis August aus. Die Raupen finden wir von Juli bis Oktober auf vielen niedrigen Pflanzen und Sträuchern.

5 Udea alpinalis Schiff. 24−28 mm. In den europäischen Gebirgen verbreitet und bewohnt hier Wiesen. Die Flugzeit des Falters dauert von Juni bis August. Die Raupe können wir im Frühling zwischen den versponnenen Blüten von Kreuzkraut, Flockenblumen und Beifuß finden.

6 Udea lutealis Hb. 22−28 mm. Eine sehr zahlreich vorkommende Art, die auf den Wiesen der Vorgebirge und Gebirge Europas bis zum Kaukasus zu Hause ist. Der Falter fliegt im Juli und August und stellt sich häufig am Licht ein. Die Raupe finden wir im Frühling auf den verschiedensten Kräutern.

7 Udea olivalis Schiff. 24−28 mm. Wird aus der gemäßigten Zone Europas und von verschiedenen Stellen Asiens beschrieben. Die einzige Generation fliegt im Juli und August in den Wäldern der Niederungen und Gebirge. Die polyphage Raupe lebt auf niedrigen Pflanzen.

8 Udea prunalis Schiff. 20−24 mm. Mit Ausnahme der kältesten Gebiete in Mittel- und Nordeuropa und in Westasien verbreitet. Die einzige Generation des Falters fliegt von Juni bis August. Die Raupe lebt vom Sommer bis zum Frühling auf den verschiedensten Pflanzen.

9 Eurrhypara hortulata L. 24−28 mm. Über die ganze paläarktische Unterregion verbreitet; lebt in feuchten Biotopen, in Wäldern, Buschwerk und Gärten. Der Falter fliegt von Juni bis August. Die Raupe lebt im Frühling in versponnenen oder eingerollten Blättern von Brennesseln, Minze, Ziest u. ä. Sie überwintert in einem festen Kokon auf dem Boden oder auf Baumstämmen und verpuppt sich im Frühling.

10 Eurrhypara lancealis Schiff. 26−33 mm. Von Europa bis nach Ostasien verbreitet und fliegt von Mai bis Juli in feuchten Biotopen, vor allem in lockeren Wäldern aus. Der Falter fällt durch seine schmalen Flügel auf. Die Raupe lebt vom Sommer bis zum Frühjahr in röhrenförmig versponnenen Blättern von Ziest, Wasserdost, Kreuzkraut u. ä. Sie verpuppt sich in einem festen Kokon auf dem Boden unter dem Laub.

11 Eurrhypara coronata Hfn. 22−25 mm. In der paläarktischen Unterregion verbreitet. Bildet von Mai bis August zwei Generationen. Die Raupe lebt im Sommer in einem Gespinst auf der Unterseite der Blätter von Holunder, Flieder, Esche u. a.

Familie Pyralidae — Zünsler

1 Ostrinia palustralis Hʙ. 32—40 mm. Wird aus dem östlicheren Mittel- und vor allem aus Südosteuropa beschrieben. Lokale Art, die überall recht selten vorkommt, aber durch ihre Färbung auffällt. Die einzige Generation fliegt im Juni und Juli an feuchten Stellen und in Wassernähe aus, wo die Nährpflanze der Raupe, Wasserampfer, wächst.

2 Ostrinia nubilalis Hʙ. — Maiszünsler. 26—30 mm. Diese ursprünglich europäische Art wurde mit dem Mais über die ganze Welt verschleppt und ist einer der gefährlichsten Schädlinge in der Landwirtschaft. Der Maiszünsler bildet eine bis zwei, in den Tropen bis zu 6 Generationen. Er fliegt von Mai bis September aus. Die Raupen (2b) leben in den Stengeln von Mais, Sonnenblumen, Hanf u. ä. Dort wachsen sie heran, überwintern und verpuppen (2c) sich dann im Frühling.

3 Anania octomaculata L. 18—22 mm. Lebt lokal in Mittel-, Nord- und Südeuropa und bewohnt trockene steppen- und baumsteppenartige Biotope. Der Falter fliegt von Mai bis Juli. Die Raupe lebt am Ende des Sommers auf Goldrute, Ginster und Geißklee.

4 Anania stachydalis Geʀᴍ. 20—23 mm. Lebt in Mittel- und Südeuropa. Von Mai bis August tauchen zwei Generationen dieses Falters auf. Die Raupe lebt im Sommer und Herbst, dann spinnt sie sich ein und verpuppt sich erst im Frühling. Nährpflanze sind verschiedene Ziestarten.

5 Pyrausta cingulata L. 14—18 mm. Fast in ganz Europa und Kleinasien verbreitet und bildet jährlich zwei Generationen, von denen die erste im Mai und Juni, die zweite im Juli und August ausfliegt. Die Falter erscheinen bei Sonnenschein auf sonnigen Hängen und Weiden, sind aber auch nachts aktiv. Die Raupe lebt bis zum Herbst auf Feldthymian und Salbei, dann verspinnt sie sich im Boden und verpuppt sich im Frühling.

6 Pyrausta aurata Sᴄ. 16—18 mm. In Afrika, Europa und Asien verbreitet und fliegt von April bis September in zwei Generationen, die sich gegenseitig überdecken. Wir treffen den Falter auf trockeneren Wiesen und sonnigen, grasbewachsenen Standorten an. Hier ist er im allgemeinen zahlreich. Die Raupen leben auf verschiedenen Lippenblütlern und überwintern, bevor sie sich verpuppen, in einer Gespinsthülle im Boden.

7 Pyrausta sanguinalis L. 16—18 mm. In Nordafrika und in den wärmeren Gebieten Europas und Westasiens verbreitet. Fliegt bei Sonnenschein an warmen, trockenen, grasbewachsenen Stellen und bildet von Mai bis August zwei Generationen. Die Raupe lebt ähnlich wie die der vorigen Arten auf Feldthymian und Salbei.

8 Sitochroa verticalis L. 24—28 mm. In der ganzen gemäßigten Zone der paläartischen Unterregion verbreitet. Die Falter der einzigen Generation fliegen im Juni und Juli in verschiedenen, waldlosen Biotopen aus. Die Raupen leben am Ende des Sommers auf Gamander, Kratzdistel, Melde und anderen Pflanzen, verpuppen sich aber erst im Frühling.

9 Margarita sticticalis L. — Wiesenzünsler, Rübenzünsler. 22—27 mm. In ganz Europa, Asien und Nordamerika verbreitet. Steppenart, die sich dem Leben auf den Feldern angepaßt hat und gegenwärtig eher als Zuckerrübenschädling bekannt ist. Sie taucht in größeren Zeitabschnitten massenhaft als Wanderfalter auf. Wir finden den Falter auch in den Höhenlagen der Gebirge gegen 3000 m Seehöhe. Er bildet jährlich von Juni bis September zwei Generationen. Die polyphage Raupe (9b) verspinnt sich im Herbst im Boden in einem festen Kokon und verpuppt sich im Frühling.

4

2♂

2b

2c

9b

8

5

9

6

3

1

7

Familie Pyralidae — Zünsler

1 Acentria nivea Oliv. 10—12 mm. Die Verbreitung dieses seltsamen Falters ist nicht sehr bekannt. Er taucht aber an einigen Orten in Mittel- und Osteuropa recht häufig auf und ist mit seiner Lebensweise an feuchte Biotope gebunden. Wir treffen ihn deshalb in der Umgebung von Teichen, Seen, Flüssen und Bächen oder wenigstens an Quellgebieten und Naßstellen. Die Flugzeit erstreckt sich von Mai bis September, es scheint sich aber nicht um zwei Generationen zu handeln. Die Raupe lebt im tiefen Wasser auf Kanadischer Wasserpest oder Hornblatt. Sie wächst im Herbst langsam, dann noch im Frühling, um sich schließlich in einem mit Luft gefüllten Kokon zu verpuppen. Diese Art weist geschlechtlichen Dimorphismus auf, wobei auch noch zwei verschiedene Weibchen existieren. Ein Teil von ihnen trägt Flügel, bei den anderen Weibchen sind diese verkümmert. Die nichtfliegenden Weibchen schwimmen auf der Wasserfläche und klammern sich an die Männchen, die dicht über dem Wasserspiegel dahinfliegen. Beide Weibchenarten legen gleich nach der Kopulation ihre Eier an Wasserpflanzen ab und sterben.

Familie Thyrididae — Fensterschwärmer

2 Thyris fenestrella Sc. — Kletten-Fensterschwärmer. 14—18 mm. In Mittel- und Südeuropa und im Osten über Kleinasien bis in das Amurgebiet, Nordchina und Korea verbreitet. Diese lokale Art kommt nirgends sehr zahlreich vor. Sie bewohnt Uferbiotope und feuchte Schluchten in Kalksteingebieten, wo die Nährpflanze der Raupe, die Echte Waldrebe, wächst. Der Falter fliegt von Mai bis Juli tagsüber aus. Die Raupe lebt gegen Sommerende und die Puppe überwintert.

Familie Limacodidae — Mottenspinner

3 Apoda limacodes Hfn. 20—30 mm. In der Zone der warmen Laubwälder Europas und weiter im Osten bis zum Südural und nach Vorderasien verbreitet und taucht dann wieder in den südlichen Teilen des Fernen Ostens auf. Der Falter bildet jährlich eine Generation, die von Ende Mai bis Anfang August in den niedrigeren Lagen, vor allem in Eichenwäldern ausfliegt. Die Raupe (3b) lebt bis zum Herbst auf Eiche, Hainbuche und anderen Laubbäumen und Sträuchern. Das Männchen ist kleiner und hat eine markantere Zeichnung als das Weibchen und fliegt bei Sonnenschein auch manchmal tagsüber. Die Puppe überwintert manchmal auch zweimal. Sie ist im Boden verborgen.

4 Heterogenea asella Schiff. 15—20 mm. Wie die vorige Art in den Laubwäldern der paläarktischen Unterregion verbreitet, kommt jedoch selten vor. Der Falter der einzigen Generation fliegt im Juni und Juli in warmen Eichen- und Hainbuchenwäldern der niedrigeren Lagen aus. Die Raupe lebt am Sommerende und im Herbst meistens auf Hainbuche, seltener auf anderen Baumarten. Die Puppe überwintert.

Familie Alucitidae — Federmotten

5 Alucita dodecadactyla Hb. 12—14 mm. In Europa lokal verbreitet und selten. Der Falter bildet jährlich eine Generation und beginnt im August nachts auszufliegen und taucht dann nach dem Überwintern wieder bis Mai auf. Die Raupe lebt von Mai bis Juli in den Trieben der Roten Heckenkirsche.

6 Alucita grammodactyla L. 12—14 mm. Aus Mittel- und Südeuropa und Kleinasien bekannt und lebt auf trockenen, steppenartigen Standorten. Der Falter fliegt in zwei Generationen im Mai bis Juni und im August bis September aus. Die Raupe (6b) lebt von April bis Mai in angeschwollenen erdnahen Herzknospen und von Juni bis Juli in den Stengelgallen auf Gelber Skabiose (6c) und vielleicht auch noch auf anderen Skabiosenarten. Diese Art ist nachts aktiv und kommt lokal begrenzt und selten vor.

4

1

2

3♂

3b

3♀

6

6b

6c

5

Familie Zygaenidae — Widderchen, Blutströpfchen

1 Rhagades pruni Schiff. — Schlehenwidderchen. 20—25 mm. In Europa lokal verbreitet, von Finnland bis Italien an vielen Stellen. Zusammenhängend in Südosteuropa und Westasien und dann im Fernen Osten. Eine verhältnismäßig wärmeliebende Art. Interessant ist, daß auf den Heiden in Nordeuropa die ssp. *callunae* Spul. lebt, die oft als selbständige Art angesehen wird. Normalerweise ernähren sich die Raupen dieser Art von Schlehenblättern. Der Falter fliegt im Juli aus. Die Raupen überwintern und wachsen im Mai heran.

2 Procris statices L. — Gemeines Grünwidderchen. 22—28 mm. Lebt in ganz Europa und im Osten bis zum Mittelural. Diese Art tritt überall häufig auf feuchten Wiesen, blütenreichen Hängen oder Lichtungen auf. Wir treffen sie auch hoch in den Bergen über der Waldgrenze an. Der Falter fliegt, den klimatischen Verhältnissen entsprechend, von Mai bis August aus. Die Raupe überwintert. Sie lebt auf den üblichen Ampferarten.

3 Jordanita chloros Hb. 18—23 mm. Wärmeliebende Art, die im südlicheren Mittel-, in Süd- und Südosteuropa verbreitet ist. Sie lebt auch in Kleinasien und in der UdSSR bis in das Wolgagebiet. Wir treffen sie im Juni und Juli auf grasbewachsenen, steppenartigen Biotopen. Die Raupe überwintert wie die der anderen Arten. Sie ernährt sich von Skabiosen-, Flockenblume und Kugelblume.

4 Mesembrynus purpuralis Brünn. 28—35 mm. Gehört zu den größeren und häufigeren Arten und ist (wie die meisten Blutströpfchen) in der Zeichnung sehr variabel. Die Verbreitung zieht sich mit Ausnahme von Spanien über das ganze Europa und Kleinasien bis nach Ostsibirien. Die Art kommt in den Niederungen und auch in den Gebirgen vor, überall, wo die Nahrungspflanze — Feldthymian — wächst. Die Flugzeit der Falter ist Mai — Juni bis August und vom Standort abhängig. Die Raupen überwintern und wir finden sie von Herbst bis Mai.

5 Hyala punctum O. — Vierpunktwidderchen. 22—25 mm. Wärmeliebende Art, deren Verbreitungsgebiet sich vom südlicheren Mitteleuropa nach Südosten und über Kleinasien bis Armenien erstreckt. Sie bildet eine Generation, die im Juni und Juli an warmen, steppenartigen Gegenden ausfliegt. Die Raupe lebt nach dem Überwintern vom Frühling bis zum Sommer auf Feld-Mannstreu. Das Puppenstadium dauert nur einige Tage. Die Puppe ist in einem weißlich glänzenden, spindelförmigen Kokon, der für die Widderchen typisch ist, eingeschlossen.

6 Silvicola scabiosae Schev. — Skabiosenwidderchen. 28—32 mm. In den Steppen- und Baumsteppengebieten Europas und Asiens verbreitet, tritt lokal auf. Der Falter fliegt meistens in lichteren Wäldern oder in deren Nähe auf blütenreichen Hängen. Er bildet eine Generation, die im Juni und Juli ausfliegt. Die Raupe lebt vom Sommer bis zum Frühling auf verschiedenen Platterbsenarten. Diese Art ist überaus variabel und wurde in vielen individuellen und geographischen Formen beschrieben. Der Kokon der Puppe ist glänzend weiß.

7 Lictoria lotis Schiff. — Tragantwidderchen. 27—30 mm. Fast im gesamten gemäßigten und südlicheren Europa, dann weiter nach Südosten in Kleinasien und Syrien und über den Kaukasus bis zum Altai verbreitet. Diese zahlreich auftretende Art fliegt von Juni bis August in grasreichen, steppenartigen Gegenden aus und ist, wie alle Widderchen, tagsüber aktiv. Die Raupe lebt vom Sommer bis zum nächsten Frühling auf Kronwicke und Hufeisenklee. Der Kokon der Puppe ist bräunlich.

8 Hesychia laeta Hb. — Schwarzkehlwidderchen. 25—27 mm. Eine südliche, wärmeliebende Art, die von Mitteleuropa südöstlich bis nach Kleinasien verbreitet ist. Sie bildet jährlich eine Generation, die von Juni bis August ausfliegt. Die Raupe (8b) überwintert. Wir finden sie am Frühjahrsende auf Mannstreu. Der Kokon ist glänzend weißlich gelb (8c). Früher tauchte diese Art auch an warmen Standorten in Mitteleuropa, zum Beispiel in der Umgebung Prags, auf, ist aber in diesem Jahrhundert hier völlig verschwunden.

Familie Zygaenidae — Widderchen, Blutströpfchen

1 Agrumenia carniolica Sc. — Esparsettenwidderchen. 25—32 mm. Das Verbreitungsgebiet dieser wärmeliebenden Art erstreckt sich über Kleinasien und den Iran bis zum Altai. Der in der Färbung variable Falter fliegt von Juni bis August nur in den Niederungen und meistens im Gelände mit kalkiger Unterlage aus. Die Raupe (1b) lebt vom Sommer über den Winter bis zum Frühling auf Wiesenhornklee und Esparsette. Sie verpuppt sich in einem gelben, spindelförmigen Kokon auf dem Boden (1c). Der Falter kam vielerorts häufig vor, ist aber in der letzten Zeit vor allem aus den Biotopen verschwunden, die von der Landwirtschaft durch die Anwendung von Insektiziden und Düngemitteln beeinträchtigt werden.

2 Zygaena filipendulae L. — Gemeines Blutströpfchen. 30—38 mm. Die am häufigsten auftretende Art dieser Gattung. Der Falter bewohnt sowohl Niederungen wie auch Gebirge bis zu Höhen von 2000 m. Mit Ausnahme einiger weniger Gebiete ist er über ganz Europa und östlich bis nach Zentralasien verbreitet. Obwohl er im Vergleich mit anderen Arten keine große Variabilität aufweist, wurden viele Formen beschrieben. Er fliegt von Juni bis September in grasreichen, eher feuchten und frischen Biotopen, aber auch auf Steppen, an Waldrändern, auf Lichtungen und Kahlschlägen und ist überall zahlreich. Die Raupe (2b) lebt vom Sommerausgang bis zum nächsten Frühling und verpuppt sich in einem länglichen, weißen und gelben Kokon, der an den Halmen klebt (2c). Nährpflanzen sind Kronwicke und Hornklee.

3 Huebneriana trifolii Esp. — Kleewidderchen. 28—33 mm. Gehört zu den frühesten Arten, denn es taucht in manchen Jahren schon Ende Mai auf. Der Falter ist in Nordafrika, Europa und im Osten bis Mittelasien verbreitet. Er bewohnt feuchte, blumenreiche Wiesen in den Niederungen und Mittellagen, wo wir ihn bis zum August antreffen können. Die Raupe lebt vom Sommer bis zum nächsten Frühling auf Hornklee und verpuppt sich in einem länglichen gelben Kokon, der an die Grashalme geklebt ist. Diese Art ist überaus variabel, und die roten Tupfen fließen auf den Vorderflügeln zu verschiedenen Ornamenten zusammen. Es wurden viele Formen beschrieben, wie z. B. f. *minoides* (3c), mit verbundenen Flecken.

4 Polymorpha angelicae O. — Schneckenkleewidderchen. 30—33 mm. In Europa eher im Osten und Südosten verbreitet und lebt an warmen Stellen, vor allem auf kalkigem Gelände, steigt aber auch hoch in die Berge bis zu fast 2000 m auf. Diese häufig auftretende Art fliegt von Juni bis August. Die Raupe lebt von August bis zum nächsten Mai auf Schneckenklee und Kronwicke und verpuppt sich in einem spindelförmigen, gelben Kokon, der an Grashalme geklebt ist.

5 Polymorpha ephialtes L. — Wickenwidderchen. 30—40 mm. In der gemäßigten Zone ganz Europas und Asiens verbreitet. Tritt verhältnismäßig zahlreich in lichten Wäldern, an deren Rändern, auf warmen Hängen und Baumsteppen, vor allem auf Kalkböden auf. Diese Art fällt durch ihre Variabilität auf, und einige Formen sind ausgeprägt geographisch verbreitet. Oft tauchen neben den typischen Exemplaren mit überwiegend weißen Flecken die Falter der rot gefärbten Form *peucedani* (5c) oder der gelben Form *icterica* (5d) auf. Selbstverständlich gibt es meistens verschiedene Übergangsformen, von denen viele einen eigenen Namen tragen (z. B. f. *coronillae* — 5e). Der Falter fliegt vom Juni bis August aus. Die Raupe lebt vom Sommer bis zum Frühling auf Kronwicke und verpuppt sich in einem silbrig weißen Kokon an den Grashalmen.

Familie Gelechiidae — Palpenmotten

1 Anarsia lineatella Z. — Pfirsichmotte. 12—14 mm. In der paläarktischen Unterregion bis nach Mittelasien und auch in Nordamerika, wohin diese Art verschleppt wurde, verbreitet. Der Falter fliegt im Juni und Juli aus. Die Raupen überwintern. Sie befressen Knospen und Blüten von Obstbäumen.

2 Acomptia cinerella Cl. 16—18 mm. In Europa und Kleinasien verbreitet. Die einzige Generation fliegt im Juni und Juli aus. Wir treffen den Falter im Wald an. Die Raupe lebt auf Moosen.

3 Sophronia semicostella Hb. 15—16 mm. Wird aus Europa beschrieben. Die einzige Generation des Jahres fliegt von Mai bis Juli. Diese Art tritt zahlreich an trockenen Standorten auf. Die Raupe lebt in einem Gespinst auf den bodennahen Blättern verschiedener Pflanzen.

4 Nothris verbascella Hb. — Königskerzenmotte. 18—20 mm. Wird aus Europa, Klein- und Mittelasien beschrieben. Von Mai bis August entwickeln sich zwei Generationen. Die Raupen finden wir im Juni und im Herbst in den Herzblättern der Königskerzen. Hier halten sich meist mehrere Raupen auf; sie können den Wachstumsgipfel des Blütenstandes völlig zerstören. Diese Art taucht ähnlich wie die Nährpflanze auf trockenen Hängen und Ruderalböden auf.

5 Scrobipalpa ocellatella Boyd. — Rübenmotte. 11—13 mm. Wie die ürsprüngliche Nährpflanze, die Wilde Rübe *(Beta maritima)*, verbreitet: Über die ganze westeuropäische Küste, im afrikanischen und europäischen Mittelmeergebiet bis nach Kleinasien und zur Schwarzmeerküste. Von da aus dringt sie auch in die wärmeren Gebiete Mitteleuropas vor. Diese Art bildet jährlich zwei und mehr Generationen und hat sich in Landwirtschaftsgebieten der gezüchteten Zuckerrübe angepaßt. Hier lebt die Raupe im Vegetationskegel und verursacht Fäulnis. Wir finden die Raupe das ganze Jahr über. Sie überwintert auch.

6 Gelechia pinguinella Tr. 18—22 mm. In Mittel- und Südeuropa verbreitet. Der Falter bildet jährlich eine Generation, die im Juni und Juli ausfliegt. Die Raupe entwickelt sich im Frühling auf den Blättern der Schwarz-Pappel. Häufig.

7 Lita virgella Thbg. 14—16 mm. In den Gebirgen und Torfmooren in Mittel- und Nordeuropa und auch weiter nach Osten verbreitet. Die Art folgt der Verbreitung des Heidekrauts, auf dem die Raupe lebt. Der Falter fliegt im Mai und Juni aus.

8 Adrasteia luculella Hb. 10 mm. Bewohnt offensichtlich die Laubwälder ganz Europas, bildet eine Generation und fliegt von Mai bis Juli aus. Die Raupe lebt bis zum Herbst zwischen den versponnenen Blättern von Eiche und Birke. Häufig.

9 Recurvaria leucatella Hb. 13—15 mm. In der gemäßigten Zone Europas verbreitet, bildet eine Generation und fliegt im Juni und Juli aus. Die Raupe lebt im Frühling zwischen versponnenen Blättern von Laubbäumen. Sie schädigt auch Obstbäume.

10 Microsteia hermannella F. 8 mm. Wird aus Europa und Kleinasien beschrieben. Häufige Art auf Feldern und Steppenland. Der Falter bildet zwei Generationen, die von Mai bis August ausfliegen. Die Raupe lebt minierend auf Melde und Gänsefuß.

11 Metzneria lapella L. 18—22 mm. In Europa und Westasien verbreitet; fliegt von Mai bis August. Die Raupe lebt vom Sommer bis zum Frühling in den Blütenkörben der Großen Klette. Diese Art bewohnt vor allem Uferbiotope und Ruderalgelände.

Familie Oecophoridae — Faulholzmotten

1 Borkhausenia schaefferella L. 11—17 mm. In Europa und Kleinasien verbreitet und bewohnt überall die Laubwaldzone der Niederungen und Gebirge. Bildet jährlich eine Generation, die im Mai und Juni ausfliegt. Die Raupe lebt bis zum Frühjahr unter der Rinde verschiedener Laubbäume, vor allem auf Eiche, Linde, Buche, Pappel.

2 Borkhausenia formosella Schiff. 11—15 mm. In Mittel- und Südeuropa und auch in Nordafrika verbreitet. Bildet jährlich eine Generation, die von Mai bis August ausfliegt. Die Raupe lebt vom Herbst bis zum Frühling unter der Rinde von Laubbäumen.

3 Endrosis sarcitrella L. — Samenmotte. 15—21 mm. Kosmopolitische Art, die als Lagerschädling mit Landwirtschaftsprodukten über die ganze Welt verschleppt wurde. Die Imago lebt während der ganzen Saison von Mai bis Oktober, und die Raupen tauchen das ganze Jahr über auf. Sie ernähren sich in der Natur und in den Lagerhäusern, in denen es oft zu einer Massenvermehrung kommt, von Samen und modernden Pflanzenresten.

4 Hofmannophila pseudospretella Stt. 16—25 mm. Kosmopolitische Art, die sich ähnlich wie die vorher beschriebene Motte über die Welt verbreitet hat. Der Falter fliegt von Frühling bis Herbst. Die Raupe lebt das ganze Jahr über in der Natur von Pflanzen- und Tierresten und in Lagerhäusern von Nahrungsmitteln und Produkten der Landwirtschaft.

5 Oecophora bractella L. 12—16 mm. Verhältnismäßig seltene Art, die in Europa und Kleinasien bekannt ist. Hier lebt sie in Laubwäldern und fliegt im Mai und Juni an feuchten, schattigen Stellen aus. Die Raupe lebt vom Herbst bis zum Frühling unter der Rinde und auf dem Holz modernder Baumstämme, vor allem auf Buchen, Eichen und Hainbuchen.

6 Harpella forficella Sc. 21—27 mm. In der Laubwaldzone Europas und Kleinasiens verbreitet. Bewohnt vor allem alte und feuchte Wälder der Niederungen und auch Gebirge bis zur oberen Laubwaldgrenze. Der Falter fliegt im Juni und Juli aus. Die Raupen leben vom Sommer bis zum Frühling auf moderndem Holz und unter der Rinde von Baumstümpfen. Recht häufig auftretende Art.

7 Alabonia staintoniella Z. 12—20 mm. In Europa und Kleinasien ähnlich wie die vorige Art in Laubwäldern verbreitet. Der Falter bildet eine Generation, die im Mai und Juni tagsüber ausfliegt. Die Raupe lebt bis zum Frühling in moderndem Holz von Laubbäumen. In Wäldern wärmerer Gebiete mit reichem, strauchartigen Unterholzwuchs tritt diese Art zahlreich auf.

8 Topeutis barbella F. 16—22 mm. Aus den wärmeren Gebieten Europas und aus Kleinasien bekannt und fliegt in grasbewachsenen bis steppenartigen Biotopen aus. Der Falter lebt von Mai bis Juli. Über das Leben der Raupen ist nichts bekannt. Selten.

9 Topeutis criella Tr. 18—22 mm. Aus Mitteleuropa und Jugoslawien bekannt. Fliegt von Juni bis August an grasreichen Stellen und auf Steppen in den Niederungen und auch an wärmeren Stellen in den Bergen aus. Die Raupe lebt angeblich im Juni auf Mais. Diese Art ist recht selten.

10 Hypercallia citrinalis Sc. 15—20 mm. Bewohnt vor allem in den Niederungen, aber auch in milderen Vorgebirgen trockenere, warme, gras- und blütenreiche Biotope. Der Falter fliegt im Juni und Juli aus. Die Raupe, von der nicht viel bekannt ist, wurde im Mai auf Zwergbuchsbaum gefunden. Als Nährpflanze wird auch die Gemeine Kreuzblume angegeben.

1

2

4

6

3

7

5

8

9

10

Familie Oecophoridae — Faulholzmotten

1 Carcina quercana F. 16—20 mm. In Europa, Nordafrika, Kleinasien und Nordamerika verbreitet und fliegt im Juli und August mit einer Generation aus. Die Raupe lebt im Mai und Juni auf den Blättern von Eiche, Buche und Birnbaum.

2 Exaeretia allisella STT. 20—23 mm. Aus Nord- und Mitteleuropa bekannt, kommt aber lokal vor und bildet jährlich eine Generation. Der Falter fliegt von Juli bis August aus. Die Raupe lebt auf Beifuß. Über ihr Leben ist bis jetzt jedoch nichts Genaueres bekannt.

3 Agonopterix alstroemeriana F. 17—19 mm. Gehört zu einer artenreichen Gattung, in der sich die einzelnen Arten nur schwer unterscheiden lassen. Dieser Falter bildet jedoch eine Ausnahme, denn er ist farbiger als die anderen. Sein Verbreitungsgebiet umfaßt Marokko, ganz Europa und auch Sibirien. Er fliegt im Juli und August aus. Die Raupe lebt im Juni und Juli zwischen versponnenen Blättern des Gefleckten Schierlings.

4 Agonopterix arenella SCHIFF. 19—23 mm. In Nordafrika, ganz Europa und auch in Nordamerika verbreitet. Der Falter beginnt im August auszufliegen, überwintert und pflanzt sich dann im Frühling fort. Die Raupen leben im Juni und Juli auf Klette, Kratzdistel, Gänsedistel u. ä.

5 Agonopterix furvella TR. 20—25 mm. Aus Mittel- und Südeuropa und Kleinasien bekannt; folgt der Verbreitung der Nährpflanzen. Der Falter fliegt im Juni und Juli vor allem in wärmeren Lagen in baumsteppenartigen Gegenden aus. Die Raupe (5b) lebt im Frühling zwischen versponnenen Blättern auf Diptam.

6 Depressaria chaerophylli Z. 18—21 mm. Vertreter einer ähnlichen Gattung wie die vorangehende. Auch hier gibt es eine Reihe sehr schwer unterscheidbarer Arten, und wir müssen die Präparate der Kopulationsorgane zu Hilfe nehmen. Das Verbreitungsgebiet dieses Falters umfaßt Europa bis zum Kaukasus. Er fliegt im August aus und überwintert dann bis Mai. Die Raupe lebt im Juli auf den Dolden von Kälberkropf.

7 Depressaria heracliana DEG. 23—28 mm. Überall auf Wiesen und an den Ufern von Wasserläufen zahlreich. Der Falter lebt im August und September und dann nach dem Überwintern bis Juni. Die Raupen verspinnen und befressen am Anfang des Sommers die Dolden von Pastinak und Bärenklau.

8 Semioscopis avellanella HB. 20—28 mm. In den Laubwäldern Europas, vor allem in den niedrigeren Lagen und an Wasserläufen in feuchten Biotopen verbreitet. Der Falter bildet jährlich eine Generation und fliegt im März und April aus. Die Raupe lebt im Juli und August auf Hainbuche, Haselnuß, Birke und anderen Sträuchern und Bäumen. Das Weibchen ist viel kleiner als das Männchen.

9 Diurnea fagella SCHIFF. — Buchenmotte. 19—29 mm. In der Laubwald- und Baumsteppenzone Europas, Klein- und Mittelasiens verbreitet. Der Falter bildet jährlich eine Generation, die von März bis Mai ausfliegt. Er steigt in den Bergen bis zur oberen Laubwaldgrenze auf. Die Raupen (9b) leben im Sommer auf verschiedenen Laubbäumen. Die Art ist sehr variabel und neigt in den Industriegebieten zu Melanismus. Die Flügel des Weibchens sind verkümmert.

10 Diurnea phryganella HB. 18—24 mm. In ganz Europa verbreitet. Auch hier sind die Flügel des Weibchens verkümmert. Im Unterschied zur vorigen Art liegt die Flugzeit im Oktober und November. Die Raupe lebt im Frühling auf Bäumen und Sträuchern.

Familie Ethmiidae

1 Ethmia pusiella L. 22–30 mm. In ganz Europa und Kleinasien verbreitet. Lebt auf gras- und kräuterreichen Lichtungen und buschigen Hängen. Der Falter fliegt von Juli bis September, die Raupe (1b) entwickelt sich im Frühling auf verschiedenen Borretschgewächsen, wie zum Beispiel auf Vergißmeinnicht, Lungenkraut und Beinwell. Die Art tritt lokal auf und ist nicht häufig.

2 Ethmia funerella F. 16–20 mm. In der Laubwaldzone Europas und Kleinasiens bis zum Kaukasus verbreitet; bewohnt schattige Laubwälder mit reichem Kräuterunterholz und steigt auch recht hoch in die Berge auf. Der Falter fliegt von Juni bis September aus. Die Raupe lebt im Herbst auf verschiedenen Borretschgewächsen, zum Beispiel auf Lungenkraut, Vergißmeinnicht und Steinsame.

3 Ethmia terminella Fletch. 14–22 mm. Wärmeliebende Art, die in Mittel- und Südeuropa und in Kleinasien verbreitet ist. Sie bewohnt steppen- und waldsteppenartige Gebiete und auch Ruderalgelände, die ähnliche Bedingungen aufweisen. Sie folgt dem Vorkommen ihrer Futterpflanze, dem Natternkopf. Der Falter bildet eine Generation, die im Juni und Juli ausfliegt. Die Raupe lebt von der Mitte des Sommers bis zum Herbst.

4 Ethmia bipunctella F. 20–28 mm. Im gleichen Gebiet und in ähnlichen Biotopen zu Hause wie die vorige Art, denn auch hier ist die Raupe an Natternkopf gebunden. Der Falter fliegt von April bis Juni und von August bis Oktober in zwei Generationen aus. Die Raupen entwickeln sich im Frühling und mitten im Sommer.

Familie Scythrididae — Ziermotten

5 Scythris obscurella Sc. 14–22 mm. Zwar in den Berg- und Hügelländern Mittel- und Südosteuropas und Kleinasiens verbreitet, bewohnt aber überwiegend wärmere Täler und exponierte Gebirgs- und Vorgebirgswiesen mit reicher Vegetation. Der Falter bildet jährlich eine Generation und fliegt von Mai bis Juli aus. Die Raupe lebt im Frühling. Als Nährpflanzen werden Schmetterlingsblütler und auch verschiedene Gräser angegeben.

6 Scythris cuspidella Schiff. 14–15 mm. Wird aus Mittel- und Südeuropa beschrieben. Das gesamte Verbreitungsgebiet dieser Art ist aber nicht ausreichend bekannt. Sie ist verhältnismäßig selten. Der Falter fliegt im Juni und Juli an trockenen, grasbewachsenen Standorten aus. Über das Leben der Raupe gibt es nur unzureichende Angaben. Man nimmt an, daß sie auf Thymian lebt.

Familie Elachistidae — Grasminiermotten

7 Cosmiotes freyerella Hb (= *Elachista nigrella* Hw.) 7–9 mm. Lebt in den Niederungen und Gebirgen des gesamten nichtpolaren Europas. Die zwei Generationen dieser Art fliegen im Frühling im April und Mai und im Sommer im Juli und August aus. Die Raupen leben von März bis Juni. Sie minieren in Gräsern und bleiben sehr klein. Diese Art ist recht häufig und sehr variabel.

8 Elachista nobilella Z. 7–8 mm. Ein weiterer Vertreter der artenreichen Gattung unscheinbarer und systematisch äußerst schwieriger Schmetterlinge, über deren Leben bisher sehr wenig bekannt ist und über die offensichtlich viele falsche Angaben gemacht werden, die der Revision bedürfen. Der Falter bildet eine Generation und fliegt im Juli aus. Die Raupe entwickelt sich im Frühling in Minen in verschiedenen harten Binsen und Gräsern, wie zum Beispiel in Hainsimse, Schwingel, Haferschmiele u. ä. Diese Art wird aus verschiedenen Teilen des mittleren und südlicheren Europas beschrieben.

Familie Coleophoridae — Sackmotten, Futteralmotten

1 Coleophora frischella L. (= *alcyonipennella* KOLLAR). 10–13 mm. In Europa, Kleinasien und Afghanistan verbreitet. Bildet jährlich eine Generation, die von Juni bis September ausfliegt. Häufig. Die Raupe lebt von Oktober an, überwintert und schließt im Mai ihre Entwicklung ab. Sie lebt in dieser Zeit in einem röhrenförmigen Sack auf Disteln, Kratzdisteln, Flockenblumen und einigen anderen Korbblütlern oder Kardengewächsen.

2 Coleophora hemerobiella Sc. — Knospenminiermotte. 12–14 mm. Im größten Teil Europas und in Kleinasien verbreitet. Der Falter fliegt im Juli und August in Laubwäldern, Baumsteppen und Obstgärten aus. Die Raupe lebt zwei Jahre vor allem auf Obstbäumen und verschiedenen Sträuchern der Familie *Rosaceae*, vielleicht auch auf Eiche. Der Raupensack ist anfangs hörnchenförmig gebogen, später gerade und fast im rechten Winkel (2c) mit der Unterlage verbunden. In wärmeren Gebieten ist die Art zahlreich.

3 Coleophora onosmella BRAHM. 14–20 mm. In Europa verbreitet. Der Falter fliegt im Juni und Juli in steppenartigen und grasbewachsenen Biotopen aus. Die Raupe lebt vom Herbst bis Mai in einem Sack (3c), der aus Blattabschnitten angefertigt ist, und miniert in den Blättern von Borretschgewächsen, wie zum Beispiel in Mönchskraut, Ochsenzunge, Natternkopf u. a.

4 Coleophora vibicella HB. 16–24 mm. In Mittel- und Südeuropa und in Kleinasien verbreitet. Lebt in trockeneren Biotopen, vor allem an Waldrändern und auf sandigen Standorten. Der Falter bildet eine Generation. Er fliegt im Juli und August aus. Die Raupe lebt vom Herbst bis zum nächsten Frühling in einem glänzenden, schwarzen, pistolenförmigen Sack (4c) auf Ginster. Recht lokal auftretende Art.

5 Coleophora ornatipennella HB. 18–25 mm. In Mittel- und Südeuropa verbreitet. Bewohnt steppenartige Gegenden, grasbewachsene Hänge und Feldraine. Der Falter bildet eine Generation, die im Juni ausfliegt. Die Raupe lebt vom Sommer bis zum Mai in einem Sack (5c), der aus Blattabschnitten von Salbei besteht, im Frühling dann auf verschiedenen weichen Gräsern.

6 Coleophora laricella HB. — Lärchenminiermotte. 8–10 mm. Gehört zu den kleinsten unauffällig gefärbten Arten und fliegt im Juni und Juli aus. Wir treffen sie jedoch eher im Raupenstadium an. Die Raupe lebt in einem kleinen, röhrenförmigen Sack (6c) und miniert vom Herbst an, besonders jedoch im Frühling in den Nadeln von Lärchen. Nach dem Raupenfraß verbleiben hohle, weiße Nadeln, die dann vertrocknen. Massenauftreten führt manchmal zu Kahlfraß. Diese Art ist in Europa und in Asien bis nach Japan verbreitet und bewohnt vor allem Vorgebirgslagen und im Norden die Taiga.

7 Coleophora leucapennella HB. 16–20 mm. Fliegt an warmen steppen- und waldsteppenartigen Standorten in Europa und Westasien aus. Der Falter bildet jährlich eine Generation, die im Mai und Juni auftaucht. Die Raupe lebt bis zum Herbst auf den Samen von Leimkraut und Pechnelke und spinnt sich aus mehreren kleinen Samen einen Sack. Sie verpuppt sich im Frühling.

8 Coleophora anatipennella HB. 12–16 mm. Am meisten in Nord- und Mitteleuropa, in England und im Osten bis nach Persien verbreitet. Der Falter bildet jährlich eine Generation und fliegt im Juni und Juli in Laubwäldern, Baumsteppen und auch Obstgärten aus. Die Raupe lebt in einem pistolenförmigen Sack (8c) und befrißt Blätter von Obstbäumen und auch von Linde, Eiche, Weißdorn u. ä.

Familie Yponomeutidae — Gespinstmotten

1 Yponomeuta vigintipunctatus Retz. 16—18 mm. In Steppen, Waldsteppen und auch auf steinigen Hängen in ganz Europa und im Osten bis in das Ussurigebiet verbreitet und kommt überall dort vor, wo die Nährpflanze wächst. Der Falter bildet jährlich zwei Generationen. Die erste taucht im April und Mai, die zweite im Juli und August auf. Die Raupen leben im Sommer und Herbst gesellig auf einigen Arten der Fetthenne, vor allem auf der Großen Fetthenne, und umspinnen die Pflanzen mit einem feinen, grauen Gespinst (1b). Die Puppe überwintert.

2 Yponomeuta evonymellus L. — Faulbaum-Gespinstmotte. 22—24 mm. Häufig auftretende Art, die sich von einigen sehr ähnlichen Faltern durch fünf Reihen schwarzer Punkte auf den Flügeln unterscheidet. Sie ist über die ganze paläarktische Unterregion von den Niederungen bis in die Gebirge zur oberen Laubwaldgrenze verbreitet. Der Falter fliegt im Juli und August aus. Die Raupen leben im Frühling gesellig auf Faulbaum. Sie umweben die Bäume mit weißlichen Gespinsten, auf denen sie sich sehr schnell bewegen, und sie fressen die Bäume oft ganz kahl.

3 Yponomeuta cagnatellus Hb. 20—25 mm. In ganz Europa häufig. Der Falter fliegt im Juni und Juli in lockeren Laubwäldern mit buschigem Unterholzwuchs oder auf strauchbewachsenen Hängen, oft auch auf Ruderalgelände und an inselartig in den Feldern und an Landstraßen wachsendem Buschwerk, aus. Die Raupen (3b) leben im Mai und Juni gesellig auf Pfaffenhütchen und fressen die mit weißem Gespinst umgebenen Sträucher kahl. Sie verpuppen sich gemeinsam am Fuß der Pflanze. Diese Art ähnelt einigen anderen Schmetterlingen sehr, die auf Apfelbaum, Schlehe, Weide u. ä. leben. Sie unterscheidet sich vor allem durch die Lebensweise und die Nährpflanze.

4 Yponomeuta plumbellus Schiff. 16—18 mm. Unterscheidet sich von den weißen Arten durch einen auffallenderen schwarzen Fleck auf den Vorderflügeln. Ist in Europa und Mittelasien vebreitet und fliegt im Juli und August aus. Die Raupe lebt im Frühling auf Spindelbaum, meistens einzeln und inmitten der Raupen der vorangehenden Art, manchmal auch gesellig.

Familie Plutellidae

5 Prays fraxinella Bjerk. (= *curtisellus* Don.) Don 14—18 mm. In Europa und in der Waldzone Asiens bis in den Fernen Osten verbreitet. Der Falter fliegt von Juni bis September aus und bildet in dieser Zeit zwei Generationen. Die Raupe überwintert. Sie lebt auf Esche und Erle. Diese Art wird manchmal mit den anderen Arten der Familie *Plutellidae* der größeren Familie *Yponomeutidae* zugeordnet.

6 Eidophasia messingiella F. v. R. 12—14 mm. In Nord- und Mitteleuropa und über Kleinasien bis nach Turkestan verbreitet. Dieser Falter lebt vor allem auf feuchteren Wiesen. Er fliegt im Juni und Juli aus. Die Raupe lebt zwischen den versponnenen Blättern von Bitterem und Wiesen-Schaumkraut.

7 Plutella xylostella L. (= *P. maculipennis* Curt.) — Kohlschabe, Schleiermotte 13—15 mm. Über die ganze Erde verbreitet. Ursprünglich Steppenart, heute gut an landwirtschaftlich genutzte Flächen angepaßt. Wurde als Gemüseschädling über die ganze Welt verschleppt. Die Verbreitung des Falters wird auch durch seine Wandereigenschaften unterstützt. Wir finden ihn in der Natur von Mai bis September. Er bildet in dieser Zeit zwei bis fünf Generationen. Die junge Raupe miniert in Blättern, später lebt sie unter einem lockeren Netz, das aus Fasern an der Blattunterseite von Kreuzblütlern, und zwar Gemüsepflanzen, wilden Pflanzen und Unkräutern gesponnen ist. Dort verpuppt sie sich auch. Die Puppe (ausnahmsweise die Imago) überwintert.

Familie Plutellidae

1 Harpipteryx xylostella L. 18—22 mm. In ganz Europa und im Osten bis nach Armenien verbreitet. Bewohnt feuchte Laubwälder, in denen die Nährpflanze der Raupe, Geißblatt, wächst. Auf diesem Strauch taucht diese Art oft auch in Stadtparks auf. Sie bildet jährlich eine Generation, die von Juni bis August ausfliegt. Die Raupe (1b) entwickelt sich entsprechend der Höhenlage und den klimatischen Verhältnissen von Mai bis Juli.

2 Harpipteryx falcella Hʙ. 16—18 mm. In der Laubwaldzone Europas zu Hause und viel seltener als die vorangehende Art. Der Falter bildet jährlich eine Generation und fliegt von Juni bis August aus. Die Raupen leben im Frühling auf Geißblatt.

3 Ypsolophus sequellus Cʟ. 16—20 mm. Im gemäßigteren Europa und in Kleinasien verbreitet und bewohnt Laubwälder, Gärten und Parks. Der Falter fliegt, jedoch nur verstreut, von Juni bis August, aus. Tagsüber sitzt er auf Baumstämmen und ist schon von weitem zu sehen. Die Raupe lebt im Frühling auf Salweide, Linde oder anderen Laubbäumen. Diese Art ist in der Flügelzeichnung sehr variabel.

4 Ypsolophus parenthesellus L. 16—20 mm. In den Laubwäldern ganz Europas und im Osten bis nach Zentralasien verbreitet. Der Falter fliegt von Juni bis Oktober und bildet vielleicht stellenweise zwei Generationen. Die Raupe entwickelt sich im Frühling auf Hainbuche, Buche, Eiche und Weißdorn, vor allem auf niedrigen Sträuchern und Stockholz. Die Färbung dieser Art ist außerordentlich variabel.

5 Ypsolophus sylvellus L. 18—20 mm. Folgt in Europa der Verbreitung der Eiche, bildet jährlich eine Generation und fliegt von Juli bis September aus. Die Raupe lebt am Frühlingsende in Gespinsthüllen an der Unterseite der Eichenblätter. In wärmeren Gebieten ist diese Art häufig.

6 Ypsolophus lucellus F. 18—20 mm. In ganz Europa bis zum Kaukasus verbreitet. Der Falter fliegt von Juni bis September aus. Die Raupe entwickelt sich am Frühlingsende auf Eiche, auf der sie die Blätter verspinnt. In Eichenwäldern ist diese Art regelmäßig vorhanden.

7 Ypsolophus alpellus Sᴄʜɪꜰꜰ. 16—20 mm. Ähnlich wie die vorangehende Art verbreitet, und auch die Flugzeit und die ganze Lebensweise der Raupe verläuft auf dieselbe Art; auf Eichen (7b Raupe, 7c Kokon).

8 Ypsolophus persicellus L. 18—24 mm. Diese wärmeliebende Art ist in den wärmeren Gebieten ganz Europas, in Kleinasien und östlich bis nach Transkaukasien verbreitet. Sie bildet jährlich eine Generation. Die Flugzeit der Falter ist recht ausgedehnt und erstreckt sich von Juni bis September. Das Ei überwintert, und die Raupe entwickelt sich im Frühling in jungen, eingerollten Blättern auf Pfirsich, Aprikose und manchmal auch Pflaume.

9 Ypsolophus asperellus L. 18—21 mm. Im ganzen gemäßigten Europa und im Osten über Kleinasien bis nach Südsibirien verbreitet. Lebt in Laubwäldern, auf buschigen Hängen, in Baumsteppen und auch in Obstgärten, ist aber überall recht selten. Die Imago überwintert, sie fliegt von Juli bis Mai aus. Die Raupe können wir im Frühling auf Apfel- und anderen Obstbäumen, aber auch im Wald auf Eichen oder Weißdorn finden.

10 Ypsolophus scabrellus L. 20—22 mm. Wird aus verschiedenen Gebieten Europas angeführt, ist aber nirgends häufig. Der Falter bildet jährlich eine Generation und fliegt im Juni und Juli aus. Die Raupe lebt im Frühling auf Apfel, Birne, Pflaume und Weißdorn. Wir treffen diese Art in Laubwäldern, auf buschigen Hängen und in Obstgärten an.

Familie Argyresthiidae — Motten

1 Argyresthia pruniella Cl. — Pflaumenblütenmotte. 10–12 mm. Gehört zur Gruppe der sehr kleinen Vertreter der artenreichen Gattung *Argyresthia*. In ganz Europa und Kleinasien verbreitet. Bildet jährlich eine Generation, die über einen recht ausgedehnten Zeitraum, von Mai bis September ausfliegt, wobei die meisten Falter am Frühlingsende und Sommeranfang auftreten. Die Eier überwintern, und im Frühling schlüpfen die Raupen (1b), die sich in die ausschlagenden Knospen (1c) der Bäume einfressen. Diese Motte ist ein bekannter und wichtiger Schädling auf Kirsche, Pflaume, Aprikose, Pfirsich, Mehlbeere, Weißdorn und Haselnuß.

2 Argyresthia goedartella L. 10–11 mm. Vor allem in Mittel- und Nordeuropa verbreitet und bewohnt dort Misch- und Laubwälder. Die einzige Generation des Jahres fliegt von Juni bis August aus. Die Raupen entwickeln sich vom Herbst bis zum Frühling, überwintern also, und leben in Baumkätzchen und Knospen, später unter der Rinde von Birke und Erle.

3 Argyresthia ivella Hw. (= *andereggiella* Dup.) 10–12 mm. Diese wärmeliebende Art ist eher im Süden Mitteleuropas beheimatet. Sie bildet jährlich eine Generation, die von Juni bis August ausfliegt. Die Raupen entwickeln sich im Frühling in den Knospen von Apfelbäumen und Haselsträuchern.

4 Argyresthia conjugella Z. — Apfelmotte. 10–12 mm. Zahlreich in ganz Europa und Asien und auch in Nordamerika verbreitet und bewohnt überall die Laubwaldzone von den Niederungen bis zur oberen Grenze in den Bergen. Der Falter bildet jährlich eine Generation und fliegt von Mai bis Juli aus. Die Raupen leben am Ende des Sommers bis zum Herbst in den Früchten von Mehlbeere und Apfel. Sie verpuppen sich auf dem Boden in einem festen Kokon.

Familie Glyphipterygidae — Rundstirnmotten

5 Glyphipterix thrasonella Sc. 10–13 mm. In ganz Europa und Kleinasien verbreitet. Der Falter bildet eine Generation, die im Juni und Juli ausfliegt. Die Raupen entwickeln sich vom Herbst bis zum Frühling auf verschiedenen Arten von Binsen und Sonnentau.

6 Glyphipterix bergstraessella F. 11–14 mm. In Mittel- und Nordeuropa verbreitet und lebt überwiegend in den Gebirgen. Der Falter bildet eine Generation und fliegt ungefähr zur gleichen Zeit aus wie die vorige Art. Die Raupe lebt vom Sommer bis zum nächsten Frühling auf verschiedenen Arten der Hainsimse.

7 Choreutis bjerkandrella Thbg. 11–15 mm. Bewohnt ein riesiges Areal, das sich über die Gebirge Nordafrikas, Europas, Asiens, Australiens und Neuseelands erstreckt. In Mitteleuropa lebt dieser Falter in den Alpen, Sudeten und Karpaten. Er ist überall selten. Seine einzige Generation fliegt im Juli und August aus. Die Raupen leben in Gruppen unter einem feinen Gespinst auf den Blättern der Silberdistel.

8 Anthophila fabriciana L. 11–16 mm. In ganz Europa, Asien und Nordamerika zahlreich verbreitet und bewohnt überall feuchtere Laubwälder, Stromgebiete und feuchte Ruderalgelände. Der Falter fliegt in zwei Generationen von Mai bis September aus. Die Raupe lebt hauptsächlich auf Brennessel.

9 Simaethis pariana Cl. 11–13 mm. Aus ganz Europa und Asien bekannt. Die Falter fliegen in zwei unvollständigen Generationen im Mai und am Sommerende aus und überwintern. Die Raupen (9b) befressen die Blattoberfläche verschiedener Bäume aus der Familie der Rosengewächse, vor allem der Apfelbäume (9c).

Familie Sesiidae — Glasflügler

1 Sesia apiformis Cl. — Hornissenschwärmer. 30—40 mm. In den wärmeren Gebieten Europas, Mittelasiens, Sibiriens und auch Nordamerikas verbreitet. Wir treffen den Falter vor allem in den Niederungen in feuchteren Biotopen an Wasserläufen. Er fliegt von Mai bis August tagsüber aus. Die Raupe lebt zwei Jahre lang in den Wurzeln von Pappeln und Trauerweiden.

2 Sciapteron tabaniforme Rott. 25—40 mm. In Europa und fast ganz Asien verbreitet und wird aus dem Kaukasus, aus Zentralasien, Sibirien und der Mongolei beschrieben. Der Falter fliegt von Mai bis August und ist tagsüber aktiv. Die Raupe lebt zwei Jahre im Holz von Pappeln.

3 Bembecia hylaeiformis Lasp. — Himbeerglasflügler. 20—25 mm. In Europa, Klein- und Mittelasien verbreitet. Der Falter fliegt von Juni bis August aus, und wir finden ihn meistens auf den Blättern von Himbeersträuchern sitzend. Die Raupen (3b) entwickeln sich von August über den Winter bis zum Mai in den Wurzelhälsen der Himbeersträucher (3c). Dort können sie im Frühling auch am leichtesten entnommen werden, um in der Zucht frisch geschlüpfte Falter zu erhalten.

4 Aegeria scoliaeformis Borkh. — Birkenglasflügler. 24—32 mm. In Mittel- und Osteuropa verbreitet und bewohnt die Laubwaldzone dort, wo Birken wachsen. Der Falter fliegt im Juni und Juli aus. Die Raupe lebt zwei Jahre niedrig über dem Boden in den Stämmen der Birke. Soweit genügend alte Bäume vorhanden sind, ist diese Art häufig. Dort wo stark gerodet wird, verschwindet sie.

5 Aegeria tipuliformis Cl. — Johannisbeerglasflügler. 16—18 mm. In Europa, Asien, Nordamerika und auch in Australien und auf Neuseeland verbreitet. Der Falter wurde durch den Versand von Johannisbeersträuchern verbreitet. Er fliegt von Juni bis August in einer Generation aus. Die Raupe (5b) lebt von August über den Winter bis zum Frühling in den Ruten der Roten und Schwarzen Johannisbeere und in Stachelbeersträuchern (5c). In den Pflanzungen dieser Nutzsträucher können erhebliche Schäden auftreten. Die Falter fliegen bei Sonnenschein aus.

6 Aegeria conopiformis Esp. 16—20 mm. Lebt in den Eichenwäldern der wärmeren Gebiete Europas und in Vorderasien. Der Falter bildet jährlich eine Generation und fliegt an sonnigen Tagen im Mai und Juni aus. Die Raupen entwickeln sich zwei Jahre in den Ästen von Eichen und bewohnen vor allem die Kronen alter Bäume.

7 Aegeria vespiformis L. 18—20 mm. Diese wärmeliebende Art ist in den südlicheren Teilen Mitteleuropas, im Mittelmeergebiet und im Osten über Kleinasien bis zum Kaukasus verbreitet. Sie bildet eine Generation. Der Falter fliegt von Mai bis Juli in Laubwäldern aus. Die Raupe lebt zwei Jahre unter der Rinde auf Baumstämmen und -stümpfen von Eichen und Buchen.

8 Aegeria myopaeformis Bkh. — Apfelbaumglasflügler. 16—20 mm. In Nordafrika, in Europa in den niedrigeren und wärmeren Lagen und weiter in Kleinasien bis zum Kaukasus verbreitet. Der Falter bildet jährlich eine Generation und fliegt von Mai bis August tagsüber aus. Die Raupen leben von August bis zum nächsten Mai unter der Rinde von Apfelbäumen vor allem im Kallus unter abgebrochenen oder abgeschnittenen Ästen. Sie richten in Apfelbaumplantagen oft Schäden an und leben nur selten auch auf anderen Obstbäumen.

9 Chamaesphecia empiformis Esp. 14—18 mm. Diese Art wird aus Mittel- und Südeuropa, Kleinasien und Armenien beschrieben und begleitet auf trockenen, steppen- und baumsteppenartigen Standorten ihre Nährpflanze, die Zypressenwolfsmilch. Der Falter fliegt von Mai bis August tagsüber aus. Die Raupe lebt über den Winter in den Wurzeln der Wolfsmilch.

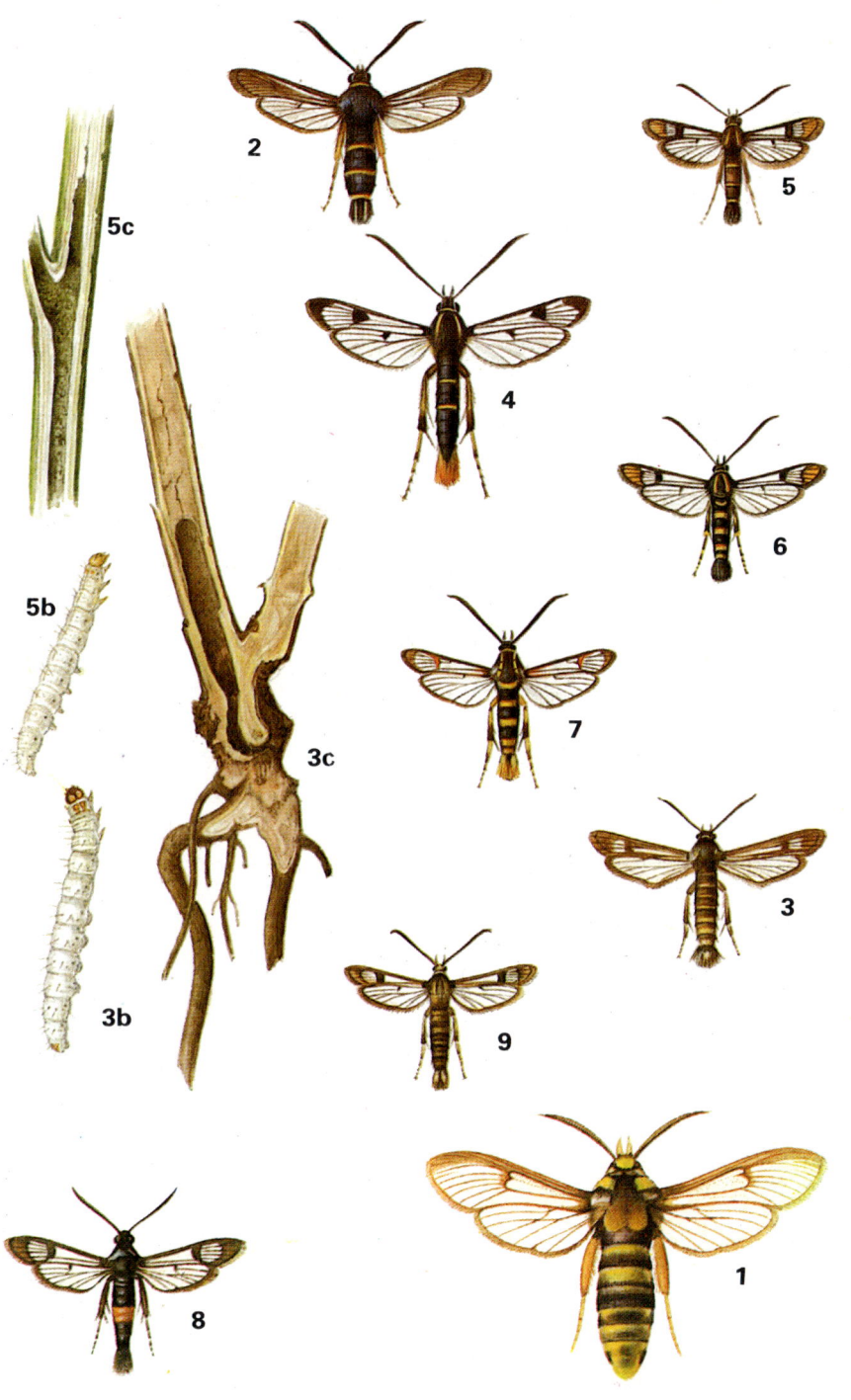

Familie Lyonetiidae — Langhorn-Blattminiermotten

1 Lyonetia clerkella L. — Schlangenminiermotte. 7—9 mm. Ist in ganz Europa und Nordafrika von den Niederungen bis zur oberen Laubwaldgrenze verbreitet und bildet entsprechend der klimatischen Verhältnisse eine bis drei Generationen. Den Falter können wir das ganze Jahr über antreffen. Die letzte Generation überwintert von September bis April. Die Raupen bilden auf den Blättern der Bäume mit ihren Minen charakteristische Bilder (1c). Wir finden sie meistens auf Kirschbäumen, Apfelbäumen und anderen Bäumen der Familie *Rosaceae*.

Familie Gracillariidae — Blatt-Tütenmotten, Miniermotten

2 Phyllonorycter acerifoliella Z. 6—8 mm. In den Laubwäldern Nord- und Mitteleuropas verbreitet und bildet jährlich zwei Generationen. Der Falter fliegt im Mai und August aus. Die Raupe lebt im Juni und im Herbst, wo sie in den Minen in abgefallenen Blättern überwintert.

3 Phyllonorycter roboris Z. 8 mm. Sehr zahlreich überall in den Eichenwäldern Mittel- und Südeuropas verbreitet. Der Falter bildet zwei Generationen, die im April und Mai und im Juli ausfliegen. Die Raupen bilden an den Blattunterseiten Minen. Im Herbst spinnen sie sich darin ein und verpuppen sich nach dem Überwintern.

4 Phyllonorycter nigrescentella Log. 7—9 mm. Lebt auf Wiesen und Steppen, oft auch auf Feldern. Der Falter fliegt im Mai und im Juli in zwei Generationen aus. Die Raupe bildet in den Blättern von Klee, Schneckenklee und Platterbse blasenartig aufgeblähte Minen.

5 Phyllonorycter cerasicolella H.S. 7—8 mm. In Nord- und Mitteleuropa verbreitet, lebt hier in Laubwäldern und auf buschigen Hängen, und ist in Obstgärten häufig. Der Falter bildet im Mai und im Juli zwei Generationen. Die Raupe entwickelt sich Anfang des Sommers und dann wieder im Herbst. Sie überwintert in länglichen, blasenartigen Minen auf der Unterseite der Blätter von Kirsche, Pflaume und Schlehe.

6 Phyllonorycter blancardella F. 6—8 mm. Weist den gleichen Lebensrhythmus auf wie die vorigen Arten. Die Raupe miniert an der Blattunterseite auf Apfelbäumen (6c). Hier überwintert die Wintergeneration und verpuppt sich im Frühjahr. Diese Art bewohnt Laubwälder und Gärten der ganzen paläarktischen Unterregion.

7 Phyllonorycter kleemannella F. 8 mm. In den Laubwäldern Europas verbreitet und taucht überall dort zahlreich auf, wo Erlen wachsen. Man gibt eine Generation an, die im Mai ausfliegt. Die Raupe überwintert in blasenförmigen Minen und verpuppt sich dort im Frühjahr.

8 Parornix avellanella St. 9 mm. Lebt in den Wäldern und Waldsteppen Europas. Sonst ist über die Verbreitung dieser Art nichts bekannt. Sie bildet von April bis August zwei Generationen. Die Raupe lebt und überwintert in einer Mine, die aus dem umgebogenen Rand eines Haselnußblattes gebildet wird.

9 Callisto denticulella Thbg. 10—12 mm. In ganz Europa und im Osten bis nach Mittelasien verbreitet und bewohnt Wälder, Baumsteppen und Apfelbaumplantagen. Die Falter fliegen von Mai bis August in zwei Generationen aus. Die Raupen leben in Blattrollen auf Apfelbäumen (9c) und verpuppen sich dort auch.

10 Gracillaria syringella F. — Fliedermotte. 12—14 mm. Lebt in ganz Europa und bewohnt feuchte Laubwälder mit Strauchwuchs im Unterholz und auch Stadtparks. Der Falter fliegt von April bis August in zwei Generationen aus. Die Raupe lebt gruppenweise in mächtigen blasenartigen Minen (10c) oder in eingerollten Blättern von Flieder, Esche, Liguster und Spindelbaum. Sie verpuppt sich im Boden.

Familie Tineidae — Echte Motten

1 Nemapogon granella L. — Kornmotte. 8—12 mm. Dieser Falter ist über die ganze Welt verbreitet, d. h. mit dem Kornhandel überall hin verschleppt worden. In der Natur bildet er zwei Generationen, die im April und Mai und im Juli und August erscheinen. Er fliegt nachts aus. Die Raupen (1b) finden wir praktisch das ganze Jahr über, sie ernähren sich von Pflanzenresten, Getreide, Dörrobst und trockenen Pilzen und richten erhebliche wirtschaftliche Schäden an.

2 Nemapogon clematella F. (= *arcella auct.*). 10—15 mm. In Europa und im Osten bis in das Kaukasusgebiet verbreitet. Der Falter fliegt in einer einzigen Generation im Juli und August aus. Die Raupe lebt vom Frühling an auf Pilzen, die unter der Rinde und auf den Zweigen von Ulmen und Eichen wachsen, auch auf Porlingen.

3 Trichophaga tapetzella L. — Tapetenmotte. 12—22 mm. Wie viele Lagerschädlinge über die ganze Welt verbreitet. Der Falter fliegt von Mai bis August aus, die Raupe lebt vom Herbst bis zum Frühling auf Materialien tierischer Herkunft. In der Natur ist diese Art recht selten. Sie ernährt sich hier in den Nestern der Vögel und in den Höhlen der Säugetiere von Resten. Massenhaft kann sie in Lagern und Hausböden auf alten Wollstoffen und Kleidern auftauchen. In der letzten Zeit ist sie aus unerklärlichen Gründen zurückgegangen.

4 Tineola bisselliella Hum. — Kleidermotte. 10—16 mm. Unauffälliger, gelblicher Kleinschmetterling, deren Raupen durch ihre Tätigkeit auf Wollkleidern und Stoffen (4b, 4c) in den Haushalten gut bekannt sind. Er ist über die ganze Welt verbreitet. In der Natur fliegt der Falter von Mai bis September aus, im Haushalt treffen wir ihn das ganze Jahr über an. Er nährt sich in der Natur von tierischen Resten in den Nestern der Vögel und den Höhlen und Lagern von Säugetieren.

5 Tinea semifulvella Hw. 12—20 mm. In Nord-, Mittel- und Osteuropa verbreitet und fliegt in einer Generation von Mai bis August aus. Die Raupe lebt in der Natur über den Winter an ähnlichen Stellen wie die beiden vorigen Arten.

6 Tinea trinotella Thbg. 12—18 mm. Wird nur aus Europa beschrieben. Bildet von Mai bis August zwei Generationen. Die Raupe lebt vom Herbst bis zum Frühling in Vogelnestern, wo sie von den Resten organischer Nahrung zehrt. Der Falter fliegt nachts, vor allem in Laubwäldern aus.

7 Monopis monachella Hb. 12—16 mm. In Europa, Afrika, Vorder- und Südostasien und auf den Hawaii-Inseln verbreitet. Der Falter fliegt von Juni bis August aus. Die Raupen entwickeln sich vom Herbst bis zum Frühling. Sie leben ähnlich wie die der vorigen Art.

8 Morophaga boleti F. 18—30 mm. In Europa, Kleinasien, Mittel- und Ostasien verbreitet und bildet jährlich eine Generation. Der Falter fliegt von Juni bis August recht zahlreich in älteren Wäldern, vor allem in Laubwäldern, aus. Die Raupe lebt vom Herbst an bis zum nächsten Frühling auf verschiedenen Arten von Baumpilzen und moderndem Holz.

9 Euplocamus anthracinalis Sc. 26—32 mm. Verschieden in der Laubwaldzone der wärmeren Gebiete Europas, vor allem im Südosten verbreitet und reicht im Osten bis zum Kaukasus. Der Falter bildet eine Generation, die von Mai bis August ausfliegt. Wir treffen ihn in lockeren, aber feuchten Laubwäldern, in denen er bei Sonnenschein tagsüber ausfliegt. Die Raupe lebt vom Herbst bis zum Frühling in Röhrlingspilzen und moderndem Holz von Eiche, Buche, Hainbuche u. a.

Familie Psychidae — Sackträger

1 Talaeporia tubulosa RETZ. 16—18 mm. Überall in den Laub- und Mischwäldern in den wärmeren Gebieten Europas und in Kleinasien verbreitet. Das Männchen fliegt im Mai und Juni aus. Das Weibchen ist flügellos. Die Raupe lebt in einem röhrenförmigen Sack mit drei Klappen am Ende (1c) und ernährt sich von Flechten auf Baumstämmen.

2 Solenobia triquetrella HB. 14—15 mm. Mit Ausnahme Englands im ganzen gemäßigten Europa verbreitet. Das Männchen fliegt im April und Mai, doch nur im Süden. Das Weibchen ist flügellos und vermehrt sich oft parthenogenetisch — ohne Befruchtung. Die Raupe lebt vom Sommer bis zum Frühling in einem kurzen, dreikantigen Sack (2c) und ernährt sich von Moosen und Pflanzenresten.

3 Fumea casta PALL. 12—15 mm. In ganz Europa und im Osten bis zum Kaukasus verbreitet. Der Falter bildet jährlich eine Generation. Das Männchen fliegt im Mai und Juni aus. Das Weibchen ist flügellos. Die Raupe lebt in einem Sack aus Stückchen dünner Gräser (3c) und ist polyphag.

4 Epichnopterix pulla ESP. 10—12 mm. In ganz Europa und in Asien bis zum Amur verbreitet. Der Falter bildet jährlich eine Generation, die von April bis Juli zu finden ist. Den schwarzen Falter, der tagsüber aktiv ist, finden wir in grasreichen Biotopen. Die Raupe lebt vom Sommer bis zum Frühling in einem Sack aus Abschnitten von Gras (4c). In klimatisch rauhen Gegenden lebt sie bis zwei Jahre. Sie ist polyphag und befrißt vor allem Gräser.

5 Rebelia plumella O. 12—16 mm. Lokale Art, die an wärmeren Stellen in Mitteleuropa auftritt. Die Imago lebt im Mai. Die Männchen fliegen abends aus, die Weibchen sind flügellos. Die Raupe lebt vom Sommer bis zum Frühling in einem einfachen Sack (5c). Sie frißt Gräser und Moose.

6 Apterona helix SIEB. (= *A. crenulella* BR). 12—14 mm. In Mittel- und Südeuropa, im Osten bis nach Turkestan verbreitet und hält sich an warmen Lokalitäten auf. Die Männchen leben nur in den südlicheren Gebieten, anderswo nur die flügellosen Weibchen, die den Sack nicht verlassen und sich parthenogenetisch vermehren, d. h. ohne Befruchtung. Die Imago lebt im Juni und Juli, sonst kann man nur die polyphagen Raupen in ihren schneckenförmigen Säcken (6c) finden.

7 Psyche viciella SCHIFF. 20—23 mm. In ganz Europa und im Osten bis zum Ural verbreitet. Lebt auf feuchten Wiesen und Lichtungen. Die Imago taucht in den Niederungen von Juni bis August auf. Das Weibchen ist flügellos und vermehrt sich oft parthenogenetisch. Die Raupe trägt einen faßförmigen Sack aus dünnen Stengelfasern (7c). Sie lebt vom Sommer bis zum Frühling und ist polyphag.

8 Sterrhopterix hirsutella HB. 18—20 mm. In der Laubwaldzone ganz Europas und Asiens verbreitet. Die Imago taucht im Juni und Juli auf. Das Weibchen ist flügellos. Die Raupe lebt zwei Jahre in einem zylindrischen Sack, der mit Blatt- und Borkenstückchen (8c) bedeckt ist. Sie bewohnt verschiedene Laubbäume und Sträucher.

9 Pachythelia villosella O. 22—25 mm. Auf Heideland in Mittel- und Südeuropa verbreitet. Die Männchen fliegen im Juni und Juli in der Abenddämmerung aus. Die Weibchen sind flügellos. Die polyphage Raupe lebt 1—2 Jahre in einem Sack.

10 Canephora unicolor HFN. 25—30 mm. Dieser größte europäische Sackträger ist im gemäßigten Europa zu Hause. Die Imago lebt von Juni bis August. Das Weibchen ist flügellos. Die polyphage Raupe lebt in einem großen Sack, der sich bei Männchen (10c) und Weibchen (10d) durch das benutzte Material unterscheidet und am Ende in eine einfache Röhre ausläuft.

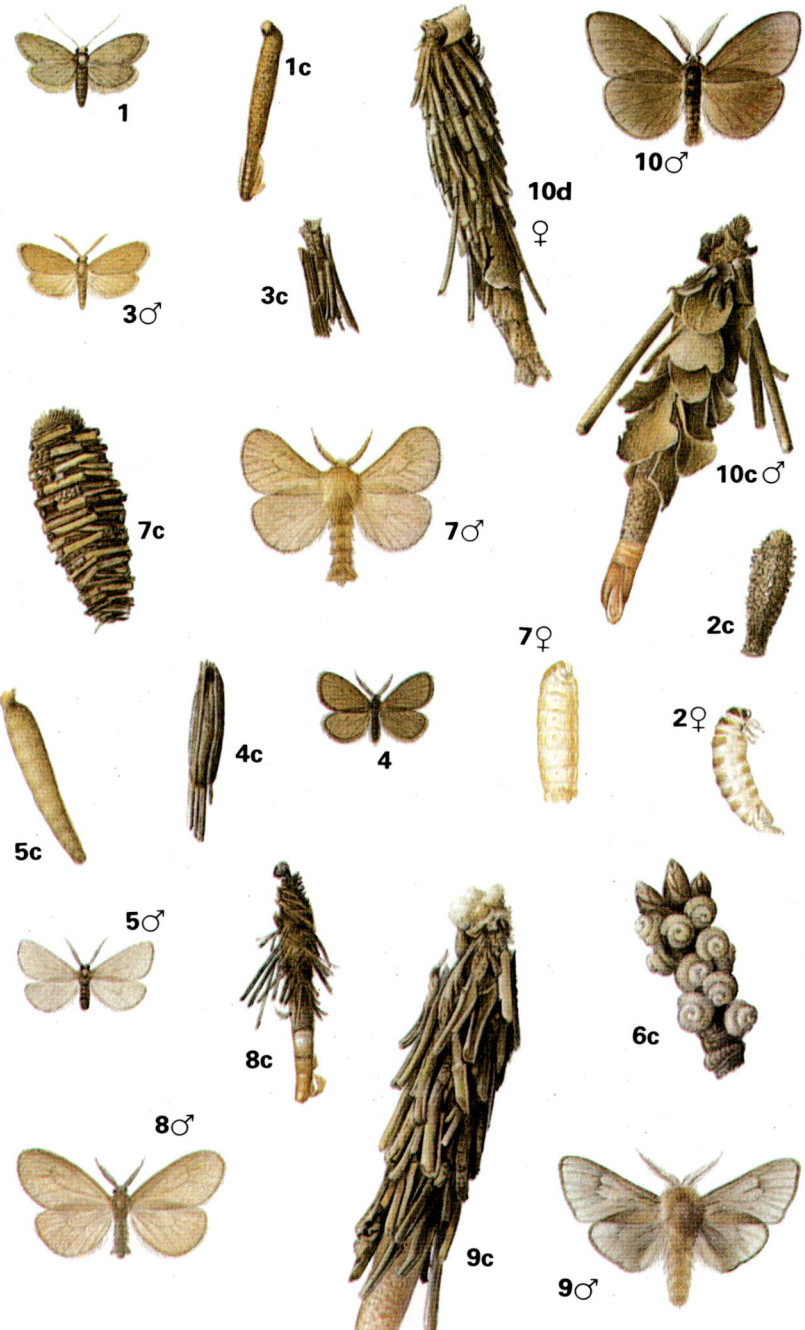

1

1c

3♂

3c

10♂

10d
♀

10c ♂

7c

7♂

7♀

2c

5c

4c

4

7♀

2♀

5♂

8c

9c

6c

8♂

9♂

Familie Cochylidae — Wickler

1 Aethes hartmanniana Cl. 14—25 mm. In Europa und Kleinasien verbreitet und bildet jährlich zwei Generationen, die von Mai bis August nachts ausfliegen. Die Raupe lebt im Juni und vom Herbst bis zum Frühling auf Gelber Skabiose. Diese Art ist auf Waldwiesen und bewaldeten Hängen mit grasbewachsenen Lichtungen häufig.

2 Aethes tesserana Schiff. 12—16 mm. Ähnlich verbreitet wie die vorige Art und lebt auf Baumsteppen, Wiesen und Hängen, tritt jedoch nur lokal auf. Der Falter fliegt von Mai bis August in zwei Generationen aus. Die Raupe lebt im Juni und Juli und dann in der zweiten Generation über den Winter in den Wurzelhälsen von Habichtskraut, Pippau und Alant.

3 Eupoecilia angustana Hb. 12—15 mm. Kommt in Mitteleuropa und Kleinasien vor. Der Falter fliegt von Juni bis August aus. Die Raupe lebt im Herbst und nährt sich von Blüten und Samen auf Schafgarbe, Feldthymian, Wegerich, Goldrute und anderen Pflanzen.

4 Eupoecilia ambiguella Hb. 14—16 mm. Wärmeliebende Art, die in den Weinanbaugebieten der gesamten paläarktischen Unterregion verbreitet ist. Die Falter bilden zwei Generationen im Jahr. Die erste fliegt im Mai, die zweite im Juli und August aus. Die Raupen der ersten Generation leben auf den sich entfaltenden Knospen der Weinreben (4b). Die zweite Raupengeneration lebt im August und September in Gespinsthüllen zwischen unreifen Trauben und Blättern des Weinstocks (4c) und auf vielen anderen Sträuchern und Pflanzen.

5 Cochylis posterana Z. 12—15 mm. In Mittel- und Südeuropa verbreitet. Der Falter lebt von Mai bis August in zwei Generationen auf trockeneren, grasbewachsenen Biotopen, Hängen und Ruderalgeländen. Die Raupe können wir mitten im Sommer oder vom Herbst bis zum März auf den Blüten und Samenständen von Flockenblumen, Klette, Distel und Kratzdistel finden.

6 Agapeta zoegana L. 14—22 mm. In Europa und Kleinasien verbreitet und bewohnt warme, grasreiche Biotope, wie zum Beispiel Steppen, steinige Hänge und einige Ruderalgebiete. Der Falter fliegt von Juni bis August aus. Die Raupe lebt über den Winter in den Wurzeln von Skabiosen und Flockenblumen.

7 Agapeta hamana L. 16—22 mm. In der Grundfarbe der vorigen Art recht ähnlich, zeigt aber eine ausdrucksvolle Zeichnung. Das Verbreitungsgebiet des Falters erstreckt sich über Europa und Kleinasien, er bewohnt aber feuchte Wiesenbiotope und auch Gebirge. Der Falter bildet eine Generation, die von Juni bis August ausfliegt. Die Raupe lebt im Frühling in eingerollten Blättern von Hauhechel, Kratzdistel oder Klee.

8 Stenodes straminea Hw. 14—18 mm. Lebt in trockenen bis ausgedörrten Biotopen in Mittel- und Südeuropa. Der Falter bildet jährlich von Mai bis August zwei Generationen. Eine Generation der Raupen lebt im Sommer, die andere überwintert. Wir finden sie entweder in den Blättern oder Blütenständen von Herzkraut oder auf reifenden Samen von Skabiose und Flockenblume.

9 Aethes margaritana Hw. 10—16 mm. Lebt in Mittel- und Südeuropa. Wir treffen den Falter überall auf Wiesen und anderen grasreichen Biotopen in den Niederungen und Vorgebirgen. Er tritt recht zahlreich auf und fliegt von Juni bis August aus. Die Raupen überwintern und leben vielleicht auch im Sommer. Die Anzahl der Generationen ist unklar. Als Nahrung dienen die Blätter und Blüten von Margerite und Schafgarbe.

1

2

3

5

4

6

7

4c

8

4b

9

Familie Tortricidae — Wickler

1 Pandemis corylana F. 16—25 mm. In Europa und im Osten bis nach Mittelasien verbreitet. Der Falter fliegt von Juli bis September. Die Eier überwintern, und die Raupen entwickeln sich im Frühling zwischen versponnenen, ausschlagenden Blättern von Birke, Buche, Eiche u. ä.

2 Pandemis cerasana Hb. — Johannisbeerwickler. 16—25 mm. Mit Ausnahme des äußersten Nordens in der Laubwald- und Baumsteppenzone der ganzen paläarktischen Unterregion bis in den Fernen Osten verbreitet. Der Falter fliegt von Juni bis September aus. Die Raupe entwickelt sich im Frühling in den versponnenen Blättern der verschiedensten Bäume und verpuppt sich dort auch.

3 Pandemis heparana Schiff. — Obstwickler. 16—25 mm. In den wärmeren Teilen Europas und Asiens bis nach China und Japan verbreitet und bewohnt vor allem die Niederungen, kommt aber auch recht hoch in den Bergen vor. Der Falter fliegt vielleicht von Juni bis August in zwei Generationen, die ineinander übergehen. aus. Die Raupen entwickeln sich im Frühling genauso wie bei der vorigen Art. Äußerst variable und häufige Art.

4 Choristoneura sorbiana Hb. 22—35 mm. Gehört zu den großen Arten der Familie, kommt häufig in den Laubwäldern Europas vor, wurde jedoch östlich des Urals nicht festgestellt, ist aber in Kleinasien und vielleicht auch in Japan verbreitet. Die einzige Generation des Falters fliegt von Juni bis August aus. Die Raupen (4b) entwickeln sich in Gespinsten auf Eiche und auf Obstbäumen. Die Art ist in Eichenwäldern häufig, sonst verstreut.

5 Archips crataegana Hb. — Weißdornwickler. 20—26 mm. Bewohnt Europa und ist auch über Asien bis nach Japan verstreut. Bewohner der Baumsteppen, buschigen Hänge und auch der Obstgärten in der Kulturlandschaft. Der Falter fliegt von Juni bis August aus, die Raupen entwickeln sich im Frühling auf verschiedenen Sträuchern.

6 Archips oporana L. (= *piceana* L.) 18—25 mm. In den warmen Laubwäldern ganz Europas und Asiens bis nach Japan verbreitet. Der Falter fliegt im Juni und Juli aus und zeigt auffallenden Geschlechtsdimorphismus. Das Männchen ist kleiner und anders gefärbt als das Weibchen. Die Raupe lebt vom Herbst bis zum Frühling auf verschiedenen Nadelbäumen.

7 Archips podana Sc. 18—26 mm. In den Laubwäldern und Gärten Europas und Kleinasiens verbreitet. Der Falter fliegt von Juni bis August aus und weist einen noch größeren Geschlechtsdimorphismus auf als die vorige Art. Die Raupe lebt im Frühling auf Laubbäumen.

8 Parasyndemis histrionana Fröl. 16—20 mm. Wird vor allem in den höheren Lagen Europas verzeichnet und bewohnt mit Fichten und Tannen bewachsene Gebiete. Der Falter fliegt von Juni bis August aus. Die Raupe überwintert und nährt sich von Fichten- und Tannennadeln.

9 Ptycholomoides aeriferanus H.S. 16—20 mm. In der ganzen gemäßigten Zone Europas und Asiens verbreitet und wird zum Beispiel aus dem Ural, dem Gebiet um den Baikalsee und aus Japan gemeldet. Die Falter fliegen im Juli und August aus. Die Raupen entwickeln sich im Frühjahr auf Lärche und vielleicht auch auf Ahorn und Zitterpappel.

10 Aphelia paleana Hb. 18—22 mm. Über ganz Europa verbreitet und fliegt im Juni und Juli in den Niederungen und auch hoch in den Bergen auf feuchten Wiesen aus. Die Raupen leben im Frühling zwischen versponnenen Blättern und in den Vegetationskegeln verschiedener feuchtigkeitsliebender Pflanzen.

1

2

3

6♀

6♂

5

8

7♀

7♂

10

9

4

4c

4b

Familie Tortricidae — Wickler

1 Clepsis spectrana T**R**. 16—22 mm. Lebt in Mittel- und Osteuropa und in Kleinasien bis nach Transkaukasien. Wärmeliebende Art, die von Juni bis August ausfliegt und deren Raupe im Frühling auf verschiedenen saftigen Pflanzen wie Sumpf-Wolfsmilch, Weidenröschen, Sumpfkresse, Ampfer u. ä. lebt.

2 Adoxophyes orana F.v. R. — Geißblattwickler. 14—22 mm. Über das ganze wärmere Europa und Asien bis in den Fernen Osten verbreitet. Der Falter fliegt von Juni bis September aus. Über die Anzahl der Generationen werden verschiedene Angaben gemacht. Die Raupe können wir auch während des ganzen Sommers finden. Sie verspinnt die Blätter der verschiedensten Bäume und Sträucher, befrißt junge Steinobstfrüchte, vor allem Aprikosen und Pfirsiche und verspinnt sie mit Blättern. Diese Art tritt sehr zahlreich auf und hat wirtschaftliche Bedeutung für den Obstbau.

3 Ptycholoma lecheanum L. 16—20 mm. In der Laubwaldzone ganz Europas und Kleinasiens und weiter in Mittelasien bis zum Baikalsee und nach Südsibirien verbreitet. Der Falter fliegt im Mai und Juni vor allem in feuchteren Laubwäldern, in Gärten und Parks. Die Raupe lebt im Frühjahr zwischen den versponnenen Blättern von Bäumen und Sträuchern.

4 Paramesia gnomana C**L**. 12—18 mm. In Europa und Kleinasien und im Osten bis zum Südural verbreitet. Der Falter bildet jährlich eine Generation. Er fliegt von Juni bis August aus. Die Raupe lebt im Frühling und befrißt die Blätter von Heidelbeeren, Ziest, Wegerich u. ä.

5 Paraclepsis cinctana S**CHIFF**. 12—16 mm. Wird von den trockeneren und wärmeren Stellen Europas beschrieben. Der Falter fliegt im Juni und Juli. Die Raupe lebt wahrscheinlich vom Frühling an auf Ginster, Besenginster, Wundklee u. a.

6 Isotrias hybridana H**B**. 12—16 mm. In den wärmeren Teilen Mitteleuropas, in Südeuropa und in Kleinasien verbreitet. Der Falter bildet zwei Generationen im Jahr und fliegt im Mai und Juni und im August und September in warmen Laubwäldern und auf buschigen Hängen und Baumsteppen aus. Die Raupe lebt einerseits im Sommer, andererseits vom Herbst bis zum Frühling auf Weißdorn, Ahorn und Eichen.

7 Eulia ministrana L. 18—25 mm. In der nördlichen Zone Europas, in der Waldzone Asiens bis in den Fernen Osten und auch in Nordamerika verbreitet. Der Falter bildet jährlich eine Generation und fliegt im Juni und Juli vor allem in Bergwäldern aus. Die Raupe lebt vom Herbst bis zum Frühling auf Eiche, Birke, Erle, Haselnuß, Mehlbeere u. ä.

8 Cnephasia virgaureana T**R**. 10—15 mm. In ganz Europa und Asien bis nach Japan verbreitet und kommt vielleicht auch in Nordamerika vor. Diese Art der Waldsteppen lebt auf niedrigen Kräutern im Wald, hat sich aber auch gut an die Kulturlandschaft angepaßt. Die Falter fliegen im Juni und Juli aus. Die Raupen (8b) verspinnen (8c) und befressen im Frühling die Blätter und Vegetationskegel der verschiedensten Kräuter.

9 Exapate congelatella C**L**. 18—22 mm. Lokal in Mittel- und Nordeuropa verbreitet und wurde auch im Kaukasus beobachtet. Stellenweise, vor allem in den Bergen, tritt der Falter zahlreich auf. Er bildet jährlich eine Generation, die im Oktober und November ausfliegt. Das heißt, nur das Männchen fliegt aus, das Weibchen hat verkümmerte Flügel. Die Raupen (9b) leben im Frühling auf den Trieben verschiedener Sträucher, zum Beispiel auf Liguster, Ulme, Weißdorn, Johannisbeere, Weide u. a. und spinnen sie zusammen (9c). Die Puppe liegt im Boden.

Familie Tortricidae — Wickler

1 Tortrix viridana L. — Eichenwickler. 18—23 mm. In der Eichenwaldzone in Nordafrika, in ganz Europa und Kleinasien und im Osten bis zum Kaukasus verbreitet. Die Falter fliegen im Juni und Juli aus. Die Raupen (1b) leben im Frühling auf den ausschlagenden Blättern von Eichen (1c) und verursachen oft Kahlfraß, öfter dort, wo der Wald mit Insektiziden behandelt wird und so die natürlichen Feinde der Raupen ausgerottet wurden. Die schwarzen Puppen finden wir in eingerollten Blättern.

2 Croesia bergmanniana L. 10—14 mm. Holarktisch verbreitet und fliegt im Juni und Juli aus. Die Raupen finden wir im Mai zwischen den versponnenen Blättern und Vegetationskegeln der Rosen.

3 Croesia forskaleana L. 12—18 mm. Im gemäßigteren Europa bis zum Kaukasus verbreitet. Die Falter der einzigen Generation fliegen von Juni bis August. Die Raupen leben im Frühling in eingerollten Ahornblättern.

4 Acleris variegana Schiff. — Heidelbeerwickler. 14—18 mm. Von Nordafrika über Europa und Kleinasien bis nach Mittelasien verbreitet. Der Falter fliegt im Herbst, von August bis November aus. Die Raupen leben im Frühling und Anfang Sommer auf Heidelbeere, Haselnuß und verschiedenen Bäumen und Sträuchern der Familie *Rosaceae*. In der Färbung ist diese Art äußerst variabel.

5 Acleris emargana F. 18—22 mm. Trägt interessante, vorn ausgeschnittene Flügel. Dieses Merkmal ist jedoch veränderlich und kann auch fehlen. Diese Art ist in der Laub- und Mischwaldzone Europas und Asiens verbreitet und lebt auch in Nordamerika. Der Falter fliegt von Juli an bis zum Frühling aus, überwintert also. Die Raupe lebt im Frühling auf Weiden, Pappeln und Birken.

6 Dichrorampha petiverella L. 10—14 mm. Mit Ausnahme des rauhen Nordens in Europa und in Asien bis zum Amurgebiet verbreitet. Der Falter fliegt von Juni bis August aus. Die Raupe lebt vom Herbst bis zum Frühling in den Wurzeln von Schafgarben oder Margeriten.

7 Cydia splendana Hb. (= *Laspeyresia s.*) — 12—16 mm. Folgt in der Verbreitung den Eichenwäldern, bewohnt Europa und reicht im Osten bis zum südlichen Ural und dem Wolgagebiet. Der Falter fliegt mit einer einzigen Generation von Juni bis August aus. Die Raupen entwickeln sich in Eicheln, Walnüssen und Eßkastanien und überwintern.

8 Cydia nigricana F. (= *Laspeyresia n.*) — Erbsenwickler. 10—15 mm. In der ganzen paläarktischen Unterregion und auch in Nordamerika verbreitet und fehlt nur im rauhen Norden. Der Falter bildet eine Generation, die von Juni bis August ausfliegt. Die Raupe (8b) entwickelt sich am Ende des Sommers auf Erbse, Wicke, Platterbse (8c).

9 Cydia pomonella L. (= *Laspeyresia p.*) — Apfelwickler. 14—18 mm. Stammt aus dem Westen der paläarktischen Unterregion, von wo aus er sich über die ganze Welt verbreitet hat. Er lebt heute überall dort, wo Äpfel gezüchtet werden. Der Falter fliegt mit einer bis zwei Generationen von Mai bis August aus. Die Raupe (9b) entwickelt sich in reifenden Äpfeln (9c), verspinnt sich auf Baumstämmen in Spalten und unter der Rinde und verpuppt sich im Frühling. Die lange Flugzeit hängt damit zusammen, daß die Raupen mit den Äpfeln in Lager und Haushalte transportiert werden, dort überwintern und sich unter verschiedenen Temperaturbedingungen ungleichmäßig schnell entwickeln.

10 Lathronympha strigana F. 14—18 mm. In Europa, Kleinasien und Sibirien verbreitet und bildet eine Generation, die von Mai bis August ausfliegt. Vielleicht besteht noch eine unvollständige, zweite Generation. Die Raupen leben von Mai bis Juli auf Hartheu.

Familie Tortricidae — Wickler

1 Enarmonia formosana Sc. — Aprikosenwickler. 14—16 mm. In Nordafrika, dem wärmeren Europa, Kleinasien und in Asien bis nach Sibirien verbreitet. Der Falter fliegt von Mai bis August aus. Die Raupe lebt vom Sommer bis zum nächsten Frühling. Sie bohrt sich unter die Rinde von Obstbäumen ein und lebt vor allem auf Kirschen, Aprikosen und Pflaumen. Sie richtet in Gärten Schäden an.

2 Rhyacionia buoliana SCHIFF. — Kieferntriebwickler. 16—20 mm. In den Kiefernwaldgebieten in ganz Europa und Asien verbreitet, wurde auch in Nordamerika beobachtet und unlängst nach Südamerika verschleppt. Der Falter fliegt von Juni bis August aus. Die Raupe (2b) lebt in den Knospen und Trieben der Kiefern und befällt vor allem junge Bäume (2d).

3 Petrova resinella L. — Kiefernharzgallenwickler. 16—21 mm. In ganz Europa und in Sibirien verbreitet und fliegt im Mai und Juni aus. Die Raupe lebt und überwintert zweimal in den Harzgallen auf den Ästen von Kiefern. Diese Art kommt häufig auf Torfmooren vor.

4 Spilonota ocellana F. — Roter Knospenwickler. 16—18 mm. In der paläarktischen Unterregion verbreitet und wurde auch nach Nordamerika verschleppt. Der Falter fliegt von Mai bis Juli, die Raupe überwintert und lebt im Frühling in den ausschlagenden Knospen und Trieben von Laubbäumen. Sie richtet in den Obstgärten empfindliche Schäden an und tritt überall zahlreich auf.

5 Epiblema foenella L. 18—23 mm. In der gemäßigten Zone Europas verbreitet und reicht im Osten bis nach Armenien. Der Falter fliegt im Juni und Juli auf Steppen und Feldern aus. Die Raupe lebt vom Herbst bis zum Frühling auf Beifuß. Färbung sehr variabel.

6 Notocelia uddmanniana L. 13—20 mm. Im gemäßigten und südlichen Europa und in Kleinasien verbreitet. Der Falter fliegt von Juni bis August aus und bildet jährlich eine bis zwei Generationen. Die Raupe lebt im Frühling und im Sommer in den versponnenen Gipfelblättern verschiedener Brombeerarten.

7 Zeiraphera isertana F. (= *Epinotia stroemiana* auct.). H. S. 16—20 mm. In Nord- und Mitteleuropa, in Westsibirien und auch in Nordamerika verbreitet. Der Falter fliegt von Juli bis September aus. Die Raupe lebt am Frühlingsende zwischen versponnenen Blättern von Birke, Erle und Haselnuß.

8 Epinotia solandriana L. 18—20 mm. In Europa und östlich über den Ural und Kaukasus bis zum Baikalsee verbreitet. Der Falter fliegt von Juli bis September aus. Die Raupe lebt gegen Ende des Frühlings und am Anfang des Sommers auf Haselnuß, Birke, Weide und anderen Laubbäumen.

9 Epinotia tedella CL. — Fichtennestwickler, Hohlnadelwickler. 10—12 mm. In der Kiefernwaldzone Europas und Asiens verbreitet. Fliegt von Mai bis Juli in angepflanzten und natürlichen Fichtengehölzen bis hoch in die Berge aus. Die Raupe lebt bis zum Herbst auf Fichten. Stellenweise richtet sie Schäden an.

10 Ancylis mitterbacheriana SCHIFF. 12—14 mm. Häufig in Europa und Asien überall dort, wo Eichen wachsen, verbreitet. Die Falter fliegen von Mai bis August in zwei Generationen aus. Die Raupen entwickeln sich im Juli und von September bis April auf Eichen und Buchen.

11 Ancylis badiana SCHIFF. 12—16 mm. In ganz Europa und in Kleinasien bis zum Kaukasus verbreitet. Der Falter fliegt von April bis Juli in zwei Generationen aus. Die Raupe lebt im Juni und August in versponnenen Blättern von Platterbse, Wicke und Klee. Die Art kommt zahlreich auf grasreichen Biotopen in den Niederungen und Bergen vor.

Familie Tortricidae — Wickler

1 Hedya salicella L. 18—22 mm. Mit Ausnahme des rauhen Nordens in Europa und in Asien bis nach Sibirien verbreitet. Der Falter fliegt in zwei Generationen von Mai bis August in den Niederungen und Bergen an feuchten Stellen und buschigen Biotopen in Wassernähe aus. Die Raupe lebt in versponnenen Blättern von Weiden und Pappeln.

2 Hedya nubiferana Hw. — Grauer Knospenwickler. 18—20 mm. In Europa und Kleinasien bis nach Armenien verbreitet. Bewohnt zahlreich Waldsteppen, buschige Hänge und auch Obstgärten, wo er empfindliche Schäden anrichtet. Der Falter fliegt von Juni bis August aus. Sitzend ahmt er ausgezeichnet auf Blättern haftenden Vogelkot nach. Die Raupe lebt im Frühling und befrißt Knospen und ausschlagende Triebe der Laubbäume.

3 Apotomis betuletana Hw. 16—20 mm. Wird aus Nord- und Mitteleuropa und aus Sibirien beschrieben. Der Falter fliegt von Juni bis August in Laubwäldern aus und tritt zahlreich auf. Die Raupe lebt im Frühling zwischen versponnenen Birkenblättern.

4 Apotomis inundana Schiff. 18—22 mm. Recht selten, lebt in den Wald- und Baumsteppengebieten ganz Europas. Der Falter fliegt im Juni und Juli in den Niederungen und Bergen aus. Die Raupe lebt im Frühling in eingerollten Blättern von Zitterpappeln.

5 Olethreutes arcuella Cl. 16—18 mm. In den wärmeren Teilen der Laubwälder der gesamten paläarktischen Unterregion verbreitet und kommt besonders häufig in Eichenwäldern vor. Die einzige Generation des Jahres fliegt von Mai bis Juli nachmittags und abends aus. Die Raupen leben vom Sommer bis zum Frühling auf dem Boden auf abgefallenem Laub.

6 Olethreutes siderana Tr. 16—18 mm. In der gemäßigten und nördlichen Zone Europas und in Südostsibirien verbreitet und bewohnt vor allem Moore und feuchte Biotope an Flüssen in den Niederungen und Vorgebirgen. Der Falter fliegt im Juni und Juli aus. Die Raupe lebt im Frühling auf umgebogenen Blättern von Weidenblättrigem Spierstrauch, Geißbart und Echtem Mädesüß.

7 Argyroploce mygindana Schiff. 15—20 mm. Überall in Nordeuropa verbreitet und kommt sonst in Europa nur in den Bergen und auf Torfmooren vor. Der Falter fliegt im Juni und Juli aus. Die Raupe lebt im Frühling in versponnenen Blättern verschiedener *Vaccinium*-Arten.

8 Argyroploce lacunana Schiff. 16—18 mm. Lebt in ganz Europa und Kleinasien und bildet von Mai bis September zwei Generationen. Wir treffen den Falter häufig in feuchten und grasreichen Biotopen an. Die Raupe lebt von April bis Juli zwischen versponnenen Blättern von Birke, Weide, Himbeere, Kratzdistel, Dotterblume und anderen Pflanzen.

9 Argyroploce bipunctana F. 16—20 mm. In ganz Mittel- und Nordeuropa und im Osten bis nach Sibirien verbreitet und bewohnt überall zahlreich aber vor allem in den Bergen die Wälder mit Heidelbeerunterwuchs. Der Falter fliegt von Mai bis Juli aus. Die Raupe lebt im Frühling auf Heidelbeere, Wintergrün und vielleicht auch auf Rhododendron.

10 Paracelypha rivulana Sc. 16—18 mm. In Europa und Asien sehr zahlreich. Der Falter fliegt von Mai bis September auf Wiesen aus und bildet zwei bis drei Generationen. Die Raupen leben während des ganzen Sommers auf verschiedenen Kräutern und vielleicht auf einigen Sträuchern.

11 Celypha striana Schiff. 16—20 mm. Häufig auftretende Art Mittel- und Südeuropas. Sie bildet zwei Generationen, die von Mai bis September in grasbewachsenen Biotopen ausfliegen. Die Raupe lebt im Juli und im Frühling auf Löwenzahn und verpuppt sich im Boden.

1

2

3

4

5

6

7

8

9

10

11

Familie Cossidae — Holzbohrer

1 Cossus cossus L. — Weidenbohrer. 65—80 mm. Mit Ausnahme der nördlichen Gebiete in ganz Europa und weiter über die gemäßigte Zone Asiens und Nordafrika verbreitet. Lebt in Laubwäldern bis hoch in die Berge hinauf und in Uferbiotopen, die Baumbestand aufweisen. Der Falter fliegt im Juni und Juli nachts aus. Die Raupen (1b) leben zwei Jahre (sie überwintern zweimal) und bohren im Holz verschiedener Laubbäume. Meistens werden Weiden und Pappeln, aber auch Mehlbeerbäume, Apfelbäume u. a. geschädigt. Die befallenen Bäume erkennt man schon von weitem am Holzessiggeruch. Aus den Fraßstellen fallen Späne. Vor dem Verpuppen nagt die Raupe im Holz eine größere Kammer und baut sich darin einen weichen Kokon aus Fasern und Holzspänen, wo sie sich auch verpuppt (1c). Wir können die Raupen oft im Frühling antreffen, wenn sie zu anderen Bäumen umziehen.

2 Hypopta caestrum Hʙ. — Spargelbohrer. 30—35 mm. In den wärmeren Gebieten Europas und in Vorderasien verbreitet. Die nördliche Grenze seines Verbreitungsgebietes liegt in Mitteleuropa. Der Falter bildet jährlich eine Generation und fliegt im Juni und Juli aus. Die Raupen fressen bis zum Herbst und nach dem Überwintern bis zum Verpuppen im Mai die Wurzeln des Spargels aus. Sie richten manchmal erhebliche Schäden in den Spargelkulturen in Frankreich, Italien und auf dem Balkan an.

3 Dyspessa ulula Bᴋʜ. — Zwiebelbohrer. 18—28 mm. Von Nordafrika über die warmen Gebiete Mittel- und Südeuropas bis nach Kleinasien, Armenien und Turkestan verbreitet. Die Falter der einzigen Generation fliegen in den Abendstunden im Mai und Juni aus. Die Raupen leben im Boden und fressen vom Sommer bis zum nächsten Frühling die Zwiebeln einiger Knoblaucharten aus. In steppenartigen Gebieten kommt diese Art am häufigsten vor. Die Falter sind variabel in der Zeichnung und auch in der Größe. Diese hängt davon ab, wie groß die Zwiebel war, in der die Raupe gelebt hat.

4 Phragmataecia castaneae Hʙ. — Rohrbohrer. 27—50 mm. Lebt stellenweise in den wärmeren Gebieten Europas und Asiens bis nach China und Japan. Mit seiner Lebensweise und durch die Futterpflanze ist der Falter an stehende und ruhig fließende Gewässer gebunden. Er bildet zwar nur eine Generation, fliegt aber trotzdem über einen langen Zeitraum von Mai bis September aus. Die Weibchen sind viel größer als die Männchen, haben einen beachtlich langen Hinterleib und anders geformte Fühler. Die Flügelfärbung ist bei beiden Geschlechtern gleich. Die Falter fliegen nachts aus und werden oft vom Licht angelockt, auch wenn dieses weit entfernt vom Biotop ist. Die Raupen leben auf Schilfrohr und überwintern zweimal. Sie verpuppen sich in den Stengeln, nachdem sie von innen her eine Flugöffnung vorbereitet haben. Diese ist nur mit einer dünnen Haut verschlossen.

5 Zeuzera pyrina L. — Blausieb, Kastanienbohrer. 35—60 mm. Über ganz Europa und Asien verbreitet und lebt auch in Nordamerika, wohin der Falter im vergangenen Jahrhundert verschleppt wurde. Am häufigsten tritt er in warmen Gebieten auf. Er fliegt von Juli bis September nachts aus, ruht tagsüber, und fliegt auch bei Störungen nicht auf. Die Raupen (5b) leben zwei Jahre. Sie wurden auf ungefähr 150 Holzarten festgestellt, meistens aber auf Apfelbäumen und anderen Obstbäumen, denn hier erwecken sie als Schädlinge in Gärten und Plantagen besondere Aufmerksamkeit. Diese Art ist in Größe von der Qualität der Raupennahrung abhängig und darum sehr variabel.

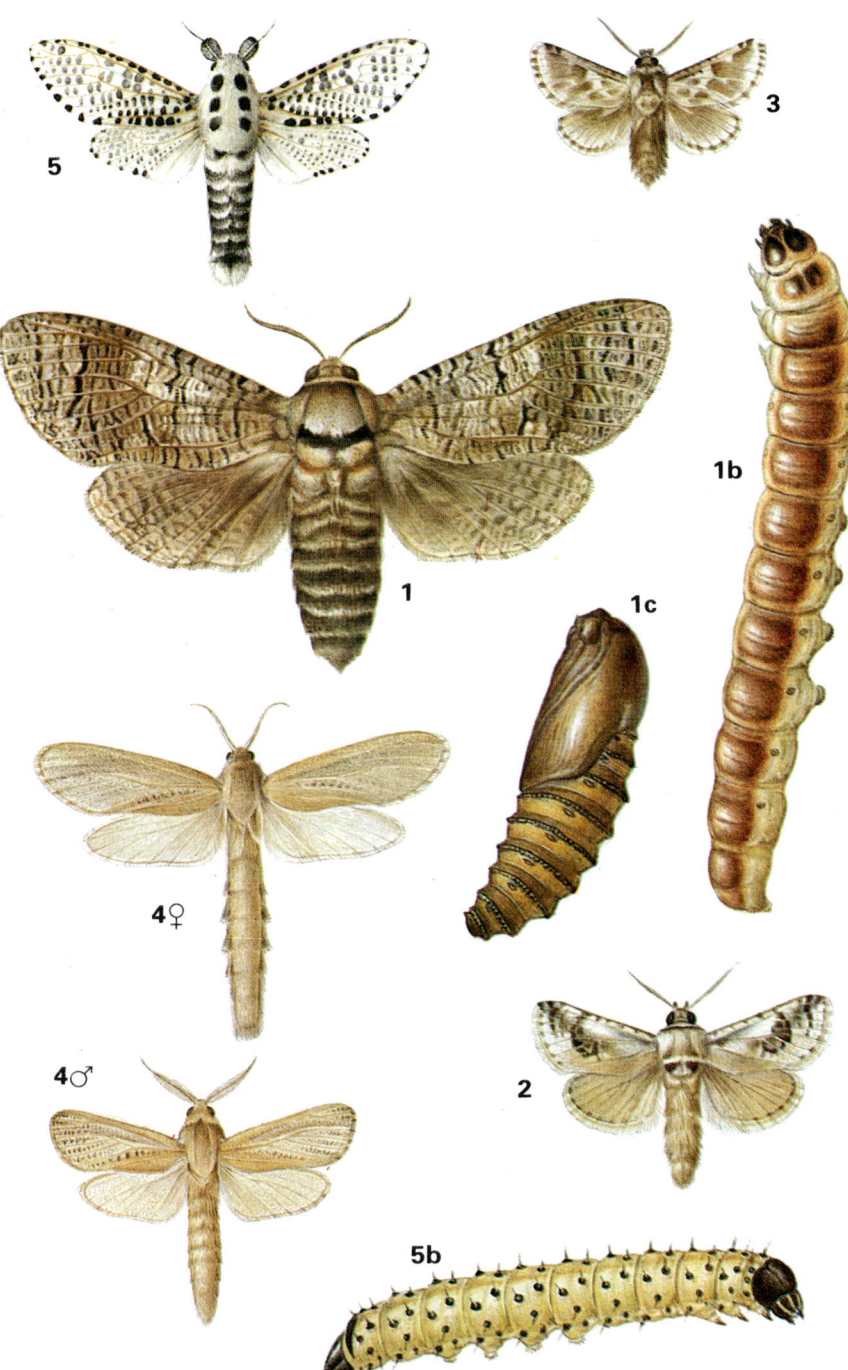

Familie Adelidae — Langhornmotten

1 Nemophora degeerella L. 16—21 mm. In der gesamten gemäßigten Zone Europas bis zum Kaukasus verbreitet, bewohnt die Laub- und Mischwaldzone und lebt an feuchten Stellen vor allem in den niedrigeren Lagen und entlang der Wasserläufe. Der Falter fliegt im Mai und Juni an sonnigen Tagen aus und wirbelt dann, den Eintagsfliegen ähnlich, auf Lichtungen und zwischen den Bäumen umher. Er trägt, wie übrigens die meisten Arten dieser Familie, interessante, lange Fühler, die bei den Männchen die fünffache, bei den Weibchen die doppelte Flügellänge erreichen können. Die Raupe lebt vom Herbst bis zum Frühling auf Buschwindröschen. Anfangs miniert sie in den Blättern, später lebt sie in einem Sack.

2 Adela reaumurella L. 14—17 mm. In der Laubwaldzone, vor allem aber in den Eichenwäldern ganz Europas und Asiens verbreitet und bildet jährlich eine Generation. Der Falter fliegt an sonnigen Tagen zeitig im Frühling, im April und Mai aus und wirbelt in ganzen Schwärmen um die ausschlagenden Zweige von Eichen, Ahorn u. ä. Die Raupe lebt vom Sommer an bis zum zeitigen Frühjahr in einem kleinen Sack und nährt sich am Boden von trockenem Laub von Eiche, Buche, Haselnuß u. ä.

3 Adela fibulella Schiff. 7—8 mm. Die kleinste Art dieser Gattung. In der gemäßigten Zone Europas, einen Teil Südeuropas und im Norden Kleinasiens verbreitet. Sie lebt in blütenreichen grasbewachsenen Biotopen, auf Wiesen, Lichtungen und an Waldrändern. Der Falter ist in der Natur sehr unauffällig. Er fliegt tagsüber von Mai bis Juli zwischen Grashalmen und Kräutern umher. Die Raupe lebt vom Sommer bis zum Frühling in einem kleinen Sack und ernährt sich von Gamander und Ehrenpreis, später frißt sie am Boden die Reste der Nährpflanze.

4 Nemophora ochsenheimerella Hb. 14—17 mm. In den Tannenwäldern der Vorgebirgslagen Europas beheimatet. Der Falter fliegt im Mai und Juni aus. Die Raupe lebt vom Sommer bis zum Frühling auf Tannen.

5 Adela croesella Sc. 11—13 mm. In Europa, Kleinasien und Sibirien verbreitet und recht selten. Der Falter fliegt im Mai und Juni in Laubwäldern mit reichem Buschwuchs im Unterholz aus. Die Raupe lebt anfangs in Minen auf Ligusterblättern, später in einem kleinen Sack auf dem Boden. Man kann sie vom Sommer bis zum Herbst finden.

6 Nemophora metallica Poda. 17—20 mm. Lebt in feuchten Grasbiotopen der gemäßigten Zone ganz Europas. Die Falter fliegen von Juni bis August am Tage aus und lassen sich auf den Blüten der Witwenblume nieder. Die Raupe lebt vom Sommer bis zum Frühling auf den Blüten von Witwenblumen, Skabiosen und Flockenblumen, später auf dem Boden. Auf Wiesen kommt diese Art zahlreich vor.

7 Nematopogon robertella Cl. (= pilulella Hb). 12—15 mm. In ganz Europa verbreitet und kommt überall dort vor, wo die Nährpflanze wächst, vor allem jedoch in Bergen bis zur Waldgrenze. Die Falter der einzigen Generation fliegen im Juni und Juli am Tage und abends aus. Die Raupen leben auf Heidelbeeren, später in einem kleinen Sack.

8 Nematopogon swammerdamella L. 19—21 mm. Die größte unter einigen sehr ähnlichen Arten. Bewohnt die Laubwälder ganz Europas bis zum Kaukasus. Der Falter fliegt im Frühling im April und Mai in lichten Wäldern aus. Die Raupe lebt vom Sommer bis zum Frühling auf Eiche und Buche. Anfangs miniert sie in den Blättern, baut sich später aus Blattabschnitten einen kleinen flachen Sack und lebt in diesem auf dem Boden.

Familie Incurvariidae — Miniersackmotten

1 Lampronia praelatella Schiff. 11—13 mm. In Nord- und Mitteleuropa verbreitet. Bildet jährlich eine Generation, die im Juni und Juli ausfliegt. Die Raupe entwickelt sich vom Sommer bis zum Frühling auf verschiedenen Rosengewächsen.

2 Lampronia rubiella Bjerk. — Himbeermotte, Himbeerschabe. 11—14 mm. In ganz Europa verbreitet. Die Falter fliegen im Juni und Juli nachts aus und legen ihre Eier in die Blüten der Himbeeren ab. Die Raupen (2b) leben vom Sommer bis zum nächsten Frühling. Anfangs beschädigen sie die heranreifenden Früchte, nach dem Überwintern fressen sie sich in die Knospen und jungen Triebe (2c) ein. Die Art tritt häufig auf und kann in Himbeerplantagen Schäden anrichten.

3 Incurvaria masculella Schiff. 14—16 mm. In Europa bis zum Kaukasus verbreitet. Die Falter fliegen schon im April und Mai in Laub-, vor allem Eichenwäldern aus. Die Raupen leben vom Sommer bis zum Frühling auf Eiche, Buche, Hainbuche u.ä. Anfangs bilden sie in den Blättern Minen, später stellen sie aus Blattabschnitten einen kleinen Sack her und leben darin auf dem Boden auf abgefallenen Blättern.

4 Incurvaria pectinea Hw. 14—16 mm. In der gemäßigten Zone Europas und Asiens über den Kaukasus bis zum Altaigebirge verbreitet. Der Falter fliegt im April und Mai in Bergwäldern aus. Die Raupe lebt ähnlich wie die der anderen Arten dieser Gattung auf Birke, Haselnuß, Eiche u.ä.

5 Incurvaria capitella Cl. — Johannisbeermotte. 14—17 mm. In Mittel- und vor allem in Nordeuropa und in ganz Asien bis in die Fernen Osten verbreitet. In Mitteleuropa tritt der Falter in den Vorgebirgslagen zahlreicher auf. Die Falter fliegen im Mai und Juni, in der Zeit, in der sich die grünen Johannisbeeren bilden, aus. Sie legen ihre Eier mitten in die Beeren ab. Die jungen Raupen leben in den Früchten und nähren sich von den Samen, dann kriechen sie zum Fuß der Sträucher und bereiten sich in einem Kokon auf das Überwintern vor. Im Frühling fressen sie dann die Blütenknospen der Johannisbeeren aus. In Nordeuropa gehört dieser Falter zu den ernsten Schädlingen dieses Beerenobstes, und oft fällt ihm der ganze Ertrag zum Opfer.

6 Incurvaria oehlmanniella Hb. 13—16 mm. In Mittel- und Nordeuropa und im Osten bis in den Kaukasus verbreitet. Die einzige Generation fliegt von Mai bis Juli in Nadelwäldern aus. Die Raupe lebt von Juni bis Oktober auf Heidelbeere.

Familie Tischeriidae — Schopfstirnmotten

7 Tischeria ekebladella Bjerk. 8—10 mm. Lebt in der Laubwaldzone ganz Europas und im Osten bis zum Kaukasus und Ural. Der Falter fliegt im Mai und Juni aus. Die Raupe lebt in flächigen Minen auf den Blättern junger Eichen und Eßkastanien (7c). Im Herbst, im September und Oktober, treten sie manchmal sehr zahlreich auf und befallen vor allem niedrige, zwei- bis dreijährige Sämlinge.

8 Tischeria gaunacella Dup. 7—8 mm. In Mittel- und Südeuropa und in Kleinasien bis zum Kaukasus verbreitet. Die Falter fliegen im Mai und Juni in Wäldern, Waldsteppen und auch auf buschigen Hängen und in Gärten aus. Die Raupen minieren in Blättern vor allem der Gattung *Prunus*.

Familie Hepialidae — Wurzelbohrer

1 Hepialus humuli L. — Hopfenwurzelbohrer, Geistermotte. 40−70 mm. In der ganzen gemäßigten Zone Europas, in Kleinasien und im Osten bis nach Sibirien verbreitet. Wir treffen ihn sowohl in den Niederungen wie auch hoch in den Bergen an. Am häufigsten ist der Falter jedoch in Vorgebirgen, wo er vor Einbruch der Dunkelheit auf Wiesen und grasbewachsenen Stellen niedrig über dem Pflanzenwuchs ausfliegt. Nach dem Dunkelwerden stellt er seine Aktivität ein. Er fliegt der Höhenlage entsprechend im Juni und Juli aus und taucht in den Bergen später auf. Die Raupen leben über zwei Jahre (1b). Bis zum Herbst entwickeln sie sich sehr langsam. Vor dem zweiten Winter sind sie schon fast ausgewachsen, und danach verpuppen (1c) sie sich. Sie leben im Boden von den Wurzeln verschiedener Kräuter, Gräser und Sträucher. Bei dieser Art bestehen zwischen beiden Geschlechtern erhebliche Unterschiede. Das Männchen ist silbrigweiß, das Weibchen ockerfarben mit einer sehr veränderlichen, rötlichen Zeichnung. Auch in der Größe bestehen Unterschiede, die von den Lebensbedingungen der Raupe abhängen.

2 Pharmacis fusconebulosa de Geer. 30−35 mm. In den nördlicheren und mittleren Gebieten Europas vor allem in den Berg- und Hügelländern verbreitet. Im Osten reicht er über den Ural bis nach Sibirien und in den Fernen Osten. Er bildet eine Generation, die von Mai bis Juli ausfliegt. Das Weibchen ist etwas heller und größer als das Männchen. Die Raupe lebt vom Herbst bis zum Frühling auf Adlerfarn.

3 Pharmacis carna Esp. 30−45 mm. Tritt lokal in den Gebirgen Mitteleuropas, vor allem in den Alpen und Karpaten auf und bewohnt die Biotope an der oberen Waldgrenze, die Knieholzzone und auch alpine Wiesen in Höhen über 2000 m. Zwischen Männchen und Weibchen besteht in der Färbung ein erheblicher Unterschied. Die einzige Generation fliegt im Juli und August aus und die Falter sind am frühen Morgen und bei wolkigem Wetter auch tagsüber aktiv. Die Lebensweise der Raupe ist nicht bekannt.

4 Triodia sylvina L. — Salatwurzelbohrer. 25−45 mm. In der ganzen gemäßigten Zone Europas, im Osten bis nach Transkaukasien verbreitet. Der Falter bildet eine Generation, die im August und September ausfliegt. Das Männchen unterscheidet sich vom Weibchen erheblich in Größe und Färbung. Die Raupen leben vom Herbst bis zum nächsten Sommer und befressen die weichen Wurzeln verschiedener Pflanzen. Die Imagines fliegen in der Abenddämmerung aus.

5 Phymatopus hecta L. 22−33 mm. In Mittel- und Nordeuropa und in ganz Asien bis den Fernen Osten und nach Sachalin verbreitet. Der Falter bildet jährlich eine Generation und fliegt von Juni bis August aus. Er ist vor Einbruch der Dunkelheit aktiv. Die Männchen suchen dann eifrig die Weibchen auf und fliegen manchmal in regelrechten Schwärmen aus. Diese Art tritt in den Niederungen und Bergen sehr häufig in Wäldern mit reichem Heidelbeer- und Farnwuchs auf. Die Raupe lebt vom Sommer bis zum Frühling und ist polyphag. Sie nährt sich von den Wurzeln von Adlerfarn, Heidelbeere, Ampfer und anderen Pflanzen.

6 Korscheltellus lupulinus L. — Kleiner Hopfenwurzelbohrer. 22−35 mm. In der gemäßigten Zone Europas und Asiens bis zum Altai verbreitet. Die Falter der einen Generation fliegen im Mai und Juni am Vorabend auf Wiesen und Feldern aus. Die Raupen entwickeln sich vom Sommer bis zum zeitigen Frühling und sind polyphag. Sie befressen im Boden die Wurzeln verschiedener Pflanzen und befallen oft Luzerne und einige Gartengemüse und Blumen, zum Beispiel Maiglöckchen.

2

3

1♀

5♂

1♂

5♀

4♀

4♂

6♀

6♂

1c

1b

Familie Micropterigidae — Urmotten

1 Micropterix thunbergella F. 8—9,5 mm. In Mittel- und Nordeuropa verbreitet. Bildet jährlich eine Generation, die im Mai und Juni an feuchten Stellen ausfliegt. Hier läßt sich der Falter mit Vorliebe auf Dotterblumen nieder. Als Nährpflanze wird Hainbuche angegeben. Es ist aber nichts Genaueres bekannt.

2 Micropterix aureatella Sc. 9—11 mm. Über die Verbreitung dieses Falters ist wenig bekannt. Er wurde in West-, Mittel- und Nordeuropa beobachtet und tritt in lichten Wäldern nicht selten auf. Er fliegt im Juni und Juli aus. Die Raupe lebt auf Heidelbeeren. Diese Art ist mit der Nährpflanze von den Niederungen bis in die Berge verbreitet.

3 Micropterix calthella L. 7—8,5 mm. Aus ganz Europa bekannt. Tritt in den feuchten Biotopen der Niederungen und Gebirge auf. Es ist der gewöhnlichste Vertreter dieser Familie. Der Falter fliegt im Frühling, im Mai und Juni, aus. Die Raupe lebt vom Juli bis Oktober auf Dotterblumen. Als Futterpflanzen werden auch verschiedene Moose angegeben.

Familie Eriocraniidae — Trugmotten

4 Eriocrania sparrmannella Bosc. 8—12 mm. In ganz Mittel- und Nordeuropa und auch in Sibirien verbreitet. Der Falter bildet jährlich eine Generation, die im April und Mai ausfliegt. Die Raupe lebt im Mai und Juni auf Birkenblättern in blasenartigen Minen. Diese Art ist häufig und fliegt tags und nachts aus.

5 Eriocrania semipurpurella St. 11—14 mm. In der Laubwaldzone Nord- und Mitteleuropas verbreitet. Fliegt sehr zeitig im Frühling, im März und April aus. Die Raupe entwickelt sich im Mai in blasenförmigen Minen auf Birkenblättern. (5c). Wenn sie ausgewachsen ist, fällt sie auf den Boden und verbringt den Sommer und Winter in einem Kokon. Erst dann verpuppt sie sich, und bald schlüpft der Falter. Diese Art ist sehr zahlreich und hat Tag- und Nachtaktivität.

6 Eriocrania haworthi Bradl. (= *rubroaurella* auct.). 9—11 mm. Wird nur aus Nord- und Mitteleuropa angeführt und ähnelt in der Lebensweise den vorigen Arten. Der Falter fliegt bald im Frühling, im April, aus. Die Raupe entwickelt sich im Mai in Minen auf Birkenblättern.

Familie Nepticulidae — Zwergmotten

7 Stigmella malella Stt. 4—5 mm. Der Vertreter einer an Arten äußerst reichen Familie, in der wir die kleinsten Falter überhaupt finden. Diese sind untereinander sehr ähnlich und unterscheiden sich eher in der Lebensweise, der Nährpflanze und im Minentyp als in der Flügelzeichnung. Diese Art kommt im ganzen gemäßigten Europa häufig vor. Sie bildet zwei Generationen, die im Juni und August ausfliegen. Die Raupen leben im Juli und im Herbst in schlangenförmigen Minen auf Apfelblättern (7c).

8 Stigmella oxyacanthella Stt. 5—6 mm. Wärmeliebende Art, die außer in der gemäßigten Zone Mitteleuropas auch in Palästina bekannt ist. Sie bildet zwei Generationen, die im Mai und August ausfliegen. Die Raupen leben im Juli und im Herbst bis zum Oktober in Minen auf Weißdorn, Birne und verschiedenen *Prunus*-Arten.

9 Stigmella prunetorum Stt. 4,5—5 mm. Geläufige Art, die in der ganzen gemäßigten und wärmeren Zone Europas, in Kleinasien und in Osteuropa bis zum Kaukasus verbreitet ist. Sie bildet zwei Generationen, die im Mai und August ausfliegen. Die Raupe lebt im Juli und Herbst in Blattminen auf verschiedenen Arten der Gattung *Prunus* und auf Weißdorn.

Weiterführende Literatur

Abhandlungen zur Larvalsystematik der Insekten: Lepidoptera (Noctuidae, Pyralidae, Tortricidae). Berlin 1958—1960

Amsel, H. G., Gregor F. und *Reisser H.:* Microlepidoptera palaearctica. Bd. 1—4. Wien 1965—1974

Bergmann, A.: Die Großschmetterlinge Mitteldeutschlands. Bd. 1—5. Jena und Leipzig 1952—1955

Bourgogne, J.: Ordre des Lépidoptères. In Grassé, P.: Traité de Zoologie, vol. 10. Paris 1950

Chapman, R. F.: The insects. Structure and function. London 1971

Common I. F. B.: Lepidoptera (moths and butterflies). In: The insects of Australia. Carlton, Victoria, 1970.

Danesch, O. und *Dierl W.:* Schmetterlinge I (Tagfalter); Schmetterlinge II (Nachtfalter). 2 Bde. Stuttgart 1965 und 1968

Eidmann, H. und *Kühlhorn T.:* Lehrbuch der Entomologie. Hamburg und Berlin 1970 (1941)

Fauna der UdSSR, Insecta, Lepidoptera (Noctuidae, Tortricidae, Tineidae u. a.). Moskau und Leningrad, 1937—1975

Ford. E. B.: Butterflies, Moths. London 1946, 1955

Forster, W. und *Wohlfahrt Th. A.:* Die Schmetterlinge Mitteleuropas. Bd. 1—5. Stuttgart 1955—1971

Friedrich, E.: Schmetterlinge. Fang, Zucht, Sammlung. München 1971

Friedrich, E.: Handbuch der Schmetterlingszucht. Europäische Arten. Stuttgart 1975

Harz, K. und *Zepf W.:* Schmetterlinge. München 1973

Hering. M.: Biologie der Schmetterlinge, Berlin 1926

Hering, M.: Lepidopterologisches Wörterbuch. Stuttgart 1940

Higgins, L. G. und *Rilley N. D.:* Tagfalter Europas und Nordwestafrikas. Hamburg und Berlin 1971

Johnson. C. G.: Migration and Dispersal of Insects by Flight. London 1969

Koch. M.: Wir bestimmen Schmetterlinge. Bd. 1—4. Radebeul und Berlin 1953—1961

Lederer, G.: Die Naturgeschichte der Tagfalter. 2 Bde. Frankfurt und Stuttgart 1938 und 1941

Lederer, G. und *A. U. E. Aue:* Handbuch für den praktischen Entomologen. Bd. 1—4. Frankfurt und Stuttgart 1923 ff.

Odum, E. P.: Fundamentals of ecology. Philadelphia, London, Toronto 1971

Robinson, R.: Lepidoptera genetics. Oxford 1971

Rockstein, M.: The physiology of Insecta. New York und London 1973—1974

Schütze. K. T.: Die Biologie der Kleinschmetterlinge unter besonderer Berücksichtigung ihrer Nährpflanzen und Erscheinungszeiten. Frankfurt 1931

Seitz, A.: Die Großschmetterlinge der Erde. Bd. 1—15. Stuttgart 1906 ff.

Smart, P.: Kosmos-Enzyklopädie der Schmetterlinge. Die Tagfalter der Erde in Farbe. Stuttgart 1977

South, R.: The moths of the British Isles. London 1971

Spuler, A.: Die Schmetterlinge Europas. Stuttgart 1908—1910

Stresemann, E.: Exkursionsfauna von Deutschland. Insekten II/2, Lepidoptera. Berlin 1969

Warnecke, G.: Welcher Schmetterling ist das? Stuttgart 1967

Weber, H.: Lehrbuch der Entomologie. Stuttgart 1968 (1933)

Williams, C. B.: Die Wanderflüge der Insekten. Hamburg und Berlin 1961

Zahradnik, J.: Der Kosmos-Insektenführer. Stuttgart 1976

„Entomologische Zeitschrift" mit Beilage „Insektenbörse". (Hrsg.: Internationaler Entomologischer Verein e. V. Frankfurt a. M.) Stuttgart

REGISTER DER ABGEBILDETEN ARTEN